Natur – Heimat – Wandern

Hegau und Linzgau

Blick in den Hegau mit Engen und Hohenstoffeln. Aufn.: Th. Müller

Hegau und Linzgau

Landschaften zwischen westlichem Bodensee und Donau

von
Willi Rößler

mit Beiträgen von
Theo Müller
Gunter Schöbel
Josef Schoser
Fritz Schray
Friedrich Weller

Schwäbischer Albverein e.V., Stuttgart

Zum Geleit

Der vorliegende Wanderführer schließt südlich an den des „Naturpark Obere Donau" und „Oberer Neckar, Baar und Baaralb" sowie westlich an den „Südliches Oberschwaben-Bodensee" an. Sein Gebiet wird von den Städten Singen (Hohentwiel)-Tengen-Mühlheim an der Donau-Messkirch-Pfullendorf-Markdorf-Meersburg-Überlingen-Radolfzell-Singen begrenzt. Es umfasst damit im Wesentlichen die Landschaften Hegau und Linzgau. Ursprünglich waren diese Namen Bezeichnungen für Herrschaftsbereiche, die bereits im 8. Jahrhundert urkundlich bezeugt worden sind.

Das Gebiet des Wanderführers fällt in den Bereich des Schwarzwaldvereins wie des Schwäbischen Albvereins. Deshalb fand bei der Erkundung der Wandervorschläge eine enge und freundschaftliche Zusammenarbeit zwischen den Wanderfreunden beider Vereine statt. Diese wurde von dem Vizepräsidenten des Schwarzwaldvereins, Alfred Heffner, unterstützt, wofür ihm unser herzlicher Dank gilt. Damit wird zugleich die enge Verbundenheit der beiden größten deutschen Wander- und Heimatvereine unterstrichen.

Das Wandergebiet gehörte einst zu Württemberg-Hohenzollern und zu Baden, die sich vor 50 Jahren zum Bundesland Baden-Württemberg zusammenschlossen. Dies war bis heute in der Bundesrepublik der einzige und sehr erfolgreiche Zusammenschluss von Ländern zu einem neuen Bundesland. Der Wanderführer „Hegau und Linzgau" ist damit auch ein Beitrag zum 50-Jahrjubiläum des Landes Baden-Württemberg.

Das Wandergebiet umfasst historisch bedeutsame Landschaften, von denen zahlreiche Burgen und Städte mit reizvollen mittelalterlichen Kernen zeugen. Zugleich ist es reich an Kunst- und Kulturdenkmälern der verschiedenen Zeiten, angefangen von der Vorgeschichte bis hin zur Gegenwart. Nicht weniger reich ist aber die Natur und Landschaft. Reichhaltig und vielfältig ist die Pflanzenwelt des Gebiets, was auch für die Tierwalt gilt. Nicht ohne Grund sind deshalb große Teile des Wandergebiets als Landschafts- und Naturschutzgebiete sowie als Naturdenkmäler ausgewiesen. An die Wanderer geht deshalb die herzliche Bitte, die Schutzgebiete, in denen die Natur auch für sie erhalten wird, zu respektieren und alles zu unterlassen, was Natur und Landschaft schädigen könnte.

Einerseits liegen im Wandergebiet bekannte touristische Ziele wie Meersburg, Salem, Überlingen, das Pfahlbaudorf Unteruhldingen oder der Hohentwiel und die Marienschlucht, andererseits gibt es aber auch noch wenig berührte, ruhige und reizvolle Landschaft mit ausgedehnten

Wäldern, tief eingeschnittenen Tobeln, wundervollen Aussichtspunkten mit Alpensicht.

Erschlossen wird das Wandergebiet in 50 Rund-, 3 eintägigen und 4 mehrtägigen Streckenwanderungen. Für diese gebührt in erster Linie unserem Wanderfreund Willi Rößler, Kultur- und Wanderwart im Oberen Donaugau des Schwäbischen Albvereins und früherer Gauvorsitzender, herzlichen Dank. Er hat nicht nur die meisten Wanderungen selbst erkundet und beschrieben, sondern auch weitere Textbeiträge wie auch die meisten Farbfotos beigesteuert. Ihm zur Seite stand Wanderfreund Josef Schoser, der auch das Kapitel über die Erd- und Landschaftsgeschichte ausgearbeitet hat. Ihnen beiden haben wir dafür zu danken. In den Dank einzubeziehen sind auch die Wanderfreunde Friedrich Weller und Fritz Schray für ihre Text- und Bildbeiträge. Ein besonderer Dank gilt dem Direktor des Pfahlbaumuseums Unteruhldingen, Herrn Dr. Gunter Schöbel. Alle Autoren der einleitenden Kapitel haben sich mit Natur, Kultur, Geschichte und Kunst im Wandergebiet befasst, und damit Grundlagen gelegt für das vertiefte Erleben der durchwanderten Landschaften. Zu danken ist auch den Gemeinden, Städten und Kreisen sowie allen weiteren Personen und Institutionen, die durch Überlassen von Fotos und anderen Unterlagen das Buch unterstützt haben. Wanderfreund Wolfgang Straile/Kartographisches Institut danken wir dafür, dass er in bewährter Weise die Wanderkarte bearbeitet hat.

Wir übergeben den Wanderführer zum 50-Jahrjubiläum des Landes Baden-Württemberg der Öffentlichkeit mit der Hoffnung, dass er möglichst Viele motiviert, die vielseitigen und reizvollen Landschaften zwischen westlichem Bodensee und der Schwäbischen Alb zu erwandern und zu erleben. Wir wünschen dass durch ihn die Wanderer sicher zu lohnenden Zielen geführt werden. Mit den einleitenden Kapiteln kann sich jeder Wanderer über Natur, Geschichte und Kultur im Wandergebiet informieren, womit der Wanderführer zugleich eine kurz gefasste Heimatkunde darstellt.

Stuttgart, im Frühjahr 2002
Dr. Hans-Ulrich Rauchfuß
Präsident des
Schwäbischen Albvereins

Prof. em. Dr. Theo Müller
Vizepräsident und Schriftleiter des
Schwäbischen Albvereins

Inhalt

JOSEF SCHOSER

Erd- und Landschaftsgeschichte

Einleitung

Der Name **Hegau** ist wohl vom keltischen „Hewen", also Hewengau abgeleitet. Seine natürlichen Grenzen im 9. Jh. waren: Im Süden der Rhein ab Konstanz bis Schaffhausen im Westen die Höhe des Randengebirges und die Wasserscheide Aitrach – Wutach, im Norden die Linie von der Länge bei Gutmadingen über den Kapf zum Wartenberg und weiter über Immendingen, Hattingen, Emmingen, Liptingen nach Neuhausen ob Egg. Im Osten kann man die Orte Schwandorf, Mahlspüren im Tal und Nesselwangen verbinden, geht dann durch den Hödinger Tobel zum Überlinger See bei Goldbach, weiter über den See nach Dingelsdorf und unter Umgehung von Mainau, Egg und Staad wieder zurück zur Rheinbrücke in Konstanz.

Für den **Linzgau** können die Eckpunkte Überlingen im Süden, Pfullendorf im Norden und die Schussen im Osten genannt werden. Räumlich deckt sich der Linzgau mit der späteren Grafschaft Heiligenberg.

Es gibt nur wenige Landschaften in Deutschland, die geologisch und geomorphologisch von einer solchen Vielfalt geprägt und aufgebaut sind. Dem Wanderer, der von Norden kommend den Hegaublick mit des „Herrgotts Kegelspiel" genießt und bewundert, sollen die folgenden Erklärungen das Werden und Vergehen dieses Raumes aufzeigen und verdeutlichen.

Der geologische Aufbau

Im Nordwesten, auf der Länge, stehen die Schichten des Weißen Jura an. Ebenso auf der tektonisch angehobenen Randenscholle. In den Tälern und Schluchten bei Tengen und Blumenfeld ragen massige Schwammriffe empor. Zum Teil enthalten die Kalksteinfelsen eine reiche Fauna an versteinerten Ammoniten und Muscheln. Groß ist auch das Juragebiet um Engen, allerdings stehen hier die jüngeren Schichten und somit der oberste Weißjura ζ an. Die Altstadt von Engen steht auf Weißjura ζ 1. Weiter südöstlich verschwinden die Juraschichten unter der Molasse des Voralpentroges. Durch tektonische Krustenbewegungen kam es hier zu vielen Verwerfungslinien, die meistens herzynisch, also von NW nach SO verlaufen. Die größte ist die Randenverwerfung, an der die nordöstliche Scholle gegenüber der Hochscholle um 240 m abgesunken ist. Im Zusammenhang mit der Tektonik ist auch der Vulkanismus zu sehen, der im Tertiär zwei Mal in großem zeitlichem Abstand aktiv war. Er hinterließ ausgedehnte Tuffdecken sowie die bekannten Basalt- und Phonolithstotzen. Große Veränderungen im gesamten Erscheinungsbild schafften der Rheingletscher der verschiedenen Eiszeiten, seine Schmelzwässer sowie die Flüsse der zwischengelagerten Warmzeiten. Sie räumten aus, lagerten erneut ab und schufen eigentlich die heutigen Oberflächenformen.

1. Der Jura

Das Jurameer bedeckte über etwa 45 Mio. Jahre große Teile des heutigen Europa. Dabei wurden zunächst die Schichten des Unteren Jura (Schwarzer Jura), darauf die Schichten des Mittleren Jura (Brauner Jura) und zuletzt der Obere Jura (Weißer Jura) abgelagert. Es handelte sich um ein tropisches bis subtropisches Flachmeer mit Wassertemperaturen über 20 °C. Nur in dieser Wärme konnten die Schwammriffe entstehen, die sich als Massenkalk innerhalb der normalen Kalkablagerungen befinden. Das subtropische Klima ist dadurch erklärbar, dass unser heutiger Raum vor rund 140 Mio. Jahren auf der geographischen Breite von Kairo lag. Die drei verschiedenen Juraformationen wurden von F. Quenstedt in die ersten sechs Buchstaben des griechischen Alphabets unterteilt. Die heute verwendeten internationalen Schichtenbezeichnungen weichen davon ab; sie werden jeweils in Klammern angegeben.

Die Impressamergel des **Weißjura** α (Oxford 1) treten im Bereich der tektonisch gehobenen Randenscholle zutage. Darüber folgen die wohlgebankten Kalke des **Weißjura** β **(Oxford 2),** die in der nordwestlichen Hegaualb eine Mächtigkeit von 100 m erreichen. In Aufschlüssen erscheint uns diese Stufe wie ein Mauerwerk mit zwischengelagerten Mergelfugen. Nach langer Kalkablagerung überwog die Einschwemmung tonigen Materials. So entstanden die Steine und deren Zwischenfugen, die die Hauptmasse der Länge bilden. Nun folgen in der Stratigaphie die mittleren Malmmergel des **Weißjura** γ (Kimmeridge 1) als Kalkbänke mit einer Gesamtmächtigkeit von etwa 20 m. Die graue Farbe deutet auf einen höheren Anteil organischer Substanz hin. Der Stein verwittert sehr schnell.

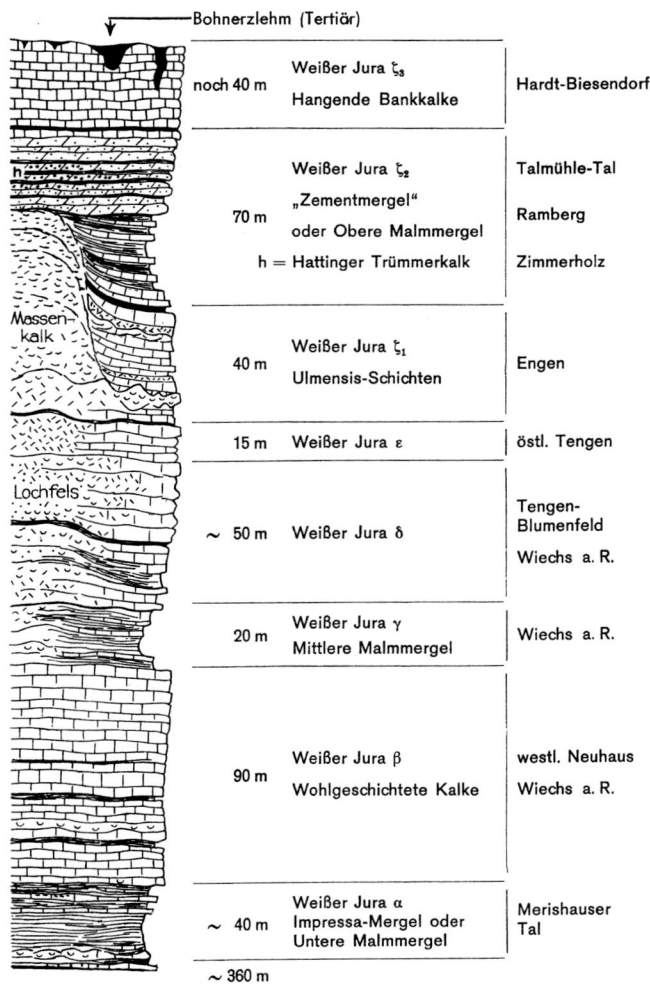

Schichtenfolge des Obersten (Weißen) Jura im Hegau. Die geschichtete Ausbildung geht gebietsweise in Massenkalk über. Aus A. Schreiner 1968.

Nun sind wieder dickbankige, harte Kalke an der Reihe. Es ist der **Weißjura δ (Kimmeridge 2)** mit einer Mächtigkeit von 40 bis 50 m. In seinen oberen Lagen ist dieser Stein oft in grobkristallinen Lochfels und in Dolomit umgewandelt. Von Dolomit spricht man, wenn dem normalen Calciumcarbonat ($CaCO_3$) Magnesiumanteile beigemengt sind ($CaCO_3 \cdot MgCO_3$). Diese Bankkalke stehen an den Hängen des Donautales östlich Immendingen. Darüber folgt an der Immendinger Steige beim Bahnhof Hattingen der 15 bis 20 m mächtige **Weißjura ε (Krimmeridge 3)**, ein gebankter, sehr reiner Kalk. Auch in dieser Stufe befindet sich Dolomit, dessen Verwitterungsprodukt, ein feiner Sand, eben der Dolomitsand ist.

Nun kommen wir in die oberste Formation, den **Weißjura ζ (Tithon).** Er ist insgesamt etwa 150 m mächtig, wird aber wegen seiner unterschiedlichen Beschaffenheit in drei Stufen unterteilt. ζ 1 **(Tithon L),** die sogenannten **Ulmensisschichten** oder **Liegende Bankkalke** sind 40 m mächtig. Es sind helle, gebankte Kalke mit Mergellagen. Wie schon oben erwähnt, ist die Altstadt von Engen auf dieser Schicht erbaut. Als **Zementmergel** oder Obere Weißjuramergel wird die 70 m mächtige Stufe ζ 2 **(Tithon Z)** bezeichnet. Diese Mergel sind schön aufgeschlossen an den Bahneinschnitten am Ramberg und an mehreren Stellen im Talmühletal. Alle Mergel im Jura bewirken durch ihre schnellere Verwitterung deutliche Hangverflachungen, während die Kalke Steilstufen bilden. Eine Besonderheit bilden die oberen 40 m von ζ 2, die als **Hattinger Trümmerkalk** bezeichnet werden. Es sind dicke, von Mergellagen unterbrochene Kalkbänke, die vorwiegend aus Trümmern von Austernschalen und Seelilien bestehen. Man vermutet, dass diese Steine durch Zertrümmerung der Schalen in der Brandung und späteren Verfrachtung der Trümmer durch Meeresströmungen entstanden sind. Aufgeschlossen sind diese Lagen an der Steige Hattingen – Talmühle und im Biertal. Weiter südlich werden die Trümmer feinkörniger und werden als **„Raue Kalke"** bezeichnet. Man findet sie über der Aachquelle, am Schoren bei Neuhausen und in den mittleren Lagen des Wasserburger Tales.

Über den Trümmer- und den Rauen Kalken stehen wieder regelmäßig gebankte, hellgraugelbe Kalksteine an. Wir sind in der 40 m mächtigen, obersten Jurastufe ζ 3 **(Tithon H)** bei den **Hangenden Bankkalken,** die in den Steinbrüchen bei Eigeltingen anstehen. Auch die Hochflächen beiderseits des Wasserburger- und Talmühletales werden von den Hangenden Bankkalken gebildet. Vom Erscheinungsbild her erinnert diese Formation an die wohlgebankten Kalke Weißjura β, die auch Steilstufen und ausgedehnte Flächen bilden. Nach diesen Ablagerungen ist der Boden des Jurameeres in unserem Raum zum Festland geworden. Kreideablagerungen stehen deswegen hier nicht an.

In allen genannten Unterteilungen des Weißen Jura lief parallel zur Kalkablagerung die Bildung von **Massenkalk** durch Schwammriffe ab. Man muss sich diese Riffe als kuppelförmige Gebilde mit einer Neigung von 20 ° bis 30 ° vorstellen. Je geringer die Wassertiefe war, desto besser gedieh das Schwammriff. Deswegen markieren die Riffe der einzelnen Stufen jeweils auch das Heranrücken der Küste von Nordwesten her. Ihre heutige Form als steile Felsstotzen an Talhängen ist das Ergebnis der Verwitterung. Die absolut größte Anzahl der Schwammriffe finden wir in den Stufen δ und ε. Hierzu gehören die Felsen in den Tälern von Tengen, Watterdingen und Blumenfeld.

Im Weißjura ζ ist die Schwammriffbildung geringer. Zu ζ 1 gehören die Felsen des Wasserburger Tales, diejenigen im Brudertal östlich Engen und die turmartigen Riffe im Zimmerholzer Tal. In den hangenden Bankkalken ζ 3 läuft die Riffbildung aus. Bei Langenstein steht noch Massenkalk dieser Schicht an, ebenso im Felsentäle bei Messkirch, das allerdings außerhalb des Hegau liegt.

2. Die Donauversickerung, Höhlenentstehung und Kalktuffbildung

Nach ihrem mäandrierenden Lauf durch die Baar tritt die junge Donau bei Geisingen in die Kalktafel des Schwäbischen Jura ein. Kalkgestein aber ist der Verkarstung ausgesetzt, einem chemischen Vorgang, bei

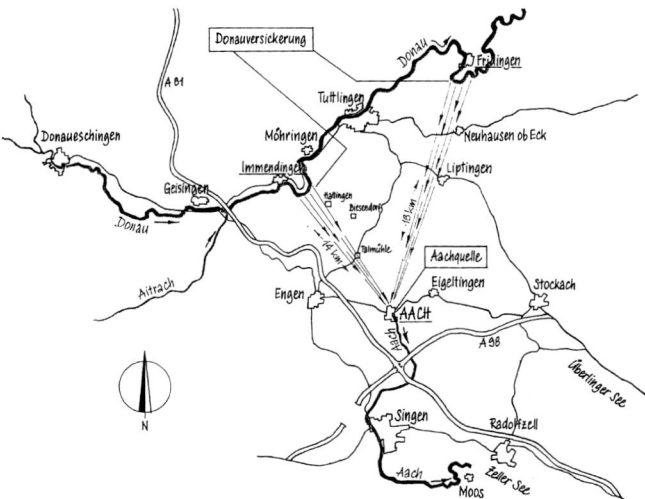

Übersichtskarte des Einzugsgebietes der Aachquelle. Aus H. Schetter 1991.

dem durch Säure Kalk aufgelöst und vom Wasser weggeführt wird. So entstehen aus feinen Haarrissen Spalten, Klüfte und Höhlengänge. Bereits nach 26 km ihres Laufes gelangt die Donau kurz hinter Immendingen beim Brühl in ein solches Höhlensystem und wird über weite Teile des Jahres völlig verschluckt. Man staunt nicht schlecht über das trockengelegte Flussbett, das in früheren Zeiten für die Stadt Tuttlingen zur sogenannten „Wasserklemme" führte und viele Gewerbebetriebe lahmlegte. Schon im 18. Jh. waren die Schlucklöcher der Donau bekannt und man vermutete auch, dass das Donauwasser aus der **Aachquelle**, 14 km südlich, wieder zum Vorschein komme. Donauanlieger verstopften die Schluckstellen, Aachanlieger protestierten und es kam zum heftigen Streit, der dann auch Ursache für die endgültige Klärung der Zusammenhänge war. Der Nachweis gelang im Herbst 1877 durch Einschütten von Salz, Farbe und geruchsintensivem Schieferöl in die Schlucklöcher. Alle drei Stoffe wurden in der 180 m tiefer gelegenen Aachquelle wieder gefunden. Weitere Versuche mit Uranin in jüngerer Zeit haben zu der Erkenntnis geführt, dass das Donauwasser unterschiedlich lange zum Aachtopf unterwegs ist. Bei hohem Wasserstand tritt das Donauwasser bereits nach 30 Stunden in der Aachquelle aus, bei Trockenheit benötigt es über 80 Stunden. Aber nicht nur zwischen Immendingen und Möhringen versickert Donauwasser, sondern auch in der großen Donauschleife bei Fridingen. Dessen Weg ist etwa 18 km lang, auch das Gefälle ist geringer und so kommt es erst nach 4 bis 8 Tagen wieder aus der Aachquelle. Die beiden Versickerungsstellen bilden ein Einzugs-Dreieck und bewirken, dass die Aachquelle mit einer Schüttung von durchschnittlich 8600 Liter pro Sekunde die stärkste Quelle Deutschlands ist. Die Maximalschüttung liegt bei 24 800, die Minimalschüttung bei 1300 Sekundenlitern.

Entstanden ist der Aachtopf während der letzten Eiszeit durch die Schmelzwässer des Rheingletschers. Vor etwa 16 000 Jahren hat sich das Eisrandtal zwischen Eigeltingen und Aach so weit eingetieft, dass die Spalten und Gänge des Donau-Aachquell-Systems freigelegt wurden. Seither sprudelt aus 17 m Tiefe das Wasser in den Quelltopf und fließt als Radolfzeller Aach nach 25 km in den Bodensee. Die Donau ist zum Nebenfluss des Rheins geworden.

Die Höhlentaucher Jochen Hasenmayer, Harald Schetter und andere haben die Austrittsdüse durchtaucht und bergeinwärts ein großes Höhlensystem entdeckt, das aber an einem Versturz sein Ende findet. Sie vermuten dahinter ein weiterführendes, größeres System bis zur Donau. Die Verkarstung schreitet natürlich weiter, worauf auch die neu eingebrochenen Dolinen im Donaubett beim Brühl hinweisen.

Die Formel der Kalkauflösung lautet:

$$H_2O + CO_2 \rightarrow H_2CO_3 + CaCO_3 \rightarrow Ca(HCO_3)_2$$

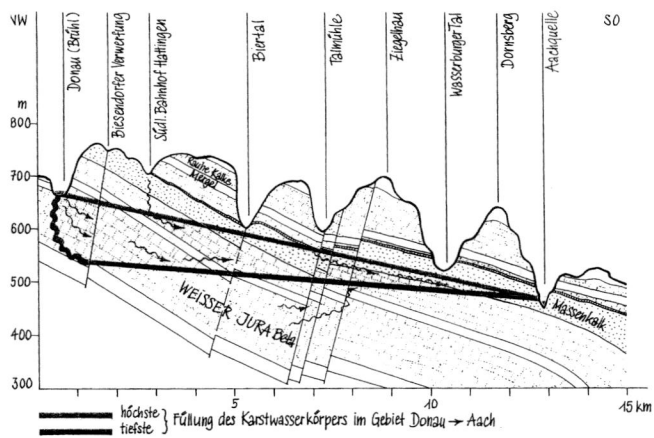

Geologischger Schnitt durch das Aach-Verkarstungssystem.
Aus H. Schetter 1991

Anders ausgedrückt: Wasser verbindet sich mit Kohlenstoffdioxid zu Kohlensäure, diese löst das Calciumcarbonat, das dann als lösliches Calciumhydrogencarbonat weggeführt wird.

Fließt ein Gewässer mit diesem gelösten Kalk über Stufen, so entweicht Kohlenstoffidioxid, Kalk fällt aus und reichert sich um Moose und andere Pflanzen an. Es entsteht der bekante **Kalktuff.** Die Formel dieser Ausfällung lautet:

$$Ca(HCO_3)_2 - CO_2 \rightarrow CaCO_3 + H_2O$$

3. Tertiär

Das Teritär begann vor rund 70 Mio. Jahren. Es wird unterteilt von alt zu jung in Paläozän (10 Mio. Jahre), Eozän (20 Mio. Jahre), Oligozän (15 Mio. Jahre), Miozän (15 Mio. Jahre) und Pliozän (10 Mio. Jahre).

In diesem Zeitpunkt liefen gewaltige Veränderungen ab. Durch endogene Kräfte weit unter der Erdkruste im Erdmantel driftete die afrikanische Platte nach Norden gegen die eurasische Platte. Dabei wurden etwa 600 km Meeresboden gestaucht, gefaltet, überlappt und auf rund 150 km zusammengeschoben. Die Alpen erhoben sich aus dem Meer in einem Bogen von der Burgundischen Pforte im Rhonebecken bis zur Wiener Pforte im Wiener Becken. Vor dem Nordsaum des werdenden Gebirges entstand der **Voralpentrog**, eine so genannte Geosynklinale, die über beide Pforten mit dem Weltmeer, der Tethys, verbunden war. Widerpart des langen, aber schmalen Meeresarmes waren Schweizer-, Schwäbischer- und Fränkischer Jura sowie die Böhmische Grundgebirgsmasse.

Durch den Absenkungsvorgang im Voralpentrog wurden die einst waagrecht abgelagerten triasischen Schichten Buntsandstein, Muschelkalk und Keuper sowie die Juraschichten Lias, Dogger und Malm gekippt und bildeten zunächst den Meeresboden des Troges. Unterstützt wurde dieser Kippungsvorgang zusätzlich durch den Einbruch des Rheingrabens und die damit verbundene Heraushebung des Schwarzwaldes. Die Schrägstellung der Schichten ist relativ gering; sie fallen nur mit 2 ° bis 3 ° oder 3 bis 5% von NW nach SO ein. Trotzdem bewirkt dies, dass der auf der Länge bei 900 m ü.NN anstehende Weißjura β bei Dingelsdorf bereits bei 900 m unter dem Meeresspiegel liegt. Diese 1.800 m Differenz hat eine Erdölbohrung eindeutig ergeben.

Sobald ein Gebirge sich aus dem Meer erhebt, beginnt auch dessen Verwitterung, die Erosion. Die Flüsse der Alpen brachten riesige Mengen Abtragungsschutt und transportierten diesen in den Trog. Grobe Gerölle wurden als Deltaschüttungen ganz in Küstennähe abgelagert, feineres Material wurde weiter ins Beckeninnere verfrachtet. Das zermahlene Gestein nennt man nach dem lat. molere, **Molasse.** Den Hauptanteil der Molasse lieferten die Alpen, aber auch die nordwestlichen und nördöstlichen Gebirgszüge entwässerten in den Molassetrog und brachten die so genannte **Juranagelfluh.**

Während eines verstärkten Nordschubes wurden auch mehrere Deltaschüttungen der Molasse in die Hebungsphase einbezogen und aufgerichtet. Wir sehen sie als verbackene Konglomerate in der Nagelfluhkette am Hochgrat, Rindalphorn u.s.w. (Nagelfluhfazies der USM). War die Absenkung des Troges schneller als die Ablagerung, so flutete das Meer über beide Pforten herein. Eine langsame Senkung bewirkte den Verschluss der Pforten, ließ die Deltas weit vordringen und den Meeresarm aussüßen oder teilweise brackisch werden. In diesen unterschiedlichen Lebensräumen veränderte sich auch die Fauna. Wegen zwei Meeresvorstößen und zweimaliger Aussüßung wird die Trogfüllung unterteilt in Untere Meeresmolasse (UMM), Untere Süßwassermolasse (USM), Obere Meeresmolasse (OMM) und Obere Süßwassermolasse (OSM).

Erster Meeresvorstoß im Mittel-Oligozän	→	UMM
Erste Aussüßung im Ober-Oligozän	→	USM
Zweiter Meeresvorstoß im Unter-Miozän	→	OMM
Zweite Aussüßung im Mittel-Miozän	→	OSM

Während der ersten Aussüßung schüttete ein aus den Westalpen kommender Strom granitische Sande und bunte Mergel in die

Schwemmlandebene des Molassebeckens. Diese **USM** ist an den Steilhängen bei Sipplingen-Ludwigshafen und bei Stahringen-Bodman aufgeschlossen. Im nordwestlichen Hegau besteht die Randfazies aus gelbbraunen, kalkreichen Mergeln mit eingelagerten Weißjurageröllen. Diese wurden durch Flüsse von der nordwestlich ansteigenden Albhochfläche herangeführt. Man spricht von der **älteren Juranagelfluh,** die bei Tengen, Blumenfeld und beim Schopflocher Hof nördlich Engen direkt unter der OMM liegt. Die ältere Juranagelfluh ist somit die nordwestliche Fazies der USM.

Während der Ablagerung der **OMM** erreichte das Molassemeer im Helvet mit 100 km Breite und 900 km Länge seine größte Ausdehnung. Es reichte weit auf die Alb und bildete die 10 bis 80 m hohe Kliffküste. Der Verlauf der **Klifflinie** von Blumberg über Tuttlingen, Winterlingen, Heldenfingen bis Donauwörth ist heute noch an vielen Stellen sichtbar und kann rekonstruiert werden. Sie trennt die Kuppen- von der Flächenalb. In unserem Raum verläuft sie von Blumberg über die Länge und den Möhringer Berg nach Nordosten als einstige 50 bis 80 m hohe Steilstufe, die vor etwa 25 Mio. Jahren von der Brandung des Molassemeeres in den Weißjura eingefräst wurde. Sie ist in stark abgetragener Form noch gut erkennbar.

Direkt an der Klifflinie ist die Ablagerung der OMM nur gering. Sie besteht aus etwa 50 cm Schalentrümmerkalk, zertrümmert von der Brandung. Schon 10 km beckeneinwärts nach Südosten beträgt die Mächtigkeit 5 bis 10 m. Aber auch hier weisen die vielen Muscheln, Schnecken und Schalentrümmer im grobkörnigen Quarzsand auf die Strandnähe hin. Sehr interessant ist der küstenparallele, rinnenförmig in den Untergrund eingetiefte Grobsandzug der OMM, rund 25 km von der Klifflinie beckeneinwärts. Man kann ihn vom Buchberg nordöstlich von Singen, über den Friedinger Schlossberg zum Kirnberg und weiter über die Heidenhöhlen oberhalb von Zizenhausen nach Mindersdorf, über die Sattelöse und Roth bis Walbertsweiler – Rengetsweiler verfolgen. Die Einschwemmung erfolgte aus nordöstlicher Richtung, wobei teilweise eine tektonisch vorgeformte Einmuldung den Weg wies. Es handelt sich um Quarzsand mit Mergeleinlagen und um Gerölle, die nur nordöstlicher Herkunft sein können. Alpine Gerölle fehlen im Grobsandzug gänzlich. Der Quarzsand hat sich stellenweise zu Sandschiefer und auch Sandstein verfestigt. Der Sandstein wurde bei Rengetsweiler abgebaut, war aber von minderer Qualität. Jedenfalls hielt er stärkeren Beanspruchungen nicht stand, denn der Walbertsweiler Kirchturm, der 1869 aus diesem Stein erbaut wurde, stürzte schon nach 90 Jahren im Herbst 1959 ein.

Weil die Ablagerung des Quarzsandes in einer tektonischen Rinne sowie in linsenförmigen Mulden erfolgte, beträgt dessen Mächtigkeit in Rengetsweiler 20 bis 30 m, in Walbertsweiler bis 40 m. Durch den

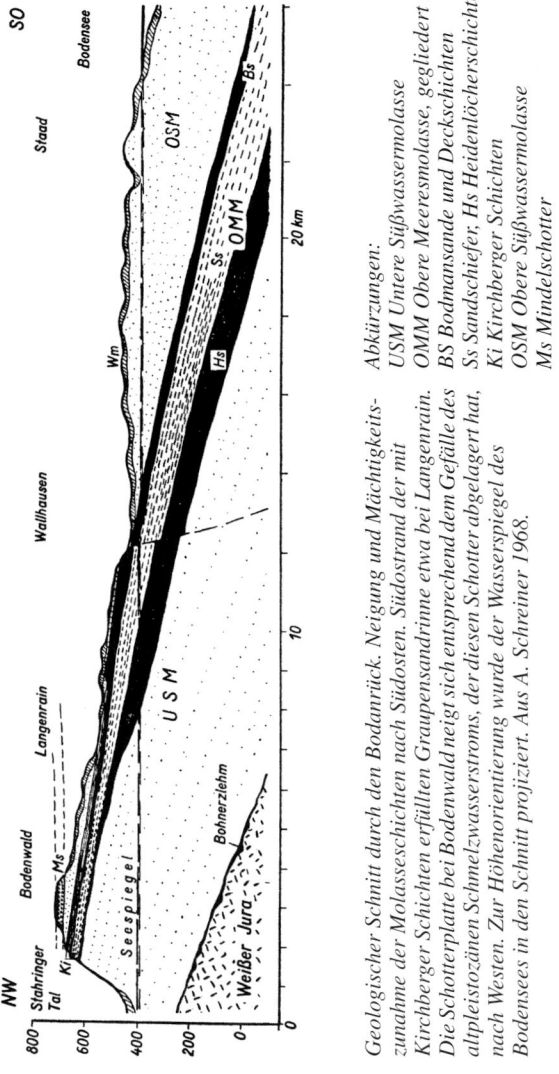

Geologischer Schnitt durch den Bodanrück. Neigung und Mächtigkeitszunahme der Molasseschichten nach Südosten. Südostrand der mit Kirchberger Schichten erfüllten Graupensandrinne etwa bei Langenrain. Die Schotterplatte bei Bodenwald neigt sich entsprechend dem Gefälle des altpleistozänen Schmelzwasserstroms, der diesen Schotter abgelagert hat, nach Westen. Zur Höhenorientierung wurde der Wasserspiegel des Bodensees in den Schnitt projiziert. Aus A. Schreiner 1968.

Abkürzungen:
USM Untere Süßwassermolasse
OMM Obere Meeresmolasse, gegliedert in
BS Bodmansande und Deckschichten
Ss Sandschiefer; Hs Heidenlöcherschichten
Ki Kirchberger Schichten
OSM Obere Süßwassermolasse
Ms Mindelschotter
Wm Würmmoräne

derzeitigen Abbau bei Rengetsweiler ist es möglich, in diesem Sand viele Haifischzähne zu finden.

Durch laufende Absenkung des Troges während der Sedimentation erreichen die Molasseschichten in Alpennähe eine Mächtigkeit von rund 4000 m. Sie verjüngen sich und keilen nach Nordwesten aus. Die Trogachse verlagerte sich immer weiter nach Norden, während sich das Meer aus den Gebieten im Süden zurückzog. Zuletzt blieb nahe dem Jurarand noch eine Tiefenrinne, in der das Wasser nach WSW in den heutigen Genfer Raum abfloss. Dort war das Molassemeer noch intakt. Wegen der abgelagerten Graupensande, auch Grimmelfinger Schichten genannt, die allerdings nur auf den nördlichen Rand der Rinne beschränkt sind, nennt man sie **Graupensandrinne.** Sie war im Hegau und im Linzgau etwa 40 bis 80 m tief und 20 km breit. Ihre südöstliche Grenze verläuft quer über den Bodanrück zwischen Langenrain und Liggeringen und weiter nach Nordosten über Pfullendorf u.s.w.

Am Bodanrück bei Langenrain und auf der gegenüberliegenden Seite des Überlinger Sees ist die OMM vollständig entwickelt und in folgende Schichten gegliedert:

Albstein:	1 bis 2 m, weißgrauer, knolliger Kalkstein
Deckschichten:	15 m, grauer, sehr feiner Sandstein
Baltringer Schichten:	5 m, grober Sandstein mit Gerölllage
Sandschiefer:	40 m, oben rotviolette mergelige Sande, unten zum Teil Muschelsandstein, grob und hart, mit Muscheln
Heidenlöchersandstein:	0–100 m, massiger graugrüner Sandstein

Er enthält vereinzelt marine Muscheln und Haifischzähne sowie stark das schwarzgrüne Mineralkorn Glaukonit. All dies beweist die Ablagerung in einem Meer.

Der Heidenlöchersandstein ist aufgeschlossen in der unteren Marienschlucht, im Hödinger Tobel und auch am geologischen Lehrpfad von Sipplingen zum Haldenhof.

Bei Überlingen bildet er die malerischen Felswände, die das Seeufer vom Katharinenfelsen bis zum Ostbahnhof einsäumen. In ihm liegen die Gletschermühle und die Hohlgassen beiderseits des Goldbaches, in ihn hat der Killbach den Spetzgarter Tobel eingenagt und im Stadtgebiet wurden viele Felsenkeller in diesen Sandstein eingegraben. Die Erosion hat an den Felswänden kleine Gesimse herausmodelliert, die auf die sehr unterschiedliche Härte der Schichten hindeuten.

Der Sandschiefer mit Muscheln, Schnecken und Haifischzähnen ist im Hödinger Steinbruch aufgeschlossen. Beim Aufkircher Tor und am Obertor stieß man bei Grabarbeiten auf Sandschieferlagen, in denen viele Versteinerungen eingebettet sind. Die Bodmansande, auf denen

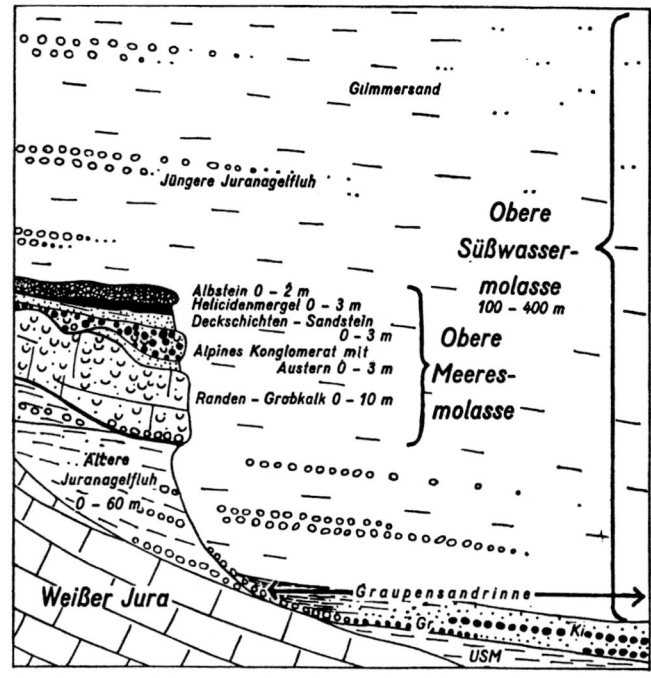

*Schichtenfolge des Tertiärs im nordwestlichen Hegau (Engen-Tengen).
Aus Schreiner 1968.*

die Ruine Bodmann steht und namengebend war, sind in Überlingen nur
bei Hohenlinden im Sigmundshau und Bächleholz vorhanden. Dort
kommt auch der Albstein (Knollenkalk) vor.
Durch eine geringe Senkung drang das Meer erneut von Südwesten und
Osten ein und ertränkte die Graupensandrinne. Es kam zur Ablagerung
der brackischen **Kirchberger Schichten.** Über den Kirchberger
Schichten folgen die Ablagerungen der **OSM.** Sie wurden meist von
Flüssen, aber auch in Seen abgelagert. Es handelt sich um graue Mergel
mit dünnen Kalkbänken, die nach den Aufschlüssen am Haldenhof
oberhalb Sipplingen als Haldenhofmergel bezeichnet werden. Darüber
folgen glimmerreiche Feinsande, nach dem Aufschluss Steinbalmen am
Sipplinger Berg werden sie Steinbalmensande genannt. Diese sind
besonders am Aufbau des Schiener Berges beteiligt und erreichen dort

300 m Mächtigkeit. Der Transport dieser Glimmersande erfolgte durch ein verzweigtes Flusssystem von den Ostalpen in unseren Raum. Am Südrand des Schiener Berges treffen wir bunte Mergel, graue Sande und eine Geröllschicht an, die von dem alpinen Schuttfächer des Hörnli von Süden nach Norden in das Molassebecken gebracht wurden. Schließlich brachten große Flusssysteme von Nordwesten, von dem sich heraushebenden Schwarzwald den Abtragungsschutt, die **jüngere Juranagelfluh** in das Molassebecken. Aus Juranagelfluh sind die Berge südlich des Aitrachtales bis zum Witthoh aufgebaut. Am Hohenstoffeln und Hohenhewen ist die Juranagelfluh noch 300 bis 400 m mächtig. Die Abtragung der Juraschichten über dem Schwarzwald, über dem heutigen Neckarland und zum Teil über der heutigen Westalb war schon so weit fortgeschritten, dass in der 400 m mächtigen Ablagerung in umgekehrter Reihenfolge der abgetragenen Schichten von unten nach oben Gerölle des Weißen-, Braunen- und Schwarzen Juras, in höheren Lagen die des Keupers und Muschelkalks und ganz oben solche aus Buntsandstein und Granit zu finden sind. Die Mergel dieser Schüttung wurden weiter nach Südosten verfrachtet, wo sie den Fuß des Hohentwiel bilden.

Die Verfüllung des Molassebeckens war im Unterpliozän weitgehend abgeschlossen, das Alpenvorland war Festland. Die aus den Alpen kommenden Flüsse strebten der großen Sammelader, der **Aare – Donau** zu. Auch der Alpenrhein war ein Nebenfluss der Donau und den Bodensee gab es noch nicht.

Ursprüngliche Molasse – Mächtigkeit im Hegau:

	Engen	Singen	Konstanz
OSM	250 m	500 m	900 m
OMM	30 m	50 m	200 m
USM	30 m	300 m	800 m
Insgesamt	310 m	850 m	1900 m

Zwischen OSM und OMM schieben sich im mittleren Hegau die Ablagerungen der Grauppensandrinne ein. Die angegebenen Werte sind durch spätere Erosion stark reduziert. Die UMM kommt nur am Alpenrand vor, sie erreicht das westliche Bodenseegebiet nicht.

Bohnerze

In diesem Zusammenhang muss unbedingt noch die Bohnerzentstehung und -verfrachtung erwähnt werden. In der über 100 Mio. Jahre langen Festlandsperiode zwischen dem Ende der Jurazeit und dem mittleren Tertiär wurden Kalksteinmassen des Juras im warmfeuchten Klima aufgelöst. Dabei wurde der Tonanteil der Kalksteine in Bohnerzton

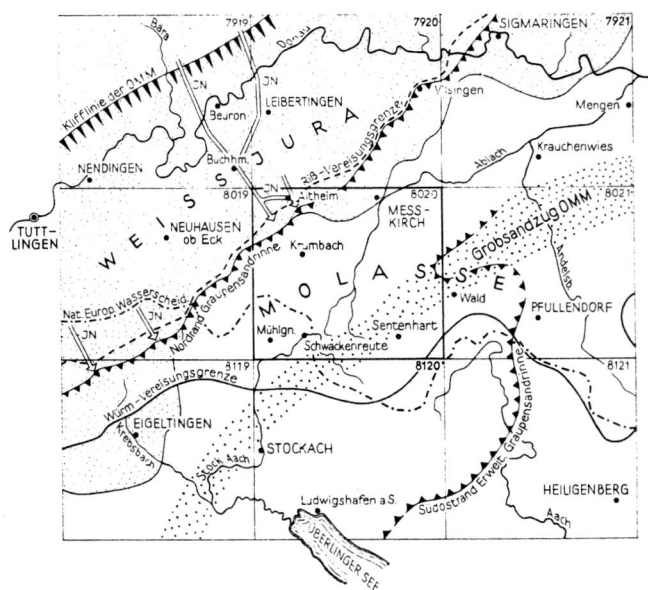

*Lage der geologischen Karten 1:25000 der Blätter 7919 Mühlheim a.d.
Donau, 7920 Leibertingen, 7921 Sigmaringen, 8019 Neuhausen ob Eck,
8020 Messkirch, 8021 Pfullendorf, 8119 Eigeltingen, 8120 Stockach
und 8121 Heiligenberg. JN = Juranagelfluh. Aus J. Werner 1994.*

umgewandelt. Die Eisenoxide wurden zu **Bohnerzen** zusammengeballt,
während Kieselsäure weitgehend und der gelöste Kalk vollständig
abgeführt wurden. Flüsse brachten den rotbraunen Lehm und die
bohnengroßen Körner aus dunkelrotbraunem Eisenerz (Hämatit und
Nadeleisenerz) und lagerten beides in Mulden und Gängen des Weißen
Jura ab. Vom Abbau dieser Erzlager bis über die Mitte des 19. Jh. zeugen
noch zahlreiche Bohnerzgruben im Gebiet Liptingen – Biesendorf –
Hattingen, ebenso auf der gesamten Schwäbischen Alb.

Das Sipplinger Dreieck
Dieses Wandergebiet ist geologisch sehr interessant, weil es neben den
normalen Molasseaufschlüssen zahlreiche Bergstürze aufweist und die
Herausmodellierung von Erdpyramiden oder Erosionskegeln, die
sogenannten Churfirsten zeigt.

Die Bergstürze sind wohl ein Ergebnis der zahlreichen Verwerfungslinien in herzynischer Richtung (SO – NW), und der quer zu diesen
verlaufenden Verwerfungen.

Die Churfirsten zeigen im Kleinformat das Werden und Vergehen von
Erdpyramiden wie wir sie auch in Südtirol bei Bozen oder im Bryce
Canyon im Westen der USA sehen.

Wenn in leicht erodierbares Gestein härtere Schichten eingelagert sind
oder direkt über diesem lagern, so bilden diese eine Schutzhaube.
Ringsum wird erodiert, nur unter der Haube nicht, es bildet sich
langsam, aber stetig ein Turm heraus. Rutscht die Abdeckplatte weg, ist
auch bald das Schicksal des Turmes besiegelt.

In der weichen Molassewand sind mehrere härtere Horizonte eingelagert. In langen Zeiträumen werden weitere Kurfirsten entstehen.

Auf dem **geologischen Lehrpfad** von Sipplingen zum Haldenhof sind
die Aufschlüsse beschrieben und in Profilskizzen dargestellt. Man
beginnt bei 450 m ü. NN oberhalb von Sipplingen in der USM und
wandert durch die Heidenlöcherschichten, die Sandschiefer und den
Mischgeröllhorizont der OMM in die Samtsande der Brackwasser-
molasse. Es geht vorbei an der Ruine Alt-Hohenfels und weiter durch

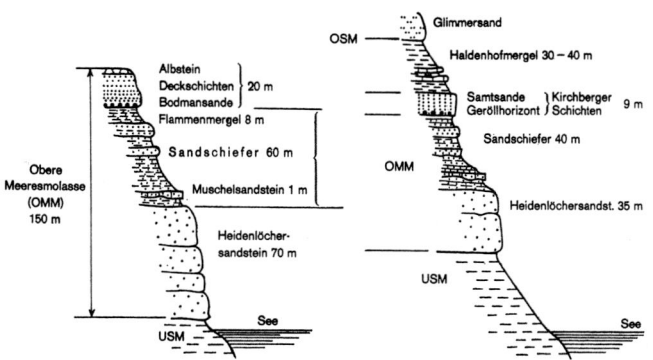

Aufbau des Tertiärs am Bodenrück. Links die vollständige Schichten-
folge am westlichen Bodanrück. Der obere Teil der OMM ist hier
abgetragen, und in dem Abtragungsgebiet in der Graupensandrinne
wurden die Kirchberger Schichten abgelagert. Das alpine Konglomerat
aus dem Napfschuttfächer westlich des Vierwaldstätter Sees wird im
Bodensee- und Hegaubereich als Bodmansande bezeichnet; sie
entsprechen den Baltringer Schichten in Oberschwaben. Aus Schreiner
1990.

Aufschluss der OMM am geologischen Lehrpfad von Sipplingen zum Haldenhof. Aufn.: W. Rößler

die OSM auf die Haldenhof-Terrasse. Darüber führt der Lehrpfad durch die Glimmersande der OSM und endet bei 670 m ü. NN bei den verbackenen Deckenschottern der Mindel-Eiszeit.

4. Vulkanismus

Die Auffaltung der Alpen und die Kippung der mesozoischen Schichten (Trias und Jura) waren die Ursache vieler tektonischer Verwerfungen. Rund zehn Bruchlinien durchziehen den Hegau in herzynischer Richtung. Die größten bilden den Bonndorfer Graben, der bis zum Rheingraben zieht und an der Kreuzungsstelle den Vulkanberg Kaiserstuhl entstehen ließ. Auch im Hegau gibt es mit der Immendinger Flexur eine Kreuzungslinie zur herzynischen Richtung, die der vulkanischen Tätigkeit förderlich war.

Die vulkanische Aktivität begann bereits im oberen Miozän vor rund 14 Mio. Jahren. Im Bereich der OSM wurde eine dünne Lage saurer Tuff ausgeworfen, den man als **Basis-Bentonit** bezeichnet. Spätere Eruptionen in der OSM förderten die bekannten **Deckentuffe** mit einer Mächtigkeit von über 100 m. Dabei handelt es sich um ein betonartig verbackenes Gestein aus Trümmern des durchschlagenen Untergrundes, bei dem die vulkanische Asche das Bindemittel ist. Man findet in den

Trümmern sowohl die Molasse, als auch die Jurasedimente und Granite des Grundgebirges. Die Hügel zwischen Hohentwiel und Welschingen, Teile des Hohenstoffeln, Mägdeberg und Hohenkrähen sowie die Rosenegg und der Plören sind aus Deckentuff, das Zentrum aber ist das Deckentuffplateau in rund 600 m Höhe bei Duchtlingen.

Vor rund 10 Mio. Jahren entstanden in der westlichen Vulkanreihe die **Basaltkegel Hohenstoffeln, Hohenhewen, Neuhewen, Höwenegg** und der **Wartenberg.** Daneben gibt es einige weitere kleine Basalt- und Basalttuffvorkommen wie den Basaltstiel im Schachen östlich Weil, den Blauen Stein nördlich Kommingen und den harten Basalttuff des Osterbühls südlich Leipferdingen. Stark abgetragen ist der Wartenberg, dessen Schlot sich im Braunjura befindet. Der Höwenegg fußt teils direkt auf Weißjura.

Die damalige Landoberfläche lag bei rund 800–850 m ü. NN. Sie wurde von den Vulkankegeln höchstens 50–100 m überragt. Es kam zuerst zu Basalttuffauswürfen, einem heute teils lockeren, teils auch verfestigten Material aus vulkanischer Asche, aus Lapillis, die in der Luft zu Kugelform erstarrten und aus Trümmern des durchschlagenen Gesteins. Darauf füllte aufsteigende Basaltlava den ausgesprengten Schlot bis zur Oberfläche. Ob es je zum Lavafluss kam, ist nicht nachweisbar. In größerem Umfang hat dies sicher nicht stattgefunden.

Basalt ist ein basisches Eruptivgestein in der Farbe grau bis blau-schwarz; es ist sehr dicht, feinkörnig, zäh, hart und schwer. Das spezifische Gewicht liegt bei 3,1. Oft sind die Minerale grüner Olivin und schwarzer Augit eingeschlossen. Bei der langsamen Abkühlung im Schlot bilden sich vier- bis sechseckige Säulen heraus, wobei die Kristallisation immer senkrecht zur Abkühlungsfläche stattfindet. Dabei begrenzen Abkühlungsrisse die einzelnen Säulen gegeneinander. Dieser Vorgang führt dazu, dass die Säulen im Schlot immer meiler-förmig angeordet sind. Dies ist sehr schön beim Hohenstoffeln und am Höwenegg zu sehen.

Um die Schlotfüllung lag ursprünglich immer **Basalttuff.** Dies ist am Hohenhewen noch zu sehen, teilweise auch am Hohenstoffeln, sehr ausgeprägt aber am Höwenegg. Überhaupt ist der Höwenegg eine gewisse Besonderheit. Bei dem Basaltabbau im Hauptkrater und in vier Nebenkratern bis 1979 entstand ein Kratersee. Die Tuffwände sind am Weg aufgeschlossen und enthalten neben den Untergrundgesteinen auch viele Lapillis. Weltberühmt aber wurde das Höwenegg durch die 1934 nach einem Gewitterregen freigelegten 14 Hipparionskelette, die noch sehr gut erhalten waren. Diese **Hipparions** sind dreizehige Urpferde, deren Entwicklung zwischen Laub- und Grasfressern anzusiedeln ist. Sie waren keine Waldtiere mehr, aber noch keine Steppentiere. Umgekommen sind die Tiere vermutlich am Ufer eines Maarsees während der Tränke durch Giftgase. Der gute Erhaltungszustand lässt

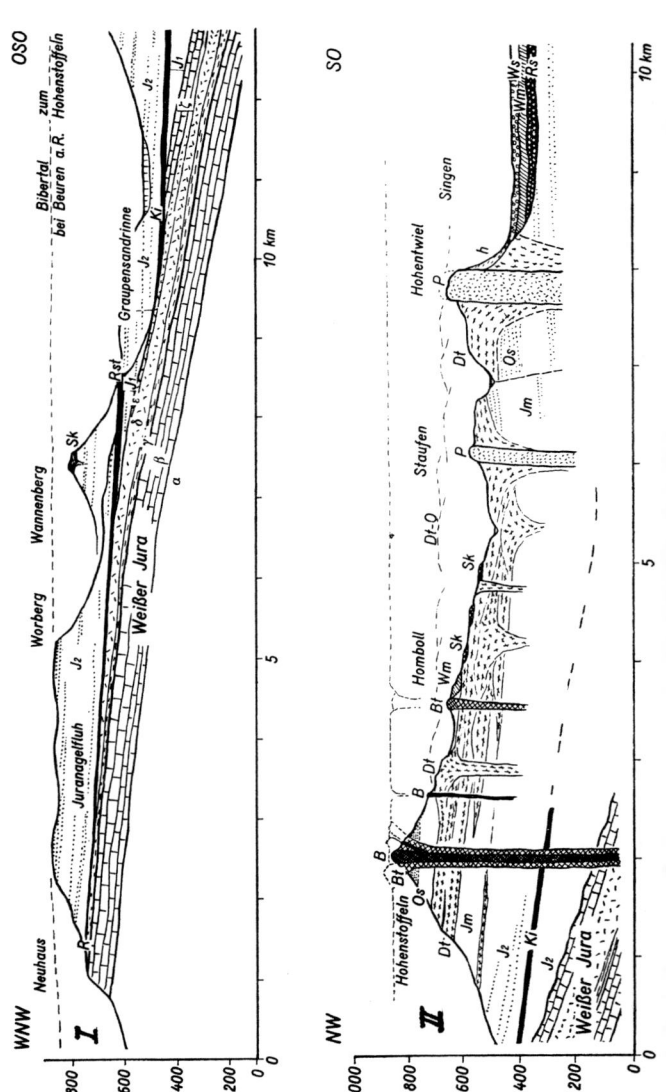

auf eine schnelle Körperbedeckung schließen. Die Tierskelette belegen das obermiozäne Alter der kalkreichen Sedimente. Von 1950 bis 1954 fanden weitere Grabungen statt. Seit 1983 steht der gesamte Vulkankomplex unter Naturschutz.

In den **Süßwasserkalken** bei Öhningen am Schiener Berg ließen die Mönche des dortigen Klosters seit dem 16. Jh. das plattenartige Gestein abbauen. Dabei kamen sehr gut erhaltene Abdrücke von etwa 500 Pflanzenarten zum Vorschein, die alle dem tropischen und subtropischen Klima zugerechnet werden können. Aber auch die Abdrücke und Versteinerungen von Fischen, Muscheln, Fröschen, Spinnen und Vögeln wurden gefunden. Eine Weltsensation wurde der Fund von 1706, als man das Fossil eines nahen Verwandten des heute noch lebenden japanischen Riesensalamanders barg. Darauf kam man aber erst 1825. Zunächst beschrieb der Schweizer Arzt Johann Jakob Scheuchzer das Fossil als „homo diluvii testis" (Mensch, Zeuge der Sintflut) und soll es mit dem Zweizeiler versehen haben:

> „Betrübtes Beingerüst von einem alten Sünder,
> erweiche Stein, das Herz der neuen Bosheitskinder!"

I. Nordwestlicher Hegau. Die nach Südosten geneigten Jura-Schichten wurden durch die Abrasion des Molassemeeres geschnitten. Die Randengrobkalkstufe (Rst), die nach Verlanden des Molassemeeres durch die Ausräumung der Graupensandrinne geschaffen und daraufhin mit Juranagelfluk verfüllt wurde, wird von der im Quartär wirkenden Erosion wieder freigelegt.

II. Hegau-Kegelbergland. Härtlinge aus Basalt, Basalttuff und Phonolith durchragen die Deckentuffplatte und die weichen Gesteine der Oberen Süßwassermolasse. Die Deckentuffmasse ist wahrscheinlich aus zahlreichen Eruptionen zusammengesetzt worden, wobei die im Schnitt angegebenen Deckentuffschlote meistens hypothetisch sind, wie auch die ehemalige Deckentuff-Oberfläche (Dt-0). Die obere gestrichelte Linie zeigt die wahrscheinliche Landoberfläche zur Zeit der Basalteruptionen an. Aus Schreiner 1968.

Abkürzungen: Os Glimmersand, Om Mergel, g Hörnli-Gerölle mit Quarzfeinkies, Ök Öhninger Kalke, Dt Deckentuff, t Tuff aus Schiener Berg-Eruptionen, Sk Thermalsinterkalk, J2 Jüngere Juranagelfluh, Jm Juranagelfluh-Mergel (bis hierher alles Obere Süßwassermolasse); Ki Kirchberger Schichten, R Randengrabkalk OMM, J1 Ältere Juranagelfluh USM; Gs Günzschotter, Mm Mindelmoräne, Ms Mindelschotter, Rs Rippenschotter (Riss?), Wm Würmmoräne, Ws Würmschotter, h Hangschutt; NV Schiener Berg-Nordrandverwerdung, ÖV Öhninger Verwerfung.

Heute wissen wir, dass die Öhninger Schichten in einem flachen Maarsee abgelagert wurden, in dessen schlammigem Grund ein regelrechtes fossiles Herbarium entstand.

Im ringförmigen Gipfel des **Wannenberges** bei Tengen sind porös-löchrige Sinterkalke abgelagert. Es handelt sich um den Sauerwasser-kalk **Travertin**, der nur in Wasser mit mindestens 1 g CO_2 je Liter abgesetzt wird. Auch bei Riedöschingen ist roter Travertin aufgeschlossen. Dies deutet auf warme Wasser während der vulkanischen Tätigkeit. Am Hohenhewen stehen in 700 m Höhe in den Mergeln der Juranagelfluh Gipskristalle an. Vermutlich war bei der Entstehung Schwefeldioxid während des Deckentuffauswurfs beteiligt.

Vor etwa 7 Mio.. Jahren erfolgte die Eruption der **Phonolithstotzen,** die aber schon etwa 200 m unter der damaligen Oberfläche stecken blieben und daher auch Embryovulkane genannt werden. Phonolith ist der „Klingstein" und wird so bezeichnet, weil er beim Anschlagen einen hellen Ton abgibt. Der Stein ist schwach sauer, relativ arm an Eisenoxiden und daher hellgrau bis grünlich. Sein spezifisches Gewicht liegt bei 2,5–2,6. Oft sind in die Phonolithstotzen andere Minerale eingelagert, z.B. die goldgelben Natrolithadern am Hohentwiel. Das Gestein deutet darauf hin, dass es einst aus geringerer Tiefe der Erdkruste als Magma empordrang. Phonolithberge sind der **Hohentwiel,** der **Hohenkrähen,** der **Mägdeberg** mit **Schwindel,** der **Staufen** und der **Gönnersbohl** bei Hilzingen. Sie gehören im Hegau zur östlichen Vulkankette und sind allesamt durch Abtragung und Ausräumung der weicheren Nebengesteine herausmodelliert worden. Aus dem im Boden versteckten harten Kern wurde der Berg. Nicht umsonst spricht man von **Reliefumkehr.** Sicher haben diese Berge an ihrer Oberfläche nur eine geringe Abtragung erfahren, so dass man aus der heutigen Höhe – Hohentwiel 689 m NN, Hohenkrähen 644 m NN, Mägdeberg 660 m NN – auch ihre einstige Eruptionshöhe ableiten kann. Aber auch die Basaltkegel verdanken ihre heutige Form der seit dem Pliozän ununterbrochen ablaufenden Erosion. Die Kegel im Hegau sind keine Vulkanberge, sondern **Vulkanruinen.**

5. Quartär

Mit dem Quartär beginnt vor etwa 1–2 Mio. Jahren unsere geologisch jüngste Vergangenheit. Sie ist wiederum unterteilt in das **Pleistozän**, die Epoche der verschiedenen **Eiszeiten** und deren zwischengelagerte **Warmzeiten** sowie in das **Holozän**, das die Jetztzeit beschreibt. Diese begann nach dem Abschmelzen des Würmgletschers im Alpenvorland vor etwa 12 000 bis 17 000 Jahren.

Tertiärer Maarsee am Höwenegg als Tiertränke. Original im Heimat-museum Immendingen (s. auch Abb. S. 75). Aufn.: W. Rößler

Man kann sagen, dass das Tertiär den Grundstein für diese gesamte Landschaft gelegt, das Quartär aber die Ausformung zum heutigen Landschaftsbild übernommen hat.

Nachgewiesen anhand ihrer Spuren sind vier verschiedene Eisvorstöße aus den Alpen in den Voralpenraum. Es ist möglich, dass es mehr waren, aber deren Spuren sind verwischt. Man weiß auch, dass bereits eine Temperatursenkung von 4° bis 6° C, verbunden mit hohen Niederschlägen die langsamen Gletschervorstöße bewirken kann, aber die Ursache der Absenkung ist umstritten. Neueste Forschungsergebnisse über die Island-, bzw. Grönlandpumpe im Zusammenhang mit dem Golfstrom könnten vielleicht eine Antwort auf plötzliche Klimaverschlechterungen geben.

Der **Rheingletscher** aller vier Eisvorstöße hat den Bodenseeraum mit dem Hegau und Linzgau überfahren und geformt. Sein Einzugsgebiet in den Alpen umfasste 7700 qkm und im Alpenvorland breitete er sich bis zu 7300 qkm aus. Eine Berechnung ergab, dass die Alpen durch Eisschürfung 30 bis 40 m an Höhe verloren. Ein Teil dieser gigantischen Massen wurde auch in unseren Raum gebracht und durch Flüsse darüber hinaus. Man muss sich vor Augen halten, dass am Ende des Tertiärs, vor der ersten Eiszeit von den Alpen zur Donau eine große schiefe Abdachung bestand. Tertiäre Ablagerungen am Schwarzen Grat (1118 m NN), am Höchsten (833 m NN), am Bussen (767 m NN) können die Neigung noch andeuten.

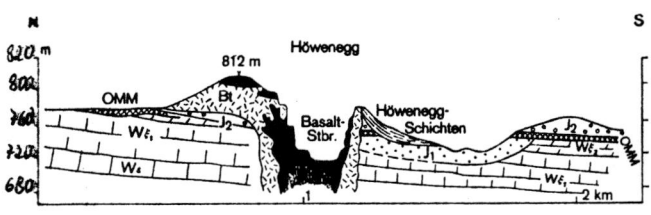

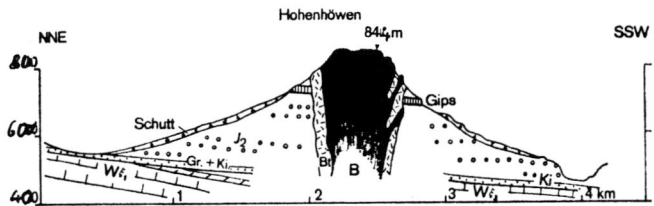

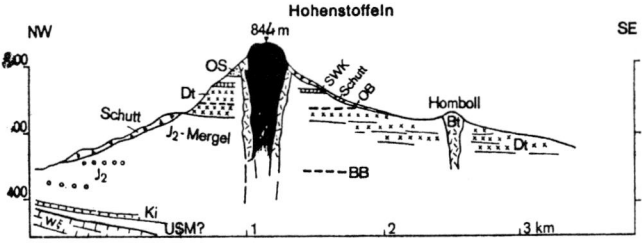

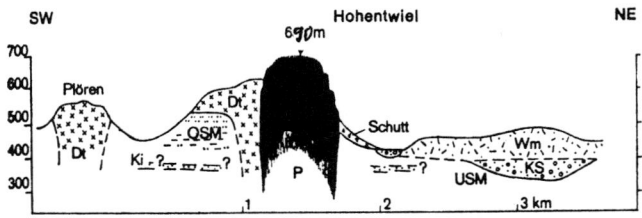

Die vier Eiszeiten sind nach Flüssen im Alpenvorland benannt und man unterscheidet:

1. Günz-Eiszeit,	600 000 bis 545 000,	Dauer	55 000 Jahre
Zwischeneiszeit		Dauer	65 000 Jahre
2. Mindel-Eiszeit	480 000 bis 425 000,	Dauer	55 000 Jahre
Zwischeneiszeit		Dauer	190 000 Jahre
3. Riss-Eiszeit	235 000 bis 180 000,	Dauer	55 000 Jahre
Zwischeneiszeit		Dauer	60 000 Jahre
4. Würm-Eiszeit	120 000 bis 15 000,	Dauer	105 000 Jahre

Die Zwischeneiszeiten waren teils wärmer als unsere heutige Zeit. Vermutlich leben auch wir nur in einer Zwischeneiszeit.

Der erste Gletschervorstoß fand also auf einem viel höheren Landschaftsniveau statt als dem heutigen. Deswegen finden wir die ältesten Deckenschotter der **Günz-Eiszeit** als verbackene Nagelfluh auf dem Schiener Berg und auf dem Höchsten. Sie wurden damals von Schmelzwässern in Rinnen abgelagert.

Rund 100 m tiefer liegen die jüngeren Deckenschotter der **Mindel-Eiszeit** in Rinnen zwischen den älteren. Es war für die Schmelzwässer einfacher, die leicht erodierbare Molasse auszuräumen. Wir finden sie auf dem Sipplinger Berg, dem Bodanrück, dem Friedinger Schlossberg, bei der Homburg, bei Heiligenberg, am Rauhenberg, Heilsberg und Buchberg bei Thayngen sowie in tieferen Lagen des Schiener Berges. Dort sind sie mit Moränen verbunden, die darauf hindeuten, dass der mindeleiszeitliche Rheingletscher das Westende des heutigen Bodensees überschritten hat.

Die Schotter der folgenden **Riss-Eiszeit** liegen wieder etwa 200 m tiefer, teilweise unter dem heutigen Talniveau, weil die Schmelzwässer der späteren **Würm-Eiszeit** wieder kräftig aufgefüllt haben. So haben sich Täler zu Bergen verwandelt, und man spricht auch hier von **Reliefumkehr**.

Geologische Schnitte durch die bekanntesten Hegau-Vulkanberge.
Aus A. Schreiner 1970.
Abkürzungen: B Basalt, BB Basisbentonit, Bt Basalttuff, Dt Deckentuff, Gr Graupensande, J1 und J2 Ältere und Jüngere Juranagelfluh, Ki Kirchberger Schichten, KS Kies, OB Oberer Bentonit, OMM Obere Meeresmolasse, OS Obere Süßwassermolasse-Sande, OSM Obere Süßwassermolasse, P Phonolith. SKW Süßwasserkalk, USM Untere Süßwassermolasse, Wß-S Schichten des Weißen Jura, Wm Würmmoräne. Aus Schreiner 1990.

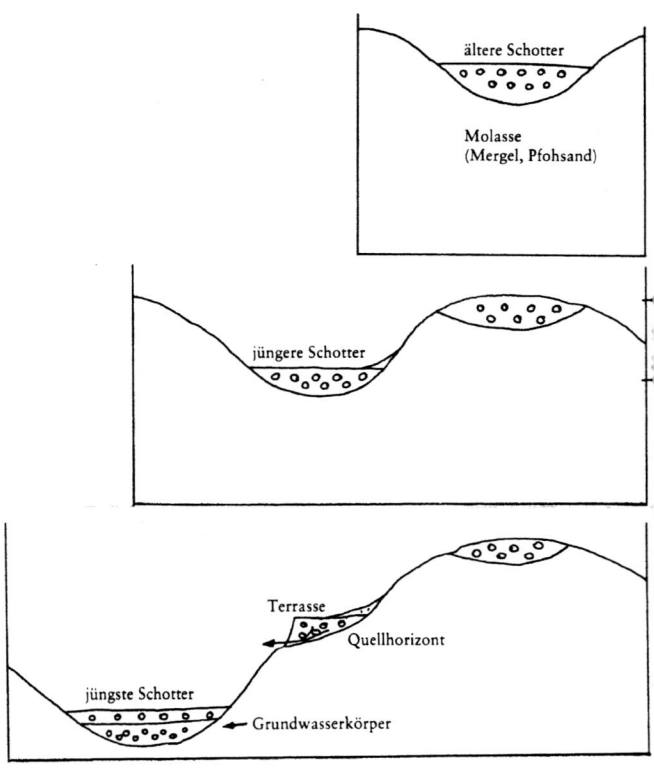

Schematische Darstellung der Reliefumkehr. Aus A. Köhler 1972

Jeder Gletscher hat ein Nährgebiet, in dem er entsteht, und ein Zehrgebiet, in dem er abschmilzt. Wie weit die beiden auseinander liegen, bestimmt das Klima. Überwiegt der Nachschub im Nährgebiet, so kommt es zum Vordringen des Gletschereises. Besteht ein Ausgleich, so kommt es zum Halt. Das Eis fließt trotzdem zwischen Nähr- und Zehrgebiet, und aus dem mitgeführten Material baut sich an der scheinbaren Haltestelle eine Endmoräne auf. Überwiegt das Abschmelzen, so wird die Gletscherzunge kleiner. Beim erneuten Ausgleich kommt es wieder zum Halt mit Endmoränenbildung usw.

Der Rheingletscher jeder Eiszeit schob seine mächtigen Eismassen durch das enge Alpentor bei Bregenz. Im Vorland verbreitete sich das Eis zu einem fladenähnlichen Gebilde, verlor dabei aber stark an Mächtigkeit und Schubkraft. Oft musste sich der Gletscher wellenförmig über seine eigene Grundmoräne hinwegschieben und so vom Ballast befreien. Dabei entstanden rundrückenförmige Höcker, deren Längsachse immer in der Fließrichtung des Eises liegt und deren Luv-Seite steiler als die Lee-Seite ist. Die Kelten nannten sie **Drumlins**, „Schweinchen", und so heißen sie heute noch. Bekannt ist das Drumlinfeld bei Raderach, aber auch auf dem Bodanrück, im Gehrenberg-Vorland und sogar auf der Reichenau finden wir sie. Wo sie im Dutzend anzutreffen sind, stehen sie auf Lücke, was die Grundmoränentheorie erhärtet. Auch Gletscher nehmen immer den Weg des geringsten Widerstandes. Jede vorgegebene Mulde wird auf dem Weg benutzt und weiter ausgeschürft. So ist sicher auch das Bodenseebecken entstanden, und was der Vorgänger nicht schaffte, hat der Nachfolger getan. Tektonische Verwerfungslinien sind in der Regel gute Wegweiser. Beim Überlinger See glaubt man, dass es so gewesen sei. Vor allem jüngere Bruchzonen sollen den Gletscher geleitet und die Steilküste in dem fjordartigen See verursacht haben.

Auch der Vulkan-Härtlinge im Hegau hat sich der Gletscher angenommen. Es war relativ einfach, die weiche Molasse, die Juranagelfluh und den Tuff mitzunehmen. Beim Basalt- und Phonolithkernen wurde es ernster, diesen hat er umfahren, dabei Schleifspuren hinterlassen und in dessen Schubschatten sogar weicheres Material liegen lassen.

Den weitesten Weg legte der Rheingletscher der **Riss-Vereisung** zurück. In einem weiten Bogen von Säckingen, über Waldshut, Stühlingen und Engen, vorbei an Messkirch nach Sigmaringen, weiter zum Bussen, über Warthausen, Ochsenhausen bis zur Adelegg baute er die **Altendmoräne** auf. Zwischen Sigmaringen und Zwiefaltendorf überfuhr er sogar die Donau und staute diese bei 665 m NN bis Geisingen auf. Durch das Primtal entwässerte der See zum Neckar.

So weit schaffte es der Rheingletscher der **Würm-Eiszeit** nicht mehr, dafür sind seine Spuren noch viel deutlicher zu sehen. Sein äußerster Stand entspricht dem Bogen: Schaffhausen, Aach, Pfullendorf, Saulgau, Schussenursprung, Waldsee, Wolfegg, Leutkirch, Isny, Pfänder. Man spricht von Würm I und vom **Schaffhauser Stadium**. Weil er der Jüngste unter den Vieren ist, hat er dabei die **„Äußere Jungendmoräne"** (ÄJEM) aufgeschüttet.

Bei einem Zwischenhalt, der wieder länger dauerte, kam es zur **„Inneren Jungendmoräne"** (IJEM). Diese beschreibt die Linie: Singen, Ludwigshafen, Heiligenberg, Höchsten, Waldburg. Es ist Würm II und das **Singener Stadium**. Sogar einen dritten Halt gab es und natürlich wieder eine Moräne. Der jetzt viel kleinere Bogen verläuft

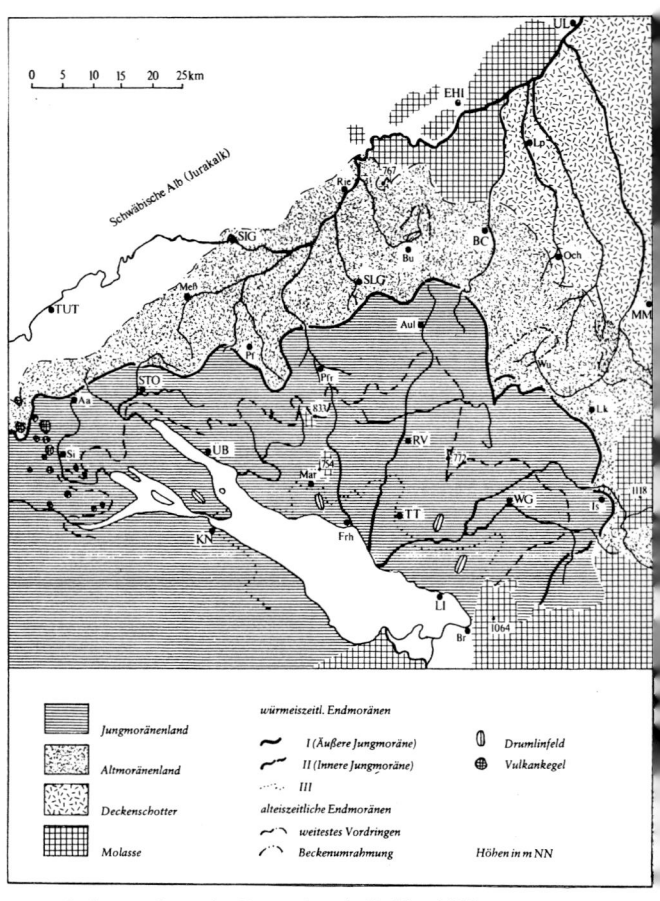

Vereinfachte geologische Karte. Aus A. Köhler 1972.

von Konstanz über Eschach nach Bregenz. Folgerichtig handelt es sich um Würm III und das **Konstanzer Stadium**. Der Eisrand reichte nur wenig über den Beckenrand des Obersees, so dass man davon ausgehen kann, dass der Gletscher in den Überlinger See kalbte und Eisberge treiben ließ. Bei Eschach staute der Gletscher den **Ravensburger See**

(509 m NN) auf, der rund 3000 Jahre Bestand hatte. Das beweisen die abgelagerten **Bändertone**, die wie Jahresringe eines Baumes gezählt werden können. Der See entwässerte zunächst in Richtung Überlingen und später über Uhldingen in den Obersee. Nach dem endgültigen Abschmelzen des würmzeitlichen Rheingletschers reichte der See bis Chur, bei einem Seespiegel von 410 m NN. Eventuell war er sogar über Sargans mit dem Walen- und Zürichsee verbunden. Inzwischen ist das Rheintal bis Bregenz aufgeschottert und verfüllt. Bei Dornbirn sind es immerhin 300 m Kiesablagerung bis zum Molassegrund. Der heutige Bodensee ist eigentlich nur noch ein Rest des ehemaligen Rheinsees.

Zwischen der Altendmoräne des Riss-Gletschers und der Äußeren Jungendmoräne des Würm-Gletschers liegt das **Altmoränenland**. Es ist ruhig, nivelliert und eher flach. Zwischen der Äußeren Jungendmoräne und dem Bodensee liegt das Jungmoränenland. Es ist eher unruhig, hügelig und von vielen Tobeln durchsetzt, die von den Rheinzuflüssen wegen deren tieferen Erosionsbasis in die Molasse gegraben wurden. Gleichzeitig verläuft über die Äußere Jungendmoräne – mit ganz wenigen Ausnahmen – die Europäische Wasserscheide zwischen Donau und Rhein. Von der Donau geht es jetzt zunächst bergauf zur Äußeren Jungendmoräne und dann bergab zum Bodensee. Das Relief hat sich total verändert. Fazit: Nichts ist wie es war, und nichts wird bleiben wie es ist.

Friedrich Weller

Pflanzenwelt

Vielfältige Pflanzendecke

Die Pflanzenwelt unseres Wandergebietes zeichnet sich durch eine für
mitteleuropäische Verhältnisse beachtliche Vielfalt aus. Diese hat ihre
primäre Ursache in den großen Relief- und Gesteinsunterschieden
innerhalb des Gebietes. Anders als in den übrigen Teilen des Südwest-
deutschen Alpenvorlandes wird das Bild hier nicht nur von eher sanften
Hügellandschaften und großen Verebnungen, sondern zusätzlich von
vielgestaltigen Mittelgebirgslandschaften zwischen rd. 400 und
860 m ü. NN mit teilweise tief eingeschnittenen Tälern und steilen
Hangzonen geprägt, die im Kerngebiet aus den weichen Ton- und
Sandsteinschichten der Molasse, im Nordwesten zur Hegaualb ansteigend aus den Kalksteinen des Weißen Jura und im Westen aus den
vulkanischen Gesteinen des Hegau-Kegelberglandes aufgebaut sind.
Innerhalb dieses Rahmens hat der mächtige Rheinvorlandgletscher
seine Spuren hinterlassen, die von Grund- und Endmoränen über
Drumlins, Zungenbecken und Schmelzwasserrinnen bis zu ausgedehnten Schotterterrassen mit eingelagerten Seen und Mooren reichen.
Dabei sind die bodenbildenden eiszeitlichen Sedimente nicht – wie im
östlichen Bodenseegebiet – auf würmeiszeitliche Geschiebemergel,
Schotter und Tone beschränkt, da das Gebiet im Norden auch auf die
älteren und deshalb bereits tiefer entkalkten risseiszeitlichen Ablagerungen übergreift.
Durch das bewegte Relief wird auch das im Vergleich zum östlichen
Bodenseegebiet insgesamt niederschlagsärmere und stärker kontinental
getönte **Klima** je nach den örtlichen Gegebenheiten vielfältig abge-
wandelt, wobei der Unterschied in der Dauer der **Vegetationszeit**
zwischen den wärmsten Sonnhängen bei Meersburg und den kühlsten
Schatthängen auf der Hegaualb rund sieben Wochen beträgt. Somit liegt
ein buntes Mosaik unterschiedlichster **Standorte** vor, deren Streubreite
von flach- bis tiefgründigen, trockenen bis nassen, durchlässigen bis
wasserstauenden, kalkreichen bis sauren, nährstoffarmen bis -reichen

Vielseitige Kulturlandschaft im Landschaftsschutzgebiet Hegau (s. S. 92); links Naturschutzgebiet Hohenstoffeln (s. S. 78), halbrechts Naturschutzgebiet Mägdeberg (s. S. 82) und rechts Naturschutzgebiet Hohenhewen (s. S. 77). Aufn.: W. Rößler

Böden in sehr warmem bis kaltem, sehr wenig bis sehr stark frostgefährdetem, trockenem bis feuchtem, windoffenem bis windgeschütztem **Lokalkima** reicht.

Innerhalb dieses vielfältigen Mosaiks haben nach dem Ende der Vergletscherung Pflanzen mit ganz unterschiedlichen Standortsansprüchen ihre „ökologische Nische" gefunden. Zunächst waren es Flechten und Moose, gefolgt von anspruchslosen Zwergsträuchern, Gräsern und Kräutern der **Tundravegetation.** Nach einem Übergangsstadium mit Kriechweiden, Zwergbüschen, Sanddorn und Wacholder bauten mit allmählicher Besserung des Klimas Birken und Kiefern die ersten Wälder der Späteiszeit auf.

Wälder bedeckten auch in den folgenden Jahrtausenden nahezu das gesamte Gebiet – ausgenommen die Standorte, welche für ihre Entwicklung zu trocken oder zu naß oder durch Hangrutschungen vorübergehend waldfrei geworden waren. Allerdings änderte sich die Zusammensetzung der Wälder in Abhängigkeit von Klimaschwankungen sowie der Ausbreitungsgeschwindigkeit und Konkurrenzkraft der Baumarten im Laufe der Zeit mehrfach. Beherrschte zunächst die Wald-Kiefer das Gebiet, so waren es später mehr und mehr die Laubbaum-

arten. Etwa um 8000 v. Chr. drang die Hasel stark vor. Ihr folgten bald
Eichen, Linden, Erlen, Ulmen u. a. Dieser Eichenmischwald prägte in
der Mittleren Wärmezeit etwa von 5000 bis 2500 v. Chr. weithin das
Gebiet. Gegen Ende dieser Periode breitete sich dann die bis dahin fast
völlig fehlende Rotbuche stark aus und drängte, begünstigt durch das
wieder kälter und feuchter werdende Klima und durch ihre Schatten-
verträglichkeit, den licht- und wärmeliebenden **Eichenmischwald**
mehr und mehr zurück, bis er dann in der um etwa 800 v. Chr.
einsetzenden Nachwärmezeit auf den meisten Standorten durch den
Buchenwald abgelöst wurde. Neben der Hauptbaumart Rotbuche
hielten sich aber auch die anderen Bäume im Gebiet, insbesondere auf
Standorten, an deren Verhältnisse sie besser angepasst waren als jene,
z. B. auf den feuchten Flächen der Senken und Moore, in den
überschwemmungsgefährdeten Auen, in den steil eingeschnittenen
Tobeln und auf trockenen Hängen, Rücken und Kuppen. So war in
Anpassung an die örtlichen Boden- und Klimaverhältnisse ein mehr
oder weniger kleinräumiges Mosaik verschiedener Pflanzengesellschaften entstanden, zu denen neben den Bäumen zahlreiche charakteristische Arten von Sträuchern, Gräsern und Kräutern gehörten, die
ebenso wie die Bäume in verschiedenen Epochen eingewandert waren.
Dabei handelt es sich um Arten mit recht unterschiedlicher **Verbrei-
tungstendenz.** Während die Moore der Pflanzendecke einerseits
nordische Züge verleihen, weisen die zahlreichen subatlantischen,
submediterranen und kontinentalen Florenelemente in die anderen drei
Himmelsrichtungen. Hinzu kommen entsprechend der Lage im alpinen
Vorland besonders viele alpid-präalpide Arten, die hier ihren Schwerpunkt in Felsbandgesellschaften sowie in Quellfluren und Quellsümp-
fen haben. Und schließlich wird unser Gebiet noch durch eine Anzahl so
genannter endemischer Arten mit einem eng begrenzten Verbreitungs-
gebiet aus dem übrigen Alpenvorland herausgehoben.
Die vorwiegend von Rotbuchen bestimmten Waldgesellschaften
würden auch heute noch fast unser gesamtes Gebiet bedecken, wenn
sie nicht inzwischen vom Menschen großenteils gerodet worden wären,
um Raum für eine **landwirtschaftliche Nutzung** des Bodens und eine
dadurch mögliche dichtere Besiedlung zu schaffen. Diese Entwicklung
setzte im niederschlagsärmeren und dadurch für den Ackerbau
günstigeren Klima des Hegaus wesentlich früher ein als im östlichen
Bodenseegebiet. Die jungsteinzeitlichen Siedlungskammern auf den
Parabraunerden und ähnlich gut geeigneten Böden im westlichen
Bodenseegebiet blieben auch in den folgenden Jahrtausenden Kerngebiete von Ackerbau und Siedlung. Für die zunehmende Bevölkerung
späterer Epochen reichte die Produktion der alten Kerngebiete jedoch
nicht mehr aus. Deshalb mussten zusätzlich auch Bereiche mit
ungünstigeren Standortsbedingungen in die landwirtschaftliche Nut-

*Weiße Hainsimse im
Hainsimsen-Buchenwald.
Aufn.: F. Weller*

zung einbezogen werden. So wurde der Wald mehr und mehr eingeengt,
bevorzugt auf die für den Landbau schlecht geeigneten Standorte an den
Hängen und auf den schlechteren Böden. Außerdem spielten auch die
unterschiedlichen Besitzverhältnisse eine nicht unwesentliche Rolle.
Auf diese Weise entstand der uns heute so vertraute kleinräumige
Wechsel von Wald und Feldflur. Größere zusammenhängende Wald-
flächen blieben vor allem im Norden des Gebietes erhalten. Aber auch in
die Wälder selbst griff der Mensch durch **Waldweide** und **Holznutzung**
stark ein. Von den vielen dadurch bewirkten Veränderungen fällt heute
die weite Verbreitung der **Fichte** am meisten auf. Sie war im Gebiet
ursprünglich allenfalls punktuell vorhanden, namentlich in der Umran-
dung der Moore. Von dort und aus den Bergwäldern des Alpennord-
randes drang sie vor allem im 16. Jahrhundert in die durch Raubbau
verwüsteten Wälder unseres Gebietes verstärkt ein. Wegen ihrer
Vorteile für die Holzproduktion wurde sie dann ab Anfang des 19.
Jahrhunderts auf großen Flächen in Reinanbau kultiviert. Neben dieser
„Verfichtung" tritt der ebenfalls von forstlicher Seite vorgenommene
Anbau anderer Holzarten, darunter auch ursprünglich im Gebiet nicht
vorhandener wie Lärche, Douglasie oder Roteiche, weit zurück.

Noch deutlicher war der Einfluss des Menschen selbstverständlich auf den gerodeten Flächen, namentlich auf den Äckern, deren Böden immer wieder bearbeitet und mit gezielt ausgewählten Pflanzen bestellt werden. Doch darf dieser Einfluss für die Entwicklung der Pflanzendecke keineswegs nur negativ gesehen werden. Bezüglich der Artenzahl hat er sich sogar ausgesprochen positiv ausgewirkt, denn auf den Rodeflächen fanden nicht nur die vom Menschen gewollten Kulturpflanzen geeignete Lebensbedingungen, sondern zahlreiche **„Kulturbegleiter"**, die in den Wäldern nicht konkurrenzfähig gewesen waren. Hatten sich früher schon den typisch mitteleuropäischen Laubwaldgesellschaften auch Arten aus anderen benachbarten Florengebieten beigemischt, so wanderten jetzt verstärkt Pflanzen aus den Steppengebieten Vorderasiens, dem Mittelmeergebiet und den westeuropäischen Küstensäumen ein. Dazu kamen in der Neuzeit Arten aus überseeischen Ländern, insbesondere aus Nord- und Mittelamerika, deren Zuwanderung bis heute nicht abgeschlossen ist. Sie alle bildeten im Verein mit den Kulturpflanzen und einem Teil der schon vorhanden gewesenen Wildarten die neuen Lebensgemeinschaften der Äcker, Wiesen, Weiden, Wein-, Obst-, Gemüse- und Ziergärten sowie der dazwischen eingestreuten Hecken, Feld- und Ufergehölze mit ihren Randsäumen und der vielfältigen Ruderalstellen. So entstand erst durch das Zusammenwirken von Mensch und Natur unsere abwechslungs-

Wimperseggen-Buchwald im Deggenhauser Tal. Aufn.: F. Weller

und artenreiche **Kulturlandschaft**, deren vielfach parkartiger Charakter noch verstärkt wird durch markante Einzelbäume und Baumreihen.

Diese vielfältige bäuerliche Kulturlandschaft ist durch das Fortschreiten der technischen Entwicklung in ihrem Bestand gefährdet. Die Vereinheitlichung der Standortsverhältnisse durch Entwässerungen, Verfüllungen von Gräben und Planierungen, das Entfernen von Einzelbäumen, Hecken und Feldgehölzen sowie die intensiven Anbaumethoden mit verstärkter Düngung, Schädlings- und Unkrautbekämpfung vermindern nicht nur den landschaftlichen Reiz, sondern auch die Artenzahl. Dazu kommen die gewaltigen Flächenverluste für Verkehrs- und Siedlungszwecke. Hier zu einem sinnvollen Ausgleich zwischen dem technisch Machbaren und dem ökologisch Unverzichtbaren beizutragen, sind wir alle aufgerufen.

Charakteristische Pflanzengemeinschaften des Gebietes

1. Wälder und Gebüsche

Wie bereits erwähnt, wäre das Gebiet ohne Zutun des Menschen mit Ausnahme der Gewässer und ihrer nassesten Ränder sowie einiger Felspartien und junger Erdrutschstellen auch heute noch durchgehend von Wald bedeckt. Mit wenigen Ausnahmen würde es sich bei dieser potentiellen natürlichen Vegetation um reine **Laubmischwälder** handeln. In den meisten davon wäre die Rotbuche die vorherrschende Baumart. Solche Buchenwälder bestimmen auch heute noch weithin das Bild. Sie kommen je nach den Standortsverhältnissen in verschiedenen Ausprägungen vor. Am weitesten verbreitet ist der Waldmeister-Buchenwald, der für die oberflächlich schon entkalkten, aber noch mineralreichen Böden charakteristisch ist. Auf stärker und tiefer entkalkten Böden dominiert der artenärmere Hainsimsen-Buchenwald. Den Gegensatz dazu bilden die besonders artenreichen verschiedenen Ausbildungen der „Kalkbuchenwälder".

Da saure Mineralböden im Süden des Gebiets nur kleinräumig auftreten, findet sich der artenarme **Hainsimsen-Buchenwald** hier nur stellenweise, dagegen bildet er auf den risseiszeitlichen Moränen im Norden den vorherrschenden Naturwald, hier wegen der oft etwas wechselfeuchten Böden meist in Verbindung mit Seegras, das auch in den meist an seine Stelle getretenen Fichtenforsten weithin den Waldboden überzieht. Ansonsten treten in der lückigen Krautschicht einige weitere Grasartige oder Gräser hervor, insbesondere die namengebende Weiße Hainsimse, die Frühlings-Hainsimse und die Draht-Schmiele. Im Übrigen wechseln vegetationslose, nur vom dürren Falllaub bedeckte

*Bezeichnend für die Kalkbuchenwälder sind Kalk liebende Arten, so
neben der Frühlingsblatterbse, Haselwurz, Ausdauerndem Bingelkraut,
Türkenbund, der Seidelbast (links) und die Nesselblättrige Glockenblume (rechts). Aufn.: F. Weller*

Flächen mit ausgedehnten Moosrasen. Auf den sauren Standorten
können auch die herdenbildenden Zwergsträucher der Heidelbeere die
Krautschicht beherrschen.

Ein wesentlich bunteres Bild bietet die Krautschicht im **Waldmeister-
Buchenwald**. Unter den Pflanzenarten sind viele, die den Waldboden
im zeitigen Frühjahr mit einem dichten Teppich überziehen, solange die
Baumkronen noch nicht belaubt sind und das Sonnenlicht bis zum
Boden durchdringen lassen. Weit verbreitet finden wir neben dem
namengebenden Waldmeister u. a. Busch-Windröschen, Wald-Veil-
chen, Goldnessel, Ährige Teufelskralle, Wald-Habichtskraut, Wald-
hirse, Frühlings-Hainsimse, Finger-Segge sowie Gemeinen Wurmfarn
und Gemeinen Frauenfarn. Unterdrückt wird die Artenvielfalt dort, wo
die für das südliche Alpenvorland charakteristische Wimper-Segge
große Herden bildet. Nach ihr wird diese Waldgesellschaft auch als
Wimperseggen-Buchenwald bezeichnet. In den feuchten Ausprägungen des Waldmeister-Buchenwaldes treten u. a. Wald-Ziest, Wald-
Segge, Rasen-Schmiele, Wald-Zwenke, Gewöhnliches Hexenkraut,
Geißfuß (Giersch) und das manchmal fast reine Bestände bildende
Große Springkraut oder Rührmichnichtan verstärkt auf.

„**Kalkbuchenwälder**" sind – wie der Name sagt – besonders für die mehr oder weniger kalkreichen Böden im Bereich hoher Reliefenergie im Bergland der Molasse und des Weißen Juras charakteristisch, aber auch für die kalkfreien, jedoch basenreichen Böden aus dem Basalt der westlichen Hegauberge, namentlich am Hohenstoffeln und Hohenhewen. In schattseitiger und höherer Lage überwiegt der **Waldgersten-Buchenwald**, sonnseitig der **Seggen-** oder **Orchideen-Buchenwald.**

Der hohe Basengehalt und der oft kleinräumige Wechsel von flach- und tiefgründigen Böden sowie von wärmeren, trockenen Sonn- und kälteren, feuchten Schatthängen sind die Grundlage des Artenreichtums. Aus der Vielfalt der Arten seien zusätzlich zu den Arten des Waldmeister-Buchenwaldes exemplarisch genannt: Ausdauerndes Bingelkraut, Christophskraut, Frühlings-Platterbse, Haselwurz, Maiglöckchen, Nesselblättrige und Pfirsichblättrige Glockenblume, Echte Nelkenwurz, Einbeere, Vielblütige Weißwurz, Große Schlüsselblume, Dunkles Lungenkraut, Heildolde, Immergrün und Weiße Segge. Stellenweise fällt die Mandelblättrige Wolfsmilch durch ihre immergrünen Blätter an verholzten Stengeln auf. Einen besonderen Schmuck bilden im zeitigen Frühjahr die duftenden Blüten des Seidelbastes und

Im Seggen- oder Orchideen-Buchenwald treten verschiedene Seggen- und Orchideenarten auf, so auch das geschützte Rote Waldvögelein. Aufn.: Th. Müller

die blauen Blüten des Leberblümchens, das auch im übrigen Jahr gut
an seinen charakteristischen dreilappigen Blättern zu erkennen ist. Es
tritt allerdings nur stellenweise auf, mitunter aber dann in großer Zahl,
wie z. B. im Hödinger Tobel und namentlich im Wald Schönbühl
nördlich Eigeltingen. Im weiteren Jahreslauf erfreuen den Wanderer die
schönen Blüten des Immenblattes und mehrerer seltener, vollkommen
geschützter Arten wie Akelei, Türkenbund und einiger Orchideen,
darunter alle drei Waldvögeleinarten. Auch die weitaus häufigere blasse
Vogelnestwurz hat im Kalkbuchenwald ihren Verbreitungsschwer-
punkt.

Wo das Wachstum der Buchen durch Trockenheit oder hohe
Feuchtigkeit geschwächt ist, können andere, sonst nur untergeordnete
Laubbaumarten zur Vorherrschaft gelangen. In den schattigen, luft-
feuchten und von Sickerwasser durchrieselten Tobeln herrscht der zu
den **Linden-Ahornwäldern** gehörende **Eschen-Ahornwald**, in dem
die Esche gemeinsam mit Bergahorn und Bergulme mächtige Bäume
entwickelt. Hinzu kommen neben der Rotbuche Sommer-Linde,
Hainbuche und Spitz-Ahorn. Die Krautschicht ist kräftig entwickelt
und enthält neben vielen der bereits für die Kalkbuchenwälder
genannten Arten zusätzlich an den schattigen Steilhängen einige
präalpide Pflanzen, so den Wald-Geißbart mit zarten weißen Blüten-
rispen, die Finger-Zahnwurz mit violetten und den Klebrigen Salbei mit
gelben Blüten, auf der Hegaualb den Wolfs-Eisenhut und die Sträucher
der Alpen-Heckenkirsche und der Alpen-Johannisbeere, im Hödinger
Tobel das violett blühende Silberblatt mit seinen namengebenden, den
Winter überdauernden, silbern glänzenden Schotenscheidewänden und
im Spetzgarter Tobel den seltenen Hirschzungenfarn. Letzterer kommt
auch auf dem Bodanrück vor, wo sich andererseits mit der strauchför-
migen Pimpernuss und der windenden Schmerwurz an warmen Hängen
auch seltene Arten aus südlichen Regionen finden. Den feuchten
Hangfuß bedecken oft die hellgrünen Blätterteppiche des Bärlauchs, der
sich im Frühjahr auch durch seinen Geruch deutlich bemerkbar macht.
Dazu gesellen sich der Wollige Hahnenfuß und seltener auch der
entzückende Hohle Lerchensporn und der Märzenbecher. Auf Sickerwasser weist das zeitig im Frühjahr erscheinende grünlichgelbe
Wechselblättrige Milzkraut ebenso hin wie die großen Horste der
Pendel-Segge und die Herden des Riesen-Schachtelhalmes. Besonders
im Winter fallen die unverzweigten, immergrünen Sprosse des Winter-
Schachtelhalms auf.

Außerhalb der Tobel treten auf den für die Rotbuche nicht mehr
optimalen Standorten zunächst Eichen und Hainbuchen in den Vorder-
grund. Zur trockenen Seite hin ist es der **Waldlabkraut-Traubenei-
chen-Hainbuchenwald.** Er ist vor allem für die Singener Schotterebene
im Zentrum des niederschlagsarmen Hegaubeckens charakteristisch.

*Die präalpiden Arten Wald-Geißbart (links) und Finger-Zahnwurz
(rechts) wachsen an schattigen Steilhängen in Eschen-Ahornwäldern.
Aufn.: F. Weller*

Seine Krautschicht enthält auffallend viele Gräser und Grasartige,
wobei sich Mullbodenarten mit Wärme- und Kalkzeigern einerseits und
Verhagerungs- und Sauerhumuszeigern andererseits mischen. Zu
letzteren gehören u. a. die dichten Horste des Verschiedenblättrigen
Schwingels und des Wald-Rispengrases. Für feuchtere, aber im
Oberboden noch nicht grundwasserbeeinflusste Standorte des Hegaubeckens ist der **Sternmieren-Stieleichen-Hainbuchenwald** typisch,
dem hier allerdings die namengebende Sternmiere fehlt. Die fast
geschlossene Krautschicht wird von Frühjahrsblühern, namentlich dem
Bärlauch, beherrscht. Dazu gesellen sich neben zahlreichen Mullbo-
denzeigern, die wir schon für die Buchenwälder kennen gelernt haben,
auch Arten, die bereits zu den Auwäldern überleiten, wie Große
Schlüsselblume, Gewöhnliche Nelkenwurz, Geißfuß, Scharbockskraut,
Aronstab, Wald-Ziest und Gelbes Windröschen.
Während in allen bisher erörterten Laubmischwäldern die Rotbuche
zumindest beigemischt ist, fehlt sie den von Grundwasser beeinflussten
Auenwäldern. Solche haben sich im Gebiet in verschiedenen
Ausprägungen erhalten, allerdings nur in kleinen Resten. Im **Win-
kelseggen-Erlen-Eschenwald** an Quellhängen und Bächen sowie

Für den Sternmieren-Stieleichen-Hainbuchenwald auf feuchten Stand-
orten ist u.a. der Aronstab bezeichnend (links blühend, rechts
fruchtend). Aufn.: F. Weller

im **Schwarzerlen-Eschenauwald** in den Talauen dominieren die
beiden namengebenden Laubbäume, in dem auf das Bodenseeufer
beschränkten **Silberweidenauwald** die Silberweide. In den meisten
spielen Sträucher eine große Rolle, neben verschiedenen auch in
andern Laubwäldern verbreiteten Arten namentlich Gewöhnlicher
Schneeball, Roter Hartriegel und Schwarzer Holunder sowie vor allem im Schwarzerlen-Eschenauwald die früh ergrünende Trauben-
kirsche. In den Auwäldern hat auch der sich durchs Geäst schlingen-
de Wilde Hopfen seine Heimat. Ein Teil der Straucharten bildet
mit verschiedenen Weidenarten, teilweise auch mit Kreuzdorn und
Faulbaum selbstständige Gebüschgesellschaften außerhalb des Waldes.
Auch von den auf Torfunterlage stockenden **Moor-** und **Bruchwäldern**
finden sich im Gebiet infolge der weitgehenden Zerstörung natürlicher
Moorflächen nur noch kleine Reste. Auf nährstoffreicheren Nieder-
moortorfen ist es der **Erlenbruchwald** mit der Schwarzerle als einziger
Baumart sowie der **Grauweidenbusch**. Beiden Gesellschaften sind
einige der relativ wenigen Arten der Krautschicht gemeinsam, bei-
spielsweise Bittersüßer Nachtschatten, Gewöhnlicher Gelbweiderich

und Sumpf-Segge. Auf nährstoffärmeren Torfen stockt der **Rausch-beeren-Birkenmoorwald**, in dem die Wald-Kiefer (Föhre, Forche) in schlechtwüchsigen Moorformen vorherrscht, der die Moorbirke bei-gemischt ist. In der Strauchschicht spielt, wie übrigens auch in den beiden zuvor genannten Gesellschaften, der Faulbaum eine große Rolle, ferner schwachwüchsige Fichten. Hingegen fehlt die auf Mooren des Schwarzwaldes und des südöstlichen Alpenvorlandes nicht seltene Berg-Kiefer völlig.

Mit dem Waldkiefern-Moorwald haben wir zum ersten Mal eine Waldgesellschaft erreicht, in der **Nadelbäume** (Wald-Kiefer, Fichte) von Natur aus vertreten sind, wenn auch nur kleinräumig und schlechtwüchsig. Eine zweite im Gebiet natürlich vorkommende, nach Standort und Artenzusammensetzung jedoch völlig andere Nadelwald-gesellschaft stellt der **Geißklee-Föhrenwald** dar. Er nimmt ebenfalls nur sehr kleine Flächen ein, gehört aber zu den pflanzengeographisch besonders charakteristischen Gesellschaften des westlichen Bodensee-gebietes. Am schönsten ist er auf den sonnseitigen, flachgründigen, trockenen Molasse-Steilhängen des Sipplinger Dreiecks entwickelt, kommt aber auch auf der Hegaualb vor. Die lichte Baumschicht wird von Wald-Kiefern beherrscht; Laubhölzer sind als Nebenholzarten bei-gemischt, insbesondere Stiel-Eichen, seltener Trauben-Eichen, schlechtwüchsige Rotbuchen und Pionierbaumarten wie Zitter-Pappel

Namengebend für den Rauschbeeren-Birkenmoorwald ist die nordisch verbreitete Rauschbeere. Aufn.: Th. Müller

und Hänge-Birke, dazu gelegentlich die Mehlbeere. In der Strauchschicht finden sich neben mehreren auch sonst häufigen Arten einige
seltenere Vertreter. Dazu gehören zwei gelb blühende Schmetterlings-
blütler, der namengebende Schwarzwerdende Geißklee und die
Strauch-Kronwicke, sowie die Felsenbirne, die Gewöhnliche und die
Filzige Zwergmispel und der Zwergbuchs. Die ganz große Rarität sind
jedoch die Zwergsträucher der Arznei-Bärentraube, die mit ihren
immergrünen Blättern, weißen bis rötlichen Blüten und roten Beeren an
Preiselbeeren erinnern, von denen sie sich jedoch durch ihre lang über
den Boden kriechenden und Spaliere bildenden Sprosse unterscheiden.
Die Art ist innerhalb Baden-Württembergs in den letzten Jahren nur
noch im Gebiet des Sipplinger Dreiecks und auch hier nur an wenigen
Stellen nachgewiesen worden. Sie gilt deshalb im Land als stark
gefährdet und erfordert unbedingten Schutz. Im übrigen vereint die
artenreiche Krautschicht Vertreter von Laubwald-, Saum- und Trocken-
rasengesellschaften.

Durch die **Forstwirtschaft** ist die Wald-Kiefer weit über ihre
inselartigen natürlichen Vorkommen hinaus verbreitet worden, meist
in Mischung mit Laubbäumen, seltener in Reinbeständen wie die Fichte.
Ähnliches gilt für die im niederschlagsreicheren südöstlichen Oberschwaben und Allgäu von Natur aus reichlich vorkommende Weißtanne,
die ursprünglich alpid-karpatische Europäische Lärche und die aus dem
pazifischen Nordamerika stammende Douglasie. Seltener wurden auch
ausländische Laubhölzer forstlich eingebracht, wie die Rot-Eiche und –
vor allem bei Neuaufforstungen aufgelassener Feuchtwiesen – verschiedene Bastard-Pappeln. Ein spezielles Problem bildet stellenweise
die aus Nordamerika stammende Robinie oder Falsche Akazie, da sie
durch ihre Wurzelbrut andere Holzarten unterdrückt und infolge
Stickstoffanreicherung im Boden die ursprüngliche Vegetation durch
die Entwicklung von Knoblauchsrauken- und Holundergesellschaften
meist stark verändert.

In den reinen **Fichtenforsten** ist die ursprüngliche Krautschicht durch
die ganzjährige starke Beschattung unter den Dickichten und Stangen-
hölzern weitgehend „hinausgedunkelt" worden. Mit zunehmender
Auflichtung der älteren Baumhölzer können sich viele Arten wieder
durchsetzen; dabei herrschen jedoch oft Grasarten vor sowie ein dichtes
Gerank von Brombeeren. Wo sich die Nadelstreu stärker anreichert,
werden u. a. Sauerklee und Schattenblümchen sowie auch solche Arten
gefördert, die ursprünglich in natürlichen montanen Nadelwäldern
beheimatet sind, wie das Rundblättrige Labkraut und verschiedene
Moosarten.

Wenn durch Kahlschlag oder Sturmwurf die Beschattung ganz entfällt
und eine beschleunigte Streuzersetzung einsetzt, stellen sich innerhalb
kurzer Zeit die sogenannten **Schlagfluren** ein, deren Artengefüge sich

Die große Rarität in den reliktischen Geißklee-Föhrenwäldern des Sipplinger-Überlinger Molassegebiets ist die Arznei-Bärentraube. Aufn.: F. Weller

je nach den Standortsbedingungen unterscheidet. Auf kalk- und nährstoffreichen Böden entwickelt sich vorzugsweise der **Tollkirschen-schlag**, in welchem sich zur namengebenden Art u. a. als häufige Schlagpflanzen Himbeere, Wald-Erdbeere, Wald-Greiskraut, Wasserdost und Gewöhnliche Kratzdistel sowie typische Stickstoffzeiger, wie Gewöhnlicher Hohlzahn und Große Brennnessel, gesellen. Auf weniger kalkhaltigen und nährstoffärmeren Böden setzt sich gegen die genannten Arten oft das hochwüchsige Land-Reitgras in verjüngungs-hemmenden Herden durch, weshalb es vom Forstmann als Waldunkraut gefürchtet wird. Unter den übrigen Arten fällt im Sommer vor allem das Schmalblättrige Weidenröschen mit seinen purpurfarbigen großen Blütenständen auf.

Sofern die Flächen nicht bald wieder aufgeforstet werden, entwickeln sich schon nach wenigen Jahren Kahlschlaggebüsche als sogenannte **Vorwaldgesellschaften**, die durch Trauben-Holunder und Sal-Weide sowie verschiedene Brombeerarten charakterisiert sind.

Sträucher sind auch innerhalb der Wälder weit verbreitet, reichern sich jedoch an deren Rändern dank dem erhöhten Lichtgenuss als **Wald-mantel** an. Auch die **Hecken** und **Gebüsche** außerhalb des Waldes

Unter den Arten der Schlagfluren fällt im Sommer vor allem das schmalblättrige Weidenröschen mit seinen purpurfarbigen Blüten auf. Aufn.: F. Weller

setzen sich größtenteils aus Waldarten zusammen. Meist handelt es sich um verschiedene Ausprägungen des **Schlehen-Ligustergebüsches**, in welchem zu den beiden namengebenden Arten je nach Standort und Entwicklungsgeschichte weitere Sträucher hinzutreten, namentlich Roter Hartriegel, Rote Heckenkirsche, Hasel, Gewöhnliches Pfaffenhütchen, Feld-Ahorn, Wolliger Schneeball, Berberitze sowie verschiedene Weißdorn-, Brombeer- und Wildrosenarten und die Lianen der Waldrebe. Hin und wieder finden sich in den Waldmänteln und Gebüschen auch Wildlinge der verschiedenen Obstarten. Dabei handelt es sich meist um verwilderte Sämlinge aus Kultursorten, seltener um ursprüngliche einheimische Wildformen. Eine Ausnahme macht die Vogel-Kirsche, die als echte Wildart nicht selten ist und besonders im Frühjahr durch ihre weißblühenden Kronen auffällt. Als Folge des erhöhten Stickstoffeintrags hat sich in letzter Zeit in vielen Feldhecken der Schwarze Holunder stärker durchgesetzt. Wenn die Feldhecken nicht wie früher in mehrjährigem Abstand „auf den Stock gesetzt" werden, entstehen sogenannte Baumhecken oder Hochgebüsche, indem verschiedene Waldbaumarten im Schutz der Sträucher durchwachsen.

Dies beweist, dass diese Strauchgesellschaften auf den meisten Standorten nicht ursprünglich sind, sondern Sukzessionsstadien innerhalb einer vom Menschen immer wieder unterbrochenen Entwicklung zum Wald darstellen.

Letzteres lässt sich von dem als Waldmantel an den Geißklee-Kiefernwald angelehnten **Sanddorngebüsch** nicht sagen, das hier im Sipplinger Dreieck als Besonderheit im Unterschied zu den landauflandab gepflanzten Exemplaren ein kleines natürliches Vorkommen hat, von dem aus es auch in benachbarte Sukzessionsflächen eingedrungen ist.

2. Fels- und Saumgesellschaften

Die ohne menschliche Eingriffe beständig wald- und gebüschfreie Vegetation ist – wie bereits erwähnt – im Gebiet auf die trockensten und die feuchtesten Standorte beschränkt. Entsprechende Trockenstandorte treten nur sporadisch in Form von Felsen und aufgelassenen Steinbruchwänden aus Kalk, Basalt, Phonolith und weichen Molassesandsteinen auf. Oft sind sie so klein, dass sie vom umgebenden Wald völlig überschattet werden. Wo dies nicht der Fall ist, konnten sich artenreiche **Felsband-** und **Felsspaltengesellschaften** mit Reliktarten aus der Eiszeit und der nacheiszeitlichen Wärmezeit erhalten, darunter aus-

Verschiedene Wildrosenarten schmücken zur Blütezeit das Schlehen-Ligustergebüsch. Aufn.: Th. Müller

Im Hohentwiel (Naturschutzgebiet; s. S. 79) konnte sich in Felsspalten und auf Felsbändern das Berg-Steinkraut als Relikt der nacheiszeitlichen Wärmezeit halten. Aufn.: Th. Müller

gesprochene Kostbarkeiten, die unbedingten Schutz benötigen. Dazu gehört die **Pfingstnelken-Flur** auf sonnseitigen Felsbändern mit Pfingstnelke, Weißem Mauerpfeffer, Berg-Lauch, Bleichem Schwingel und Steppen-Lieschgras sowie verschiedenen Trockenrasen- und Saumarten. Am Hohentwiel konnten sich u. a. Trauben-Steinbrech, Niedriges und Hasenohr-Habichtskraut, Berg- und Kelch-Steinkraut sowie als Flüchtling aus dem ehemaligen Burggarten der Ysop erhalten. Für Felsspalten sind verschiedene kleine Farne charakteristisch; sonnseitig namentlich die Mauerraute, schattseitig eher der Braunstielige Streifenfarn. Diese Farne sind zusammen mit dem Zimbelkraut auch in Mauerfugen weit verbreitet. An schattseitigen, feuchten Molassewänden des Hödinger Tobels findet sich das Alpen-Maßliebchen.

Im Übergangsbereich zwischen den kahlen Felsen zu den umgebenden Gebüsch- und Waldgesellschaften bilden zahlreiche an die Trockenheit angepasste Arten **Trockenrasen-** und **Saumgesellschaften**. Am weitesten verbreitet unter den **Blutstorchschnabel-Saumgesellschaften** ist der von GRADMANN als „**Steppenheide**" bezeichnete farb- und formenreiche **Hirschhaarstrang-Staudensaum**. Neben dem namengebenden, hier über 1 m hoch werdenden Doldengewächs sind Blut-Storchschnabel, Echtes Salomonssiegel, Ästige Graslilie und Nickendes Leimkraut besonders charakteristisch. Aus der Fülle der

Trockenrasen- und Saumarten seien weiter genannt: Straußblütige Wucherblume, Schwalbenwurz, Kalk-Aster, Purpur-Klee, Großer Ehrenpreis, Gewöhnlicher Dost, Wirbeldost, Odermennig, Zypressen-Wolfsmilch, Hügel-Meier, Sonnenröschen, Hufeisenklee, Frühlings-Fingerkraut, Aufrechter Ziest, Edel-Gamander, auf der Hegaualb und im Hegau-Bergland auch Berg- und Trauben-Gamander, Sichelblättriges Hasenohr, Blaugrünes Labkraut, Gewöhnliche Küchenschelle, Rundblättrige Kugelblume, Schaf-Schwingel und Erd-Segge.

3. Gewässer und ihre Ufer

Für ausgesprochene Wasserpflanzen bieten neben dem Bodensee zahlreiche kleinere Seen, Weiher und Tümpel sowie die Fließgewässer Lebensraum. Die ufernahen Bereiche des Bodensees werden wegen des starken Wellenschlages von untergetauchten Pflanzen beherrscht. Davon nimmt der Wanderer die „Unterwasserwiesen" aus **Armleuchteralgen-Rasen** und **Graslaichkraut-Gesellschaft** nur selten wahr. Sie sind für Bereiche mit sauberem Wasser charakteristisch. Dagegen weist die im Sommer bis zur Wasseroberfläche hochwachsende **Glanzlaichkraut-Gesellschaft** auf nährstoffreiche, in der Regel durch Abwasser verunreinigte Zonen hin. Noch mehr gilt dies für die **Teichfaden-Gesellschaft**, die sich hauptsächlich im Mündungsbereich der Zuflüsse, namentlich der Seefelder und Stockacher Aach, findet.

Für die kleineren Stillgewässer sind **Schwimmblattgesellschaften** charakteristisch, denen zur Sommerzeit vor allem die Weiße Seerose einen besonderen Reiz verleiht. Dazu kommen die Gelbe Teichrose oder Mummel, das Schwimmende Laichkraut und das untergetauchte Quirlblättrige und Ährige Tausendblatt. Bevorzugt an windgeschützten Stellen bildet die freischwimmende Kleine, teilweise auch die Dreifurchige Wasserlinse einen grünen, auch als **„Entengrütze"** bezeichneten Teppich.

In rasch strömenden Abschnitten der kalkreichen Bodensee-Zuflüsse, namentlich der aus dem Aachtopf quellenden Radolfzeller Aach, fallen die **Vliese des Flutenden Hahnenfußes** auf, der im Sommer seine zahlreichen weißen Blüten über den Wasserspiegel erhebt. In Bächen und Gräben ist das **Faltsüßgras-Röhricht** verbreitet, in welchem sich unter einer Oberschicht aus Gefaltetem Süßgras, Unbeachtetem Igelkolben, Geflügelter Braunwurz, Rohrglanzgras, Schilfrohr und Sumpf-Segge eine untere Schicht aus Brunnenkresse, Gauchheil-Ehrenpreis, Bachbunge und Aufrechtem Merk findet. Größere Wasserläufe werden von dem an stark schwankende Wasserstände angepassten **Rohrglanzgras-Röhricht** mit Rohrglanzgras, Schilfrohr, Wasserknöterich u. a. gesäumt. Schilfrohr ist auch in anderen **Ufer-Röhrichten** weit verbreitet, und je nach den Standortsverhältnissen mit unter-

*Reich an bunt blühenden Arten ist der Hirschhaarstrang-Staudensaum,
unter denen der Blut-Storchschnabel mit seinen großen purpurnen
Blüten besonders auffällt. Aufn.: F. Weller*

schiedlichen charakteristischen Arten vergesellschaftet, neben dem
bereits erwähnten Rohrglanzgras mit Seebinse, Schmal- und Breit-
blättrigem Rohrkolben, Steif-Segge, Wasserkresse, Gewöhnlichem
Tannenwedel u. a. In flachen, kalkreichen und nährstoffarmen Gewäs-
sern wird das Schilfrohr teilweise durch das Schneidried (Vorsicht!
Nomen est omen!) ersetzt. Bei stärkerer Abwasserbelastung tritt an die
Stelle der Schilfröhrichte das **Schwaden-Röhricht**, in welchem der
Wasserschwaden dominiert.

Eine Besonderheit nährstoffarmer, vom Abwasser nicht belasteter Sand-
und Kiesböden im Schwankungsbereich des Bodenseespiegels sind die
Strandrasen. Sie werden von überwiegend zwergwüchsigen Pflanzen
gebildet, die eine mehrmonatige sommerliche Überschwemmung im
Wechsel mit Austrocknung aushalten. Zu ihnen gehören neben dem
auch andernorts häufigen Weißen Straußgras und der Gliederbinse als
Besonderheiten Nadelbinse, Strandling, Alpen-Binse, Schnitt-Lauch,
Kleiner Kriechhahnenfuß und die nur vom Bodensee bzw. Alpenrand
bekannten endemischen Arten Strand-Schmiele und Bodensee-Ver-
gissmeinnicht. Beide Arten sind vom Aussterben bedroht; ohne strenge
Schutzmaßnahmen droht ihnen das gleiche Schicksal wie dem Boden-
see-Steinbrech, der spätestens seit 1978 als verschollen gilt. Im
Unterschied zu diesen nährstoffarmen Standorten sind die Spülsäume

reich an leicht zersetzlichem organischem Material. Hier gedeihen **Uferunkrautgesellschaften**, in denen im Frühjahr die gelben Kreuzblüten der Stumpfkantigen Hundsrauke und des Barbarakrautes den Aspekt bilden. Dazu gesellen sich neben einigen weit verbreiteten Arten das seltene Quellgras und der Gift-Hahnenfuß.

4. Moore und Sümpfe

Moore sind im Moränenhügelland unseres Wandergebietes nicht selten. Dabei handelt es sich allerdings fast durchweg um von mineralreichem Grund- oder Quellwasser beeinflußte **Nieder-** und **Zwischenmoore**, während ausschließlich vom Regenwasser gespeiste Hochmoore im Unterschied zu den im Südosten angrenzenden niederschlagsreicheren Teilen des Alpenvorlandes fast ganz fehlen. Auch die wenigen kleinen Vorkommen im Norden des Gebiets sind durch Torfabbau und Entwässerung weitgehend zerstört. Am ehesten hat sich Hochmoorvegetation mit Torfmoosen und Heidekrautgewächsen (Ericaceen) noch im Langenmoos nordwestlich Wald erhalten.

In den Niederungen sind von Natur aus waldfreie Riede auf die nassesten Stellen begrenzt. Hier breiten sich im Anschluß an die

Eine Rarität in den Strandrasen des Bodensees ist das geschützte, endemische Bodensee-Vergissmeinnicht. Aufn.: H. Baumann

*Immer wieder kann man
in Röhrichten und
Großseggenrieden die
geschützte Gelbe
Schwertlilie antreffen.
Aufn.: F. Weller*

Röhrichte **Großseggengesellschaften** aus. Besonders charakteristisch
ist die Steif-Segge, die mächtige, über 1 m hohe und meist isoliert
stehende Horste bildet. Mit ihr sind weitere Seggenarten sowie
Schilfrohr vergesellschaftet, dazu Sumpf-Labkraut, Sumpfdotterblume
und Hochstauden wie Sumpf-Greiskraut, Gelbe Schwertlilie, Gewöhnlicher Gelbweiderich, Blutweiderich u. a. In den **Zwischenmoorgesell-
schaften** fallen u. a. Alpen-Rasenbinse, Weiße Schnabelbinse, Sumpf-
blutauge und Fieberklee auf.
Einen ganz anderen Aspekt bieten die über das ganze Gebiet verstreu-
ten, meist nur kleinräumigen **Quellsümpfe** im Umkreis kalkreicher
Sickerquellen, die bevorzugt an Hängen austreten. Die Bestände
zeichnen sich durch eine große Zahl vorwiegend niederwüchsiger und
zu einem guten Teil seltener Arten aus. Als besonders charakteristisch
seien genannt: Davall- und Saum-Segge, Schwarzes und Rostrotes
Kopfried, Breitblättriges Wollgras, Mehlprimel, Sumpfherzblatt, Simsenlilie und Fettkraut. Letzteres findet sich zusammen mit dem
Alpenmaßliebchen auch an überrieselten Molassefelsen auf den hier
unter Mitwirkung spezieller Moose gebildeten **Kalktuffablagerungen**.
Der größte Teil der Moorflächen war ursprünglich von feuchten

Kalktuffablagerung im Naturschutzgebiet Aachtobel (s. S. 85). Aufn.:
F. Weller

Waldgesellschaften bedeckt. Sie wurden jedoch weitgehend gerodet zugunsten einer landwirtschaftlichen Nutzung als Grünland oder – nach stärkerer Entwässerung – auch zunehmend als Ackerland. Vielfach erfolgten auch stärkere Eingriffe durch Torfabbau.

5. Grünland

Infolge der geringen Niederschläge ist die Tendenz zur Grünlandnutzung in unserem Wandergebiet erheblich geringer als im östlichen Bodenseegebiet oder gar im Allgäu. Deshalb sind Wiesen und Weiden hier im Wesentlichen auf die ackerbaulich ungeeigneten Feuchtflächen und Hanglagen beschränkt. Da Letztere vor allem in sonnseitiger Exposition auch mehr oder weniger trockene Standorte aufweisen, ist die Bandbreite der Grünlandgesellschaften hier jedoch größer; sie reicht von ausgesprochenen Nasswiesen bis zu Halbtrockenrasen. Innerhalb der Feuchtigkeitsstufen ergeben sich weitere deutliche Unterschiede durch die Art der Bewirtschaftung.

Auf feuchten Standorten waren früher die **Streuwiesen** verbreitet, die nicht gedüngt und nur einmal im Jahr gemäht wurden. In den nach dem vorherrschenden Gras als **Pfeifengraswiesen** bezeichneten Beständen bilden Arten aus den natürlichen Seggenrieden und Röhrichten mit solchen der typischen Mähwiesen ein artenreiches Gemisch, in dem

sowohl weitverbreitete als auch ausgesprochen seltene Pflanzen
vorkommen. Zu ersteren zählen neben dem Pfeifengras und der
Rasenschmiele weitere Gras- und Seggenarten, Schilfrohr, Wald-
Engelwurz, Mädesüß, Kohldistel, Großer Wiesenknopf, Sumpf-Schach-
telhalm, Blutwurz und viele andere; farbige Akzente setzen zur
Blütezeit u. a. Blutweiderich, Weiden-Alant, Gewöhnlicher Teufelsab-
biss und Färberscharte. Als seltene Kostbarkeiten seien Orchideenarten,
Gelbe Wiesenraute, Lungen- und Schwalbenwurz-Enzian sowie die
herrliche Prachtnelke genannt. Im Mündungsgebiet der Stockacher
Aach sowie um den Untersee fasziniert im Juni vor allem die blaue
Blütenpracht der Sibirischen Schwertlilie.

Seit das Mähgut aus den Streuwiesen nicht mehr als Einstreu benötigt
wird, ist deren Ausdehnung stark zurückgegangen, sei es, dass sie durch
intensivere Bewirtschaftung in Futterwiesen umgewandelt wurden oder
wegen fehlender Mahd verbuschen. Die wenigen Reste sind zum
„Pflegefall" des Naturschutzes geworden, der durch Mahd und
Abräumen des Mähgutes ihre Erhaltung wenigstens auf ausgewählten
Flächen betreibt.

Durch Düngung und meistens zweimalige Mahd entsteht auf den
feuchten Standorten die zu den Futterwiesen zählende **Kohldistelwiese**.

*Charakteristisch für
Kohldistelwiesen ist die
zierliche Bach-Nelken-
wurz. Aufn.: F. Weller*

Sie ist insbesondere in den Talauen verbreitet, wo die namengebende Art nach dem ersten Schnitt im Zweitaufwuchs mit ihren blassgrünen Blütenköpfen weithin das Bild bestimmt, während die purpurfarben blühende Bachkratzdistel wesentlich seltener ist. Unter den Gräsern herrschen Wiesen-Schwingel, Gewöhnliches Rispengras, Rot-Schwingel und Wiesen-Fuchsschwanz, bei weniger intensiver Bewirtschaftung das Wollige Honiggras vor. An typischen Kräutern seien genannt: Wiesen-Schaumkraut, Scharfer Hahnenfuß, Kuckuckslichtnelke, Herbstzeitlose, Sumpf-Vergissmeinnicht, Bach-Nelkenwurz und Wasser-Greiskraut, für die höheren Lagen auch der Wiesen-Knöterich und die selten gewordene Trollblume. An Nassstellen sind Sumpf-Segge und Sumpfdotterblume häufig. Wo die Mahd unterbleibt, breitet sich die **Mädesüßflur** aus.

Auf Standorten, die nicht oder kaum vom Grundwasser beeinflusst sind, ist die **Glatthaferwiese**, in den Hochlagen auch ihre Übergänge zur **Goldhaferwiese**, verbreitet. Hier finden wir neben einer Reihe charakteristischer Wiesengräser zahlreiche typische Kräuter, wie Wiesen-Kerbel, Wiesen-Bärenklau, Wilde Möhre und Große Pimpernelle, dazu Rot- und Weiß-Klee, Hornklee und Hopfenklee sowie Schafgarbe, Wiesen-Wucherblume, Gänseblümchen, Wiesen-Bocksbart, Löwenzahn, Wiesen-Pippau, Wiesen-Flockenblume, Scharfer Hahnenfuß, Acker-Witwenblume, Wiesen-Labkraut, bevorzugt in den Hochlagen

Eine Kostbarkeit in den Pfeifengraswiesen stellt der geschützte Schwalbenwurz-Enzian dar. Aufn.: F. Weller

Frauenmantel und Rote Lichtnelke, und viele andere. Je nach Wasserhaushalt liegen unterschiedliche Ausbildungsformen vor: Die mäßig feuchten Bereiche besiedelt die zu den Kohldistelwiesen überleitende **Fuchsschwanz-Glatthaferwiese**, den mittleren, frischen Bereich die **Typische Glatthaferwiese** und den mäßig trockenen Bereich die blumenbunte **Salbei-Glatthaferwiese**. An ihrem Artenreichtum sind zahlreiche Trockenheitszeiger beteiligt, außer dem prächtigen Wiesen-Salbei u. a. Aufrechte Trespe, Knolliger Hahnenfuß und Arznei-Schlüsselblume.

Am buntesten blühen die ungedüngten **Kalk-Magerwiesen**, die sich jedoch nur noch an wenigen Stellen befinden. In ihnen mischen sich Trockenheits-, Kalk- und Magerkeitszeiger. Zu den bisherigen seien als typische Arten genannt: Kleiner Wiesenknopf, Hufeisenklee, Kleine Pimpernelle, Tauben-Skabiose, Skabiosen-Flockenblume, Wundklee, Esparsette, Schmalblättriger Klappertopf, Hügelmeister, Karthäuser-Nelke, Berg-Klee und Zittergras sowie verschiedene Orchideenarten, wie das Helm- und das Brand-Knabenkraut. Wegen ihrer geringen Erträge sind die Magerwiesen für die Landwirtschaft längst uninteressant und deshalb entweder aufgedüngt, aufgeforstet oder sich selbst überlassen worden. Im letzteren Fall entstanden durch das Eindringen von Saum- und Ruderalarten sowie Sträuchern des Schlehen-Liguster-Gebüschs verschiedene Sukzessionsstadien, wie man sie besonders an den Hängen bei Sipplingen findet. Will man die weitere Entwicklung zum Wald und das damit verbundene Verschwinden der lichtbedürftigen Arten verhindern, so sind auch hier Pflegeeingriffe erforderlich. An den Hängen kommt teilweise anstelle der erschwerten Mahd auch eine Beweidung durch Schafe zum Einsatz.

Auf langjährigen **Schafweiden** tritt die Aufrechte Trespe gegenüber der Fieder-Zwenke und dem Schaf-Schwingel zurück. Außerdem können sich niederwüchsige, stachelspitzige oder wegen ihres Geschmacks von den Schafen gemiedene Arten besonders behaupten. Genannt seien Feld-Thymian, Purgier-Lein, Großblütige Brunelle, Zypressen-Wolfsmilch, Golddistel, Dornige und Kriechende Hauhechel, Großes Schillergras sowie als besondere Höhepunkte Frühlings-, Kreuz-, Fransen- und Deutscher Enzian, die alle vier im Gebiet vorkommen, aber nur an wenigen Stellen mit ihren blauen bzw. violetten Blüten das Auge des Wanderers erfreuen. Auch die andernorts für Schafweiden charakteristischen Wacholdersträucher finden sich hier wesentlich seltener.

Wenig Spektakuläres bieten die gedüngten intensiven **Viehweiden**, auf denen sich anstelle der Glatthaferwiesen artenarme Bestände entwickeln, in denen tritt- und weidefeste Arten, wie Wiesen-Kammgras, Deutsches Weidelgras, Wiesen-Lieschgras, Weiß-Klee und Herbst-Löwenzahn, in höheren Lagen auch Frauenmantel vorherrschen.

*Besonders blumenbunt
ist die auf mäßig
trockenen Standorten
wachsende Salbei-
Glatthaferwiese mit dem
Wiesen-Salbei.
Aufn.: F. Weller*

6. Äcker

Auf dem Ackerland wird neben Sommer- und Wintergetreide seit
einigen Jahrzehnten viel Mais angebaut – als Grün- oder Silomais im
ganzen Gebiet, in den tieferen Lagen auch als Körnermais. Ebenso hat
der Raps zugenommen, der im Frühjahr viele Felder leuchtend gelb
färbt. Dagegen ist der Anbau von Kartoffeln und Rüben stark
zurückgegangen. Mit den einzelnen Kulturen sind typische „Un-
kraut"-Gesellschaften verbunden, die allerdings durch moderne Be-
kämpfungsmaßnahmen stark zurückgedrängt wurden. Einige Arten,
wie die Kornrade, sind – sofern sie nicht örtlich gezielt angesät werden –
ganz verschwunden; andere dagegen treten bei Aussetzen der Bekämp-
fung oder auf offenem Erdaushub in kurzer Zeit wieder massenweise
auf. Sie entwickeln sich aus dem in den Ackerböden angesammelten
Vorrat an Samen und Wurzeln, der je nach den Standortsverhältnissen
unterschiedlich sein kann. Da auf dem gleichen Acker im Rahmen der
Fruchtfolge abwechselnd verschiedene Früchte angebaut werden,
kommen von Jahr zu Jahr andere Arten bevorzugt zur Entwicklung.

Mehrere Enzianarten schmücken die Schafweiden, darunter der geschützte Deutsche Enzian. Aufn.: F. Weller

In Getreidefeldern ist auf den oberflächlich entkalkten Böden die **Kamillen-Gesellschaft** weit verbreitet. In ihr treten neben der Echten Kamille hauptsächlich hervor: Acker-Vergissmeinnicht, Klatsch- und Saat-Mohn, Acker-Stiefmütterchen, Rauhhaarige Wicke, Winden-Knöterich, Hederich, Acker-Senf, Windhalm, Acker-Frauenmantel, Vogelmiere, Acker-Gauchheil, Persischer Ehrenpreis, Acker-Minze, Weißer Gänsefuß, Pfirsischblättriger Knöterich, Acker- und Gewöhnliche Gänsedistel, Acker-Winde und Acker-Kratzdistel. Wo der Ackerbau auf feuchte Standorte ausgedehnt wurde, treten noch Nässezeiger hinzu, wie Ampfer- und Wasser-Knöterich, Wassermiere und Sumpf-Ziest sowie Nährstoffzeiger wie Ausgebreitete Melde und Dreiteiliger Zweizahn. Die **Ackerlichtnelken-Gesellschaft** hebt sich durch Kalkzeiger wie Acker-Lichtnelke, Kleine Wolfsmilch, Gezähnter Feldsalat, Ackerröte und Quendel-Sandkraut von der vorigen Gesellschaft ab. Ebenfalls auf kalkhaltigen Böden, aber seltener kommt die **Tännelleinkraut-Gesellschaft** vor, in welcher das Pfeilblättrige, gelegentlich auch das Eiblättrige Tännel-Leinkraut an die Stelle der Acker-Lichtnelke treten.
In Hackfruchtbeständen entwickelt sich verbreitet die **Gänsefuß-Sauerklee-Gesellschaft**, die viele Arten mit den bisher genannten gemeinsam hat, jedoch mehr sommergrüne Kräuter aufweist, u. a. Vielsamigen Gänsefuß, Aufrechten Sauerklee, Rote und Gemeine

Borstenhirse, Raue Gänsedistel, Kleinblütiges Franzosenkraut und Schwarzen Nachtschatten. Auf stark gedüngten Hackfrucht- und Maisäckern, in Gärten und Gemüsekulturen der warmen Tieflagen treten zusätzlich Einjähriges Bingelkraut, Quirlige Borstenhirse sowie Rauhaariger und Aufsteigender Fuchsschwanz als kennzeichnende Arten der **Bingelkraut-Flur** hinzu.

7. Sonderkulturen

Sonderkulturen prägen große Teile der wärmeren Tieflagen. Dabei ist der früher viel weiter verbreitete **Weinbau** heute auf die wärmsten seenahen Sonnhänge zwischen Hagnau und Überlingen sowie die seeferneren bei Bermatingen und am Hohentwiel konzentriert. Als Begleiter findet man die bereits erwähnten Arten der Bingelkraut-Flur, denen sich als spezielle Weinbergsunkräuter noch Weinbergs-Lauch und – wesentlich seltener – die entzückende, blaue Weinbergs-Traubenhyazinthe und der weiße Dolden-Milchstern hinzugesellen. Diese Pflanzen haben sich teilweise auch in aufgelassenen Weinbergen außerhalb des heutigen Weinbauareals erhalten.

Die heute am weitesten verbreitete Sonderkultur des Bodenseegebietes ist der **Obstbau**, der seinen guten Ruf vor allem der Hauptobstart Apfel

In den Ackerwildkrautfluren ist noch relativ häufig der Klatsch-Mohn anzutreffen. Aufn.: F. Weller

verdankt. Die alten weiträumigen Hochstammanlagen mussten in den Intensivbetrieben modernen Niederstamm-Dichtpflanzungen weichen, die namentlich in den tiefgründigen Hangfußlagen das Landschaftsbild bestimmen. Hier setzt sich der Unterwuchs in den offen gehaltenen Baumreihen aus verschiedenen Acker-Unkrautarten zusammen, während die Rasendecke der häufig gemähten Fahrgassen von einigen wenigen schnittverträglichen Grünlandarten gebildet wird. Doch haben sich vielerorts auch noch artenreiche, extensiv bewirtschaftete Streuobstwiesen erhalten, insbesondere außerhalb der Obstbauzentren sowie in den schwer zu bewirtschaftenden Hanglagen, auf großer Fläche im Sipplinger Dreieck, wo dank geringer Spätfrostgefährdung der Kirschenanbau einen Schwerpunkt hat. Eine Wanderung durch die blühenden Obstgewanne gehört nach wie vor zu den Höhepunkten des Jahres (s. W(S) 30 S. 227).

8. Trittrasen und Ruderalvegetation

In den Siedlungen und ihrer Umgebung finden sich neben der Vielzahl kultivierter Nutz- und Zierpflanzen auch spontan entstandene Pflanzengesellschaften. Dazu gehören die **Trittrasen**, in denen sich Pflanzen vereinigen, die ein häufiges Betreten oder Befahren ertragen. Zu den häufigsten „Trittpflanzen" zählen Großer Wegerich, Weißklee und Einjähriges Rispengras. Am stärksten ist in den Ortschaften die einst weit verbreitete **Vogelknöterichgesellschaft** dem Tritt ausgesetzt, während der Einfluss bei der auf und an Feldwegen vorkommenden **Wegwartengesellschaft** geringer ist. Beide sind in den letzten Jahrzehnten durch die Versiegelung der Dorfstraßen, Höfe und Plätze sowie den Ausbau der Feldwege stark zurückgegangen. Das gilt auch für die auf stickstoffreiche Standorte in Dörfern beschränkte Ruderalvegetation der **Gänsemalvenflur** und der **Gesellschaft des Guten Heinrich**, während die **Brennnessel-Giersch-Säume** mit Schöllkraut (Warzenmilch) ebenso wie die für trockene oder kiesige, zumeist vorübergehend nicht bewirtschaftete nährstoffarme Sand- oder Kiesflächen charakteristische **Kompasslattichflur** mit ihren zahlreichen eingeschleppten Arten auf Bahnkörpern und Ödflächen noch häufig anzutreffen sind.

Schlussbemerkung

Das Ziel der vorstehenden Ausführungen konnte unmöglich eine auch nur annähernd vollständige Aufzählung aller im Gebiet vorkommenden Pflanzen sein. Vielmehr wurde angestrebt, die für die verschiedenen Standorte und Nutzungsformen typischen Pflanzengesellschaften auf-

Intensivobstanlagen am Hangfuß bei Ludwigshafen. Aufn.: F. Weller

zuzeigen und jeweils durch einige charakteristische Arten zu kennzeichnen. Dazu ist anzumerken, dass die genannten Arten meist nicht nur in einer einzigen Pflanzengesellschaft vorkommen, sondern dass es viele Übergänge und Durchdringungen gibt, auf die hier jedoch nicht eingegangen werden konnte. Wer sich eingehender damit befassen will, sei auf die im Anhang genannte Literatur verwiesen.

Trotz der gebotenen Kürze des Textes sollte ein Eindruck von der besonderen Vielfalt der Pflanzenwelt in unserem Wandergebiet vermittelt werden und auch von ihrer Gefährdung. Diese Gefährdung hat viele Ursachen. Ihr entgegenzuwirken, sind wir alle aufgerufen. Der Wanderer kann einen wesentlichen Beitrag leisten, indem er empfindliche Pflanzenbestände weder betritt noch „belagert" und auf das Blumenpflücken weitgehend verzichtet. So verständlich der Wunsch ist, als Erinnerung an einen schönen Wandertag einen Blumenstrauß mitzunehmen, so sollten wir dabei doch nicht vergessen, dass die Pflanzen am schönsten an ihrem Wuchsort blühen. Selbstverständlich sollte es sein, dass wir geschützte Pflanzen überhaupt nicht pflücken und auch da, wo wir im Zweifel sind, die Hände weglassen, um nicht zu einer weiteren Dezimierung seltener Pflanzen beizutragen.

Theo Müller

Naturschutz

Alle Wanderer, die im Wandergebiet intensive Naturerlebnisse suchen, sind herzlich willkommen geheißen. Es ist reich an landschaftlichen Schönheiten, weist vielfältige Lebensräume (Biotope) mit mannigfaltiger Pflanzen- und Tierwelt, darunter auch selten gewordene und gefährdete Arten, sowie Einzelerscheinungen der Natur auf wie z. B. Quellen, Felsen, markante Einzelbäume. Damit die empfindlichen Teile der Natur keinen Schaden nehmen, wurden Regeln aufgestellt, die eigentlich für jeden Wanderer selbstverständlich sein sollten. Anliegen des Naturschutzes ist es, die Vielfalt und die Schönheit in Natur und Landschaft zu erhalten, zu pflegen und zu entwickeln. Dazu wurden Schutzgebiete ausgewiesen (Naturschutzgebiete, Naturdenkmale, Landschaftsschutzgebiete). Des Weiteren sind eine Reihe besonders wertvoller Lebensräume direkt unter Schutz gestellt.

Besonders geschützte Lebensräume und -gemeinschaften

Dazu gehören im Gebiet Moore, Sümpfe, naturnahe Bruch-, Sumpf- und Auwälder, Streuwiesen, Röhrichtbestände und Riede, seggen- und binsenreiche Nasswiesen; naturnahe und unverbaute Bach- und Flussabschnitte, Altarme fließender Gewässer, Tümpel, jeweils einschließlich der Ufervegetation, Quellbereiche, Verlandungsbereiche stehender Gewässer (Seen, Weiher, Teiche); Zwergstrauch- und Wacholderheiden, Trocken- und Magerrasen, Gebüsche und naturnahe Wälder trockenwarmer Standorte einschließlich ihrer Staudensäume; Höhlen, Dolinen; Feldhecken, Feldgehölze, Hohlwege, Trockenmauern und Steinriegel, jeweils in der freien Landschaft.
Alle Handlungen, die zu einer Zerstörung oder Schädigung dieser Lebensräume und -gemeinschaften führen können, sind zu unterlassen.

Besonders geschützte Pflanzen- und Tierarten

Durch Verordnung sind bestimmte wildwachsende Pflanzenarten und wildlebende Tierarten besonders geschützt.
Die **besonders geschützten Pflanzenarten** dürfen weder als ganze noch in Teilen (dazu gehören sowohl die Wurzelstöcke als auch die

*Für die im Wandergebiet
vorkommenden beson-
ders geschützten Pflan-
zenarten sei beispielhaft
das in Kalkbuchenwäl-
dern wachsende Leber-
blümchen gezeigt.
Aufn.: F. Weller*

Samen) in irgendeiner Weise beschädigt, in Besitz genommen noch
angeboten oder verkauft werden; ebenfalls dürfen deren Wuchsorte
nicht beeinträchtigt (dazu gehört auch das Fotografieren und Filmen)
noch zerstört werden. Zu den besonders geschützten Pflanzenarten
gehören im Wandergebiet:
Ähriger Ehrenpreis, alle Akeleiarten, Arznei-Bärentraube, alle Bärlapp-
gewächse, Bauernbüble (Kleine Traubenhyazinthe), Berghähnlein
(Narzissen-Windröschen), Berg-Steinkraut, Blasenbinse, Blaue Him-
melsleiter, Blauer Sumpfstern, Bodensee-Steinbrech (am Bodensee
verschollen), Bodensee-Vergissmeinnicht, Diptam, Eibe, alle Eisenhut-
arten, alle Enzian- und Fettkrautarten, Gelappter Schildfarn, Gelbe
Teichrose, Gnadenkraut, Großblütiger Fingerhut, Hauswurz, Hirschzunge, Hügel-Lungenkraut, Kalk-Aster, Kammfarn, Katzenpfötchen
(Himmelfahrtsblümchen), Gewöhnliche Küchenschelle, Gewöhnliche
Kugelblume, alle Läusekrautarten, Leberblümchen, Mehl-Primel,
Milzfarn, Echte Mondraute, alle Nelkenarten, Märzenbecher (Früh-
lings-Knotenblume), Niedrige und Österreichische Schwarzwurzel, alle
Orchideen, Purpur-Grasnelke, Reckhölderle (Stein- oder Heiderös-

Zu den besonders geschützten Tierarten gehört die an den warmen Phonolithfelsen des Hohenkrähen und Hohentwiels lebende Mauereidechse. Aufn.: Th. Müller

chen), Seidelbast, Silberdistel, alle Sonnentauarten, Stechpalme, Stinkende Nieswurz, Strauch-Birke, Sumpf-Herzblatt, Sumpf-Siegwurz, alle Schwertlilienarten (Ilgen), alle Tausendgüldenkrautarten, Trauben-Steinbrech, Trollblume, Türkenbund-Lilie, Wasserfalle, Weiße Seerose, Zarter Lein, Zottige Fahnenwicke und Zungen-Hahnenfuß.

Den **besonders geschützten Tierarten** darf weder nachgestellt, noch dürfen sie gefangen, verletzt, getötet oder ihre Entwicklungsformen, Nist-, Brut-, Wohn- oder Zufluchtsstätten der Natur entnommen, beschädigt oder zerstört werden; ebenso dürfen sie nicht gestört (dazu gehört auch das Fotografieren und Filmen sowie Tonaufnahmen), in Besitz genommen noch angeboten und verkauft werden. Zu den besonders geschützten Tierarten gehören im Wandergebiet:

Alle wildlebenden Säugetiere, soweit sie nicht dem Jagdrecht unterliegen mit Ausnahme von Mäusen, Ratten, des Bisams, des Marderhunds und des Waschbären, so insbesondere alle Fledermäuse, alle Spitzmäuse, der Maulwurf, alle Bilche; alle Vögel soweit sie nicht dem Jagdrecht unterliegen (Eulen, Greife, Falken und der Graureiher sind nach dem Jagdrecht ganzjährig geschonte Tierarten); alle Kriechtiere (Reptilien) und Lurche (Amphibien); Rundmäuler und Neunaugen;

folgende Fische: Bitterling, Groppe, Maifisch, Rapfen, Schlammpeitzger, Steinbeißer, Streber, Strömer; zahlreiche Insekten, so alle Libellen, verschiedene Heuschreckarten, alle Bienen- und Hummelarten, die Rote Waldameise, zahlreiche Käfer und mit wenigen Ausnahmen fast alle Schmetterlinge; Stein- und Edelkrebs; Weinbergschnecke, Fluss- und Teichmuschel.

Naturschutzgebiete

Es sind durch Rechtsverordnung festgesetzte Gebiete, in denen in besonderem Maße der Schutz von Natur und Landschaft erforderlich ist. Sie sind durch grünumrandete Dreieckstafeln mit dem schwarzen Seeadler auf weißem Grund bezeichnet. In ihnen sind alle Veränderungen, Schädigungen und nachhaltige Störungen untersagt. Das bedeutet für den Wanderer, dass er die befestigten oder bezeichneten Wege nicht verlassen darf, auch nicht zum Fotografieren, dass er nicht

In den Bodenseeuferrieden ist die besonders geschützte Sibirische Schwertlilie noch häufig anzutreffen.
Aufn.: Th. Müller

nur die besonderes geschützten Pflanzenarten sondern überhaupt keine pflücken darf, dass er die Beunruhigung von Tieren, das Feuermachen, Lagern und Lärmen unterlassen soll. Für den Naturliebhaber und Naturfreund gibt es in den meisten Naturschutzgebieten feste Weg in und am Rand der Gebiete, von denen aus er Beobachtungen anstellen und die Natur genießen kann.

Aus der Fülle der Naturschutzgebiete im Wandergebiet, so insbesondere im Landkreis Konstanz, sollen nur die etwas eingehender vorgestellt werden, durch die Wanderungen führen; auf die anderen wird nur kurz hingewiesen.

Beachtliche Teile des **Bodenseeufers** im Landkreis Konstanz mitsamt angrenzendem Hinterland und Rieden (**Radolfzeller Aachmündung** und **Aachried, Wollmatinger Ried-Untersee-Gnadensee, Untere und Obere Güll, Halbinsel Mettnau, Hornspitze auf der Höri**), aber auch die **Seefelder Aachmündung** im Bodenseekreis sind wegen ihrer besonderen landschaftlichen Schönheit und ihres besonderen Pflanzen- und Tierreichtums als Naturschutzgebiete mit einer Gesamtfläche von rund 2410 ha ausgewiesen worden. Die vorgelagerten Flachwasserzonen, die im Sommer ein bis drei Meter tief sind und im Winter weithin trockenfallen, sind vor allem für die Vogelwelt von großer Bedeutung. Hier wachsen aber auch floristische Raritäten wie Bodensee-Vergissmeinnicht, Purpur-Grasnelke und Ufer-Schmiele. Auch die angrenzenden Röhrichte, Großseggenriede, Kalk-Niedermoore, Pfeifengras- und Nasswiesen weisen ein reiches Vogelleben und floristische Kostbarkeiten auf wie z. B. zahlreiche Orchideen, die blau blühende und für manche Teile Aspekt bildende Sibirische Schwertlilie, Mehl-Primel, Trollblume, Gnadenkraut, die alle besonders geschützt sind.

Groß ist die Zahl von Feuchtbiotop-Naturschutzgebieten. Sie reichen von offenen Wasserflächen (natürliche Seen, Baggerseen, Weiher) mit Schwimmblattpflanzen über Röhrichte Großseggenriede, Kalk- und saure Braunseggen-Niedermoore bis zu Übergangsmooren und Hochmooransätzen. Von Wanderungen werden die Naturschutzgebiete Mindelsee (W 29), Waltere Moor (W 35), Sauldorfer Baggerseen (W 35) und Taubenried (W 38) berührt.

Der **Mindelsee** (Allensbach, Stadt Radolfzell) ist mit 411 ha und 48 ha abhängigem Landschaftsschutzgebiet nach dem Wollmatinger Ried mit 757 ha das zweitgrößte Naturschutzgebiet im Landkreis Konstanz. Es liegt in einer tektonisch angelegten Senke, die eiszeitlich umgeformt wurde. Aus dem ehemals fast neun Kilometer langen Schmelzwasserstausee entstand durch Verlandung der heutige Mindelsee mit einer Seefläche von 115 ha und einer größten Tiefe von knapp 14 m. Er ist eingebettet in eine Hügellandschaft. Neben der Wasserfläche nehmen die Niedermoorflächen mit 84 ha den nächst großen Flächenanteil ein. Die ufernahen Wasserflächen des Sees werden von Weißer Seerose und

Der Mindelsee ist mit 411 ha, davon 115 ha Seefläche, das zweitgrößte Naturschutzgebiet im Landkreis Konstanz. Es ist für Pflanzen und Tiere gleichermaßen bedeutungsvoll. Aufn.: L. Zier

Gelber Teichrose besiedelt. An diese Schwimmblattpflanzengesellschaft schließen sich landeinwärts Röhrichte mit Schilf, Schmalblättrigem Rohrkolben und Schneidried an, gefolgt von Großseggenrieden. Größere Flächen nehmen die Kalk-Quellsümpfe ein, die von kalkführenden Quellen gespeist werden. Bezeichnend für diesen Bereich ist das Mehlprimel-Kopfbinsenried mit Kopfbinsen, Davall-Segge, Mehl-Primel Gewöhnlichem Fettkraut und Simsenlilie. Floristische Raritäten sind der Schlauch-Enzian, der Langblättrige Sonnentau, das Fleischfarbene Knabenkraut, die Herbst-Drehwurz und der Glanzstendel. Es kommen aber auch genutzte Kohldistel- und Glatthaferwiesen sowie Weidelgrasweiden vor, die bei Brachfallen verbuschen. Die angrenzenden Waldbestände sind ebenfalls wertvoll, gedeihen in ihnen doch bis zu 300 Jahre alten Eichen. Reich ist das Tierleben im Gebiet. So konnten bis jetzt 2200 verschiedene Tierarten nachgewiesen werden, unter denen für den Wanderer vor allem die Vögel von Bedeutung sind, da er sie bei der Wanderung beobachten kann. Als Kostbarkeiten sind zu nennen Baumfalke, Moorente, Pirol, Rohrschwirl, Schwarzkehlchen und Wasserralle sowie die Reiherente, die zur Mauser mit mehr als 20 000 Individuen den Mindelsee aufsucht. Das **Waltere Moor** (Mindersdorf, Landkreis Konstanz, und Sauldorf,

*In dem 80 m tiefen Ab-
baukrater des Höwenegg
hat sich ein 25 m tiefer
See gebildet.
Aufn.: W. Rößler*

Landkreis Sigmaringen; 97 ha) liegt in einer risseiszeitlich ausgetieften,
abflusslosen, von Rissmoränen umgebenen Senke zwischen der
ehemaligen Bahnlinie Schwackenreute-Pfullendorf im Norden, dem
Weiler Sattelöse im Osten, dem Forst Wald im Süden und dem Bahnhof
Schwackenreute im Westen. Man unterscheidet eine „Äußere Waltere"
mit 41,15 ha, eine „Innere Waltere" mit 30,15 ha und das eigentliche
Torfried mit 25,7 ha. Im Gegensatz zu den meisten oberschwäbischen
Mooren, die aus verlandeten eiszeitlichen Seen hervorgingen, ist das
Waltere Moor auf einem Versumpfungs-Niedermoor aufgewachsen. Vor
dem Torfabbau handelte es sich um ein echtes Hochmoor. Heute stellt es
ein schwer zugängliches Übergangsmoor mit Moorbirken-Bruchwald,
Strauchbirken-Gebüsch sowie Rauschbeer-Birkenmoorwald mit Wald-
Kiefer, Moor-Birke, Fichte, Vogelbeerbaum. Daneben finden sich
Kohldistel- und Pfeifengraswiesen, sowie Braunseggen-, Schnabel-
seggen- und Fadenwurzelseggen-Moor, die teilweise alte Torfstiche
besiedeln. Die Vogelwelt des Gebiets ist verhältnismäßig artenarm (vgl.
dazu S. 240).
Die **Sauldorfer Baggerseen** (Mühlingen, Landkreis Konstanz, und
Sauldorf, Landkreis Sigmaringen; 144 ha) sind durch großflächigen

Kiesabbau in Nassbaggerung entstanden. Die Sekundärlebensräume entwickelten sich innerhalb verhältnismäßig kurzer Zeit zu einem überregional bedeutsamen Lebensraum für Brutvögel, aber auch für Durchzügler und Wintergäste. Es sind aber nicht nur die Seen geschützt sondern auch Teile des im Talraum vorkommenden Grünlands, das für manche Vögel wie das Braunkehlchen als Brutgebiet wichtig ist.

Das **Taubenried** (Ostrach, Landkreis Sigmaringen; 44 ha) stellt ein typisches Versumpfungsmoor dar. Eiszeitliche Rutschungen stauten den Andelsbach zu einem See auf, der nacheiszeitlich auslief. Die zahlreichen Quellen ließen das Gebiet wieder versumpfen. Leider ist das Gebiet durch starke menschliche Eingriffe ziemlich gestört. Trotzdem konnten sich noch manche botanische Raritäten wie die Strauch-Birke und das Fadenseggenmoor mit der nordischen Faden-Segge halten. Verhältnismäßig reich ist die Vogelwelt vertreten (fast 50 Arten), aber auch manche Tagfalter-, Heuschrecken- und Libellenarten finden hier für sie geeignete Lebensräume.

Ganz anderer Natur sind die Naturschutzgebiete der Hegau-Kegelberge („des lieben Gottes Kegelspiel") als Zeugnisse des Hegau-Vulkanismus (vgl. S. 126).

Der 812 m NN hohe **Höwenegg** (Immendingen, Landkreis Tuttlingen; 20,5 ha. In der Naturschutzgebietsverordnung wird die alte Schreib-

Lebensbild des tertiären Hipparion. Original im Heimatmuseum Immendingen (s. auch Abb. S. 31). Aufn.: W. Rößler

*Die Naturschutzgebiete Hohenhewen (links) und Hohenstoffeln (rechts),
im Hintergrund die Schweizer Alpen, Aufn.: W. Rößler*

weise verwendet, in der Wanderkarte wird er als Hewenegg bezeichnet)
ist die nordöstlichste Hegauvulkanruine. Der Hauptgipfel des Höwenegg fiel genau so wie die dort stehende Hauptburg (auf dem nördlichen
Nebengipfel stand ebenfalls eine Burg, von der nur noch wenige
Mauerreste künden) dem Basaltabbau von 1898–1978 durch die
Süddeutsche Basaltwerke zum Opfer. In dem 80 m tiefen Abbaukrater
hat sich inzwischen ein 25 m tiefer See gebildet. Durch den Abbau
wurde der ursprünglich gut erhaltene Vulkankomplex nachhaltig gestört
und verändert, aber durch ihn ergaben sich auch Einblicke in die
Entstehung des Höwenegg und wurden äußerst seltene Mineralien
entdeckt (Amicit kommt auf der Erde nur hier vor, Mountanit ist nur von
hier und von einer Mine in Südafrika bekannt). Aufsehen erregend
waren die Funde aus der Säugetierfauna des älteren Obermiozäns, die in
Ablagerungen eines Maarsees in einem Vulkankrater süd-östlich des
Höwenegg ausgegraben wurden. Die zahlreichen Funde vollständiger
Skelette von Hipparion (dreizehiger Pferdevorfahr), von Miotragocerus
(Antilope), Aceratherium (Nashorn), Deinotherium (Elefant) u.a. sind
einmalig. Die Grabungen führte das Staatliche Museum für Naturkunde
in Karlsruhe durch, das in seinen Schausammlungen wichtige Vertreter
der Hipparion zeigt. Einige Exponate sind auch im Heimatmuseum in
Immendingen zu sehen. Aus rechtlichen Gründen konnte die Fossil-
fundstätte nicht in das Naturschutzgebiet einbezogen, sondern musste

als Grabungsschutzgebiet ausgewiesen werden. 1983 wurde der Höwenegg nach erfolgreichem Kampf wegen seiner geologischen Bedeutung und als Lebensraum seltener Pflanzen- und Tierarten als Naturschutzgebiet ausgewiesen und entging damit dem Schicksal der Verfüllung mit Neckarschlamm und Müll. Das ganze Gebiet wurde zwischenzeitlich vom Land Baden-Württemberg aufgekauft.

Der **Hohenhewen** (Engen-Anselfingen, Landkreis Konstanz; 39 ha) ist mit 846 m NN der zweithöchste der Hegauvulkanruinenberge (höchster ist der Neuhewen mit 864 m NN). Charakteristisch für ihn ist an seiner Ostflanke eine Abrisswand, die auf einen Bergsturz im März 1817 zurückgeht. Sie ist ziemlich locker bewachsen mit einer Kelchstein-kraut-Mauerpfeffer-Gesellschaft, in der vor allem der Weiße Mauer-pfeffer stark vertreten ist. Der sonnseitige Felshang trägt an offenen Stellen als Felsbandtrockenrasen eine an Arten verarmte Pfingst-nelkenflur, in der als bezeichnende Art aber immer noch das Berg-Steinkraut vorkommt. Dazwischen siedeln ein lichtes Felsenbirnen-Gebüsch, Blutstorchschnabelsäume sowie ein krüppeliger Spitzahorn-Sommerlindenwald mit Winter-Linde und einer Reihe von Trocken-

Der ehemalige Basalt-steinbruch im Natur-schutzgebiet Hohenstof-feln (s. nächste Seite). Aufn.: W. Rößler

heitszeigern. Auf den frischen Steinschutthalden, so vor allem in
Nordlage stockt ein Eschen-Ahornwald in verschiedenen Ausbildungen. Zur Geschichte der Burg s.W 10 189.

Am **Hohenstoffeln** wurde 1913 der Basaltabbau genehmigt. Jahrzehn-
telang zog sich dann der Kampf der Vertreter des Heimat- und
Naturschutzes um die Erhaltung des Berges hin. Führender Kopf war
damals der Heimatdichter Ludwig Finckh, der unermüdlich und
energisch sich für den Berg einsetzte. Erst als die Burgruine auf dem
Gipfel einzustürzen drohte, wurde 1939 der Gesteinsabbau beendet und
1941 der Berg als Naturschutzgebiet ausgewiesen. Mit 844 m NN ist er
der dritthöchste Hegau-Vulkanruinenberg. Der Hohenstoffeln ist zum
allergrößten Teil bewaldet. Es stocken hier an steinschuttreichen Stellen
in Südlage ein Spitzahorn-Sommerlindenwald mit Winter-Linde, in
mehr nördlicher Lage ein Eschen-Ahornwald. Weniger steinschuttrei-
che Hangpartien werden auf frischen Standorten vom Waldgersten-
Buchenwald in verschiedenen Ausbildungen, u.a. mit Frühjahrsgeo-
phyten (Hohler Lerchensporn, Bär-Lauch, Scharbockskraut), auf
weniger frischen Standorten vom Seggen-Buchenwald eingenommen,
in dem ansehnliche Bestände des Blassen Knabenkrauts gedeihen.

*Im Seggen-Buchenwald
des Naturschutzgebiets
Hohenstoffeln gibt es
ansehliche Bestände des
besonders geschützten
Blassen Knabenkrauts.
Aufn.: Th. Müller*

Zur Blütezeit ist das Felsenbirnengebüsch eine besondere Zierde des Hohentwiels. Aufn.: Th Müller

Beide Buchenwaldgesellschaften gelten als „Kalk-Buchenwälder". Der Basalt ist kalkfrei aber sehr basenhaltig. Dies ermöglicht den als Kalkpflanzen bekannten Arten wie Ausdauerndes Bingelkraut, Frühlings-Platterbse, Haselwurz, Dunkles Lungenkraut, Seidelbast, Christophskraut, Waldgerste u.a. hier vorzukommen, ein Zeichen dafür, dass die sog. Kalkzeiger streng genommen „Starkbasenzeiger" sind. – Auf dem heutigen Berggipfel und an der etwa 100 m hohen ehemaligen Steinbruchwand kann man sehr schön vier- bis sechskantige Basaltsäulen beobachten. Die ehemalige Steinbruchsohle wird von einem „Kalk"-Magerrasen (s.o.) eingenommen, in dem die Echte Mondraute reichlich vorkommt. – Zur Geschichte der Burgen auf dem Hohenstoffeln s. W 11 S. 192.

Der **Hohentwiel** (Singen am Hohentwiel, Hilzingen, Landkreis Konstanz; 108,1 ha) ist wohl der markanteste Hegau-Vulkanruinenberg. Der mächtige Klotz mit 690 m NN erhebt sich rund 250 m über die Stadt Singen. Der Berg wurde bis 1800 von der Festungsbesatzung, darnach von dem verpachteten Meierhof und der Bevölkerung von Singen genutzt. Soweit nicht wie auf den Flächen nördlich und westlich des Berges eine Bewirtschaftung als Acker und Wiese sowie an der Südseite als Weinberg möglich war, wurden die Schutt- und Tuffflächen als Schafweide genutzt. Der Berg selber wurde mit Ausnahme einiger sehr steilen Stellen am Nordhang aus Verteidigungsgründen von Bäumen

und Wald frei gehalten. Die nach 1800 folgende Beweidung durch
Schafe und Ziegen hielt ihn aber noch bis in die 70er Jahre des 19.
Jahrhunderts ziemlich baumfrei. Ein Aufforstungsversuch aus dem
Jahre 1889 ging völlig fehl. Die Steilhänge des Hohentwiels wurden
1923 von der Forstverwaltung zum Banngebiet erklärt. Es zeigte sich
aber, dass mit Rücksicht auf die besondere Pflanzen- und Tierwelt sowie
die einzigartige Landschaft des Hohentwiels es notwendig war, nicht
nur die Felsen und Steinschutthalden sondern auch die Schafweiden,
Ödländer, Wiesen und Äcker um den Berg zu schützen, weshalb 1941
der Hohentwiel mitsamt seiner Umgebung zum Naturschutzgebiet
erklärt wurde (19,8 ha Banngebiet und 88,3 ha Schongebiet). An keiner
Stelle des Hohentwiels finden wir heute Urnatur, d.h. Natur, die nie vom
Menschen beeinflusst worden ist. Trotzdem ist der Hohentwiel ein
herausragendes Naturschutzgebiet von geologischer, biologischer,
landschaftlicher und nicht zuletzt kulturhistorischer Bedeutung. Man
kann durchaus sagen, dass die Pflanzenwelt des Bergkegels mit seinen
Schutthalden heute, nachdem sie mehr als 100 Jahre lang durch den
Menschen nicht mehr wesentlich beeinflusst worden ist, in einem
gewissen Gleichgewicht mit den herrschenden Standortfaktoren steht.
Der Berg ist, soweit es vom Standort her möglich ist, wieder bebuscht
und bewaldet. Der Nordhang mit seinem für den Waldwuchs
verhältnismäßig günstigen Lokalklima ist mit Ausnahme von senkrecht
abfallenden Felsen bewaldet, weshalb es hier kaum noch offene
Steinschutthalden gibt. Hier stockt ein mehr oder weniger geschlossener
Eschen-Ahornwald, kleinflächig auf Verebnungen der Waldmeister-
Buchenwald. Anders ist es auf der Süd- und teilweise auch auf der
Ostseite des Berges.
Hier gibt es noch offene, mehr oder weniger bewegte Steinschutthalden
mit Schild-Ampfer und Breitblättrigem Hohlzahn. Diese Schutthalden
sind aber bei weitem nicht mehr so groß wie früher, da ein Teil davon
über Haselgebüsch vom Wald, einem Spitzahorn-Sommerlindenwald
mit der Winter-Linde zurückerobert worden ist. Auf den exponierten,
standörtlich extremsten Felsköpfen wächst die Kelchsteinkraut-Mauerpfeffergesellschaft. Nicht mehr so extremen Bedingungen unterliegt der
Pfingstnelken-Felsbandtrockenrasen auf den Felsbändern und -treppen.
Vorherrschend sind die Horste des Schafschwingels, dem an einzelnen
Stellen die zierliche Pfingst-Nelke, reichlich das üppig blühende Berg-
Steinkraut, Weißer Mauerpfeffer, Flügel-Ginster, Gold-Aster, die in
prachtvollen Exemplaren vorhandene Hauswurz und weitere Arten
beigemengt sind. In Runsen oder an flacheren Stellen, an denen sich
schon etwas mehr Feinerde sammeln konnte und damit den Pflanzen
auch mehr Feuchtigkeit zur Verfügung steht, hat sich das Schlehen-
Ligustergebüsch eingestellt. In kleinen Spalten der Phonolithfelsen,
aber auch in Mauerfugen wächst die Habichtskraut-Felsspaltengesell-

Der Hohenkrähen ist zwar der kleinste und niedrigste, dafür aber wohl der originellste der Hegau-Vulkanruinenberge. Aufn.: W. Rößler

schaft mit Mauerraute, dem Braunstieligen und Nordischen Streifenfarn sowie den Eiszeitrelikten Niedrigem Habichtskraut und Traubensteinbrech. Dort, wo etwas größere Felsspalten vorhanden sind, kommt ein lockeres Felsenbirnengebüsch vor, das zur Blütezeit eine besondere Zierde des Berges darstellt.

Im Süden und Südwesten des Bergkegels finden sich auf den Tuffschultern ausgedehnte Flächen mit Trespen-Trockenrasen. Hauptgras ist die Aufrechte Trespe, der zahlreiche Arten beigemengt sind, darunter Raritäten wie Gewöhnliche Küchenschelle, Bartgras, Gold-Aster, Gamander-Sommerwurz, Ohrlöffel-Leimkraut und der ursprünglich aus dem Burggarten stammende Ysop. Hinzuweisen ist auch darauf, dass es an den südexponierten Felsen und in den Trockenrasen auch bezeichnende wärmeliebende und Trockenheit ertragende Tierarten gibt wie z. B. den Berglaubsänger, die Italienische Schönschrecke, die Blauflügelige und Rotflügelige Ödlandschrecke, die Rote Mordwanze, die Heide- und Lössschnecke. – Zur Geschichte des Hohentwiels s. W 13 S. 197.

Der **Hohenkrähen** (Hilzingen-Duchtlingen, Landkreis Konstanz; 12,6 ha; 643 m NN) ist wohl der originellste Hegau-Vulkanruinenberg. Er ist

*Die besonders geschützte
Holunder-Schwertlilie
kommt im Naturschutz-
gebiet Mägdeberg als
Burggartenflüchtling
vor. Aufn.: Th. Müller*

der kleinste und niedrigste, aber sehr steile Phonolithkegel, der unten
von einem Steinschuttmantel umhüllt ist. Am Nordhang stockt ein
Eschen-Ahornwald, den im Frühjahr als Besonderheit die reichlich
vorhandene und lila blühende Finger-Zahnwurz ziert. Am Südhang und
in Felsrunsen wächst ein lichter Spitzahorn-Sommerlindenwald mit
Winter-Linde, in dem manche Trockenheitszeiger wie z. B. die
Schwalbenwurz vorkommen. Wie am Hohentwiel gibt es auch hier
auf den Felsköpfen die Kelchsteinkraut-Mauerpfeffergesellschaft, auf
Felsbändern einen artenverarmten Pfingstnelken-Felsbandtrockenrasen
(es fehlen hier die Pfingst-Nelke, das Berg-Steinkraut, die Echte
Hauswurz, die Gold-Aster, wofür aber die am Hohentwiel ziemlich
seltenen Arten Bleicher Schöterich, Siebenbürger Perlgras und Blauer
Lattich stärker in Erscheinung treten und außerdem der Berg-Lauch
vorkommt). Ebenfalls treten hier das lockere Felsenbirnen- und das
Schlehen-Ligustergebüsch auf. Die Felspartien sind Lebensräume
wärmeliebender Reptilien wie Mauer- und Zauneidechse sowie Blind-
schleiche. – Zur Geschichte des Hohenkrähens s. W(S) 13 S. 196.
Der **Mägdeberg** (Mühlhausen-Ehingen, Landkreis Konstanz; 8,7 ha;
654 m NN) gehört ebenfalls zu den markanten, burggekrönten Hegau-

Wildes Silberblatt im Naturschutzgebiet Hödinger Tobel.
Aufn.: Th. Müller

Vulkanruinenbergen. Die mit Steinschutt bedeckten Hänge sind bewaldet und tragen je nach Exposition einen Spitzahorn-Sommerlindenwald mit Winter-Linde oder einen Eschen-Ahornwald. Der eigentliche Phonolithschlot ragt aus dem Wald heraus und ist bewachsen mit Kelchsteinkraut-Mauerpfeffergesellschaft und einem artenverarmten Pfingstnelken-Felsbandtrockenrasen, der weitgehend dem des Hohenkrähen entspricht. Bezeichnend für den Mägdeberg sind einige Burggartenflüchtlinge wie die Holunder-Schwertlilie, die Gelbrote Taglilie, Wermut, der Pontische Beifuß und die Römische Kamille (Mutterkraut). – Zur Geschichte der Burg s. W(S) 13 S. 195.

Einen anderen Charakter als die Naturschutzgebiete der Hegau-Vulkanruinenberge weisen die des Überlinger Molassegebietes auf. Bedingt durch die starke Eintiefung des Überlinger Beckens durch eine Zunge des Rheingletschers ergab sich nach dem Abschmelzen des Gletschers eine Steiluferlandschaft mit Molassefelsen und Abrutschschollen. Die Bäche schnitten sich, um in den See zu münden, auf ihrem letzten Wegstück tief in das verhältnismäßig weiche Molassegestein ein und bildeten imposante Tobel.
Beim **Hödinger Tobel** (Sipplingen und Überlingen-Hödingen, Bodenseekreis; 27,7 ha) hat sich der Gießbach bis zu 115 m tief in das

*Im Naturschutzgebiet
Aachtobel hat sich die
Aach tief in die Molasse
eingeschnitten.
Aufn.: W. Rößler*

Molassegestein eingeschnitten. Am Bach begegnen wir einem Winkelseggen-Eschen-Erlenwald, während die Tobelsteilhänge mit einem
Eschen-Ahornwald bestanden sind, für den das Wilde Silberblatt und
der Wald-Geißbart eine besondere Zierde sind. An Quellaustritten mit
kalkreichem Wasser sind Kalk-Quellfluren mit Kalktuffbildungen
vorhanden. Südexponierte Hangteile tragen einen Seggen-Buchenwald,
in dem neben Waldorchideen die Weiß-Segge und die Strauchwicke
vorkommen. An Felshalden finden wir im Gegensatz zu der Feuchtigkeit bedürftigen Vegetation des Tobels wärmeliebende und Trockenheit ertragende Pflanzengesellschaften, so den Pfingstnelken-Felsbandtrockenrasen mit Pfingst-Nelke, Berg-Lauch und Bleichem Schaf-
schwingel, den Hirschhaarstrang-Staudensaum und als Rarität primäre
Bestände – also nicht vom Menschen erhaltene – des Geißklee-
Föhrenwaldes, teilweise sogar mit der seltenen und stark gefährdeten
Arznei-Bärentraube. Auf der Hochfläche, die von würmeiszeitlichen
Schottern bedeckt ist, stockt ein Waldmeister-Buchenwald mit reichlich
Wimper-Segge.

Ein Teil der „Sieben Churfirsten" im Naturschutzgebiet Sipplinger Dreieck, Teilgebiet Rotweilerberg. Aufn.: W. Rößler

Der **Spetzgarter Tobel** (Überlingen, Bodenseekreis; 12,4 ha) ist eine reine Waldschlucht. Hier hat sich der Killbach bis zu 65 m tief in das Molassegestein eingegraben. Wie im benachbarten Hödinger Tobel trifft man hier Winkelseggen-Eschen-Erlenwald, Eschen-Ahornwald mit Wildem Silberblatt und Hirschzunge, Kalk-Quellfluren, auf den etwas trockeneren oberen Hangteilen Seggen-Buchenwald und Waldmeister-Buchenwald mit der Wimper-Segge an.

Im **Aachtobel** (Frickingen, Owingen-Hohenbodman und Überlingen, Bodenseekreis; 72 ha) überwindet bei Hohenbodman die Aach in einem 80–120 m tief eingeschnittenen Tobel die Molassestufe, um bei Frickingen in das Salemer Becken und somit in das Bodenseebecken einzutreten. Der Aachtobel ist die großartigste Tobelbildung der Überlinger Molasse. Sie besitzt äußerst steil abfallende, zum Teil felsige Talwände mit mehreren seitlichen Quelltobeln. Wegen der geringen Erschlossenheit macht das Gebiet einen urtümlichen Eindruck. Die Waldgesellschaften der rund 2 km langen Schlucht entsprechen weitgehend denen des Hödinger und Spetzgarter Tobels. Ebenso treten auch hier Kalk-Quellfluren auf. Mehr an den Oberhängen begegnet man einem Waldgersten-Buchenwald in verschiedenen Abbildungen. Hervorzuheben sind die beeindruckenden Bestände des Märzenbechers. Eine Besonderheit stellt der Auenwald auf der Talsohle dar, der in den meisten Tälern in Wiesen umgewandelt worden ist.

Das Naturschutzgebiet **Sipplinger Dreieck** (Sipplingem, Bodenseekreis; 15,01 ha), eine Abrutschscholle mit bewaldeten Kuppen besteht
aus vier Teilgebieten: Burghalde, Geigenberg/Löchenberg, Rotweilerberg und Absberg. Die vielgestaltige Landschaft stellt ein wertvolles
Mosaik von natürlichen Waldgesellschaften (Seggen-Buchenwald mit
Weiß-Segge und Strauchwicke, Geißklee-Föhrenwald mit Arznei-
Bärentraube), Felsbildungen wie z. B. die Sieben Churfirsten, die
teilweise von Pfingstnelken-Felsbandtrockenrasen mit Pfingst-Nelke
und Bleichem Schafschwingel bewachsen sind, Hirschhaarstrang-
Staudensaum, Kalk-Magerrasen und extensiv bewirtschafteten Streu-
obstwiesen dar. Es ist leicht verständlich, dass eine derartige Landschaft
Lebensraum für zahlreiche Vögel, darunter auch seltene wie der
Rotrückenwürger, der Wendehals oder der Berglaubsänger, aber auch
für Reptilien und Amphibien sowie für viele Insekten bietet.

Der **Köstenerberg** (Sipplingen, Bodenseekreis; 16 ha) nordwestlich
von Sipplingen entspricht weitgehend dem Landschaftsmosaik des
Sipplinger Dreiecks. Einen besonderen Biotop stellt der Quellhang im
mittleren Bereich des Gebietes dar, der mit Schilf und der Rossminzen-
Blaubinsengesellschaft bewachsen ist. Durch das Gebiet führt von
Sipplingen aus ein Geologischer Lehrpfad mit Erläuterungstafeln
hinauf zum Haldenhof.

*Pfingstnelken-Felsbandtrockenrasen im Naturschutzgebiet Kathari-
nenfels mit der besonders geschützten Pfingst-Nelke und dem Bleichen
Schafschwingel. Aufn.: Th. Müller*

Lichter, „reliktischer" Geiklee-Föhrenbestand im Naturschutzgebiet Schoren. Aufn.: Th. Müller

Im Naturschutzgebiet **Katharinenfelsen** (Überlingen, Bodenseekreis; 3,94 ha) sind die bis zu 110 m aufragenden Molassefelswände westlich von Überlingen geschützt. Auf den schmalen Felsvorsprüngen wächst ein Pfingstnelken-Felsbandtrockenrasen mit Pfingst-Nelke und Bleichem Schafschwingel. Charakteristisch sind die Geißklee-Föhrenwaldbestände, die teilweise verzahnt sind mit einem natürlich vorkommenden Sanddorngebüsch. Im Übergang zu den Kalk-Magerrasen (Halbtrockenrasen) sind bunt blühende Hirschhaarstrang-Staudensäume anzutreffen.

Einen weiteren Typ von Naturschutzgebieten finden wir im Wandergebiet auf den obersten Weißjuraschichten. Gemeinsam ist ihnen das Vorkommen von **Geißklee-Föhrenwald**. Im Gegensatz zu den Geißklee-Föhrenwaldbeständen der Molassefelshänge im Überlinger-Sipplinger Raum handelt es sich aber nicht um primäre Vorkommen. An den heutigen Wuchsorten könnte durchaus Buchenwald wachsen, wie dies im Naturschutzgebiet Ramberg-Rehletal zu beobachten ist. Bei den Beständen auf oberstem Weißjura handelt es sich meist um eine sehr lockere Föhrenbestockung mit Wacholder im Unterwuchs. Die Krautschicht entspricht im Großen und Ganzen der einer Schafweide mit Enzian-Kalkmagerweide. Darin wachsen, wie auch in Schafweiden ohne Föhrenschirm als Raritäten die reliktischen Geißklee-Föhren-

*Zwergbuchs im Geiß-
klee-Föhrenwald.
Aufn.: Th. Müller*

waldarten Geißklee, Reckhölderle (Heideröschen), Zwergbuchs und
selten der Felsen-Kreuzdorn, den man leicht mit krüppeligen Schlehen
verwechseln kann. Bisher nahm man an, dass die Schafweide ohne oder
mit Föhrenschirm durch Beweidung aus Laubwäldern hervorgegangen
und die Föhren angepflanzt oder angeflogen sind, was teilweise
durchaus stimmt. Heute geht man aber davon aus, dass es sich teilweise
auch um „reliktische" Vorkommen von „Föhrensteppenwäldern" der
frühen Nacheiszeit auf Sonderstandorten, hier Zementmergel (Tithon
Z), handelt, auf denen Laubbäume, insbesondere die Buche, Wuchs-
schwierigkeiten haben. In der weiteren Waldentwicklung konnten sich
deshalb die lichten Föhrenbestände mit ihrem „Steppenunterwuchs",
vielleicht durchsetzt mit ein paar kümmerlichen Laubbäumen, länger
halten. Vor allem nutzte der vorgeschichtliche Mensch seit der
Jungsteinzeit, dem Beginn von Ackerbau und Viehzucht, diese lichten
Bestände als Viehweide. Diese Einflussnahme des vorgeschichtlichen
Menschen hat man bisher sowohl zeitlich wie auch in der Auswirkung
unterschätzt. Es ist deshalb anzunehmen, dass die jungsteinzeitlichen
Bauern mit der Nutzung als Viehweide direkt den frühnacheiszeitlichen
Vegetationstyp der Föhrensteppenwälder, hier also den Geißklee-
Föhrenwald, konserviert haben, d.h. der Mensch und seine Tiere haben
diese Föhrenwälder über Jahrtausende hinweg bewahrt (anthropo-
zoophylakte Reliktföhrenwälder). Das darf uns aber nicht zu der
Annahme verleiten, dass Bestände solcher „reliktischen Föhrenwälder",
trotz des „Reliktvorkommens" einzelner Arten, direkte Überbleibsel aus
der frühen Nacheiszeit sind, und dass sie die gleiche Artenzusammensetzung aufweisen oder gleich aussehen wie die frühnacheiszeitlichen

Föhrensteppenwälder. Nachdem heute vielfach die Schafbeweidung entfallen ist, siedeln sich mehr und mehr Sträucher und auch die Buche an, die mit ihrem Schatten die lichtbedürftigen Reliktarten verdrängen. Will man deshalb derartige Bestände mit ihrer wertvollen und besonderen Flora und auch Fauna erhalten, dann muss der Schafverbiss durch Pflegemaßnahmen ersetzt werden.

Das Naturschutzgebiet **Ramberg-Rehletal** (Immendingen, Landkreis Tuttlingen; 66,8 ha) liegt in den obersten Weißjuraschichten (WJ Zeta, Tithon). Es ist ausgezeichnet durch reliktischen Geißklee-Föhrenwald mit seltenen Pflanzenarten wie Reckhölderle, Zwergbuchs und Felsen-Kreuzdorn, durch orchideenreichen Seggen-Buchenwald mit beachtlichen Frauenschuhbeständen und in Lichtlücken durch Hirschhaarstrang-Staudensäume. Für den interessierten Naturfreund ist das Naturschutzgebiet durch einen Lehrpfad erschlossen, der von dem an der Straße Hattingen-Engen (K5944) im Tal gelegenen Parkplatz ausgeht. Von diesem aus kann er die Vielfalt und Schönheit des Gebietes erleben (s. W 8 S. 186).

Der **Schoren** (Stadt Engen, Landkreis Konstanz; 63,5 ha) ist die letzte Weißjura-Zetascholle gegen das Hegaubecken, die teilweise mit würmeiszeitlichem Moränenschutt bedeckt ist. Der Wald auf der Hochfläche und an den flachen Hangpartien ist ein Seggen-Buchenwald

Das besonders geschützte Reckhölderle (Heideröschen) im Geißklee-Föhrenwald. Aufn.: Th. Pfüdel

mit Weißer Segge. Am Südhang kommen reliktische Geißklee-Föhren-
wald- und Flaumeichen-Bestände sowie licht- und wärmebedürftige
Blutstorchschnabel-Staudensäume, an einer Stelle sogar mit Diptam,
und Trespen-Trockenrasen mit Gewöhnlicher Kugelblume, Zartem
Lein, Gold-Aster und Berg-Gamander sowie interessanter Fauna vor.
Biezental-Kernerberg (Engen-Zimmerholz, Landkreis Konstanz;
17 ha). Auf den Zementmergeln (Weißjura Zeta 2, Tithon Z) siedelt
ein lichter reliktischer Geißklee-Föhrenwald mit dem Reckhölderle, das
auch in den angrenzenden Kalk-Magerrasen vorkommt. Zwischen Wald
und den Kalk-Magerrasen wachsen bunt blühende Hirschhaarstrang-
Staudensäume. Leider werden die Kalk-Magerrasen durch aufkom-
mendes Gebüsch bedrängt, das deshalb regelmäßig zurückgeschnitten
werden muss, während die Kalk-Magerrasen gemäht werden.
Ein einzigartiges erdgeschichtliches Dokument stellt das **Langensteiner Durchbruchstal** (Eigeltingen und Orsingen-Nenzingen, Landkreis Konstanz; 42 ha) dar. Beim würmeiszeitlichen Eishöchststand war
das Orsinger-Eigeltinger Becken von einer Gletscherzunge erfüllt. Die
Schmelzwasser konnten wegen den ansteigenden Albhöhen nicht nach

*Im Naturschutzgebiet
Ramberg-Rehletal gibt
es beachtliche Frauen-
schuhbestände.
Aufn.: F. Weller*

Das Langensteiner Durchbruchstal wurde von würmeiszeitlichen Gletscherschmelzwassern geschaffen. Aufn.: W. Rößler

Norden abfließen und suchten sich einen Weg nach Südwesten. Hoch über dem heutigen Talboden schnitten sie sich in die verhältnismäßig wenig widerstandsfähigen risseiszeitlichen Grundmoränen ein. Der vorgezeichnete Gewässerverlauf wurde auch dann beibehalten, als die widerstandsfähigeren Juraschichten angeschnitten wurden, in denen vor allem Tiefenerosion stattfand und sich damit ein schluchtartiges Durchbruchstal bildete. An den Stellen mit Massenkalken (Schwamm-stotzen) verengte sich dabei das Tal, flache Weitungen entstanden in den Bankkalken (das Schloss Langenstein steht auf einem freigelegten Schwammstotzen). Die Hänge und Randhöhen sind bewaltet und tragen zumeist einen Seggen-Buchenwald mit bezeichnender Flora. An den Massenkalkfelsen tritt die Kelchsteinkraut-Mauerpfeffergesellschaft auf. – Zur Geschichte des Schlosses Langenstein s. W 21 S. 213.

Naturdenkmale

Sie sind durch Rechtsverordnung festgesetzte Flächen bis zu 5 ha (flächenhafte Naturdenkmale) oder Einzelbildungen der Natur wie Bäume, Einzelfelsen, Quellen usw., deren Schutz und Erhaltung aus ökologischen, landschaftlichen, naturgeschichtlichen, landeskundlichen oder kulturellen Gründen erforderlich sind. Für die flächenhaften

Naturdenkmale gelten die gleichen Vorschriften wie für Naturschutzgebiete, die Einzelbildungen dürfen weder beseitigt noch Handlungen vorgenommen werden, die sie zerstören, verändern oder beeinträchtigen können. Im Rahmen dieses Buches ist es unmöglich, im Einzelnen auf die zahlreichen Naturdenkmale einzugehen. Interessenten müssen deshalb an die Landratsämter als Untere Naturschutzbehörden verwiesen werden, die genaue Listen über die Naturdenkmale in dem betr. Landkreis führen. Lediglich auf ein Naturdenkmal sei beispielhaft hingewiesen, da es im Gebiet eine Besonderheit darstellt und auch als Attraktion gilt, nämlich die Gletschermühle westlich von Überlingen (s. WS 30 S. 229).

Landschaftsschutzgebiete

Es handelt sich um durch Rechtsverordnung festgesetzte Gebiete, in denen ein besonderer Schutz der Natur und Landschaft in ihrer Gesamtheit oder in einzelnen Teilen oder besondere Pflegemaßnahmen erforderlich sind. Alle Handlungen, die den Charakter der Gebiete verändern oder den besonderen Schutzzwecken zuwiderlaufen, müssen von der Unteren Naturschutzbehörde (Landratsamt) genehmigt werden. Dazu gehören vor allem das Bauen, der Abbau von Bodenbestandteilen, das Auffüllen und Ablagern von Material, der Betrieb von Motorsport, das Aufstellen von Wohnwagen und Verkaufsständen. In Landschaftsschutzgebieten kann damit ein gewissem Umfange Einfluss genommen werden auf schädigende Veränderungen in der Landschaft.
Es sollen hier nur die größeren Gebiete (über 200 ha) aufgeführt werden. Große Landschaftsschutzgebiete sind Hegau (Landkreise Konstanz und Tuttlingen; 8863 ha), Bodanrück mit Bodenseeufer (Landkreis Konstanz; 6603 ha), Schienerberg (Landkreis Konstanz; 4260 ha), Bodenseeufer (Bodenseekreis; 3023 ha), Salem-Killerweiher (Bodenseekreis; 550 ha), Lippertsreuter Umland (Bodenseekreis; 527 ha), Schlossberg Friedingen (Landkreis Konstanz; 419 ha), Insel Reichenau (Landkreis Konstanz; 234 ha) und Heiligenberg (Bodenseekreis; 202 ha).

GUNTER SCHÖBEL

Vor- und Frühgeschichte

Das nach Nordwesten in der Vorstoßrichtung des Rheingletschers ausgreifende Bodenseebecken ist wie die anschließenden Landschaften in seiner Oberflächenform durch den Einfluss von Wasser und Eis geprägt. Zu Zeiten größter Vereisung, innerhalb der Altendmoräne der Risseiszeit (vor 250 000 Jahren), lässt sich auf der geologischen Karte ein Flickenteppich aus Schottern, Grund- und Endmoränen der beiden letzten großen Eiszeiten feststellen, die mit ihren Gletscherzungen das Gelände mehrfach überprägt haben. Dazwischen liegen geblieben sind nach dem Rückzug der Gletscher eiszeitliche Entwässerungsrinnen mit Schotterfüllungen der Würmeiszeit (vor 100 000–14 000 Jahren), abgeschabte tertiäre Molassefelsen und drumlinbedeckte Hochflächen, die bis heute für das gesamte westliche Bodenseegebiet prägend sind. Eine Sondersituation liegt westlich und nördlich der Singener Niederung vor, die mit dem Hegau-Vulkanismus, damit verbundenen sehr fruchtbaren Böden und den Ausläufern des Weißen Juras schon immer eine starke Anziehungskraft auf den Menschen ausübten. Dies lehrt uns die archäologische Fundhäufung. Wie an den Ufern des Bodensees und im Linzgau fanden die Menschen dort entsprechend den geologischen Formationen landschaftliche Vielfalt, ein mildes Klima, manch wichtigen Rohstoff, aber auch eine von natürlichen Wegen durchzogene Landschaft vor, die zusammen eine günstige Voraussetzung für das Leben früher Menschen bildeten. Alpen, Donau, Neckar und Rhein waren von hier aus leicht zu erreichen. Dies begünstigte die Herausbildung transkontinentaler Verbindungswege. So verwundert es nicht, dass man bei Wanderungen im Arbeitsgebiet auf eine Vielzahl von Spuren stößt, die, wenn man sie verstehen lernt, von vergangenen Zeiten künden. Nahezu alle Quellen, mit denen die moderne Archäologie arbeitet, sind vorhanden. Höhlen, die Zuflucht boten, kurzfristig angelegte Lagerplätze, kleine Ansiedlungen auf Vorsprüngen und Landzungen, dazugehörige Grabanlagen, Kultplätze, Versteckfunde, Gehöfte, Siedlungen oder Wehranlagen. Darüber hinaus bietet die Feuchterhaltung von Holzfunden, Textilien oder Pflanzenresten in den Mooren und im Seeuferschlamm ein großes stellenweise noch erhaltenes Archiv früher Menschheitsgeschichte, das die Rekonstruktion vorgeschichtlicher Umwelt, von Lebens- und Wirtschaftssystemen erlaubt. Trotz fortschreitender Zerstörung natürlicher Landschaftssysteme durch die Ausdehnung unserer Bedarfsflächen in jüngerer Zeit und dem damit verbundenen Quellenverlust gibt es im Bodenseeraum immer wieder neue Erkenntnisse, die unser Wissen über die Vergangenheit schlagartig erweitern. Zu verdanken ist dies einem dichten Netz an Museen, Dienststellen staatlicher Denkmalpflege und geschichtlich interessierter Menschen, die im Ehrenamt für Vor- und Frühgeschichte tätig sind.[1]

Alt- und Mittelsteinzeit (Paläolithikum und Mesolithikum)

Durch den starken Einfluss der Eiszeit auf die Bodenseelandschft bedingt, finden sich im Arbeitsgebiet erst verhätnismäßig spät innerhalb der **jüngeren Altsteinzeit (Jungpaläolithikum, Magdalénien,** 15000–11500 v. heute) Spuren menschlicher Tätigkeit. Die Reste **früher Jagdlager** orientieren sich am Verlauf der Jungendmoräne, dem Maximalstand der letzten Vereisung. Gleichzeitige Fundplätze sind an den Südausläufern des Juras nördlich des Rheinknies bei Schaffhausen (Kesslerloch bei Thayingen, Schweizersbild bei Schaffhausen), in der Gegend von Engen (Gnirshöhle, Petersfels, Bildstockfels), Buchheim (Buttentalhöhle) und im Donautal bei Beuron sowie an der Schussenquelle bekannt geworden. Frühere Belege altsteinzeitlicher Präsenz liegen nördlich der Donau in den Höhlen und Felsunterständen über den tief eingeschnittenen Talsystemen der Schwäbischen Alb.

Die Jäger der späten Eiszeit, die in Familienverbänden umherzogen, waren spezialisiert auf die Jagd von Wildpferd und Rentier, die ihnen nahezu alle wichtigen Rohstoffe für Ernährung, Kleidung und Ausrüstung lieferten. Großsäuger wie Mammut, Höhlenbär und wollhaariges Nashorn waren bereits sehr selten oder ausgestorben. Eisfüchse, Schneehasen, Vögel, Fische, Hirsch, Wisent oder Elch fanden sich dagegen zahlreich in den Schlachtabfällen der Höhlenschichtungen. Sie müssen demnach ein bevorzugtes Ziel der Jäger in der noch weitgehend offenen Landschaft einer „Steppentundra", die sich allmählich mit Baumbirken und Wacholder wiederbewaldete, dargestellt haben. Die gesiebten Erdschichten der Ausgrabungen belegen eine starke Sammeltätigkeit und die Werkzeugproduktion aus mitgeführtem Feuerstein,

---

[1] Bei Verdacht auf archäologische Funde ist nach Gesetz das Landesdenkmalamt Baden-Württemberg oder der Kreisarchäologe zu informieren. Die Museen sind gerne auch am Wochenende bereit, Auskunft zu erteilen (siehe Adressenverzeichnis. Bei Zerstörung oberirdisch sichtbarer Denkmale und der Plünderung von Fundstätten durch Sondengänger und Raubgräber sind die zuständigen Stellen auf die Mithilfe von Wanderern angewiesen.

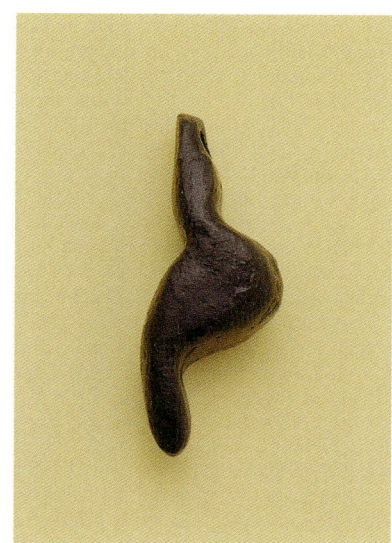

Abb. 1. Altsteinzeitliche „Venusdarstellung" vom Petersfels, Gem. Engen-Bittelbrunn (mit freundlicher Genehmigung des Hegau-Museums Singen und des Museums der Stadt Engen).

Knochen oder Geweihstücken. Besonders hervorzuheben sind verzierte Lochstäbe zum Biegen der Speere, Harpunen oder Fragmente von figürlich verzierten Speerschleudern aus Rengeweih, welche neben der Kunstfertigkeit den hohen Stand der Jagdtechnik verdeutlichen. Faszinierend sind noch heute Dutzende von Nähnadeln, die fertig und halbfertig, fein geglättet vor 11 000 Jahren im Kesslerloch oder in der Petersfelshöhle für die Nachwelt erhalten blieben. Rötelbrocken für die Bemalung von Haut und Kleidung und kleine schwarze Frauen-statuetten (Abb. 1) – sogenannte Venusdarstellungen – aus dem Gagat des Juras gehören zur hervorragenden Ausstattung späteiszeitlicher Gemeinschaften. Die stilisierten Frauenfigürchen, die wohl Erkennungszeichen und Kultsymbol verkörperten, sind zum Teil durchlocht. Sie wurden als Anhänger oder Kleiderbesatz getragen. Spannend ist ihr Vorkommen in nahezu identischen Stücken sowohl in den Höhlen der Schaffhauser Gegend, in der Westschweiz als auch in der Nähe von Schelklingen am Fuße der Schwäbischen Alb. Zudem sind ähnliche Frauenstatuetten aus Elfenbein oder Schiefer aus Rastplätzen vom Niederrhein bekannt. Dies legt eine weitreichende Kommunikation und einen regen Austausch zwischen fremden Gruppen oder aber eine enge Verwandtschaft der dort angetroffenen sozialen Gruppen nahe.

Eine Blitzlichtaufnahme zur Jagd und zu den Lebensbedingungen der späten Eiszeitjäger, die im Übrigen im Museum Engen anhand eines Modells eindrucksvoll dargestellt sind, gibt uns der Petersfels im Hegau, zwischen Engen und Bittelbrunn im Brudertal gelegen. An einer landschaftlichen Engstelle befand sich dort eine im Herbst zu Zeiten der großen Rentierwechsel mehrfach genutzte Jagdstation. Es war dort leicht, die Rentierherden bei ihrem Zug von den Sommerweiden hinauf nach Norden am Aufgang zur Albhochfläche abzuwarten und mit Speeren reiche Beute zu machen, die der Jagdgemeinschaft die Vorräte für den Winter und die notwendigen Ausrüstungsgegenstände sicherte. Mit dem Rückzug des Rheingletschers (um 11 500 v. heute) etwa auf seinen heutigen Stand und der beginnenden Wiedererwärmung kommt es zur flächigen Ausbreitung des Waldes. Aus den wärmeren Landschaften wandern zunächst kleinwüchsige Bäume wie Birke und Kiefer ein. Es folgen Hasel, Ulme, Eiche, Linde und Esche, bis sich am Übergang zur Jungsteinzeit ein Eichen-Linden-Mischwald entwickelt. Dieser Fortgang lässt sich anhand von Pollenprofilen in ungestörten Erdschichtungen in vermoorten Toteislöchern seit der Eiszeit im westlichen Bodenseegebiet zweifelsfrei nachweisen. Die großen Rentierherden und Wildpferde, die aufgrund des benötigten spezifischen Nahrungsangebotes an eine offene Landschaft gebunden waren, wanderten nach Norden und Osten in kältere, subarktische und steppenartige Gebiete ab. Obgleich dieser Prozess ganz allmählich verlief, veränderte er die Lebensgrundlagen der umherziehenden Familienverbände entscheidend. Das Ende der Eiszeit ist gleichbedeutend mit einer Veränderung der gewohnten Lebensbedingungen für den prähistorischen Menschen. Es darf sogar anhand der belegten Fundstellen angenommen werden, dass sich die Bevölkerungszahl auf der Gesamtfläche Baden-Württembergs auf nur etwa 20% des vormaligen Standes – vielleicht von etwa 1000 auf zunächst nur 200 Personen – verringerte.

Die Anpassungen an die neuen Voraussetzungen und Lebensbedingungen dauerten bis zum Beginn der **Mittleren Steinzeit** (10 000–8000) v. heute). Die Gruppen der mittelsteinzeitlichen Jäger sind uns in der Form von mehreren Hundert **Freilandlagerplätzen** auf Geländekuppen, unter Felsdächern und im Bereich der Strandzonen der Binnenseen in Süddeutschland und der Schweiz bekannt. Rund um den Federsee, im Pfrunger Ried oder am westlichen Ufer des Bodensees, von Horn bis Friedrichshafen, treten sie entlang von deutlich im Gelände erkennbaren Altuferlinien auf. Es ist anzunehmen, dass die Lager zur optimalen Nutzung der Landschaft bevorzugt im Bereich von Hinterlandzuflüssen angelegt wurden, um die Lebensräume Fluss, Wald und See am besten nutzen zu können. Die Wohnplätze bestanden allenfalls aus kleineren Zeltansammlungen oder einer Handvoll Reisighütten, die kaum mehr

*Abb. 2. Mittelsteinzeitli-
che Silex-Mikrolithen
(nach: Albrecht/Wollkopf
1990, S. 55; mit freundlicher Genehmigung des
Rosgartenmuseums Kon-
stanz).*

als 20 bis 40 Personen beherbergten. Am Bodensee ist ihre Lage entlang
der 400 m ü. NN Höhenlinie kennzeichnend, die mit der Uferlinie von
etwa 8000 v. Chr. gleichgesetzt wird (Abb. 4). Besonders beliebt waren
die flachen Uferabschnitte des westlichen Überlinger- und Untersees,
zuweilen auch herausragende kleine Inseln in feuchter Seerandlage.
Nicht ohne Grund sind im Gelände der Espasinger Niederung bei
Bodman, der Radolfzeller Bucht oder im Bereich des Einflusses der
Seefelder Aach bei Unteruhldingen die höchsten Konzentrationen zu
vermelden. Bis heute gelten diese Plätze als bevorzugte Aufenthaltsorte
für Großfische und Laichräuber. Von dort sind tausende kleine
Feuersteinsplitter und für diese Zeit typische geometrische Werkzeuge
dreieckiger und viereckiger Form (Abb. 2) (sog. Mikrolithen) nachgewiesen, die sich aufgrund ihrer rötlichen, gelben, braunen und weißen
Färbung gut von den grauen bis schwarzen Feuersteinen späterer Zeiten
aus dem Bodensee unterschieden. Ihre partielle Rotfärbung ist mit
einem Erwärmungsprozess am Herdfeuer zur besseren Zerlegbarkeit
der Feuersteinknollen, vornehmlich aus dem heimischen Jura stam-
mend, zu erklären. Eingesetzt in hölzerne Pfeile und Harpunen eigneten
sich die kleinen Spitzen in handlichen Waffen hervorragend für die
wildbeuterische Lebensweise im Grenzbereich zwischen Waldrand und

Uferregion. Ihr Ziel war der Hirsch, das Wildschwein, das Reh und die Kleinsäuger des Waldes, aber auch der Fischotter, der Biber sowie der Hecht, der Döbel oder die Wildgans. Die kleinen Jagdlager, die immer in einem direkten Bezug zu den offenen Landschaften angetroffen werden, zeigen eine zyklische Nutzung und eine dahinterstehende saisonale Mobilität an, eine Beweglichkeit, die unter Umständen – wie aus Nachbarregionen belegt ist – durch Fellboote und Einbäume noch unterstützt wurde. War der Standort ergiebig und bot er gute Versorgungsmöglichkeiten, konnte sich eine kleinere Gruppe vom fischreichen Gewässer des Bodensees aus sicher mit Streifzügen in das Hinterland, etwa das Schussental hinauf und bis in das Allgäu oder die alpinen Regionen hinein, ganzjährig versorgen. War der ausgewählte Standort weniger ertragreich, so boten sich im Wechsel der Jahreszeiten Veränderungen der Lagerplätze dem Nahrungsangebot entsprechend an. Für das Federseegebiet nimmt man so etwa eine zyklische Nutzung während der Sommermonate an, die mit einem Winteraufenthalt in den Schutzhöhlen oder Felsdachlagern der Schwäbischen Alb oder entlang der Donau ab dem Herbst kombiniert sein konnte. Für Winterlager in klimatisch günstigeren Behausungen sprechen dort ausgewertete Kulturschichten, die Sammelpflanzen, darunter größere Anteile an Haselnüssen, die Wildgemüse Schildampfer und Bärlauch oder auch Reste von Vogeleiern belegen.

Ältere und Mittlere Jungsteinzeit (Alt- und Mittelneolithikum)

Auf den Jäger und Fischer der mittleren Steinzeit, der sich in Rückzuggebieten in Kleingruppen noch längere Zeit gehalten haben dürfte, folgen um 5500 v. Chr. im Hegau die ersten im Raum nachgewiesenen **Bauern** und **Viehzüchter**, die **Bandkeramiker.** An den besten Ackerböden orientiert, wählen sie, von der Donau und über die burgundische Pforte die Rhone aufwärts kommend, Stellen bei Hilzingen, Singen und Mühlhausen im dichten Eichen-Linden Urwald aus, die sie für ihre Siedlungen mit bis zu einem Dutzend und bis zu 30 m langen **Familienhäusern** (Abb. 3) lichteten und die sie mit Acker- und Weideflächen bestellten. Sie fertigten eine auffällige Keramik mit eingeritzten und eingestochenen Bandmustern. Daher kommt der Name Bandkeramik-Kultur. Tiefe Brunnen aus festgefügten Kanthölzern sind aus dieser Zeit bereits belegt. Deutlich ist ihre Rodungstätigkeit im Wald in den Pollenprofilen der Paläobotanik zu erkennen. Es scheint, dass ein Rückgang in der Waldentwicklung der Haselverminderung und der Bucheneinwanderung damit in Verbindung stehen und erstmals eine durch Menschen verursachte Umweltveränderung hin zu einem neuen Waldbild zu fassen ist. Das geschliffene Steinbeil, die Grabhacke und

Abb 3. Bandkeramisches Haus des 6. Jtsd. v. Chr. (mit freundlicher Genehmigung des Hegau-Museums Singen).

die Feuersteinsichel leisteten bei der Urbarmachung der Landschaft unverzichtbare Dienste. Vor allem das Rind, das Schaf und die Ziege – nur zu geringeren Teilen das Schwein – lieferten als Haustiere Fleisch und wichtige Rohstoffe. Daneben spielte im Hegau überraschenderweise die Jagd, die in der Siedlung Singen-Scharmenseewadel anhand der Tierknochen genauer bestimmt werden konnte, mit 40% des Anteils eine gewichtige Rolle. Für eine intensive Gewässernutzung mittels Netzen, Reusen und Fischfanganlagen sprechen dort eine Vielzahl nachgewiesener Überreste von Hecht, Forelle, Flussbarsch, Rotauge, Rotfeder, Barbe, Döbel, Alet und Schleie, die mit den Sammelpflanzen den Speiseplan bereicherten. Der aus dem vorderen Orient übernommene **Getreideanbau** kultivierter Wildgetreidearten wie Einkorn und Emmer, später von Gerste, ermöglichte bei einem vorherrschenden warmen und milden Klima erstmals die Erwirtschaftung von Überschüssen, den Ausbau einer Vorratshaltung und damit die Ernährung größerer dörflicher Gemeinschaften. Sie dürften in der Spitze bei etwa 10 gleichzeitigen Häusern und ca. 60 bis 80 Personen gelegen haben. Die Anpassung der Menschen an die veränderte Umwelt drückte sich im Raum zwischen Singener Niederung und Bodensee und auch zwischen Bodensee und Donau allmählich in der Übernahme bäuerlicher Wirtschaftsformen und in einer Sesshaftwerdung aus. Zahlreiche Einzelfunde von Steinbeilen und von frühen Keramikscherben lassen den Prozess der Aufsiedlung während dieser Zeit langsam erkennen.

Am Ende einer durch die Bandkeramik beschriebenen 700-jährigen Entwicklung lassen sich nach 4800 v. Chr. Veränderungen erkennen. Die Bestattungsweise und die Landschaftsnutzung wandeln sich. Nicht mehr die Hockerbestattung der Toten mit angewinkelten Knien, sondern die Beisetzung in gestreckter Rückenlage ist zu verzeichnen. Typisch für die Bodenseeregion ist die beginnende Aufsiedlung der Landschaft, die verstärkte Nutzung von Talauen, Kleingewässern, Bachläufen und die Wahl exponierter Höhenlagen für die Anlage von Dörfern. Deutlich sind die Hinweise auf Lichtungen in den Pollenprofilen des Bodenseebeckens infolge intensiver Landschaftsnutzung im Rahmen eines immer mehr an Bedeutung gewinnenden Ackerbaus zu erkennen. Die bandkeramische standorttreue Organisation der Siedlungen scheint aufgegeben und von mobileren Gemeinschaften abgelöst worden zu sein. Einzelfunde von den Hegaubergen, aber auch aus Bodman, Konstanz, Horn oder von der Höhensiedlung Langenrain-Hals auf dem Bodanrück deuten zum einen die angesprochene Ausdehnung und zum anderen ein Vorrücken der Siedlungsaktivität in Richtung auf den Bodensee und somit auf einfachere Böden in regenreicheren Gebieten an. Von den folgenden Kulturgruppen, welche die Bezeichnungen **Großgartach, Hinkelstein** und **Rössen** tragen, sind durch neuere Untersuchungen des Landesdenkmalamts Baden-Württembergs etwa bei Mühlhausen am nordöstlichen Hangfuß des Mägdebergs anlässlich des Autobahnbaus und in den Offwiesen bei Singen, an einem Altarm der Radolfzeller Aach gelegen, interessante Auswertungsergebnisse bekannt geworden. So weitet sich das Anbauspektrum mit den Nachweisen von Nacktweizen, Schlafmohn, Gerste und Erbse weiter aus und scheinen mit Erdbeere, Himbeere, Schlehe und Holunder die Schlagfluren (Auslichtungsflächen) an den Waldrändern eine immer noch bedeutende Rolle gespielt zu haben. Die Feuersteinversorgung bezieht neben dem heimischen Jurahornstein auch fränkisches Plattenmaterial als Importmaterial aus Bayern mit ein, das vom Osten, der Donau entlang, eingehandelt werden musste. Überraschend ist das Vorkommen von Bergkristall aus den Alpen oder von Kreidefeuerstein aus dem Norden, der weit gespannte Handelskontakte für unseren Raum nahe legt. Steinringe aus weichem Kalkschiefer oder weiße Kalksteinschmuckperlen lokaler Produktion könnten die Tauschwaren gewesen sein.

Jüngere und End-Jungsteinzeit (Jung- und Endneolithikum)

Mit dem Übergang zum 4. Jahrtausend v. Chr. beginnt am Bodensee die **Pfahlbauzeit.** Die Seeufer werden erschlossen. Ausgrabungen in den feuchterhaltenen Kulturschichten haben ein hervorragendes Spektrum an Funden, aber auch umfassende Informationen zum Leben, der

Umwelt sowie der sozialen der wirtschaftlichen Organisation der Dorfgemeinschaften offen gelegt. Von Öhningen im Westen bis auf die Höhe von Friedrichshafen im Osten sind entlang des baden-württembergischen Bodenseeufers nahezu zweihundert Dörfer der Stein- und der nachfolgenden Bronzezeit belegt (Abb. 4). Leider sind sie durch ansteigende Erosion der Strandplatten infolge massiver moderner Uferveränderungen sehr stark in ihrem Bestand bedroht und bedürfen dringend einem flächigen Schutz. Als Beispiel für eine der frühen Anlagen kann die Siedlung Horn, Hornstaad-Hörnle 1A am Untersee angeführt werden, deren Beginn mit Hilfe der Dendrochronologie in das Jahr 3915 v. Chr. datiert wird. Etwa 40 gleichzeitige Häuser, die als Pfahlbauten mit abgehobenen Wohnböden 1–2 m über dem Seegrund errichtet waren und eine Grundfläche von etwa 8 m Länge und 3,50 m Breite besaßen, standen bis zu einem verheerenden Brand als schmuckes Dorf mit den Giebeln Richtung See ausgerichtet im ganzjahreszeitlich überfluteten Strandgelände (Abb. 5). Aus den Hölzern des Auewaldes vermutlich als klassische Firstsäulenbauten erstellt, verfügten sie über Böden und Wände mit verschiedenartigem Holzgerüst und Lehmausfachung, so wie dies die Bauten der Schussenrieder Kultur der oberschwäbischen Moore in ihrer gleichfalls einzigartigen Erhaltung als ebenerdig errichtete Bauten nahe legen. Gedeckt waren die Häuser vermutlich mit dem Röhricht oder den Gräsern des ufernahen Geländes. Dafür sprechen Schilffunde aus der Siedlung mit noch erhaltenen Rispenresten und erste einfache Hausdarstellungen mit sehr steilen Dachneigungen auf bemalten Hüttenlehmbewurfstücken einer geringfügig jüngeren Siedlung (3850 v. Chr.) bei Ludwigshafen. Rindenbahnen zur Dachdeckung, die immer wieder neben Zweigen und Bauabfällen in den verspülten Siedlungsschichten zu finden sind und daher verschiedentlich als mögliche Dachdeckung ins Spiel gebracht wurden, scheiden dagegen für diese Verwendung aufgrund ihrer nur kurzfristigen Haltbarkeit auf Dächern unserer Breiten aus. Belege für die Fischerei, die Jagd, mehr aber noch den Ackerbau sind in vieler Hinsicht gegeben. Dafür sprechen als belebte Zeugnisse frühen Handwerks die Funde von Netzsenkern aus gekerbten Kieselsteinen und Netzfragmente unterschiedlicher Größe (mit Maschenweiten um 2,6 oder etwa 3,9–4,2 mm), wie sie im Übrigen noch heute beim Fang der Barsche und Felchen, den beiden wichtigsten „Brotfischen" des Sees eingesetzt werden. Bei der Felchenfischerei wurden bis in die 50er Jahre Netze mit 38 mm Maschenweite verwendet, heute werden zur Schonung des Bestandes solche mit 44 mm genutzt. Hirsch, Ur und Wildschwein stellten wie bereits in den vorangegangenen Zeiten die beliebtesten Jagdtiere. Das Rind, aber auch zunehmend das Schwein bildeten bei den Haustieren das Rückgrat der Fleischversorgung. Schaf und Ziege fehlten dagegen überraschenderweise fast gänzlich. Viel-

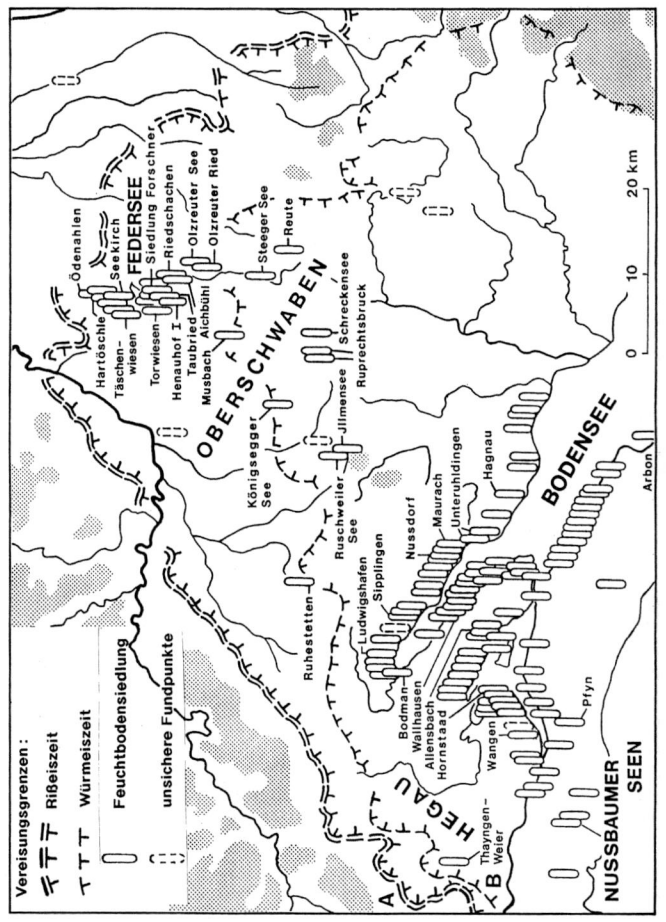

Abb. 4. Verbreitungskarte der Pfahlbauten am Bodensee (Landes-denkmalamt Baden-Württemberg, Ref. 27. Zeichnung: A. Kalkowski).

*Abb 5. Die Rekonstruktion des Hornstaad-Hauses im Pfahlbaumuseum
Unteruhldingen (Archiv Pfahlbaumuseum Unteruhldingen).*

leicht ist dies mit der nur inselartig geöffneten Urwaldlandschaft, die
keine großzügigen Weideflächen, dafür aber die Waldweide und die
Laubfütterung im Winter begünstigte, zu erklären. Mit den Mahlplatten
und Läufern aus Stein war fast jeder Haushalt des Dorfes als eigene
Wirtschaftseinheit ausgestattet. Neben den bereits bekannten Getreiden
Gerste, Einkorn, Emmer wurde zu dieser Zeit der aus dem Mittelmeer-
raum stammende Nacktweizen ohne ersichtliche Erholungsphasen für
die Böden (Brache) für Brei und Brot angebaut. Dazu gab es zur
pflanzlichen Eiweiß- und Fettversorgung Schlafmohn, Lein und Erbse,
Außerdem scheinen wie schon vordem Sammelfrüchte wie Haselnüsse
und Beeren eine große Bedeutung gehabt zu haben. Körbe und Siebe aus
Weiden, Brennnesselfasern und Lindenbast sowie Steingeräte aus
alpinen Geröllen und eine mattschwarze dünnwandige Tonware mit
Henkeln und Trageösen bestimmen das schon von anderen neolithi-
schen (jungsteinzeitlichen) Siedlungen gewohnte Bild. Kennzeichnend
sind für die frühen Pfahlbauer bei Horn, Bodman, Uhldingen und
Konstanz weiße längliche Kalksteinperlen, die mit roten oder
schwarzen Kettentrennern aparte Schmuckstücke abgaben. Die dazuge-
hörigen Bohrer aus Feuerstein mit winzigen Bohrköpfen, die in großer
Zahl erhalten sind, gehörten dabei zum notwendigen Handwerkszeug

der frühen Perlenproduktion. Der bislang spektakulärste Fund ist eine durchlochte Kupferscheibe, die, vermutlich als Amulett oder Rangabzeichen getragen, aus dem östlichen Mitteleuropa, wohl aus dem Gebiet der ehemaligen Slowakei, stammte.

Die Siedlungen der **Pfyner Kultur** (3850–3500 v. Chr.) zählen mit denen der **Horgener Kultur** (3300–2800 v. Chr.) zu den am häufigsten belegten innerhalb der Pfahlbauzeit am westlichen Bodensee. Ein Unterscheidungsmerkmal der jüngeren Dorfanlagen gegenüber den älteren ist die jetzt einsetzende Umzäunung des Siedlungsareals durch Palisaden und eine regelmäßigere Anordnung der Hausbebauung. Bemalungen auf den Hüttenwänden mit weißer Kalkfarbe und die Anbringung vollplastisch aus Lehm geformter weiblicher Brüste sind im Rahmen der älteren Pfyner Kultur am nördlichen Bodenseeufer (Ludwigshafen) festgestellt worden. Die Häuserzeile um Häuserzeile mit der Längsseite zum Ufer ausgerichteten Dörfer mit ersten erkennbaren Dorfgassen und Dorfstraßen kommen nun in der Horgener Kultur als neuer Anlagetyp in Mode. Dies spricht für eine stärkere Ordnung, aber auch für eine Hierarchiebildung und Spezialisierung innerhalb der Siedlungsgemeinschaften, die sich wahrscheinlich mehr und mehr in einer Parzellierung des Siedlungsgeländes und wohl auch in der Wirtschaftsfläche im Hinterland ausdrückte. Man gewöhnte sich allmählich an das Leben am See. In Sipplingen etwa wurden einmal gewählte Hausstandorte über Jahrzehnte hinweg beibehalten und Häuser immer wieder an gleicher Stelle erneuert und gebaut. Lediglich die sich mit den Jahren verändernde Uferlinie bewog die Siedler, das Dorf einmal Richtung See und dann wieder Richtung Land zu vergrößern. Planmäßige Waldbewirtschaftungssysteme geben sich durch die Auswertungen des verwendeten Holzes zu erkennen. Man darf nach den heutigen Erkenntnissen mit einer Niederwaldwirtschaft unter der Nutzung von Stockausschlägen und mit Umtriebszyklen von 20–30 Jahren rechnen. Hinsichtlich der Mobilität steinzeitlicher Siedler ist es erwähnenswert, dass inzwischen in Oberschwaben das Pferd und der zweirädrige Karren, durch Einflüsse aus dem Osten bedingt, bereits ihren Einzug gehalten hatten, während am Bodensee entsprechende Nachweise um 3000 v. Chr. nach gegenwärtigem Stand noch auf sich warten lassen. Dies mag an der mangelnden Eignung des morastigen Ufergeländes für Wagen und Pferde gelegen haben, kann aber auch mit anderen Kulturtraditionen und Ausrichtungen des oberschwäbischen Raumes zur Donau und somit zum Herkunftsgebiet hin erklärt werden. Ob die Siedlungen oder Stationen im Hinterland am Hohenhewen, Hohenkrähen, in der Singener Niederung, bei Heudorf, Pfullendorf-Goldäcker, im Neubaugebiet bei Frickingen oder bei Mühlhofen hier anders ausgestattet waren, und ob sie vielleicht schon über die neue Technologie des Karrens verfügten, entzieht sich aufgrund der schlechten Erhaltungsbedingungen und der mangelnden Dokumentation der Mineralbodenstandorte vorläufig noch unserer Kenntnis.

An den Voralpenseen scheint es bei den Haustieren eine anwachsende wirtschaftliche Bedeutung der Schweinehaltung gegeben zu haben, die in einer Vergrößerung des Bestandes gegenüber den anderen Haustierarten ab etwa 3400 v. Chr. deutlich in den Knochenspektren ausdrückt. Hierbei geht man trotz einzelner Belege von Aufstallungen aufgrund einer wiederkehrenden Wildschweineinkreuzung von einer Haltung der Tiere im Freien aus. Bei der Leinwandproduktion zählten die Pfahlbauer des 3. Jahrtausends wie ihre Vorgänger zu den Meistern ihres Fachs. Sehr feines Gewebe, das zum Teil, wie neuere Grabungen zeigen, bereits in spezialisierten Haushalten im Pfahlbau auf einfachen Standwebstühlen entstand, bereitet heute auch durchaus geübten Händen bei der Reproduktion noch große Schwierigkeiten. Spitzige in Vliestechnik gebundene Hüte und Sandalen aus Lindenbast, dazu Grasmäntel à la Ötzi scheinen in der Westschweiz und am Bodensee eine gemeinsame Mode dargestellt zu haben. Wie im Übrigen auch die Werkzeugausstattung des Gletschermanns sich Stück um Stück bis hin zu seinem Kupferbeil in den Bodenseepfahlbauten wieder finden lässt. Dies spricht im Bereich des Metallwarenhandels für schon gut ausgebaute Handelsnetze, für deren Träger weder große Entfernungen noch das Überwinden der Alpen eine Schwierigkeit darstellten. Fein erscheinen die kleinen glatt polierten Schalen, Schöpfer und Holzgegenstände, grob dagegen die nur niedrig gebrannte Tonware. Filigran sind die Holzkämme mit ihren Sonnenverzierungen ausgeführt. Miniaturgefäße oder ein Spielzeugeinbaum mit der noch anhaftenden Zugschnur von 32 cm Länge weisen auf die Bedeutung der Kinder in der steinzeitlichen Gesellschaft hin.

Während von der **Glockenbecherkultur** nur Einzelfunde aus dem Bodenseeraum bekannt geworden sind, die vielleicht zu unerkannten Gräbern gehören – eine Ausnahme bildet ein Grab in der Kiesgrube Kohler bei Anselfingen – lässt sich die Schnurkeramische Kultur inzwischen an mehreren Stellen durch die Jahrringanalyse deutlich nachweisen. Im dendrochronologisch datierten Zeitraum von 2690 bis etwa 2400 v. Chr. finden sich Pfahlfelder und Einzelfunde in Hornstaad und Hegne, Bodman, Ludwigshafen, Sipplingen sowie Maurach, Litzelstetten und Unteruhldingen. Typisch sind eine Keramik mit Wellenleistenzier und vereinzelt aufgefundene Scherben mit den Abdrücken einer einfach gedrehten Schnur.

Die frühe und die mittlere Bronzezeit

Die **Frühbronzezeit** (2200–1650 v. Chr.) ist im großen Nordstadt-
gräberfeld bei Singen mit 101 Gräbern und einer wahrscheinlich
zugehörigen, in 300–400 m Entfernung liegenden Siedlung erstmals im
Bodenseehinterland zu fassen. Weitere Belege von Siedlungen sind in
der Kiesgrube Schädler am Rande des ehemaligen Binninger Sees und
den Höhen der Hegauvulkane, auf dem Hohenkrähen und dem
Hohentwiel, mit dem Hals bei Langenrain oder jüngst auf dem Alt-
Heiligenberg bekannt geworden. Daneben sind wiederum die Ufersiedlungen in einem uferbegleitenden Kranz von Öhningen bis Immenstaad
belegt. Nachweise von Gräbern mit ihren typischen Hockerbestattungen
und ihren metallenen Beigaben liegen dagegen nur vereinzelt aus
Gottmadingen, Gewann Goldbühl oder aus Bodman am See vor. Den
Bestattungen dieses frühen metallzeitlichen Abschnitts eigen ist eine
nach Geschlechtern getrennte Sitte, wobei die Frauen stets mit dem
Kopf im Süden auf der rechten Seite in Hockerlage, Männer dagegen
andersherum mit dem Kopf im Norden niedergelegt wurden. Steinein-
bauten und Grabdeckplatten sind festzustellen. Ruderblattförmig

*Abb. 6. Ein Grabinventar der Frühbronzezeit aus Singen, Hohentwiel
(nach: Krause 1988, Titelblatt).*

endende Nadeln mit Ritzverzierung, Ösenhalsringe und Armspiralen zählen zu den beliebten Elementen der Schmuckgrundausstattung. Beinringe und im Einzelfalle sogar „atlantische Dolche" (Abb. 6) mit Parallelen aus Nordwestfrankreich und Südengland ergänzen den Ausstattungssatz jener fast durchgängig keramiklosen Erdbestattungen. Es muss schon mit der Lage Singens im Kreuzungsfeld verschiedener Verkehrswege zusammenhängen, dass dort sich über der feuchten Talniederung auf der Nordstadtterrasse eine solch bedeutsame Siedlung mit so weit reichenden Handelsbeziehungen entwickeln konnte. Die Wege des Zinnhandels aus Cornwall und aus der Bretagne auf der einen, und der Weg des Kupfers aus dem Alpenrheintal heraus oder die Donau entlang auf der anderen Seite hatten hier am Fuße des Hohentwiels wohl zum Nutzen der Bronzezeitleute einen großen europäischen Verkehrs-knotenpunkt zu überwinden. Das sich abzeichnende Straßennetz, das sich an Flussläufen und den Seitentälern des Bodenseebeckens orien-tierte, tritt uns in der Landschaft während der Bronzezeit immer wieder durch Hort- und Versteckfunde mit Bronzebarren, Fertigwarensets oder Altmetall, das zum Einschmelzen vorgesehen war, entgegen. Bedeut-sam waren die Nordaufgänge Richtung Donau, die bei Salem-Bermatingen, Ackenbach-Höfe bei Homberg am Ende des Deggen-hausertales, bei Heiligenberg an der Seefelder Aach oder entlang des Schussentales bei Meckenbeuren-Liebenau und auf dem Veitsberg bei Ravensburg an besonders exponierten Stellen solche Depotfunde ergeben haben.

Die Grablegen sind ab der **Mittelbronzezeit** unter Grabhügeln der heute bewaldeten, damals aber nach aller Kenntnis der Umwelt gerodeten Randhöhen zu finden. Diese lösen das einfache Körper-flachgrab ab. Vereinzelte Grabfunde wie Emmingen ob Egg oder vermutlich auch die Einzelfunde von Dingelsdorf-Weiherried mit ihren kennzeichnenden Schmucknadeln (Abb. 7) mit radförmigem Kopf oder geschwollenem Hals sind hierher zu stellen, obwohl in beiden Fällen die Auffindungsbedingungen nicht sicher dokumentiert werden konn-ten.

Die **Siedlungsaktivitäten** im erweiterten Bodenseeraum ab dem 19. Jh. v. Chr. lassen sich über ein Standardpollendiagramm vom Durchen-bergried am westlichen Fuße des Bodanrücks wieder gut einengen. Rodungsphasen sind – durch verstärkten Getreideniederschlag und in aufgelichteten Flächen gewachsene Gehölze – zwischen 1880–1620 und 1550–1330, mit einer Unterbrechung am Anfang des 15. Jh. von der späteren Frühbronzezeit bis zum Ende der Mittelbronzezeit zu fassen. Demografisch kann man nicht umhin, die sehr starken und andauernden Landschaftseingriffe mit einem gleichmäßigen Anwachsen der Bevöl-kerung und einer dadurch bedingten intensiven Flächennutzung durch Pflug und Weide zu verbinden, wobei angemerkt werden muss, dass die

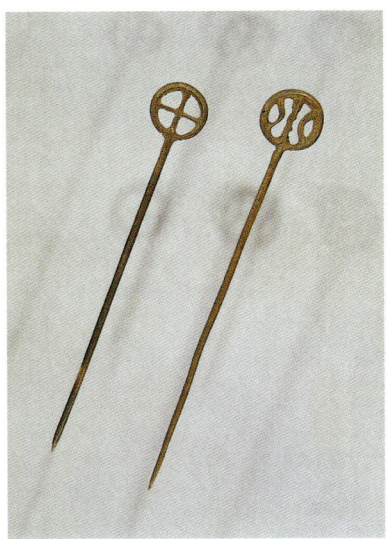

Abb. 7. Radnadeln vom Weiherried (mit freundlicher Genehmigung des Rosgartenmuseums Konstanz).

Standorte der dafür verantwortlichen Siedlungen etwa entlang der Flussniederung der Stockacher Aach oder entlang der anderen Bodenseezuflüsse noch zu suchen sind. Bei den Bodenseepfahlbauten, die sich als Referenzpunkte wieder einmal bestens eignen, ist das Einsetzen einer neuen Besiedlung zur Mitte des 17. Jh. v. Chr. festzustellen. Es sind zunächst kleine Gehöftansiedlungen, etwa auf dem Schachenhorn bei Bodman, mit Hausgrößen von zunächst 5 × 6 m, später 5 × 10 m Grundfläche zu verzeichnen. In Mühlhausen-Ehingen werden in der gleichen Zeit mit 5 × 15 m bereits sehr ansehnliche Gebäude in meist zweischiffiger Pfostenbauweise erbaut, die allerdings noch weit von den 30 m langen aus Bopfingen im Nördlinger Ries oder den Spitzenreitern mit 50 m Länge und mehr aus Südbayern oder bei Augsburg der Frühbronzezeit übertroffen werden. Das hohe Maß an sozialer Organisation der früh-mittelbronzezeitlichen Bevölkerung, die anscheinend bald zu einem territorialen Denken einzelner Gruppen führte, tritt uns auffälligerweise in den Höhensiedlungen entgegen, deren Entfernung zueinander nach neueren Untersuchungen an der Donau und im Raum Bodensee-Oberschwaben bei etwa 10–18 km Luftlinie zu fixieren ist.

Die sieben bekannten frühbronzezeitlichen Ufersiedlungen am Bodensee zeigen, dass es Unterschiede in der Funktion der benachbarten Dörfer gab. Während in Bodman-Schachenhorn über längere Zeit eine eher friedlich wirkende Fischereiansiedlung mit einem auffälligen Gewicht bei der Hirschjagd gab – über 40% Wildsäugetierknochen im Spektrum sprechen eine deutliche Sprache – und ein einfacher Zaun für die Abgrenzung der Siedlung genügte, tritt uns bei Konstanz-Staad eine massiv mit Bohlenwand befestigte Wehrsiedlung entgegen. Ihre Aufgabe dürfte wohl in der Sicherung der Nord-Süd Passage auf der Höhe Uhldingen-Meersburg über den Bodensee in Richtung auf Konstanz in Verbindung gebracht werden. Eine ähnliche Funktion ist der Höhensiedlung von Langenrain-Hals auf dem Bodanrück für die Ost-West Verbindung zu Wasser oder zu Lande zuzuschreiben. Gleiches scheint auch die Aufgabe der Siedlung Forschner am Federsee, zwischen Schussenquelle und Donau gelegen, oder die der Siedlung Veitsberg bei Ravensburg zwischen dem Schussental und dem Flattbachtal gewesen zu sein. Die Heuneburg an der oberen Donau, die Höhensiedlung Cazis-Cresta im Alpenrheintal, die Siedlung Alt-Heiligenberg, die Hegauberge Hohenkrähen und Hohentwiel, die Reihe ließe sich fortsetzen. Spannend wird es sein, das Bezugsnetz zwischen den Höhensiedlungen, den Anlagen auf den Niederterassen der Flussläufe sowie an den Seeufern durch weitere Forschung in Zukunft noch genauer zu bestimmen und daraus Siedlungs- und Sozialgeschichte zu schreiben.

Warum die Ufersiedlungen in der ersten Hälfte des 15. Jahrhunderts plötzlich abbrechen, bleibt trotz aller Erklärungsversuche bislang rätselhaft. Waren es kriegerische Auseinandersetzungen oder durch Übernutzung der Landschaft ausgelöste Umweltkatastrophen? Es ist anzunehmen, dass ein starker Seespiegelanstieg die Anlage von Siedlungen im Flachwasserbereich vorerst nicht mehr ermöglichte. Nach der Datierung von Bohlenwegen bei Bad Buchau im Federseemoor für das 14. Jahrhundert, die ein Fortleben der Kulturerscheinung belegen und nach den Auflichtungszeiger in den Pollenprofilen für die folgende Zeit ist diese Interpretation bislang am wahrscheinlichsten.

Die späte Bronzezeit

Mit der **Spätbronzezeit** (1300–750 v. Chr.) setzte sich der Ausbau der Landschaft fort. Die Siedlungsnachweise konzentrieren sich im Raum Singen, am Bodenseeufer, entlang der Bodenseezuflüsse und auf bestimmenden Höhenzügen wie schon zur Mittelbronzezeit. Am besten bekannt sind die 20 Seeufersiedlungen am westlichen Bodensee, von denen einige anlässlich der Pfahlbausuche im 19. Jahrhundert oder mit

Hilfe der Tauchärchäologie in den letzten Jahren genauer untersucht
werden konnten. Nicht so gut verhält es sich mit dem Bestand an
Gräbern, die eher zufällig beim Bahnbau oder in Kiesgruben
angeschnitten wurden, die aber für das Verständnis dieses Zeit-
abschnittes von entscheidendem Interesse sind. Sie geben einen
Einblick in den Kult und in die Jenseitsvorstellungen. Sie sind aber
auch ein Spiegel gesellschaftlicher Verhältnisse. Im Gelände tauchten
aus verschleiften Grabhügeln bei Bittelbrunn und Engen, in Flach-
gräbern auf der Nordstadtterrasse bei Singen, in Pfullendorf (Sigma-
ringer Straße), beim Kiesabbau in Konstanz-Kaltbrunn oder bei
Oberuhldingen in einer Kiesgrube Gräber auf, die als Brandgräber mit
Schmuck- oder Waffenausstattung – hierbei spielt das Schwert und die
Lanze eine zunehmende Rolle – die neue Zeit verkünden. Die
Urnenfelderkultur mit der neuen Sitte der Feuerbestattung ist ein
Zeichen für eine verwandelte Religionsvorstellung, die allem Anschein
nach ihre Wurzeln im mediterranen Raum findet und zu uns aus dem
Südosten kommt. In Mengen an der Donau oder bei Kressbronn an der
Argenmündung erscheinen Gräber mit beigegebenen verbrannten
vierräderigen Wagen, die reich mit Zierrat versehen worden waren.
Brandgräber mit Schwertbeigaben treten auf. Unweigerlich tritt bei der
Betrachtung der mykenische oder hethitische Totenkult der feierlichen
Verbrennung der Toten, die mit ihrem wichtigsten Hausrat und Gerät
versorgt wurden, und ein mehrtägiges Totenritual vor das geistige Auge,
das man sich auch für die reicheren und bedeutenderen Träger der neuen
Kulturerscheinung im Hegau und im Linzgau vorzustellen hat. Es
blühen Handel und Verkehr, Burgen und Höhensiedlungen säumen wie
zur mittleren Bronzezeit die Flusstäler und die strategischen bedeutsamen Plätze.

Die **Uferdörfer** mit einer Größe von 0,5 bis zu 2 ha umfassen in der
Spitze 80 Häuser (von 2–3 schiffigem Aufbau) und einer Größe von etwa
7×10 m (Abb. 8). Bis zu 600 Personen sind damit für ein Dorf zu
veranschlagen. Die Häuserzeilen waren in regelmäßigen Reihen
innerhalb einer schützenden Palisade im Jahresabstand errichtet worden
und nach Hinweis der dendrochronologischen Messungen jeweils eine
Generation lang bewohnt, bis sie anscheinend wieder verlassen wurden.
Für den Standort von Unteruhldingen (975–850 v. Chr.) bedeutete dies
zum Beispiel einen nachfolgend dreimaligen Neuaufbau der Ufersiedlung, wobei verschiedene Dorfgrößen festgestellt werden konnten.
Gleiches scheint bei vier nacheinander folgenden Siedlungen in Hagnau
(1050–870 v. Chr) der Fall gewesen zu sein. Leider liegen für die
benachbarten spätbronzezeitlichen Anlagen von Maurach und Seefelden unterhalb der Birnau, sowie von Meersburg-Haltnau oder
Immenstaad noch keine exakten Datenserien vor, die das Siedlungsge-
schehen an diesem Uferabschnitt jahresgenau bestimmen lassen

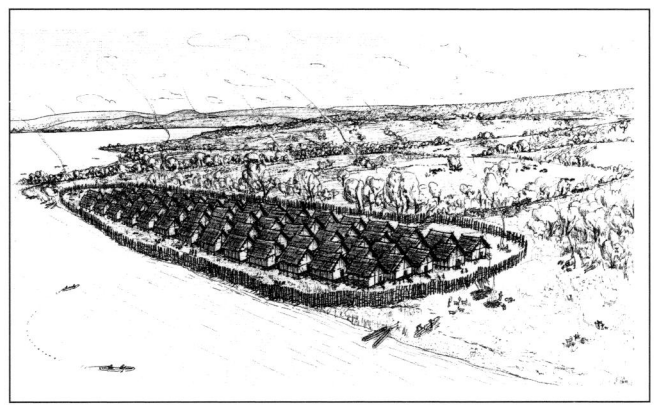

*Abb. 8. Zeichnerische Rekonstruktion des spätbronzezeitlichen
Dorfes von Unteruhldingen-Stollenwiesen nach den Unterwasser-
grabungen 1982–1989 des Landesdenkmalamtes Baden-Württemberg
(nach: Schöbel 1996, 57, Abb. 43).*

könnten. Dennoch scheint es aber nach den Ergebnissen der Naturraum-
betrachtung, des Holzeinschlages in den benachbarten Wäldern und
durch den Vergleich mit anderen Siedlungsballungen möglich, eine im
Raum wechselnde, sehr mobile Siedlungsweise innerhalb der jewei-
ligen Lanschaftskammer zu postulieren. Dies bedeutet für die
Uferstandorte, dass weniger der konkrete Ort als vielmehr der Bereich
eines abgrenzbaren Territoriums um eine landschaftliche Schnittstelle
herum für die Siedlerverbände von Interesse war. Dies spricht hinsichtlich der gesellschaftlichen Organisation für eine übergeordnete Gruppe,
die uns vielleicht in den Schwertträgern und Wagenbesitzern schon
entgegen tritt, die dieses Territorium, sei es die Singener Gegend oder
die Espasinger oder die Seefelder Aachniederung, von oben her
kontrollierten. Steht man heute an den Siedlungsplätzen und betrachtet
sich von unten die Höhenzüge, so findet man sehr schnell die dafür in
Frage kommenden Punkte.
Der faszinierende Fundreichtum der Ufersiedlungen wird seit Beginn
der Forschung in der Mitte des 19. Jh. mit den Pfahlbaubronzen und reich
verzierten Elementen dieser Epoche in Verbindung gebracht. Schmucknadeln, Bronzebeile, Sicheln, Lanzenspitzen, Messer, Pferdegeschirr,
Armreifen und Angelhaken finden sich in den Vitrinen der Museen von
Konstanz, Singen, Überlingen, Uhldingen, aber auch in den Häusern von
Karlsruhe, Stuttgart und Zürich. Alle größeren Bronzegegenstände sind

Belege für ein sehr enwickeltes Gussverfahren in Formsand, in
Sandstein- und in Tonformen. Durch gefundene Fertigwarenhorte im
Arbeitsraum lässt sich der Handel verfolgen. Mondhörner, Entenvögel
und eine allgegenwärtige Symbolik, die sich durch Strichzier auf
Gefäßen in Sonnenform ausdrückt, zeigt die Bedeutung naturreligiöser
Elemente an. Tonstempel, Rasseln, Kinderspielzeug, Kultwägelchen,
Klapperbleche und inzwischen auch eine verzierte Holzflöte aus
Hagnau sind sprechende Zeugnisse eines sehr reichen geistigen Lebens.
Ein spezialisiertes Handwerk schuf schwarz-silbern metallisch glän-
zende und weiß auf schwarz zeichnende und rot bemalte Töpferware, die
wohl in großer Zahl jeden Haushalt zierte. Verschiedene Dekors lassen
sich für benachbarte Häuser ermitteln. Die Grabausstattung einer Dame
aus Singen umfasste 62 Gefäße, die ineinandergestellt, wohl als
Haushaltsset, aufgrund der passgenauen Arbeit auf nur einem Quadrat-
meter neben der Leichenbrandurne und den beiden Nadeln zum
ordentlichen Verschluss ihres Kleiderumhanges Platz fanden.
Am Bodensee und im Hegau lassen sich anhand der Keramik zwei
prägende Stile ermitteln, die den **Kulturgruppen untermainisch-
schwäbisch** und **rheinisch-ostfranzösisch-schweizerisch**, je nach
Hauptverbreitungsgebiet, zugeordnet werden können. Diesen beiden,
die im 11. und 10. Jh. v. Chr. in ihren Schwerpunkten entgegengesetzt
am Nord- und am Südufer fassbar sind, lässt sich im Osten das
Alpenrheintal hinauf eine dritte keramische Kultur, die der **Melauner
Gruppe**, zur Seite stellen. Es hat damit den Anschein, dass der Raum
zumindest zweitweise Grenze und Kontaktfläche von zumindest drei
Bevölkerungsgruppen gewesen ist. Dies wirft die Frage auf, was sie
denn an diesem See gesucht haben und leitet nach aller Kenntnis des
Vorangegangenen zu der Antwort hin, dass hierin ein Grund für die
Blütezeit der Kulturerscheinung bestanden haben muss, der nur in
einem planvollen und regelmäßigen Güteraustausch bestanden haben
kann. Alle Siedlungen besitzen eine deutliche Orientierung an den
Wasserstraßen. Über einen Einbaumfund bei der Insel Wollmatingen-
Langenrain und zahlreiche Exemplare vom kleineren Federsee ist das
wahrscheinlichste Transportmittel, das eine Tragkraft von mehreren
hundert Kilogramm bis zu einer Tonne besitzen konnte, bekannt. Die
einsetzende Salzproduktion in den Gebirgen, die Bronzegeräte und
Glasperlenherstellung, der Metall- und Wollwarenhandel, das Auftreten
südosteuropäischer, mediterraner und atlantischer Fundstücke und das
erste Eisen in Singen und in den Uferdörfern am Bodensee verlangt
keine weiterreichende Erklärung. Diese Situation spricht für sich selber.
Der Raum zwischen Gottmadingen, Anselfingen, Mahlspüren, Meßkirch, Sigmaringen, Ravensburg, Kressbronn und Meersburg war längst
eine wichtige Region in der Mitte des europäischen Raumes mit den
entsprechenden Fernbezügen geworden.

Die weiter ansteigende Bevölkerung erfuhr ihre Grundversorgung durch die Landwirtschaft. Der Anbau von Dinkel und Hirse, Gerste und erstem Hafer, Schlafmohn, Erbse, Bohne und Linse bildeten die pflanzlichen, die Zucht von Rindern, Schweinen, Schafen und Ziegen die tierischen Grundlagen. Das Pferd ist in ansehnlicher Zahl belegt, wenn auch seine Widerristhöhe mit nur etwa 128 cm noch nicht sehr hoch ausfiel. Neben den verhältnismäßig kleinen Kühen mit 120 cm Widerrist, waren die Schweine mit 80 und gar 84 cm vergleichsweise groß. Man darf nach den Hinweisen zur Weidewirtschaft und der großen Anzahl an Spinnwirteln und Webgewichten davon ausgehen, dass auch die Wollverarbeitung zu Geweben, bei zugleich vergleichsweise geringen Flachsanteilen im Anbau, sich auf einem hoch entwickelten Stand befand. Die Betreuung der Herden dürfte eine sehr wichtige Aufgabe gewesen sein. Milch- und Käseproduktion lassen sich durch Siebgefäße ausreichend nachweisen. Dahinter trat verständlicherweise die Jagd mit 25% des Wildtierknochenanteils deutlich zurück. Ihre Ausübung, sieht man einmal von der Fischerei ab, könnte bereits ein Privileg bevorrechteter oder spezialisierter Jäger gewesen sein. Eine ausgefeilte Waldwirtschaft, wahrscheinlich ein Dreifelderwechsel mit Brache (jährige Stilllegung von Teilflächen) und die Herausbildung einer sehr intensiven Grünlandnutzung im Rahmen der Weidelandschaft veränderten die Umgebung. Gebüsche und eine Vegetation, die Steppenheidekomplexen ähnelte, bildeten sich aus. Das Gepräge der Landnutzung ist aus heutiger Sicht am besten mit Verhältnissen zu vergleichen, die bei uns im hohen Mittelalter existierten. Im 9. Jh. lässt sich mit einem Abkühlen und einer Vernässung des Klimas ein langsam zusammenbrechendes ökologisches System fixieren. Die Siedler von Hagnau beginnen interessanterweise die Sammelwirtschaft zu intensivieren, wärmeliebende Anbaupflanzen wie die Kolbenhirse werden nicht mehr nachgewiesen. Im Wald werden geeignete Baumstämme knapp. Man ist gezwungen, ganz junge Bäume und die großen Überhälter (übrig gebliebene Altbäume) zu schlagen und mühsam aufzuspalten. Auch wenn die Entwicklung noch nicht im Detail nachzuzeichnen ist, so endet doch die Besiedlung an den Ufern der Voralpenseen nach allen vorliegenden Daten schlagartig 850 v. Chr. Danach steigt der Seespiegel kräftig an. Jüngere Siedlungen sind auf 5 m höherem Geländeniveau zu finden. Allenfalls bis 800 v. Chr. gibt es noch an kleinen Seen in den Westalpen oder am Nußbaumer See im Thurgau letzte Ufersiedlungen, die allerdings als Kleinansiedlungen längst nicht mehr den Glanz der früheren Zeiten verstrahlen. Auf den Höhen und in den alten Zentren am nördlichen Bodenseeufer ist mit einem Nachleben der Urnenfelderkultur zu rechnen, die allmählich von einer neuen Erscheinung, der Hallstattzeit, benannt nach einem großen Gräberfeld nahe einem Salzbergwerk im österreichischen Hallstatt, abgelöst wird.

Die Eisenzeit (Hallstatt- und Latènezeit)

Nicht mehr die Bronze sondern der Werkstoff Eisen bestimmt die neue
Zeit, die uns sehr deutlich in Gräbern entgegentritt. Inwieweit regionale
Bohnerzvorkommen bei Liptingen bereits eine Rolle gespielt haben,
muss noch geprüft werden. Der frühe Abschnitt der Eisenzeit (750–550
v. Chr.) zeigt im gesamten Gebiet von Gottmadingen über Mauenheim
nach Buchheim, von Neuhausen ob Egg über Hödingen bis nach Salem
zahlreiche Bestattungen, die beginnend mit dem 8. Jh. v. Chr. als
Gründergräber unter Hügeln angelegt werden. Die Toten werden in der
frühen Phase zunächst noch wie in der vorangegangenen Urnenfelderzeit verbrannt. Brandplatten an der Stelle des späteren Grabhügels
zeugen von einer Bestattungszeremonie an Ort und Stelle. Später (550 v.
Chr–400 v. Chr.) in der entwickelten **Hallstattzeit** herrscht die
Körperbestattung vor. Meist werden diese als Nachbestattung in den
bestehenden Hügel eingebracht. Grabeinbauten aus Holz, zum Teil aus
mächtigen Eichenbalken in Blocktechnik gefügt und mit einer
schützenden Steinpackung gegen die Beraubung oder Durchwühlung
durch Tiere versehen, sind zum Teil vorhanden. Eine sehr reich verzierte

*Abb. 9. Grabkeramik der frühen Hallstattkultur des 6. Jh. v. Chr. aus
Nenzingen bei Stockach (mit freundlicher Genehmigung des Hegau-
Museums Singen).*

Abb. 10. Späthallstattzeitlicher
Dolch aus den Gräbern bei Salem
(nach: Bittel/Kimmig/Schieck
1981, 142, Abb. 68).

Tonware im kennzeichnenden Alb-Hegau oder Alb-Salem-Stil, mit den Farben rot und schwarz, oder mit Kerbschnitt verziert, mit den Kontrasten graphitglänzend zu mattrot oder hellbraun ausgeführt, zählt zum Schönsten, was vorgeschichtliche Töpfereikunst hervorgebracht hat (Abb. 9). Deutlich sind die Vorbilder aus der Mittelbronzezeit (Kerbschnitt) und der Bemalung und Graffitierung (Urnenfelderkultur) zu erkennen. Daneben gehören die Trachtbestandteile aus Bronze und Eisen zur wiederkehrenden Standardausrüstung jedes Grabes. Die Eisenwaffen – wie das Eisenschwert, der Dolch, die Pfeilspitzen und die Eisenlanze – stehen für eine neue Technologie im Kriegshandwerk (Abb. 10), aber auch für eine sich herausbildende Oberschicht, die sich diese aufwendige Ausstattung gegenüber sichtlich ärmeren Toten leisten konnte. Die schon in der Bronzezeit erkennbare Entwicklung hin zu einer stärkeren sozialen Differenzierung kommt auch im Grabaufbau zum Ausdruck.

Die Handelsbeziehungen weiten sich immer mehr nach Süden und Südosten aus. Zwei große Formenkreise, der **Westhallstattkreis** und der **Osthallstattkreis**, wirken in Mitteleuropa bestimmend. Zu den donauländischen Waren der Bronzezeit treten jetzt Stücke, die aus der Gegend um Marseille und aus dem griechischen Einflussbereich stammten. Erstmals berichten auch griechische Schriftsteller im 6. Jh. wie Herodot oder Hekataios von Milet von dem Volksstamm der **Kelten**, der angeblich an den fernen Quellen der Donau wohnt. Augenscheinlich spielte die Mobilität und der Handelsaustausch zwischen der Ägäis und unserem Raum eine zunehmend anwachsende Rolle. Wer etwas auf sich hielt und es sich leisten konnte, ritt zu Pferde, besaß einen vierrädrigen Wagen und neben heimischem Trinkgeschirr aus kunstvoll beschlagenen Kuhhörnern auch Sieb-, Misch- oder Schöpfgefäße aus Etrurien oder dem vermittelnden alpinen Raum. Bei der Schmuckausstattung der Damen kam neben dem schwarzen heimischen Gagat oder Lignit (versteinertes Holz), der als Armring, im Perlencollier oder als Aufsatz von Haarnadeln getragen wurde, zum Beispiel beim Gemeinmerker Hof in Kaltbrunn auf dem Bodanrück immerhin bald auch Edelkoralle und Elfenbein zum Einsatz. Ja selbst Glasfunde aus der Gegend des heutigen Iran fanden in der entwickelten Hallstattzeit ihren Weg nach Südbaden. Verbreitet waren in der hallstättischen Trachtausstattung Fibeln und Gewandschließen, gegossen und getrieben, in vielfältigen Formen, zum Verschließen der Gewänder im Schulter- und Brustbereich. Dazu kommen prachtvoll ornamentierte Gürtelbleche neben den einfachen Hals-, Arm- und Fußringen, wie dies Frauengräber aus dem Grabhügelfeld bei Liptingen oder dem Singener Gräberfeld „Rußäcker" – letzteres ist im Museum Singen zu bewundern – sehr eindrucksvoll zeigen.

Die Bevölkerung im nördlichen Bodenseeraum lebte während der Hallstattzeit allem Anschein nach vor allem in kleinen gehöftartigen Siedlungen und Dörfern, die jetzt wie zur Mittelbronzezeit auch wieder die Randgebiete der früheren Siedlungszentren auf den als unwirtlich geltenden Höhen mit einbezogen. Das Besiedeln ärmerer Gegenden mit schlechteren Wuchsbedingungen für den Ackerbau wird im Allgemeinen mit einer Ausweitung der Viehzucht erklärt, die verständlicherweise weniger Ansprüche an die Qualität der Böden stellte.

Das unmittelbare Bodenseeufer fällt aufgrund der angenommenen Siedlungsflucht in das Hinterland – nach einer längeren Kälteperiode und Vernässung des Klimas am Ende der Spätbronzezeit (Göschener Kaltphase) – als Informationsquelle weitgehend aus. Die Stützen der Geschichtsschreibung bilden kleine Gehöfte am Westhang des Hohenhöwen, am Osthang des Mägdeberges, oder in Singen „Mühlenzelgle" – allesamt in höherer Lage. Große Zentralsiedlungen wie die der Heuneburg bei Hundersingen an der oberen Donau mit ihrer mächtigen Lehmziegelmauer einschließlich ihrer Nachbarsiedlungen oder die Siedlung Hohenasperg bei Stuttgart in der Nähe großer Fürstengrabhügel Nordwürttembergs sind im Bodenseeraum noch nicht entdeckt. Ähnlich große Grabhügel und eine ähnliche Fundstellendichte wie in den anderen beiden Zentren sprechen aber dafür, dass hier noch einiges zu erwarten ist. Mit fortschreitender archäologischer Tätigkeit darf man anhand der Grabhügelgruppen, die sich zum einen in süd-nördlicher Richtung durch den Hegau ziehen und zum anderen entlang des Nordufers des Überlinger Sees im Linzgau zu finden sind und die sich drittens am südlichen Bodanrücken Richtung Untersee entwickeln, mit einer noch nicht gefundenen größeren hallstättischen Burg zwischen Singen, Pfullendorf und Konstanz rechnen.

Der Übergang zur **Latènezeit** (400 v. Chr.) ist eine stürmische Zeit. Die großen Adelssitze werden nach einer kurzen Hochblüte bald verlassen. Vielerorts ist die Aufgabe von Siedlungen mit der ersten Stufe der Latènezeit zu verzeichnen. Historisch belegt sind für das 4. und 3. vorchristliche Jahrhundert Keltenwanderungen, die diesen Volksstamm von nördlich der Alpen plötzlich nach Oberitalien und nach Westeuropa nach Spanien und bis nach Kleinasien führten. Man vermutet dahinter den durch Missernten ausgelösten und durch germanische Stämme von Norden aus erzeugten Wanderungsdruck, der für die keltische Bevölkerung zu einem Ausweichen in linksrheinische Gebiete und schließlich kurz vor der Zeitenwende zum Verlassen der Landschaft zwischen Bodensee und Rhein und zur sogenannten „Helvetischen Einöde" geführt haben soll.

Nachbestattungen in den seit der frühen Hallstattzeit benutzten **Hügelgräbern** zeigen aber zunächst eine Kontinuität beim Grabbrauch innerhalb der Bevölkerung während der Frühlatènezeit. Eine Nachbestattung in Hügel F des Salemer Feldes im Hardtwald zum Beispiel macht dies deutlich. Bei Engen lässt sich eine frühe Mittellatènesiedlung nachweisen, die aus wenigen Einzelhäusern bestand. In Anselfingen Gewann „Sand" befindet sich eine weitere kleine Siedlung der mittleren Latènezeit, vor der Mitte des letzten Jahrhunderts vor Christus endet und mit zwei Bestattungen im Dorf die Sitte der einfachen Grablege vor Ort verdeutlicht. Sie machen in ihrer gestreckten Rückenlage wie die gleichzeitigen Gräber im Nordgräberfeld von Singen aber einen eher ärmlichen Eindruck. Der Glanz früherer Zeiten im Hegau scheint vorerst verblasst. Die Beigabe einer Eisenfibel und eines einfachen Topfes im einen und dreier Gefäße mit zwei Spielsteinen im anderen Fall zeigen die vergleichsweise spartanische Bestattungsweise für die Dorfbewohner an.

Die Töpferware ist in der Keltenzeit teilweise bereits mit der Töpferscheibe gefertigt. Ihr Vertrieb erfolgte zum Teil schon durch überregional tätige Werkstätten. Daneben tritt eine schlichte, feine handgemachte Ware mit Rillen und Rippen auf, die, gut gebrannt, als regionale Ware, das Gros der keramischen Funde stellt. Erwähnenswert sind Fragmente von Armringen aus bläulichem Glas, die vermutlich als Luxusgüter von außen kamen. Eisenbarrenfunde entlang der Nord-Südachsen im Hegau und im Schussental sprechen für einen

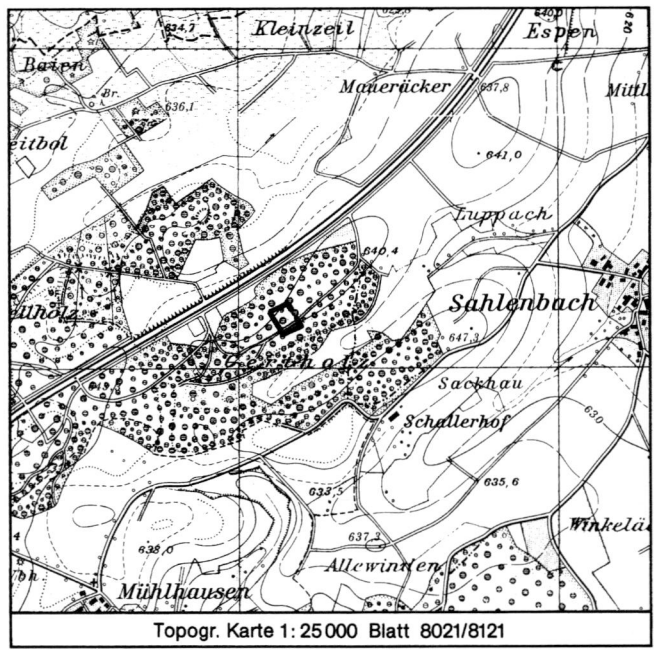

Abb. 11. Keltische Viereckschanze Aach-Linz (mit freundlicher Genehmigung des Landesdenkmalamtes Baden-Württemberg).

anhaltenden Eisenrohstoffhandel größerer Produktionsstätten, ausgehend vom alpinen Raum, der sicher auch mit dem Salzhandel in Verbindung stand. Bemerkenswert ist in diesem Zusammehang eine Siedlung bei Pfullendorf („Sigmaringer Straße"), die neben dem Beleg von Hüttengrundrissen durch aufgefundene Eisenschlacken auch Hinweise auf die Eisenverarbeitung vor Ort erbrachte. Eine keltische Viereckschanze ist bei Aach-Linz (Abb. 11) (Gewann Gertholz) in der Nähe des Ursprungs der Seefelder Aach südwestlich von Pfullendorf belegt. Weitere liegen aus Messkirch-Heudorf und Mühlhausen-Ehingen vor. In Gottmadingen ist ein Grabenwerk von beachtlichen Ausmaßen für den jüngsten Abschnitt der Eisenzeit jüngst erst im Rahmen für Baumaßnahmen bekannt geworden. Die durch einen

Graben abgeschlossene Anlage ergänzt die späten Siedlungsfunde aus
Konstanz oder von der Lehensburg bei Kressbronn. Ob sich die bei
Cäsar erwähnten Oppida zukünftig auch für unseren Raum nachweisen
lassen, bleibt vorerst offen. Einzelfunde von keltischen Münzen bei
Kluftern nördlich Immenstaad, am Ostfuß des Hegauberges Hohen-
hewen und eine Nauheimer Fibel aus dem Bereich der Ufersiedlung
Unteruhldingen-Stollenwiesen im Linzgau sprechen für ein keltisches
Leben im Raum bis zum historisch belegten Eintreffen der Römer 15. v.
Chr. im nördlichen Bodenseegebiet.

Die römische Zeit

Tiberius und Drusus erhielten nach den antiken Berichten in diesem für
unseren Raum historischen Jahr von Kaiser Augustus den Auftrag zur
Befriedung der Alpenvölker. Ihre Aufgabe war es, das inneralpine
Gebiet Rätiens zu befrieden und durch Besetzung des Voralpengebietes
eine sichere Grenze entlang der Donau zum Schutze der nördlichen
Reichsgrenze Roms zu errichten. In einem großangelegten Feldzug
marschierte Drusus im Osten über Reschen- und Fernpass Richtung
Füssen, Tiberius erreichte von Gallien über den Hochrhein den
Bodensee. Nach den berichterstattenden römischen Autoren bezog
Tiberius zunächst ein Lager auf einer Insel im Bodensee – es ist bis heute
nicht bekannt, um welche Insel es sich handelt – baute eine Flotte und
schlug den Stamm der Vindeliker, vermutlich die Brigantier, vernich-
tend. Der Widerstand der einheimischen Bevölkerung war gebrochen.
Junge wehrfähige Männer wurden für den Kriegsdienst in den
Auxilliartruppen deportiert oder als Sklaven verkauft. Die Romanisie-
rung und Erschließung des Linzgaus und des Hegaus nach römischer
Maßgabe konnte beginnen. Der Ausbau erfolgte mit dem Bau von
Brücken (Schussen bei Eriskirch) und Straßen (Schussental), dem
Vermessen und dem Parzellieren des Geländes. Römische Zivilsied-
lungen, Kleinkastelle und Versorgungsbasen für das rasch weiter
Richtung Norden ziehende Heer entstanden. In einer 200-jährigen
Friedenszeit blühte das Land unter den Händen von Zivilverwaltern und
ehemaliger Soldaten auf, die Ländereien vom römischen Reich als Dank
für ihren Heeresdienst erhalten hatten. Eine größere Zivilsiedlung mit
einem gallorömischen Umgangstempel an der Verbindungsstraße nach
Nordwesten ist bei Orsingen, ein Kastell mit Zivilsiedlung ist am
Standort des Konstanzer Münsters bekannt geworden. Reste von
römischen Gutshöfen finden sich im Gewann „Mauren" bei Überlingen
Bambergen oder im bezeichnenden Gewann „Maueräcker" bei Aach-
Linz. Auf dem Schlossbühl südöstlich Oberuhldingen, in Meßkirch,
nahe Büßlingen im südlichen Hegau und nicht zuletzt bei Bargen

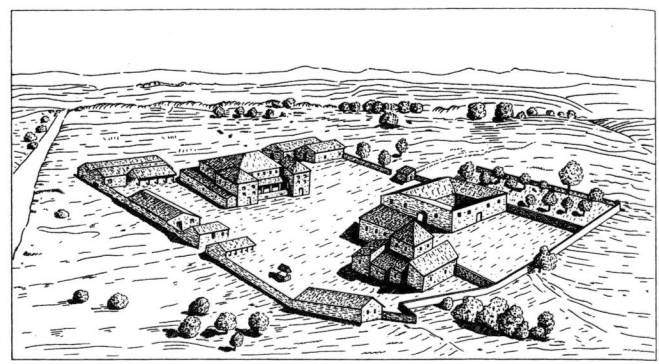

*Abb. 12. Römische villa rustica von Ludwigsburg-Hoheneck (mit
freundlicher Genehmigung des Landesdenkmalamtes Baden-Württemberg):*

„Ottengrund" lässt sich ein Stück römisches Leben fassen (Abb. 12).
Bemalte Wandputze, Warm- und Kaltbadebecken und nicht zu
vergessen beheizbare Fußböden zählten zu der Badekultur einer
römischen Villa im kalten Germanien während des ersten und zweiten
Jahrhunderts nach Christus.

Um 259/260 n. Chr. ist nach mehreren kriegerischen Einfällen die
friedliche Zeit zu Ende. Übergriffe und immer wiederkehrende Einfälle
der Alamannen schwächen die Provinz nördlich der Alpen und
insbesondere der Region nördlich des Bodensees. Oberschwaben, der
Linzgau und Teile des Hegaus werden aufgegeben, die römische
Reichsgrenze 288/289 auf die linke Rheinseite zurückgesetzt.

Spätrömische Befestigungen, so genannte Burgi oder Kleinkastelle,
entstehen bei Eschenz, Arbon, vermutlich bei Konstanz und in Bregenz.
Die Auseinandersetzungen mit den germanischen Stämmen am Nord-
ufer des Bodensees zwingen die römische Staatsmacht zu Straf-
expeditionen. Constantin II. führt um 355 n. Chr. einen Präventivkrieg
gegen die Lentienser. Unter Kaiser Gratian unternehmen die Römer 378
v. Chr. einen weiteren Vorstoß zur Befriedung der Linzanwohner (Linz =
Aach). Sie wollten die Alamannen nach einem Einfall im Hochrhein-
gebiet überraschen, um sie vernichtend zu schlagen. Doch als diese die
anrückenden Römer bemerkten, verschanzten sie sich auf unzugäng-
liche Berge. Es ist nicht bekannt, um welche Anhöhen es sich handelte,

möglich sind die Hegauberge und die Gegend um Heiligenberg. Zu ihrer Vernichtung kam es aufgrund nachlassender römischer Kraft nicht mehr. So berichtet es uns der römische Offizier Ammianus Marcellinus. Der Verlust römischer Staatsmacht nördlich des Rheins deckt sich mit den archäologisch nachgewiesenen Siedlungsresten des 3. und 4. Jh. und Münzen römischer Prägung des 4. Jh., die im Hegau nahe der Orte Orsingen, Eigeltingen, Tengen, in Bodman oder am Hohenkrähen gefunden wurden.

Die alamannische Zeit

Alamannische Quellen sind für diese Zeit selten, aber auch Bestattungen bei Hilzingen, Salem-Hardtwald und Frickingen-Bruckfelden nachvollziehbar. Die Dame von Bruckfelden hatte einen goldenen Fingerring (Abb. 13) und eine Sigillataschale aus Ostfrankreich, beide eindeutig spätrömischen Ursprungs, bei sich. Dadurch erweist sie sich als Angehörige einer gehobenen, wenn nicht gar adeligen Bevölkerungs-

Abb. 13. Grabinventar des 5. Jh. v. Chr. von Frickingen-Bruckfelden (mit freundlicher Genehmigung des Landesdenkmalamtes Baden-Württemberg).

Abb. 14. Reiches alamannisches Grabinventar des späten 6. Jh. n. Chr.
aus Güttingen (mit freundlicher Genehmigung des Archäologischen
Landesmuseums Konstanz).

schicht, einer Alamannin mit guten Beziehungen zum spätrömischen
Reich. Die Fundsituation vermag das Zusammenspiel spätantiker
Bevölkerungsgruppen, die zum Teil aus Romanen, romanisierten
Einheimischen, Kelten und alamannischen Germanen bestanden, zu
veranschaulichen. Im 5. Jahrhundert erlebt die Gegend um den
Bodensee herum eine Konsolidierung. Mehrere Kleinfürsten und
Gebietskönige lebten in Allianzen mit den Römern. Kurz danach setzen
die ersten Reihengräberfelder ein. In Weingarten im Schussental wird
der Beginn des großen Gräberfeldes in die Mitte des 5. Jh. gesetzt. Die
Schlacht bei Zülpich 497 führt zu einem Sieg der Franken über die
Alamannen, die damit ihre nördlichen Gebiete an Main und mittlerem

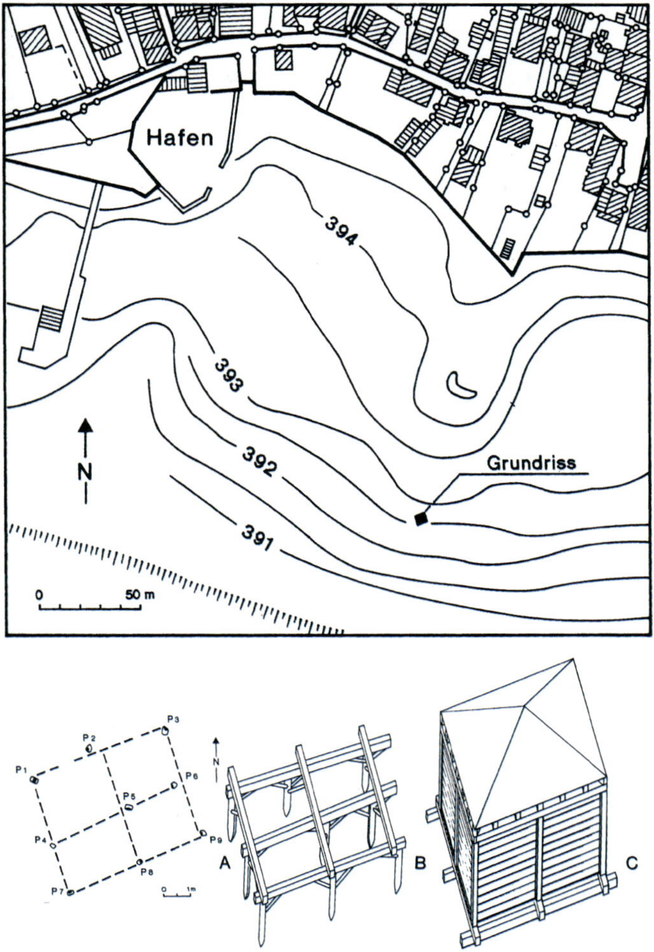

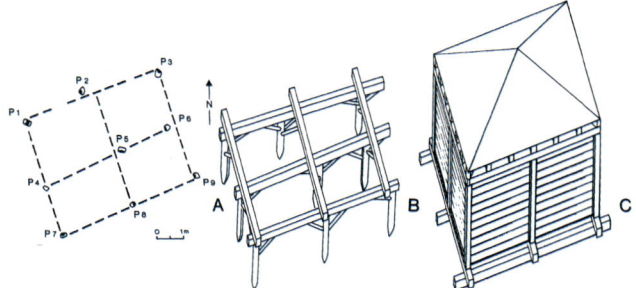

Abb. 15. Der Hafen bei Hagnau im 7. Jahrhundert (Nach: Schöbel/ Billamboz 1993, 217, 220, Abb. 151, 154). Oben die Lage des Pfostengrundrisses im Flachwasserbereich. Unten der Pfostengrundriss nach der Unterwasseraufnahme (A); Rekonstruktionsvorschlag des aufgehenden Bauwerkes mit Pfahlrost (B) und Häuschen (C).

Neckar verlieren. Nach einer weiteren Niederlage 506 gegen die Franken setzen diese in Alamannien einen Herzog ein, der trotz der Abhängigkeit eine gewisse Eigenständigkeit erreichte. Als Pfalzstelle und Herzogssitz ist Überlingen am Bodensee in den Quellen erwähnt. Für Bodman am Überlinger See und seine spätere Pfalz kann nach neueren Erkenntnissen aufgrund der Bodenfunde von einer Kontinuität der Besiedlung aus der Spätantike heraus ausgegangen werden.

Die Aufsiedlung der Landschaft im 6. Jahrhundert lässt sich in den Gräberfeldern am besten erkennen. Im Westen sind dies zum Beispiel die Reihengräber bei Singen, Güttingen, Stockach-Rißtorf, im Osten Salem-Mimmenhausen, Frickingen-Leustetten und Unteruhldingen „Siechenholz", Bestimmend in den Männergräbern ist eine Ausstattung mit Sax, dem Kurzschwert, dem Messer und eisernem Waffengürtel mit den entsprechenden Applikationen. Das Langschwert, die Spatha, die den zeitspezifischen Waffensatz vervollständigt, bleibt auf wenige herausragende Gräber beschränkt. Die Beigaben der Frauen bestehen regelmäßig aus Perlenketten, Schuh- und Wadenbindenkombinationen. Edelmetallschmuck ist nicht sehr häufig. Ausnahmen bilden Goldscheibenfibeln aus Güttingen und Stockach (Abb. 14). Bei der Anlage der Gräber wird meist ein West- oder Südhang oberhalb der Hofstelle in Bachnähe mit Abstand zu den besten Ackerflächen gewählt.

Im 7. Jahrhundert wird der Hegau und der Linzgau als Teil des südlichen Alamanniens flächig erschlossen. Nach den Ergebnissen der Sprachforschung und der archäologischen Hinweise aus Gräberfeldern sollen die Orte auf -ingen im 6. Jh. und solche auf -heim im 7. Jh. im Rahmen des Landesausbaus gegründet worden sein. Dies lässt sich allerdings aus archäologischer Sicht nicht in jedem Falle mit Sicherheit begründen. Es hat vielmehr den Anschein, dass die Landnahme der Alamannen und die Gründung erster ortsfester Siedlungen einer Entwicklung gleichkam, der einen mehr als 200 Jahre während Zeitraum umfasste. Der Nachweis einer Hafenanlage mit Hafenturm und begleitenden Palisaden vor dem Ortskern von Hagnau im Bodenseekreis aus dem Jahre 671 n. Chr. (Abb. 15), der heute unter Wasser liegt, hat vor kurzem wieder gezeigt, dass die Erforschung der Vor- und Frühgeschichte am Bodensee noch lange nicht abgeschlossen ist.

WILLI RÖSSLER

Vom frühen Mittelalter in die Neuzeit

Alamannien unter fränkischer Herrschaft

Nach dem Blutbad von Cannstatt 746, bei dem viele alamannische Adelige getötet werden, hört ein eigenständiges Herzogtum Alamannien auf. Das Gebiet wird unter fränkischer Herrschaft in „gowe", Gaue eingeteilt, denen sowohl fränkische als auch willfährige alamannische Grafen vorgesetzt wurden. Sie waren dem König unmittelbar unterstellt. Im Auftrag des Königs hatten sie Friede und Recht zu wahren, den Königsbesitz zu schützen und zu verwalten, Gericht zu halten und für die Heeresfolge Verpflichtete aufzubieten. 788 wird ein „pagus Hegaugensis", 806 „Hegauvi" erwähnt, vermutlich von dem Bergnamen „Hewen" abgeleitet. Der Name Linzgau kommt von „ Lentia" (Linzer Aach). Bereits der römische Geschichtsschreiber Ammanius Marcellinus hat den Alamannenstamm „Lentienser" genannt. Sie siedelten nördlich des Bodensees.

Als Hegaugrafen sind sicher bezeugt: 764 Warin, 778 Rodbert, ein Onkel Hildegards vom Bussen, 802 Ulrich, 829 Ruachar. Sie waren auch für den Linzgau zuständig.

Der Hegau umfasste früher folgende Grenzen: im Süden der Rhein zwischen Konstanz und Schaffhausen, im Westen der Randen bis zum Wartenberg, im Norden von Immendingen über Emmingen bis Neuhausen, im Osten von Schwandorf über Mahlspüren nach Überlingen. Der Linzgau schloss sich östlich an und erreichte die Linie Messkirch Ilmensee – Gehrenberg – Meersburg.

Ein letzter Versuch der Brüder Erchanger und Berchthold ein schwäbisches Herzogtum zu errichten, scheiterte am Widerstand König Konrad I., der die Brüder 917 hinrichten ließ, weil sie für ihn zu eigenmächtig handelten.

Zwischen 920 und 1067 gibt es keine Nachweise über Gaugrafen von Hegau/ Linzgau. Die Grafenwürde scheint im 11. Jh. den Udalrichingern und einer dem Grafen von Bregenz verwandten Familie zugefallen zu sein. 1067 wird Graf Ludwig genannt, der um 1100 bereits auf der

Burg Stoffeln saß. Ab dem 10. Jh. werden die Grafen nicht mehr nach den Gauen, sondern nach den Wohnsitzen benannt. In unserem Gebiet treten im 11. und 12. Jh. die Grafen von Pfullendorf auf, die sich auch nach den Burgen von Stoffeln und Ramsberg bezeichnen und die Herrschaft über den Hegau und Linzgau inne hatten. Sie waren stammverwandt mit den Grafen von Bregenz.

Rudolf von Pfullendorf war ein treuer Gefolgsmann von Friedrich Barbarossa, seinen einzigen Sohn und den Bruder hat er 1167 bei einem Feldzug in Italien verloren. Ohne Nachkommen vermachte er seinen ganzen Besitz dem staufischen Kaiser und verhinderte dadurch, dass dieser in den Besitz der Welfen kam.

Die Herrschaft Hegau fällt somit an die Staufer; allerdings war sie zu dieser Zeit bereits stark ausgehöhlt. Was war geschehen? Bereits mit dem Niedergang des karolingischen Reiches in der 2. Hälfte des 9. Jh. endete der Versuch des Aufbaues einer zentralen staatlichen Verwaltung. Der Investiturstreit schwächte die Königsmacht weiter, die Stellung des Adels dagegen wurde gestärkt. Königsbesitz, der als Lehen an die Ministerialen, den Adel abgegeben wurde, geht mehr und mehr in Eigenbesitz des Adels über. Dieser Besitz wurde zudem vererbt und vergrößerte sich.

Adelige gründeten ab dem 9. Jh. Klöster und schenkten ihnen einen Teil ihres Besitzes. Durch weitere Schenkungen von Mönchen, die in das Kloster eintraten, erreichten die Klöster große Herrschaftsbezirke.

Bauern, die durch Waffen- und Verwaltungsdienste aufgestiegen sind, werden frei und lehensfähig. Es entsteht der niedere Adel, der Ortsadel, das Rittertum, die direkten Herren der untertänigen leibeigenen Bauern. Sie erhalten das Recht der niedrigen Gerichtsbarkeit.

Mit dem Aussterben der Staufer 1268 und der anschließenden so genannten kaiserlosen Zeit erwerben die örtlichen weltlichen und geistlichen Herren weitere Rechte. Die Habsburger vermochten auch später nie mehr ein einheitliches Staatswesen im Südwesten zu schaffen. So hielt sich die Zersplitterung der Raumschaft bis ins 19. Jh.

Die weltlichen Herrschaften im Hegau/Linzgau

Landgrafschaft Nellenburg. Die Grafen von Nellenburg, vermutlich mit den burkhardinischen Herzögen verwandt, vormals Grafen von Zürich- und Thurgau, erwarben zu Beginn des 11. Jh. Besitzungen im Hegau und Linzgau. Sie erbauten oberhalb von Stockach die Nellenburg, die 1056 erstmals genannt wurde, nennen sich sodann Grafen von Nellenburg. Nachdem sie nach dem Investiturstreit ihre Besitzungen im Zürich- und Thurgau verloren haben, wird die Nellenburg ihr Herrschaftssitz. Mit Burkhart von Nellenburg stirbt 1105 das alte Geschlecht aus. Nach weiteren Erbfolgen geht die Grafschaft auf die Veringer über, die sich ab 1170 Grafen von Veringen-Nellenburg nennen. Im Jahr 1275 übertrug König Rudolf von Habsburg dem Grafen Manegold II. von Veringen-Nellenburg die Landgrafschaft; sie entspricht etwa der alten Grafschaft Hegau. Das Landgericht „ Hegau und Madach" tagt bis 1398 in Eigeltingen, ab 1405 in Stockach. 1422 stirbt das Geschlecht der Veringer-Nellenburger männlicherseits aus, Freiherr von Tengen, ein Neffe des letzten Nellenburger Grafen erhält die Landgrafschaft. Seine Familie kann sie allerdings nicht lange halten und muss sie 1465 an Herzog Sigmund von Österreich verkaufen.

Die Österreicher wollten damit die Landverbindung zwischen den Gebieten am Oberrhein und Vorarlberg herstellen. Dies gelang ihnen wegen der zersplitterten Besitzverhältnisse nicht. Zudem hatten die Habsburger mit ihren Nachbarn ständig Grenzstreitigkeiten. Die Habsburger verwalteten die Landgrafschaft durch einen Hauptmann und mehrere Vögte. Durch Rechts- und Besitzansprüche der Ritter, Grafen, Reichsstädte und Klöster werden die Rechte der Landgrafschaft mehr und mehr geschmälert, sie bleibt jedoch als hohe Obrigkeit, hohe Gerichtsbarkeit bis 1805 erhalten.

Herrschaft Heiligenberg. Bereits um die Jahrtausendwende treten Grafen von Heiligenberg auf. Ihre Burg lag auf einem Bergsporn 1 km westlich des heutigen Schlosses und ist der Sitz und Mittelpunkt der Gaugrafschaft Linzgau. Um 1135 zeichnet ein Graf Heinrich von Heiligenberg und Anfang des 13. Jh. nach einem Konrad III. drei Berchtholde, wobei Berchthold II. von Heiligenberg wohl um 1250 die erste Burg auf dem jetzigen Platz erbauen ließ. Berchthold III. Bischof von Chur, verkaufte 1277 „Schloss und Herrschaft" an seinen Verwandten Hugo von Werdenberg auf Geheiß des Königs Rudolf von Habsburg. Hugo von Werdenberg war ein treuer Gefolgsmann von Rudolf.

Die **Werdenberger** hatten in Oberschwaben und in Vorarlberg reichen Besitz. Hugo I. stammt aus dem Grafengeschlecht Montfort Werdenberg, Rechtsnachfolger der alten Grafen von Bregenz. Er zeichnet als „Landgraf und Gubernator" von Oberschwaben.
Sein Sohn Hugo II wird als tüchtiger Kriegsmann im Dienste des Königs Rudolf von Habsburg beschrieben. Selbst nach dessen Tod 1291 bleibt er im Gefolge des Herzogs und späteren Kaisers Albrecht und erhält nach vorübergehendem Entzug 1298 die Landvogtei Oberschwaben. Die Söhne Hugo II. treten gegenüber den österreichischen Herzögen mehr und mehr als Dienstleute auf, früher waren sie den Herzögen ebenbürtig. Hugo III. in Diensten des Kaisers Heinrich VII. ist viel unterwegs, kann seine Besitztümer in Vorarlberg vergrößern. Bei der Schlacht von

Mühldorf steht er mit den Habsburgern auf der falschen Seite und verliert 1320 die Landvogtei Oberschwaben an seinen Vetter Graf Wilhelm von Montfort- Tettnang. Nach seinem Tod um 1330 übernimmt der jüngere Bruder Albrecht I. von Werdenberg- Heiligenberg die Grafschaft, auch er steht zunächst auf der Seite der habsburgischen Herzöge, später aber in den Diensten der Kaiser Ludwig von Baiern und Karl IV. Sein Sohn Albrecht II., der bereits mit seinem Vater viel unterwegs war, gerät in schwere Fehden mit Nachbarn besonders auch mit den Montfortern, muss Schulden machen und etliche Besitzungen aufgeben. Nach seinem Tod um 1377 wird das Erbe unter seinen vier Söhnen geteilt: 1382 erhält Graf Albrecht IV. die Grafschaft Heiligenberg von König Wenzel als Lehen. Noch vor seinem Ableben setzt er 1405 seinen Neffen Hugo V. als alleinigen Erben ein. Dieser musste sich gegenüber den Herzögen von Habsburg zur Wehr setzen, die versuchten Oberschwaben als geschlossenes Territorium zu erhalten.

Hugo V. wird 1411 letztmals als Landvogt genannt, er stirbt ohne männlichen Erben. Die Grafschaft geht zunächst in die Linie Werdenberg-Sargans, später fällt sie an die Grafen von Werdenberg-Sigmaringen-Trochtelfingen-Heiligenberg und verliert den Sitz der Grafschaft. Der letzte Graf Christoph von Werdenberg hatte keine männlichen Nachkommen, seine Tochter Anna war mit Graf Friedrich zu Fürstenberg verheiratet. So kam über Erbschaft 1535 Heiligenberg an die Fürstenberger. Die Grafschaft Heiligenberg konnte sich über ihr Gebiet nicht ausdehnen, weil in ihrer Nachbarschaft drei mächtige Herrschaften selbst an Gebietserweiterungen interessiert waren, nämlich: das Kloster Salem, das Fürstbistum Konstanz und die Stadt Überlingen.

Besitz des Fiskus in Bodman. Bodman gehörte mit seinen Besitzungen auf dem Bodanrück und dem Hohentwiel seit der Merowingerzeit dem König. Kaiser und Könige hielten sich in der Pfalz Bodman immer wieder auf. Durch Schenkungen im 9. Jh. an die Klöster St. Gallen und Reichenau wurde der Herrschaft die materielle Grundlage entzogen. Der Pfalzgraf Erchanger, Kammerbote des Königs, betrachtete die Besitzungen des Königs als sein eigenes Gut und geriet mit dem König in Streit, er wird schließlich 917 hingerichtet. Das Krongut Bodman fiel an das Reich zurück. Die Herren von Bodman, Dienstmannen des Königs treten als Verwalter im 12. Jh. auf, 1277 erhielt Johann von Bodman von Rudolf von Habsburg den königlichen Hof als Pfand, später ging die Herrschaft in ihr Eigentum über. Im 15. Jh. wurde die Herrschaft in Bodman-Bodman und Bodman-Göggingen geteilt. 1686 werden die Familien in den Reichsfreiherrenstand, 1905 in den Grafenstand erhoben. Die Familie lebt heute noch in Bodman.

Die Herren von Hewen. Zwischen 1050 und 1189 werden die Herren von Engen genannt, die ihre Siedlung im Dorf Engen hatten. 1174 erscheinen die Herren von Hewen. Man geht davon aus, dass sie die Nachfolger der Herren von Engen waren und um 1170 die Burg auf dem Hohenhewen bauten. Um die Mitte des 13 Jh. wird Engen Herrschaftsmittelpunkt, wohl auch in dieser Zeit zur Stadt erhoben. Die Herren von Hewen errichten um 1200 die Burg Neuhewen, 1250 Hewenegg, erwerben die Wasserbug bei Honstetten, sowie die Tudoburg. Im 14 Jh. zählen 18 Dörfer zu ihrer Herrschaft. Die Herren haben sich stark verschuldet, so dass sie ihre Herrschaft 1398 an die Österreicher verpfänden mussten, 1404 ging die Pfandschaft auf die Herren von Stühlingen über. 1477 verzichtet Peter von Hewen auf die Herrschaft. 1468 erhalten die Herren von Lupfen die Herrschaft als Reichslehen, die Österreicher belehnen schließlich Konrad von Pappenheim 1583 mit der Herrschaft, über diese gelangt sie im Erbfall 1669 an die Fürstenberger.

Bereits um 1050 werden die **Herren von Tengen** genannt. Über die eigentlichen Herrschaftsbereiche gibt es im 11. und 12. Jh. wenig Unterlagen; sie treten hauptsächlich im Gefolge der Herren von Nellenburg und der Grafen von Habsburg auf. Um 1200 verlegen sie ihren Stammsitz nach Eglisau/ Schweiz. 1275 verkauft Heinrich von Tengen die Hinterburg mit zugehörigen Besitzungen an die Herren von Klingenberg, 1305 fallen sie an Österreich und 1511 an den Deutschen Orden. Dorf und Vorder Burg bleiben im Besitz der Freiherren von Tengen.
1362 heiratet Hans von Tengen eine Tochter der Nellenburger und erwirbt damit die Anwartschaft auf die Grafschaft. Nach dem Aussterben der Nellenburger erhält Hans der J. die Landgraftschaft als Reichslehen. Durch den Krieg mit den Eidgenossen gerät er in Schulden und muss 1460 die Herrschaft Eglisau und 1465 die Landgrafschaft Nellenburg an die Österreicher verkaufen. Es bleibt ihm die Stammherrschaft Tengen-Oberstadt und Tengen-Dorf. Selbst diese kann er nicht halten und verkauft sie 1522 an Kaiser Karl V. 1592 stirbt das Geschlecht aus.

Im 13. Jh. versucht der **Deutsche Orden** vom Elsaß aus Besitz am Bodensee zu erwerben. Er nützt hierbei Unstimmigkeiten zwischen den adeligen Mönchen im Kloster Reichenau aus und kam in den Besitz von Gütern im Thurgau. Später erwarben sie weitere Lehen u.a. die Insel Mainau. Dort gründeten sie eine Kommende. 1488 konnte der Orden die Hinterburg von Tengen sowie die Herrschaft Blumenfeld kaufen. Nach der Zerstörung der Burg in Blumenfeld im Schweizer Krieg erbaute er dort das heutige Schloss Blumenfeld.

Die Ritterschaft zu St. Jörgenschild. Neben den adeligen Herrschafts-familien gab es im Hegau viele niederadelige Ministerialen, sie standen in Diensten der Bischöfe, der Äbte, der Nellenburger bzw. Habsburger Sie hatten Lehen inne und erwarben Vogteien in den Dörfern. Es waren die Herren von Klingenberg, Stoffeln, Bodman, Friedingen um nur einige zu nennen. Ihre Rechte waren stark beschränkt und bezogen sich auf die niedere Gerichtsbarkeit. So gab es häufig Auseinandersetzungen mit den Grafen bes. der Landgrafschaft Nellenburg. Um ihre Rechte besser durchsetzen zu können, gründeten sie 1406 eine Vereinigung der „Ritter zu St. Jörgenschild". Ihren Sitz hatte sie ab 1427 in Radolfzell. Anfang des 15. Jh. hatten die Ritter Streit mit den wohlhabenden Städten, sie wollten an dem Reichtum teilhaben und verlangten Zölle und Abgaben bei Kaufleuten. Die Städte hatten sich wiederum verbunden und rückten 1439 gegen die Ritterschaft vor, zerstörten ihre Burgen, plünderten die Dörfer. Die Niederlage war katastrophal, die Ritterschaft erholte sich kaum mehr. Im Schwäbischen Ritterkreis, Kanton Hegau mit Sitz in Radolfzell vertrat sie aber weiterhin die Interessen der Ritter vor allem gegenüber der Landgrafschaft Nellen-burg. In vielen Prozessen konnte sie dennoch ihre Unabhängigkeit verteidigen. Im Kampf gegen die Eidgenossen und im Bauernkrieg stand sie auf der Seite der Österreicher und des Bischofs von Konstanz.

Herrschaft der Fürstenberger. Die Vorfahren der Fürstenberger gehen zurück auf die Grafen von Achalm und Urach. Graf Egino V. von Urach erbt den größten Teil des Zähringer Besitzes, er verlegt seinen Sitz nach Freiburg. Sein Sohn Heinrich nahm um 1250 Wohnung auf dem Fürstenberg-Burgherren auf dem „fürdersten Berg" in der Nähe von Donaueschingen. 1283 erhielt er die Landgrafschaft Baar und begründete damit die neue Linie Baar. Nach 1408 spaltete sich die Linie Baar in die Linien Kinzigtal und Baar; 1335 gehen Villingen und Freiburg an das Haus Österreich verloren, 1488 wird Donaueschingen gewonnen.

Nach dem Aussterben der Werdenberger im Jahr 1534 erhalten die Grafen von Fürstenberg im Erbgang die Graftschaft Heiligenberg: Graf Friedrich und Gräfin Anna verlegen von da an ihren Sitz nach Heiligenberg, in Betenbrunn behalten sie die Grablege der Werdenber-ger bei. Der Sohn Joachim erhält 1559 die Herrschaften Heiligenberg und Trochtelfingen. Er baut in Heiligenberg das heutige Renaissance-schloss aus, die Grablege ist von da an in der Gruft zu Heiligenberg. Die Hochzeit des Sohnes Friedrich wird bereits 1584 im fertiggestellten Schloss, im Rittersaal gefeiert. Friedrich bleibt jedoch nicht in Heiligenberg, er residiert in Trochtelfingen, war aber mehr am Hof in Wien als auf seinen schwäbischen Besitzungen. Auch sein Sohn Graf Egon (1588–1635) verbrachte die meiste Zeit während der Wirren des

Dreißigjährigen Krieges fern vom Linzgau. Erst Graf Hermann Egon von Fürstenberg (1627–74) setzt das Schloss ab 1647 nach den Verwüstungen des Dreißigjährigen Krieges instand und verwaltet seine Besitzungen von Heiligenberg aus. Er war Oberhofmeister in München. Dadurch wurde das Verhältnis zu Österreich erheblich getrübt. Sein Sohn Hermann Egon stirbt kinderlos, so fällt die Grafschaft Heiligenberg an die Meßkircher Linie. In mehreren Erbgängen wird Heiligenberg vernachlässigt

Fürst Josef Wilhelm Ernst vereinigt 1744 das Fürstentum Fürstenberg, die Landgrafschaft Heiligenberg verliert die Mittelpunktfunktion, weil der Sitz der Verwaltung nach Donaueschingen verlegt wird. Heiligenberg wird fürstliches Oberamt. Fürstin Elisabeth verlegt ihren Witwensitz nach Heiligenberg, stattet die Räume aus unter dem Einfluss des Freiherrn von Laßberg und bringt Schloss, Park und Wälder wieder in guten Zustand.

1805 kommt Heiligenberg an Baden. Den Fürstenbergern bleibt jedoch Schloss und Wald als Privatbesitz erhalten.

Die **Habsburger** hatten ihre Stammlande im Aargau, Thurgau und Sundgau. Nachdem Rudolf I. zum deutschen König gewählt wurde, versuchten die Habsburger ihre Hausmacht auszubauen. Nach dem Sieg über Ottokar II. von Böhmen erwarben sie die Lande Österreich, Tirol, Krain und Steiermark. Die westlichen Teile wurden sodann als Vorderösterreich bezeichnet. Hier konnten sie ihre Erwerbungen vergrößern: 1324 kam die Grafschaft Pfirt im Elsaß, 1343 Ehingen, 1374 Feldkirch und 1381 die Grafschaft Hohenberg dazu. Obwohl sich die Habsburger bemühten, das Herzogtum Schwaben wieder herzustellen, gelang ihnen dies nie. Im Kampf mit den Eidgenossen im 14. Jh. verloren sie ihre Stammlande im Aargau und Thurgau. Erst der Basler Frieden 1499 brachte Ruhe in die Grenzstreitigkeiten zwischen Österreich und der Schweiz. Nach dem Erwerb der Landgrafschaft Nellenburg 1465 ändern sich die Grenzen im Bodenseeraum kaum mehr.

Während der Kriege sind die Vorlande meist schutzlos den Feinden ausgesetzt. Die Verwaltung saß in Innsbruck, erst mit der Verwaltungsreform 1753 wird der Sitz zunächst nach Konstanz, dann nach Freiburg verlegt. Oberämter wurden geschaffen, die Gerichtsbarkeit, der Straßenbau, das Schulwesen werden mustergültig ausgebaut. Josef II ließ allerdings schon vor dem Reichsdeputationshauptschluss Klöster ohne soziale Aufgaben aufheben und Wallfahrten verbieten. 1805 trat Habsburg alle territorialen Besitzungen in Südwestdeutschland ab.

Die geistlichen Herrschaften

Das **Bistum Konstanz** wurde nach 600 unter Mitwirkung der
alamannischen Herzöge gegründet. König Dagobert I (623–39) dürfte
der Förderer des Bistums gewesen sein, er weist ihm Land auf der
Halbinsel Höri zu und stattete es mit Rechten und Gütern aus. Das
Bistum umfasste wohl die alamannischen Gebiete in Südwestdeutschland und der Deutschschweiz, das Herrschaftsgebiet jedoch blieb klein.
Die Bischöfe waren deshalb immer in Geldnöten, dies änderte sich auch
nicht, als nach der Stauferzeit die Stadt Meersburg, 1410 Marktdorf,
1534 das Stift Öhningen, 1540 das Stift Reichenau mit Schienen und
1610 die Herrschaft Rosenegg mit Rielasingen einverleibt wurden.
Außerdem gehörten zu Konstanz noch 6 Ämter in der Schweiz. Durch
die Stadtwerdung von Konstanz verlor der Bischof dort an Einfluss, das
Konzil von 1414–18 legte der Stadt und der Umgebung große Opfer auf,
bis zu 10 000 Personen mussten untergebracht werden. Als die Stadt
Konstanz den neuen Glauben annahm, verlegt der Bischof seinen Sitz
1526 nach Meersburg, das ihm bereits als Sommerresistenz diente.

Kloster Reichenau. Die Gründung erfolgte durch den Heiligen Pirmin
724, er sollte von hier aus die Alamannen zum christlichen Glauben
bekehren. Das Kloster erhielt reiche Schenkungen in der Karolingerzeit
zunächst als „Widemgut" die benachbarten Dörfer der Halbinsel
Bodman, aber auch Güter in Alamannien, Franken, Churrätien u.a.
Dieser stark zersplitterte Besitz wurde als Lehen an Ministeriale
gegeben und von Pfleghöfen in den Städten verwaltet. Schienen war bis
909 selbstständige Abtei und ging dann an das Kloster über. Unter dem
Einfluss der Alamannen, später der Karolinger erlebte das Kloster bald
ein Goldenes Zeitalter. Abt Waldo (786–806) begründete die Reichenauer Klosterschule und die Bibliothek. Seine Nachfolger führten
die Reichenauer Schule zur höchsten Blüte in der Buchmalerei und
Goldschmiedearbeit. Abt Walafried Strabo, Dichter, Lehrer und Theo-
loge, Abt Heito III. als Erzkanzler des Kaisers, Hermann der Lahme als
Wissenschaftler und Gelehrter auf vielen Gebieten. Mit ihm endet die
Blütezeit Mitte des 11. Jh. Im 12. Jh. verlangt der Adel, dass im Kloster
Reichenau seine Söhne erzogen werden, es gibt hierüber Auseinandersetzungen. 1540 tritt Abt Markus von Knöringen seine Abtswürde an
den Bischof von Konstanz ab, 1756 hebt der Papst das Priorat auf, 1803
wird das Kloster säkularisiert.

Kloster Salem wurde 1137 von Abt Frowin gegründet. Ritter Guntram
von Adelsreute schenkte dem Zisterzienserorden einen Besitz in
Salmannsweiler und trat selbst ins Kloster ein. Durch harte Arbeit und
gute Wirtschaftsweise blühte das Kloster rasch auf, zudem erhielt es

Stiftungen von frommen Zeitgenossen und hatte bald reichen Besitz in Oberschwaben. Güter werden dem Kloster abgetreten, dafür erhalten die Stifter eine Leibrente, oft treten die Stifter selbst in das Kloster ein. Zu den Stammlanden „unter dem Berge" zählten die Orte um den Bodensee, die Schlösser Kirchberg und Maurach, sowie der Wallfahrtsort Birnau, die Höfe Mainwangen und Madach; „jenseits des Berges" die Oberämter Ostrach, Schemmerberg, Unterelchingen und Ehingen. Sie versuchten ihre Grundstücke zu arrondieren, um sie als Maierhöfe bewirtschaften zu können. Verwaltet wurden die Güter von den Pfleghöfen in den Städten, in deren Schrannen und Zehntscheunen wurde das Korn gespeichert. 44 Dörfer gehörten zur Klosterherrschaft Salem.

Die Reichsstädte

Im Wandergebiet haben wir nur die beiden Städte Pfullendorf und Überlingen, die das Privileg als Reichsstädte haben. Unabhängig zu sein von geistlichen und weltlichen Herrschaften bedeutete für die Bürger, die Entwicklung der Stadt selbst in die Hand zu nehmen. Sie waren nur dem Kaiser verpflichtet, konnten selbst Steuern erheben, Gericht abhalten, mussten jedoch auch selbst für ihre Sicherheit durch den Bau von Stadtmauern sorgen. In den Städten siedelten sich Handwerker an, Orden errichteten ihre Klöster, große Klöster schufen Pfleghöfe, von denen aus sie ihre Güter verwalteten, sogar der Adel baute in den Städten Herrschaftshäuser. So gelangten die Reichsstädte im Mittelalter zu Wohlstand. Pfullendorf hatte sehr früh einen Sitz im Reichstag, Überlingen folgte im Jahr 1489. In den Räten saßen neben den Patriziern auch die Zünfte. Während die Stadt Pfullendorf durch eine mächtige Herrschaft in der Nachbarschaft in ihrer Entwicklung eingeengt war, konnten Überlingen und das Spital von Überlingen sehr viel Landbesitz im Bodenseeraum erwerben. Durch Handel und Verkehr (Getreideexport nach der Schweiz) kam Überlingen zu hohem Reichtum, dies zeigen heute noch die historischen Gebäude aus der Gotik und der Renaissance. Erst durch den Reichsdeputationshauptschluss 1803 verlieren die Städte ihre Eigenständigkeit.

Keine der beiden kleineren Städte – Stockach, Sitz des nellenburgischen Oberamtes, und Radolfzell, seit 1557 Sitz der Ritterschaft zum St. Jörgen-Schild – konnten sich als Hauptorte etablieren. Ebenfalls unbedeutend waren die Klein- und Zwergstädte Engen, Tengen, Blumenfeld und Aach, wobei Tengen und Blumenfeld als planmäßig angelegte Burgsiedlungen mit den Stadtrechten privilegiert wurden. Erst im 18. und 19. Jahrhundert gewann Stockach als Reichspoststation eine beherrschende Stellung als Verkehrsknotenpunkt des westlichen

Bodenseegebietes. Mit dem Bau der Bahnlinie von Waldshut nach Konstanz (1863), von Singen nach Offenburg (ab 1866), von Singen nach Winterthur (1875) fiel diese Rolle dem aufstrebenden Singen zu, das 1899 die Stadtrechte erhielt und heute der wirtschaftliche und kulturelle Mittelpunkt im Hegau ist.

Die Geschichte und die Baudenkmäler der Städte sind in einem eigenen Kapitel beschrieben.

Immer wieder Kriege

Im Mittelalter hatten Hegau und Linzgau häufige Rückschläge in der Entwicklung der Städte und Dörfer durch Kriege zu dulden. Plünderungen, Brandschatzungen, Zerstörung wertvoller Kulturdenkmäler waren die Folgen.

Der **Städtekrieg** entbrannte bereits im 14. Jh. zwischen dem Städtebund und der Ritterschaft. Die Ritter merkten, dass die Städte durch Handel und Handwerk zu Wohlstand kamen, sie wollten an dem Reichtum der Städte teilhaben. Deshalb forderten sie von den Kaufleuten hohe Zölle für Durchfahrten und plünderten deren Warenzüge. 32 Städte schlossen sich schon 1327 zum Städtebund zusammen. Diesem Bund setzten der Adel und die Ritterschaft ein Gegengewicht, indem sie 1406 den Bund „Ritter St. Jörgenschild" gründeten (siehe Seite 130). 1439 begannen die Auseinandersetzungen. Die Städte plünderten die Ortschaften der Ritter und zerstörten deren Burgen. 1441 zogen sie gegen Radolfzell, dem Sitz der Ritter, damit endet auch der Städtekrieg.

Der **Schweizer- oder Schwabenkrieg** folgte dem Städtekrieg fast auf dem Fuße. Nach jahrelangen Streitigkeiten und Kleinkriegen zwischen den Eidgenossen und den Österreichern schlossen die Städte, die Ritterschaft und die Österreicher 1488 den Schwäbischen Bund. Die ständigen Streitereien konnten auf friedliche Weise nicht gelöst werden. So kam es in den Jahren 1498/99 zum Krieg. Die Eidgenossen drangen in den Hegau ein und plünderten Städte und Dörfer und schleiften kleinere Burgen. Die Verbündeten stießen nach Thurgau vor, wurden jedoch vor den Toren der Stadt Schwaderloh geschlagen. Die Eidgenossen erreichten aufgrund ihres Sieges die Unabhängigkeit vom Reich, Schaffhausen verblieb bei den Eidgenossen.

Der **Bauernkrieg** hinterließ auch im Hegau seine Spuren. Die Unruhen brachen im Hegau im Oktober 1524 aus. Nachdem Forderungen der Bauern vor dem Stockacher Landgericht niedergeschlagen wurden, sammelten sie sich im Januar 1525 in Hilzingen. Im April besetzten sie Burgen, steckten Klöster in Brand und rückten gegen die Städte vor. Nur ein anrückendes österreichisches Heer konnte den Aufstand niederschlagen. Viele Bauern kamen ins Gefängnis bzw. verließen das Land.

Im **Dreißigjährigen Krieg** wechselten häufig die Fronten zwischen den österreichisch/bayrischen und den ausländischen Truppen. 1632–34 waren es schwedische, 1643/44 französische und 1647–50 wieder schwedische Truppen, die durch Einquartierungen, Lebensmittelforderungen, Plünderungen die Bevölkerung quälten. Aber auch die eigenen Truppen brauchten Geld, Futter und Lebensmittel. Am schlimmsten aber war die württembergische Besatzung des Hohentwiel, die die Gegend terrorisierte durch ihre ständigen Ausbrüche aus der Festung. Krieg und Pest dezimierten die Bevölkerung, so dass es Jahrzehnte dauerte bis sich die Landschaft wieder erholen konnte.

Auch die **Koalitionskriege** verschonten Hegau und Linzgau nicht. Französische Truppen zogen öfters durch. Bekannt wurden die Schlachten bei Ostrach (1799) bei denen die Österreicher gewannen und die Schlachten bei Engen am 1. Mai und Messkirch am 5. Mai 1800 bei denen jeweils die Franzosen siegten.

Territorialgeschichte ab 1500

Die Herrschaftsgebiete änderten sich ab 1550 nur wenig. Beherrschend war die Stellung Österreichs, die die Landgrafschaft Nellenburg inne hatte. Städte, Klöster und Ritterschaft traten zwar in Landtagen zusammen, um bei der Steuererhebung und Gesetzgebung mitreden zu können. Zu einer zentralen, einheitlichen Gesetzgebung und Rechtsprechung kam es jedoch nicht. Besonders die Rechtsprechung war durch althergebrachte Verträge gebunden, so dass der Aufbau eines modernen Staatsgebildes unmöglich war. Bis 1752 unterstanden die vorderösterreichischen Gebiete der oberösterreichischen Regierung in Innsbruck, mit den Reformen unter Maria Theresia wurde Freiburg Sitz der Regierung. Josef II. strebte zwar weitere Reformen an, sie kamen jedoch nicht mehr zum Tragen.

Neuordnung nach 1803. Die napoleonischen Kriege veränderten die politische Landschaft im Südwesten. Nach dem Reichsdeputationshauptschluss von 1803 wurden die geistlichen Territorien und die Reichsstädte den Kurfürstentümern Baden und Württemberg zugeordnet. Baden erhielt die Besitzungen des Bistums Konstanz, der

Klöster Reichenau und Salem, sowie der Reichsstädte Überlingen und Pfullendorf. Sie erhielten diese Gebiete als Ausgleich ihrer verlorenen Gebiete links des Rheins. Beim Preßburger Frieden 1805 erhielt Baden die Stadt Konstanz, die Kommende Mainau mit Blumenfeld zugesprochen, Württemberg erhielt die Landgrafschaft Nellenburg und die Stadt Radolfzell. In der Rheinbundakte von 1806 erhielt Baden die fürstenbergischen Besitzungen sowie die Grafschaft Tengen. Baden wurde Großherzogtum, Württemberg Königreich „durch Napoleons Gnaden". Die Einverleibung dieser Gebiete verlief besonders in den württembergischen Gebieten nicht ganz ohne Widerstand. In Verhandlungen zwischen Baden und Württemberg fand ein Gebietsaustausch statt, der vorsah, dass die Grafschaft Nellenburg 1809/10 nach Baden kam. Die endgültige Festlegung der Grenzen wurde dann im Wiener Frieden und in einem badisch-württembergischen Vertrag von 1810 bestätigt. Die Gebiete des Hegau und Linzgau lagen damit ausschließlich im Großherzogtum Baden.

Baden versuchte wohl die Entwicklung in den erworbenen Gebieten zu fördern, aber Missernten und hohe Ablösesummen, die durch den Eigenerwerb der Höfe entstanden, brachten die Bauern und Gemeinden in Not. Viele suchten deshalb einen Ausweg in der Auswanderung nach Amerika.

Die Revolution 1848/49. Die Not der Landbevölkerung durch Missernten und Verschuldung führte zu Unruhen. Geschürt wurde die aufständische Bauernbewegung am See durch die Freiheitskämpfer Fickler, Hecker und Struve; Letztere riefen das Volk zum Widerstand gegen die Staatsmacht auf und organisierten Züge gegen Freiburg und Karlsruhe. Im April 1848 begann der Zug unter Führung von Hecker in Konstanz und nahm den Weg über den Hegau, Donaueschingen nach Freiburg. In Kandern wurden die Freiheitskämpfer von badischen Truppen vernichtend geschlagen. Die revolutionäre Bewegung flammte zwar 1849 in Nordbaden wieder auf, kam aber nicht zum Durchbruch, sondern endete vor allem durch den Einsatz preußischer Truppen. Viele Freiheitskämpfer mussten fliehen, endeten in Gefängnissen oder wurden zum Tode verurteilt.

Der industrielle Aufschwung im 19./20. Jh. Hegau und Linzgau hatten keine Bodenschätze, so dass die industrielle Entwicklung erst mit der Verkehrserschließung begann. Mit dem Bau der Eisenbahn siedelten sich besonders an den Verkehrsknotenpunkten Industriebetriebe an. So wuchs Singen als Bahnknotenpunkt sehr rasch zu einer Industriestadt. In Pfullendorf und Radolfzell vollzog sich die Entwicklung erst nach dem 2. Weltkrieg. Die Orte am Bodensee, vor allem Überlingen und Meersburg wuchsen durch ihre Lage zu Fremdenverkehrszentren. Die

Landschaft zwischen Donau und Bodensee ist heute noch stark ländlich geprägt.

In den beiden **Weltkriegen** mussten die Gemeinden und Familien einen hohen Blutzoll zahlen. Zerstörungen durch Bombenangriffe und Kampfhandlungen hielten sich jedoch in Grenzen. Lediglich die Industriestadt Singen erlitt 5 Fliegerangriffe. In den letzten Apriltagen des Jahres 1945 wurde Hegau/Linzgau von französischen Truppen besetzt.

WILLI RÖSSLER

Die Städte, ihre Geschichte und Bauten

Im Wandergebiet treffen wir mit Ausnahme von Singen keine bedeutenden Industriestädte an, die Städte sind relativ klein geblieben, haben aber ihren historischen Kern weitgehend erhalten. Jede Stadt hat ihre eigene Geschichte, ihre besonderen Baudenkmale, auf die hier eingegangen werden soll.

Engen

Die Stadt Engen (531 m NN, 5866 Ew) geht zurück auf eine alamannische Siedlung, die in Altdorf westlich des Bahnhofs entstand. Im 10./11. Jh. entstand eine Burganlage auf dem höchsten Punkt des Bergspornes mit einer Burgsiedlung. Die Herren von Engen werden zwischen 1050 und 1189 bezeugt, ab 1174 treten die Herren von Hewen auf, die sich nach ihrer Burg am Hohenhewen nennen und mit den Herren von Engen verwandt oder identisch sind. Die Burgsiedlung entwickelt sich aufgrund der günstigen Lage, wird Marktort und 1289 erstmals als Stadt genannt. Die Geschichte der Stadt ist eng verbunden mit der Herrschaft von Hewen (siehe Seite 129). Diese kommt 1398 an Österreich, 1404 an die Landgrafen von Lupfen, 1582 an den Grafen und Reichsmarschall Konrad von Pappenheim und über Heirat 1639 an die Fürsten von Fürstenberg. Die Stadt wird durch Krieg oft in Mitleidenschaft gezogen. Bekannt wurde die Schlacht bei Engen am 3. 5. 1800, bei der die französischen Truppen siegten. 1806 kommt Engen an Baden und wird Bezirksstadt. 1845 und 1911 wurden viele historische Gebäude durch einen Großbrand zerstört. Seit den 70er Jahren des letzten Jh. wurde die Stadt saniert, seit 1977 steht die Altstadt unter Denkmalschutz. Wer die Stadt besucht wird auf viele alte Wirtshaus- und Handwerkerschilder stoßen, die im Zuge der Sanierung von der Stadt angebracht wurden, außerdem sind die vielen in den letzten Jahren geschaffenen Brunnen sehenswert.

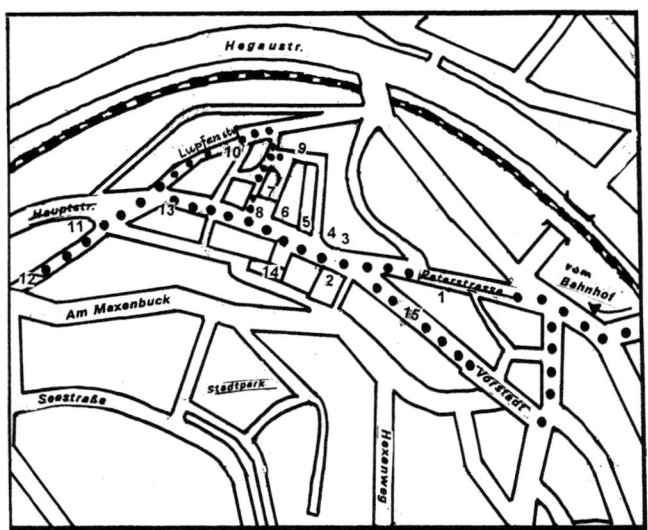

Engen. 1 Narrenbrunnen, 2 Stadtkirche Mariä Himmelfahrt, 3 Pfarr-
haus, 4 einstige fürstenbergische Obervogtei, 5 Gasthaus zum
Pappenheimer, 6 Wirtshaus zum Adler, 7 einstiges Amtsgericht,
8 Martinsbrunnen, 9 ehemaliges Kloster St. Wolfgang, 10 Sebastians-
brunnen, alte Häuser in der Lupfenstraße und alte Badstube, 11 Korn-
haus, 12 Krenkinger Schloss, 13 historische Bürgerhäuser in der
Hauptstraße, 14 Rathaus, 15 Vorstadt.

Stadtrundgang

Wir beginnen unseren Stadtrundgang am Bahnhof, gehen die Bahnhofstraße abwärts am Brunnen vorbei und dann die Peterstraße aufwärts.
Links liegt
(1)   der Narrenbrunnen; er stellt Figuren der Engener Fasnet dar: der
      Hansele mit der „Saublodere", ein Altdorfer mit der Mostflasche,
      ein Fanfarenzügler und eine Frau, die das Geschehen beobachtet.
      Weiter aufwärts stoßen wir auf die Hauptstraße.
(2)   Die Stadtkirche „Mariä Himmelfahrt" wurde zwischen 1200 und
      1250 als spätromanische dreischiffige Basilika gebaut. Der Turm
      war vermutlich ein Wehrturm, der in die Kirche einbezogen

wurde. Einmalig sind die beiden Stufenportale mit figürlichen Darstellungen, das Mittelportal zeigt ein sehr schönes Tympanon, in dem die Kreuzigung dargestellt wird. Interessant ist die Signatur des Künstlers, die im Tympanon zu erkennen ist. Im 15. Jh. wurde die Kirche gotisiert und in der Mitte des 18. Jh. erhielt sie eine barocke Ausstattung. Die Stadtkirche Mariä Himmelfahrt wurde jedoch erst im 15. Jh. Pfarrkirche, vorher war es die Martinskirche in Altdorf, diese wurde 1871 abgebrochen. Gegenüber liegt

(3) das Pfarrhaus; es wurde 1533 vom Konstanzer Bischof Graf Johann von Lupfen als „Schloss an der Straße" erbaut, später als Engelsburg bezeichnet. Es diente nach dem Brand des Krenkinger Schlosses zeitweise als Wohnsitz der Stadtherren. Seit 1811 ist es Pfarrhaus. Daneben in der Sammlungsgasse 1 steht

(4) ein stattliches Haus, in dem in fürstenbergischer Zeit der Obervogt seinen Sitz hatte. Wir gehen nun aufwärts und kommen zum

(5) Gasthaus zum „Pappenheimer". Es wurde bereits um 1500 gebaut und diente als Herrenherberge, zeitweise war das fürstenbergische Rentamt darin untergebracht. Auf der Giebelseite befinden sich die Wappen der verschiedenen Stadtherren. Nun kommen wir auf den Marktplatz. Rechts steht

(6) das Wirtshaus zum Adler, wohl das älteste Haus in Engen, geht zurück auf das 12. Jh. Im Inneren befinden sich noch mittelalterliche Wandmalereien.

(7) Auf der Stirnseite des Platzes stand einst das Amtsgericht, das wohl auf der Stelle der früheren mittelalterlichen Burg errichtet wurde. Die ehemaligen Gebäude sind durch den Brand 1845 zerstört. Das Amtsgericht war hier in einem Neubau von 1864 bis 1974 untergebracht. Bei der Sanierung wurde ein klassizistischer Arkadengang gebaut, um an die Stilelemente der Entstehungszeit zu erinnern.

(8) Auf dem Martinsbrunnen wird der Gegensatz zwischen Arm und Reich in zeitgenössischer Problematik dargestellt. Vom Marktplatz gehen wir bei der Apotheke am Markt in die Sporngasse und gelangen zum

(9) ehemaligen Kloster St. Wolfgang. Um 1300 entstand hier eine Niederlassung von „Beginen". Diese Frauengemeinschaft schloss sich erst 1725 dem Dominikanerorden an. Der Name St. Wolfgang rührt von einem Altar her, den Graf Wolfram von Nellenburg dem Kloster beim Bau der Klosterkirche 1629 schenkte. Das Kloster wurde 1802 aufgehoben. Im Kloster wurde zunächst eine Schule untergebracht. Heute befinden sich in den Gebäuden ein Bürgerhaus mit Kindergarten und das Städtische Museum. In diesem sind Funde der Ausgrabungen aus der Petershöhle zu sehen. Wir gehen

Stadtansicht von Engen. Aufn.: L. Zier

nun abwärts und nach dem Kloster am Narrenkeller vorbei in die Lupfenstraße.

(10) Links steht der Sebastianbrunnen, eine moderne Plastik. Die Lupfenstraße hieß früher „Schindelgasse", in der die Ackerbürger, Handwerker wohnten. Die Häuser sind sehr alt und haben sehr schöne Eingänge, sie stehen auf der Stadtmauer. Aufmerksamkeit sollten wir der alten Badstube schenken, die bereits 1440 erwähnt wird und früher eine Stätte des geselligen und kulturellen Lebens war. Wir erreichen wieder die Hauptstraße und sehen vor uns das

(11) Kornhaus, ein stattliches Gebäude mit Staffelgiebel, das früher als Zehntscheuer diente. An der nordwestlichen Ecke erkennen wir einen Erker mit Spottmasken von 1570. Beim Kornhaus stand das Untere Tor, das 1823 abgerissen wurde. Einige Schritte weiter stehen wir vor dem

(12) Krenkinger Schloss. Es wurde bereits im 13. Jh. auf dem südlichen Felsrücken außerhalb der Stadt erbaut und hatte einen Buckel-quaderturm. Das heutige Schloss wurde von den Grafen von Lupfen im 16. Jh. erbaut. Im Dreißigjährigen Krieg brannte es ab, wurde aber wieder aufgebaut. Heute ist das Notariat und die Polizei untergebracht. Wir gehen nun zurück die

(13) Hauptstraße aufwärts an schönen historischen Bürgerhäusern vorbei: Der Ochsen war 1471 das Stadthaus der Herren von Reischach, anschließend gehörte es der einflussreichen Schult-

heissfamilie Vogler. Das Katzenhaus von 1592 zeigt noch die gotischen Staffelfenster. Der Name stammt aus der jüngeren Zeit. Wir kommen wieder auf den Marktplatz. Rechts liegt im Hof

(14) das Rathaus, es wird bereits 1486 als solches bezeichnet, es besteht eigentlich aus zwei Häusern. In der „gemainen großen Stube" residiert der Schultheiß seit dem 14. Jh. Sie hat eine gotische Balkendecke und einen kunstvollen Ofen aus dem 16. Jh. Vom Marktplatz steigen wir die Hauptstraße wieder abwärts und kommen in

(15) die Vorstadt, sie wurde als Stadterweiterung 1381 angelegt, als solche bezeichnet und war wie die Altstadt ebenso ummauert. Hier fanden die Märkte statt. Das zeigt auch die großzügige Straße, in deren Mitte der Vorstadtbrunnen steht. Rechts liegt seit 1827 die Stadtapotheke, an einer Hauswand lesen wir die Jahreszahl 1580, früher wohnten hier wohlhabende Bürger und Beamte. Im Bürgerhaus, das 1558 vom Obervogt von Hewen erbaut wurde, hat wohl lange Zeit seine Familie gewohnt.

Markdorf

Markdorf (453 m NN, 10 052 Ew) die Stadt unterhalb des Gehrenberges wird 817 in einer Schenkungsurkunde des Klosters St. Gallen erstmals als „maracdorf", Dorf an der Mark erwähnt. 1079 wird ein „Kastell Markdorf erobert". 1134 bezeugt ein Ritter Hermann von Markdorf die Gründung des Klosters Salem. Die Ortsherren siegeln mit einem „Rad". 1229 erhielt der Ort von Kaiser Friedrich II. das Marktrecht und 1250 die Stadtrechte. Die Stadt hatte damit das Recht auf Münze, Zoll und Markt. Die Herren von Markdorf konnten nun die Stadt befestigen mit Stadtmauer und Türmen. Nachdem der letzte Ritter von Markdorf 1354 stirbt, fällt das Lehen an das Reich zurück. Karl IV. belehnt nun den Bischof von Konstanz, der das Lehen an den Ritter von Homburg weitergibt. Dieser lässt das Schloss erbauen. Ab 1414 übernehmen die Bischöfe, später Fürstbischöfe wieder das Lehen und richten im Schloss ihre Sommerresidenz ein. Bauernkrieg und Reformation verschonten die Stadt weitgehend, im 16. Jh. brachte es Markdorf zu Wohlstand durch den Anbau von Wein, der an viele umliegende Klöster verkauft wurde. Die Stadt bleibt bis 1803 bei Konstanz und wird anschließend badisch. 1842 zerstört ein Großbrand viele Häuser und Tore der Stadt. Siehe auch Sage vom alten Schloss S. 165.

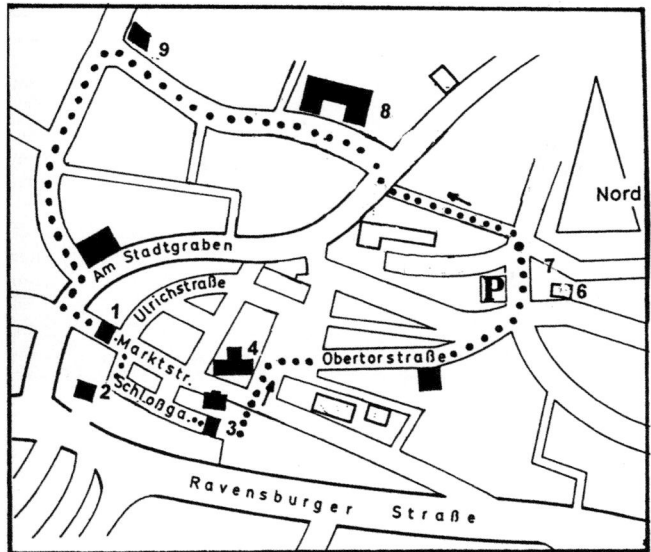

Marktdorf. 1 Unteres Tor, 2 Bischofsschloss, 3 Hexenturm, 4 Pfarrkirche St. Nikolaus, 5 Obertor, 6 St. Mauritius-Kapelle, 7 Heilig-Geist-Spital, Spitalkirche St. Peter und Paul, 9 Waldseer Klosterhof.

Stadtrundgang:

Wir beginnen unseren Stadtrundgang beim
(1) Unteren Tor. Es wurde im 13. Jh. bei der Anlage der Stadt-
    befestigung errichtet.
(2) Das Bischofschloss liegt daneben, im 14. Jh. von den Rittern von
    Homberg gebaut, 1510 von Bischof Hugo von Landenberger
    erneuert, 1735 erfolgte ein Umbau von Franz Schenk von
    Stauffenberg, dessen Wappen über dem Hoteleingang zu sehen
    ist. Das markante hohe turmartige Schloss ist das Wahrzeichen der
    Stadt. Von den Innenräumen ist der Rittersaal im 4. Stock und die
    ehemalige Bischofswohnung mit den Stuckdecken noch erhalten.
    Über die Schlossgasse, an der zahlreiche schöne Fachwerkhäuser
    liegen, kommen wir zum
(3) Hexenturm, ein Bau aus dem 13. Jh. mit Buckelquadern und
    Staffelgiebel. 1830 diente er als Gefängnis, heute ist darin ein
    Museum untergebracht.

Bischofsschloss in Markdorf. Aufn.: L. Zier

Wir wenden uns der Stadtmitte zu und kommen zur

(4) Gotischen Pfarrkirche St. Nikolaus. Sie wurde um 1370 erbaut, die Fresken aus dem 14. Jh. sind noch erhalten. Durch den Brand von 1842 ist viel zerstört worden; der Hochaltar stammt von 1871. Besonders auffallend ist die barocke Seitenkapelle mit der Schutzmantelmadonna aus dem Jahre 1474, sie und die Pieta im Langhaus stammen aus dem Kloster Bildbach. Im Südportal finden wir eine Marienfigur aus Sandstein von David Zürn.

Wir gehen nun über die Obertorstraße aufwärts und kommen

(5) zum Obertor, 1534 datiert. Am Obertor steht die Kopie einer Sandsteinskulptur eines Soldaten aus dem 17. Jh. Hinter dem Obertor steht

(6) die St. Mauritius-Kapelle des ehemaligen Heilig-Geist-Spitals, die bereits 1360 erwähnt wird und 1771 barockisiert wurde. 1960 wurden Fresken mit einem Passionszyklus aus der Zeit des 15. Jh. freigelegt.

(7) Daneben liegt das Heilig-Geist-Spital

(8) Gehen wir zurück in die Gehrenbergstraße, dann liegt neben dem Krankenhaus die Spitalkirche St. Peter und Paul, die 1689 bis 1700 erbaut wurde. Die Ausstattung der Kirche, die früher zum Franziskanerinnenkloster gehörte, ist bemerkenswert: die Gemälde der Seitenaltäre, die Aposteldarstellungen, ein Sarkophag der hl. Martina, ein Prager Jesulein u. a. Klosterarbeiten. Neben dem Krankenhaus liegt der mächtige ehemalige

(9) Waldseer Klosterhof, 1509 erbaut. Markdorf hatte insgesamt 18 Klosterhöfe.

Meersburg

Meersburg (444 m NN, 4887 Ew) war vermutlich bei den Römern und bei den Alamannen ein bevorzugter Siedlungsplatz. Die Gründung des Alten Schlosses erfolgte wohl bereits in der Merowingerzeit, eindeutig bezeugt wird es jedoch erst im 11. Jh. Es war zu dieser Zeit im Besitz der Grafen von Rohrdorf und kam nach deren Aussterben 1210 mit der Siedlung in den Besitz des Bistums Konstanz. 1299 erfolgte die Verleihung der Stadtrechte, gleichzeitig wurde sie durch eine Stadtmauer geschützt. Der Bischof von Konstanz bestimmte über Jahrhunderte deren Geschick. Die Bürgerschaft versuchte sich zwar im 15. Jh. von der Herrschaft der Bischöfe loszureißen; dies scheiterte jedoch. Mit der Einführung der Reformation verlegte der Konstanzer Bischof 1526 seinen Amtssitz nach Meersburg. Er residierte über 200 Jahre lang im Alten Schloss. Die Stadt, die sich bereits seit dem 14. Jh. durch den Weinbau, die Fischerei, den Handel und die Schifffahrt gut entwickelt hatte, erlebte eine Blütezeit. Zu einem regelrechten Bauboom kam es als der Fürstbischof Schönborn das Neue Schloss, das Priesterseminar und den Reitstall Mitte des 18. Jh. bauen ließ. Diese erfreuliche Entwicklung endete mit der Säkularisation, der Aufhebung des Bischofssitzes. Viele Behörden zogen ab nach Konstanz, Industrieansiedlung scheiterte. Erst durch den Fremdenverkehr im 20. Jh. gewann die Stadt wieder an Bedeutung. Siehe auch die Sage vom süßen Seewein S. 167.

Stadtrundgang.

Wir beginnen unseren Stadtrundgang am
(1) Malerischen Obertor mit Treppengiebel. Viele Händler mussten auf dem Handelsweg zwischen Nürnberg und Konstanz durch dieses Tor.
(2) Das Gasthaus zum Bären liegt unmittelbar hinter dem Tor, bereits 1510 erwähnt, war nicht nur Herberge, sondern Sitz der „Gesellschaft der 101 Bürger" die seit dem 15. Jh. den Bürgermeister und den Rat der Stadt wählten.
(3) Das ehemalige Dominikanerinnenkloster erreichen wir, wenn wir die Kirchstraße rechts aufwärts gehen. Es wurde bereits 1309 erwähnt, heute ist das Verkehrsamt, die Bibelgalerie und das Stadtmuseum untergebracht.
(4) Die Stadtpfarrkirche wurde 1833 eingeweiht, sie steht anstelle einer früheren Kirche, deren Turm noch erhalten ist.
(5) Den Narrenbrunnen erreichen wir über die Winzergasse. Der Schnabelgiere stellt eine übergroße Vogelmaske dar und erinnert an die Zeit der Pest.

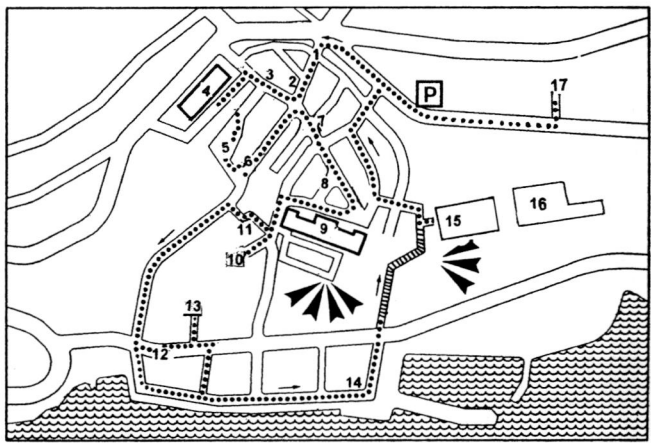

Meersburg. 1 Obertor, 2 Gasthaus zum Bären, 3 ehemaliges Domini-
kanerinnenkloster, 4 Stadtpfarrkirche Mariä Heimsuchung, 5 Narren-
brunnen, 6 alte Fachwerkhäuser in der Steigstraße, 7 Rathaus,
8 Hauptwache, 9 Neues Schloss, 10 Altes Schloss, 11 Schlossmühle,
12 Unterstadttor, 13 Unterstadtkapelle St. Johann, 14 Gredhaus,
15 ehemaliger Reitstall mit Zeughaus, 16 ehemaliges Priesterseminar,
17 Fürstenhäusle.

(6) Über die Steigstraße aufwärts kommen wir an schönen, alten
     Fachwerkhäusern mit Aufzugsgalgen vorbei. In einem der Häuser
     lebten die Eltern des Kölner Malers Stephan Lochner, im anderen
     ist der Verleger Bartholomäus Herder 1807 geboren.

(7) Das Rathaus wurde anstelle eines Vorgängerbaues im 16. Jh.
     errichtet. Es trennt die Kernstadt von der Vorstadt (Usserstadt).
     Durch das Falbentor gelangen wir zum Schlossplatz.

(8) Die Hauptwache, ein Gebäude im klassizistischen Stil, liegt rechts.
     Der Fürstbischof konnte sich eine Kompanie Grenadiere leisten.

(9) Das Neue Schloss dominiert auf dem Platz. Es wurde von Bischof
     Damian Hugo von Schönborn nach Plänen von Balthasar Neumann
     1740–1750 erbaut. J. A. Feuchtmayer schuf die Stuckatur,
     J. I. Appiani die Deckenmalereien. Im Schloss ist heute ein
     Museum untergebracht. Die Schlosskapelle befindet sich im

Anbau des Schlosses. Das Schloss ist umgeben von früheren Amtshäusern der bischöflichen Hofhaltung. Von der Schlossterrasse hat der Besucher einen herrlichen Rundblick über Meersburg und den See.

(10) Das Alte Schloss, eine der ältesten Burganlagen, öfters umgebaut, lässt dennoch in seinen Räumen das Mittelalter aufleben mit dem Rittersaal, der Waffenhalle, der Burgkapelle, den Rüstungen, dem Burgverlies u. a. Das Alte Schloss war bis 1803 im Besitz des Bistums Konstanz, 1838 kaufte es Freiherr Josef von Lassberg, der Schwager der Dichterin Annette von Droste-Hülshoff, die hier ihren Lebensabend verbrachte und deren Sterbezimmer im Schloss besichtigt werden kann. Noch heute ist das Schloss in Privatbesitz.

(11) An der Schlossmühle von 1620 mit einem oberschlächtigen Wasserrad geht es abwärts zum

(12) Unterstadttor, Meersburgs ältestem Stadttor von 1473.

(13) Die Unterstadtkapelle St. Johann, die älteste erhaltene Kirche, ist in unmittelbarer Nähe, sie war das Gotteshaus der Fischer und

Obertor in Meersburg.
Aufn.: W. Rößler

Fährleute. Sehenswert ist vor allem der Schnitzaltar von 1490 und der Hochaltar von 1760.

(14) Über die Seepromenade, die 1873 angelegt wurde, erreichen wir das „Grethaus", das frühere städtische Korn- und Handelshaus, um 1500 errichtet, im klassizistischen Stil umgebaut. Von hier aus können wir durch die Weinberge hochgehen und gelangen zum

(15) ehemaligen Reitstall mit Zeughaus. Heute Sitz des Staatsweingutes. Daneben liegt das

(16) ehemalige Priesterseminar, es diente von 1735 bis 1828 der Priesterausbildung, heute beherbergt es ein Aufbaugymnasium. Entlang der Stadtmauer gelangen wir wieder zum Obertor. Wer das

(17) Fürstenhäusle, ein ehemaliges Rebhaus, besuchen möchte, geht die Stettener Straße aufwärts. Das Haus hat Annette von Droste-Hülshoff erworben, hier lebte sie. Heute ist dort das Droste-Museum untergebracht.

Pfullendorf

Pfullendorf (670 m NN, 9737 Ew), das „Dorf am Phuol" ist wohl eine fränkische Siedlung und wird nachweislich 1220 genannt. Die Grafen von Pfullendorf treten bereits im 11. und 12. Jh. auf. Rudolf von Pfullendorf, mit den Welfen und Staufern verwandt und verschwägert, ein treuer Gefolgsmann Barbarossas, tritt 41 mal als Zeuge in Gefolgschaft von Barbarossa auf, nennt mehrere Dörfer um Pfullendorf sein Eigen, hat Besitzungen in Oberschwaben, im Hegau; besitzt die Vogteien mehrerer Klöster, hat um sich viele Dienstmannen, die großen Besitz im Linzgau hatten, nennt sich nach den Burgen von Stoffeln und Ramsberg und hatte wohl die Herrschaft Hegau und Linzgau inne. 1167 sterben sein Sohn und sein Bruder an Malaria bei einem Feldzug in Italien. Nachdem er seine Nachkommen verloren hat, vermacht er all seine Güter dem Kaiser Barbarossa. Mit 60 Jahren unternimmt er eine Reise ins Heilige Land und stirbt dort vermutlich 1180.

1220 erhält Pfullendorf von Friedrich II. die Stadtrechte verliehen, 1415 die Hohe Gerichtsbarkeit, damit erhält Pfullendorf das Privileg der Freien Reichsstadt, wird selbstständig und unabhängig. Diese Privilegien werden von den folgenden Kaisern immer wieder bestätigt, sie gehen allerdings kaum über die Stadtgrenze hinaus. Pfullendorf wendet die Gerichtsbarkeit auf die unmittelbare Nachbarschaft an, deshalb kommt es mit den Werdenbergern, später den Hohenzollern und Fürstenbergern immer wieder zu Streitigkeiten. 1360 war die Stadt in Gefahr von den umliegenden Herrschern eingenommen zu werden, dies

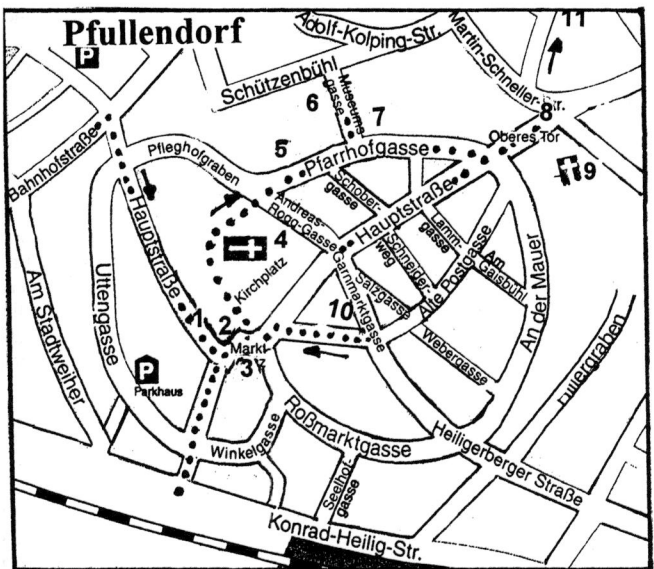

*Pfullendorf. 1 ehemaliges Dominikanerinnenkloster, 2 Rathaus,
3 Gasthaus zum Alten Kaiser, 4 Stadtpfarrkirche St. Jakob, 5 ehemaliges
Franziskanerinnenkloster, 6 Steinscheuer und das Alte Haus, 7 Fachwerkhäuser, 8 Oberes Tor, 9 Spitalkapelle, 10 Bindhaus, 11 Wallfahrtskapelle Maria Schray.*

verhinderte Brigitte von Zimmern, in dem sie den Städtern einen Wink
gab.
1383 wurde die Zunftverfassung eingeführt. Vertreter der 6 Zünfte
wählten den Bürgermeister, die Gemeindevertretung und die Gemein-
deverwaltung, sowie das Richterkollegium mit dem Amtmann als
Vorsitzenden.
Bereits um 1257 wird das Heilig-Geist-Spital erwähnt. Die Spitäler
hatten die Aufgabe, Arme und Kranke aufzunehmen, Hungernde zu
verpflegen, Fremden ein Obdach zu bieten. Sie erhielten von den
Schwerkranken für die Pflege Stiftungen. Mit der Zeit wuchs die Zahl
der Güter, 1381 kam Ilmensee, 1476 Großstadelhofen und Zell in ihren
Besitz, zudem viele Höfe in benachbarten Dörfern.

Pfullendorf hatte wie andere Städte Pfleghöfe der Klöster und
Herrschaften; hier wurde der Besitz der Umgebung verwaltet und die
Abgaben eingezogen. So gab es den Salmannsweilerhof, den Königs-
bronner Hof, den Schellenberger Hof vom ehemaligen Grundherrn derer
von Gremlich, den Überlinger Hof vom Spital in Überlingen.

Stadtrundgang:

Wir beginnen unseren Rundgang am Stadtsee, gehen die Bahnhofstraße
aufwärts und biegen in die Hauptstraße rechts ein. Wir steigen hoch bis
zum Marktplatz. Links fällt uns ein sechsstöckiges Gebäude auf, es war

(1) das ehemalige Dominikanerinnenkloster. Bereits um 1255 ließen
     sie sich auf der alten Grafenburg nieder und bauten Zug um Zug das
     Kloster aus. Daneben steht das

(2) Rathaus von 1524. Das Erdgeschoss bildet eine offene Halle, die
     „Greth"-Markthalle, darüber liegt der historische Rathaussaal mit
     dem einzigartigen Glasbilderzyklus der Frührenaissance (15 Wap-
     penschilder) in den Fenstern, der Saal wurde wie auch die Fassade
     1785 im klassizistischen Stil verändert. Gegenüber liegt das

(3) Gasthaus zum „Alten Kaiser" in dem vor 1867 das sehr reiche
     Heilig-Geist-Spital untergebracht war.
     Wir steigen nun die Kirchtreppen hoch zum Pfarrhof.

(4) Die Kirche St. Jacob wurde um 1480 als gotische Pfeilerbasilika
     gebaut und 1750 barockisiert. Die Fresken stammen von Meinrad
     von Au, die reiche Stuckatur von Johann Jacob Schwarzmann. Die
     spätbarocke Kanzel ist ein Schmuckstück der Kirche, die
     insgesamt Harmonie ausstrahlt. In der gegenüberliegenden Stadt-
     apotheke war seit 1400

(5) das Franziskanerinnenkloster. Bereits 1330 schlossen sich fromme
     Frauen zusammen und lebten nach der Regel des Hl. Franziskus.
     Über 500 Jahre arbeiteten sie in sozialen Diensten, lebten relativ
     ärmlich von ihren landwirtschaftlichen Erträgen und kümmerten
     sich um die Unterhaltung der Pfarrkirche. 1807 wurde das Kloster
     aufgehoben. Der badische Staat richtete in dem Haus das
     Amtsgericht ein. Wir gehen die Pfarrhofgasse hoch. Es fällt uns
     sofort die

(6) Steinscheuer mit dem gotischen Treppengiebel auf, es war der
     Fruchtkasten des Hl. Geist-Spitals, erbaut 1515. Heute sind in dem
     Gebäude Ausstellungsräume. Einige Schritte weiter steht links an
     der Stadtmauer angebaut das

(7) Das „Alte Haus", eines der ältesten Bürgerhäuser Süddeutsch-
     lands, vermutliches Turmhaus eines Adeligen, gebaut 1317 mit
     einem typisch alamannischen Fachwerk und einem Krüppelwalm-
     dach.

*Oberes Tor in Pfullen-
dorf. Aufn.: L. Zier.*

Weitere Fachwerkhäuser begleiten uns auf dem Weg zum Oberen Tor: An der Ecke Grabenstraße Pfarrstraße steht ein schönes Fachwerkhaus aus dem 14. Jh., in dem früher die Stadtkanzlei war. Auch das Stegstreckerhaus heute Haus der Narrenzunft – weist einen gut erhaltenen Fachwerkgiebel auf.

(8) Das Obere Tor, Wahrzeichen der Stadt ist die wohl schönste Doppeltoranlage im Bodenseegebiet mit einem 38 m hohen Vierkantturm. Es stammt aus der Zeit der Stadtwerdung. Das Vortor zeigt zwischen zwei Rundtürmen das Reichsstadtwappen und ein Kreuzigungsrelief von 1515. Neben dem Tor befindet sich die

(9) gotische Spitalkapelle und der ehemalige Salmannsweilerhof, heute Altenheim. Wir gehen nun die Hauptstraße abwärts, die von weiteren schönen Fachwerkhäusern gesäumt ist. Kurz vor dem Marktplatz biegen wir links in die Graumarktgasse ein zum ehemaligen

(10) „Bindhaus", es war die spitälische Küferei, heute ist das Heimatmuseum untergebracht. Vom Marktplatz steigen wir die Treppen hinab. Wer genügend Zeit hat, kann einen Gang zur

(11) Wallfahrtskapelle „Maria Schray" machen. Sie ist in W 38 S. 246; beschrieben.

Singen

Singen (429 m NN, 44 648 Ew) ist eine sehr junge Stadt, sie erhielt erst
1899 die Stadtrechte. Ursprung war das Dorf Singen, das 1890, 2 200
Einwohner zählte. Das vermutlich frühere Reichsgut kam im 15. Jh. an
die Herren von Friedingen und wurde 1554 an Österreich verkauft.
Anschließend war es in den Händen mehreren Lehensherren bis es 1806
an Württemberg und 1810 an das Großherzogtum Baden kam. Die
Entwicklung zur Stadt begann mit dem Ausbau des Straßen- und vor
allem des Eisenbahnnetzes. Mit dem Bau des Eisenbahnknotenpunktes
1863 entwickelte sich die „neue" Stadt. Die Gebäude im Jugendstil
zeugen heute noch davon. Aufgrund der günstigen Verkehrslage
siedelten sich Anfang des 20. Jh. mehrere Industriebetriebe an, so
1912 die Aluminiumwerke. Im zweiten Weltkrieg wurde Singen stark
zerstört. Nach dem Wiederaufbau ging es rasant weiter, die Bevölkerung
stieg von 1950 bis 1970 von 25 000 auf 42 000 Einwohner. Mit dem
Ausbau der Autobahn wurde der Standort für die Industrieansiedlung
noch attraktiver. So ist Singen heute der wichtigste Wirtschaftsstandort
im Hegau.
Der Raum Singen weist jedoch eine ununterbrochene Besiedlung seit
der Altsteinzeit auf. Die wertvollen Funde, besonders der Alamannen-
gräber sind im archäologischen Museum zu sehen. Neben dem Museum
der Vor- und Frühgeschichte weist das Kunstmuseum sehr wertvolle
Gemälde moderner Maler auf. Sie hielten sich während des 3. Reiches
im Bodenseegebiet und in der benachbarten Schweiz auf. So kam
Singen in den Besitz dieser Werke.

Stockach

Stockach (491 m NN, 8192 Ew) war wohl bereits bei den Römern ein
Verkehrsmittelpunkt, im Mittelalter verliefen hier ebenfalls Handels-
straßen. Eine Burg auf dem Felssporn 1100 als Stocka und 1222 als villa
stoka bezeugt, diente der Überwachung der Straßen. Unbekannt blieb
der Erbauer der Burg. Mitte des 13. Jh dürfte wohl die Stadt von den
Grafen von Nellenburg gegründet worden sein, urkundlich wird
Stockach 1283 als Stadt benannt. Sie gehörte zu der Graftschaft Hegau,
später Nellenburg und war eng an die Entwicklung der Landgrafschaft
Nellenburg gebunden. (s. Seite 126).
Eine Blütezeit erlebte die Stadt mit der Verlegung der Gerichtsbarkeit
und der Verwaltung der Grafschaft von der Nellenburg nach Stockach ab
1465.Während Stockach im Schweizerkrieg 1499 und im Bauernkrieg
zwar erfolglos belagert aber nicht zerstört wurde, erlitt die Stadt im
Dreißigjährigen Krieg durch die Plünderung von Hauptmann Widerholt

und vor allem im Spanischen Erbfolgekrieg 1704 große Schäden. Die Stadt wurde geplündert und in Schutt und Asche gelegt. Im Napoleonischen Krieg wurde Stockach durch Truppendurchmärsche und die Schlacht bei Stockach wieder stark mitgenommen. 1806 wurde Stockach württembergisch. Das harte Regiment der Württemberger führte 1809 zum Juliaufstand, 1810 kam die Stadt im Tausch zu Baden und wurde Bezirksstadt. Von1936 bis 1973 war Stockach Kreisstadt, heute gehört es zum Kreis Konstanz.

Stockach war bereits im 16. Jh. Poststation der Linien Wien – Paris und Stuttgart – Zürich. Erst im 19. Jh. entwickelte sich die Industrie, die Stadt erweiterte sich, Stadtbefestigungen und Tore fielen der Entwicklung zum Opfer.

Stadtrundgang.

Unser Stadtrundgang beginnt am Stadtgarten. Man geht den Hägerweg hoch zur

(1) evangelischen Kirche. Sie wurde 1884 eingeweiht. Im Chorraum ist das 4 m hohe Holzkreuz mit der lebensgroßen Christusfigur prägnant. Die handgetriebenen Reliefs in der Eingangstür stellen die Symbole der 4 Evangelisten dar.
Der Weg führt zur Hauptstraße. Links vor dem Oberen Tor stand früher

(2) das Kapuzinerhospiz. Es wurde 1719 gebaut und nach der Säkularisation aufgehoben. 1837 wurde an dieser Stelle eine Zuckerfabrik gebaut, die 1842 einem Großbrand zum Opfer fiel.1847 entstand ein Hotel, das heute noch in Betrieb ist.
Wir gehen nun die Hauptstraße abwärts und kommen an folgenden historischen Stätten vorbei:

(3) In einer Ecknische des Hauses Nr. 35 steht ein aus Eichenholz geschnitzter Hl. Nepomuk, ein Werk des Franz Magnus Hobs.

(4) Der Hans Kuony-Brunnen wurde 1973 geschaffen. Er stand hier bis zum Jahr 2000, heute steht er in der Hauptstraße in der Nähe des Bürgerhauses. Er stellt den Stockacher Hofnarren dar, der dem Erzherzog Leopold von Österreich vor der Schlacht bei Morgarten 1315 einen guten Rat gab, den der Herzog allerdings missachtete und die Schlacht verlor. Weiteres s. S. 168.

(5) Im früheren Gasthaus „Zum Weißen Kreuz" übernachteten Herrschaften u. a. Marie-Antoinette vom 2. auf 3. Mai 1770 bei ihrem Brautzug nach Frankreich. Ab 1811 war in dem Haus das Badische Bezirksamt, von 1939 bis 1969 das Landratsamt.

(6) An der Oberen Apotheke befindet sich eine Inschrift, dass der Feldmarschall-Leutnant Fürst Karl-Alois zu Fürstenberg hier aufgebahrt war. Er war in der Schlacht von Stockach am

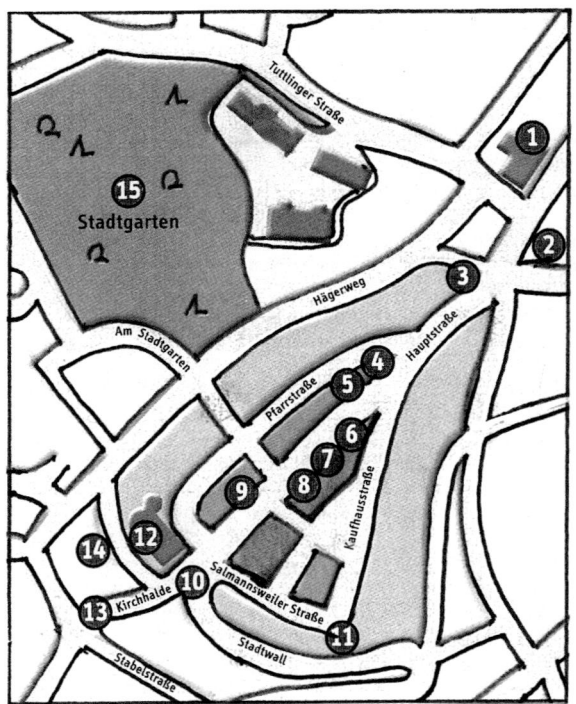

*Stockach, 1 evangelische Kirche, 2 früher Kapuzinerstift, heute Hotel,
3 Hl. Nepomuk am Haus Haupt-Straße 35, 4 Hans-Kuony-Brunnen,
5 früheres Gasthaus Zum Weißen Kreuz, 6 Inschrift an der Oberen
Apotheke, 7 ehemaliges Landvogtgebäude, 8 Grenzwappen an Haus
Hauptstraße 10, 9 Bürgerhaus Adler Post, 10 Ehrenmal, 11 Salmannsweiler Hof, 12 Stadtpfarrkirch St. Oswald, 13 Kirchhalde, 14 früherer
Friedhof, 15 Stadtgarten.*

25. 3. 1799 gefallen, in der Erzherzog Karl die Franzosen in die
Flucht schlug.

(7) Das Ehemalige Landvogtgebäude, Amtssitz des Landvogtes der
vorderösterreichischen Landgraftschaft Nellenburg diente ab 1820
bis 1977 als Rathaus.

(8) Das Grenzwappen von 1586 am Haus Hauptstraße Nr. 10 weist auf die Grenze zwischen der Grafschaft Nellenburg und dem Distrikt Madach, das zum Kloster Salem gehörte, hin.

(9) Das Bürgerhaus Adler Post ist als Gasthaus bereits 1621 nachweisbar und war die Herberge für die Postreiter und Postkutscher. Bis zu 60 Pferde konnten dort untergebracht werden. Stockach war nachweisbar seit 1505 Poststation, hier kreuzten die Reiter Postkurse der Linien Wien – Paris und Stuttgart – Zürich. Heute ist es ein Kulturzentrum, auch das Heimatmuseum ist hier untergebracht.

(10) Das Ehrenmal, ein 15 m hoher Obelisk, zum Gedenken an die Gefallenen des 1. Weltkrieges wurde 1934 geschaffen. In der Salmannsweiler Straße steht

(11) der Salmannsweiler Hof aus dem Jahre 1317 rechts in der gleichnamigen Straße. Der Salemer Obervogt verwaltete hier die klösterlichen Güter und Besitzungen. Über dem Eingang ist das Wappen des Salemer Abtes Stephan Jung zu sehen.

(12) Die Katholische Kirche St. Oswald wurde im Jahr 1933 eingeweiht, nur der Turm mit der Zwiebelkuppe stammt von der Vorgängerkirche aus der Barockzeit, die abgerissen wurde. Sehenswert sind die Epitaphien im Hauptportal, ein Dreikönigsrelief und die Kreuzigungsgruppe am Hauptaltar.

(13) Die Kirchhalde, früher ein gefürchtetes Straßenstück für die Fuhrleute, war die einzige Verbindung zwischen der Unterstadt und der Oberstadt. Wir steigen die Aachenstraße abwärts.

(14) Links lag bis 1841 der Friedhof. Bald sind wir wieder im Hägerweg und kommen am

(15) 4 ha großen Stadtgarten vorbei, der zwischen 1906 und 1912 angelegt wurde und heute ein schöner Naherholungsbereich für die Stockacher ist, zum Ausgangspunkt.

Überlingen

Überlingen (403 m NN, 20 530 EW) wird 770 als „Iburinga" in einer Schenkungsurkunde erstmals genannt, dort stand vermutlich ein karolingischer Fronhof, daneben hat es früher schon eine alemannische Dorfsiedlung gegeben. Das Reichsgut erhielten im 12. Jh. die Staufer als Herzöge von Schwaben. Es entwickelte sich ein Markt, 1211 wird Überlingen als Stadt bezeichnet, über die Verleihung der Stadtrechte liegt keine Urkunde vor. Nach dem Aussterben der Staufer erwirbt sich Überlingen das Privileg der freien Reichsstadt und hat ab dem 15. Jh. Stimme und Sitz auf den Reichstagen. Durch Handel mit Korn, Wein und Salz blüht Überlingen im späten Mittelalter auf, es erwirbt sich das Monopol für den Getreideexport nach „Übersee" in die Schweiz und vergrößert seine Territorien durch etliche Dörfer und Weiler im westlichen Linzgau. Aus dieser Zeit stammen die bedeutenden Bauwerke der Stadt.

Auch das Heilig-Geist-Spital, das seit dem 13. Jh. besteht, erwirbt im Laufe der Zeit viele Besitzungen am Bodenseeufer. 33 Dörfer wurden von den Ämtern Sernatingen (Ludwigshafen), Sohl und Denkingen verwaltet. Die Orden suchten auch in der Stadt ihre Niederlassungen.

Im 13. Jh. siedelten sich Franziskaner Brüder an, sie gründeten 1658 die Lateinschule; der Johanniterorden folgte; 1619 gründeten die Kapuziner außerhalb der Mauern ein Kloster.

Während des Schweizer Krieges und der Reformation blieb die Stadt den Habsburgern treu. Seit dem 16. Jh. wird es aufgrund von Mineralquellen sogar Heilort. Im Dreißigjährigen Krieg konnten die Bürger 1634 die Belagerung des schwedischen Generals Horn aufgrund der guten Befestigungen abwehren, 1643 gelingt es Hauptmann Widerholt in die Stadt einzudringen und sie zu plündern. Nach dem Dreißigjährigen Krieg erholte sich die Stadt nur langsam und musste sogar einige Territorien abgeben. 1803 kommt die Stadt an Baden, wird Bezirksstadt, später Kreisstadt. Mit der Reform 1973 verliert sie den Kreissitz, wird durch die vielen Eingemeindungen jedoch Große Kreisstadt. Überlingen ist heute eine ausgesprochene Fremdenverkehrs- und Bäderstadt.

Vgl. dazu auch die Sage von den Sieben Schwaben S. 163.

Stadtrundgang:

Wir beginnen unseren Stadtrundgang am Parkhaus in der Bahnhofstraße, gehen den Gallertgraben hoch und kommen zum

(1) Gallerturm: Mächtiger Rundturm der westlichen Grabenfront aus dem 16. Jh.

(2) Ein Abstecher zur „schönen Aussicht" würde sich lohnen, weil man einen Blick über die Stadt, ihre Befestigungen und ihre Türme hat.
    Steigen wir nun den Gallertgraben mit den schönen Anlagen hoch bis zum

(3) Aufkircher Tor. Dort befindet sich der Brunnen mit der Fasnetfigur des „Hansele mit der Karbatsche". Bekannt sind die Überlingen durch das Fasnetbrauchtum: der Schwertletanz der Männer seit 1646 und die Figur des „Überlinger Hansele" im Flecklehäs.
    Wir verlassen jetzt den Graben und gehen stadteinwärts an der

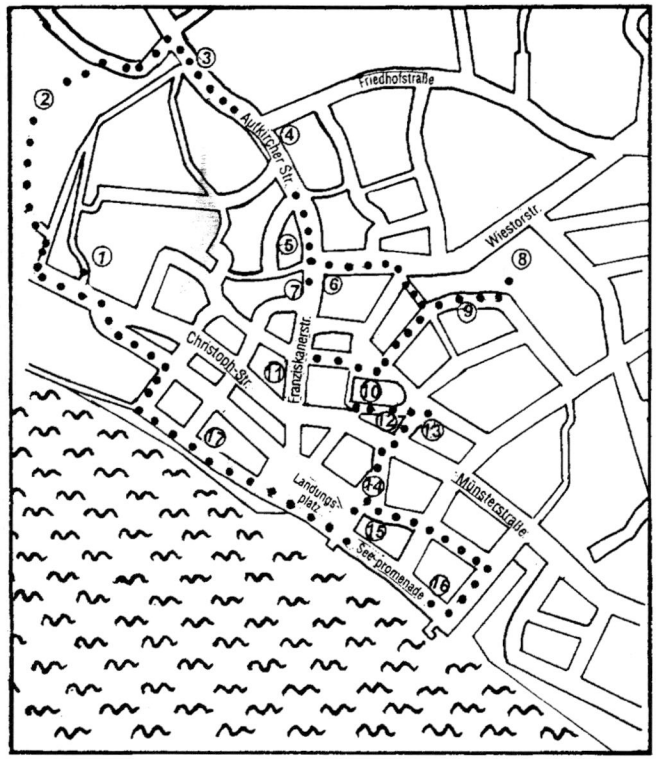

*Überlingen. 1 Gallertturm, 2 schöne Aussicht, 3 Aufkircher Tor, 4 St.
Jodokkirche, 5 Patrizierhaus Gunzoburg, 6 Franziskanerkirche,
7 Salmannsweiler Hof, 8 Rosennobelturm, 9 Reichlin-von-Meldegg-
Haus, 10 Münster St. Nikolaus, 11 Steinhaus, 12 Rathaus, 13 Alte
Kanzlei, 14 Hofstatt, 15 Haus zum faulen Pelz, 16 Greth, 17 Zeughaus.*

(4) St. Jodokkirche vorbei, die noch Wandmalereien aus dem 15. Jh.
     zeigt, vor allem einen Bilderzyklus mit der Darstellung des
     Galgenwunders.
     Wir steigen jetzt ab bis zur Wiestorstraße, an der Ecke steht das
(5) Patrizierhaus „Gunzoburg", die alte Burg soll hier gestanden
     haben. Wir gehen durch das Franziskanertor und kommen zur

Stadtansicht von Überlingen. Aufn.: L. Zier.

(6) Franziskanerkirche, eine spätgotische dreischiffige Basilika, die 1753 eingewölbt und barockisiert wurde und einen schönen Hochaltar von J. Anton Feuchtmayer beherbergt. Der Raum ist sehr hell, dadurch kommen auch die farbigen Deckengemälde gut zur Geltung. Die Franziskaner Mönche waren hier zwischen 1259 und 1808.
Auf der gegenüberliegenden Seite steht der

(7) Salmannsweiler Hof, gebaut 1525–35 von den Zisterzienser Mönchen von Salem, bis 1803 Hofmeisteramt des Ordens, Quartier von Kaiser Ferdinand bei seinem Besuch in Überlingen.
Wir gehen die Wiestorstraße aufwärts und kommen zum

(8) Rosennobelturm Er wurde gebaut 1657 und war der nördlichste Eckpfeiler der inneren Befestigungslinie. Hier verlief der frühere Stadtgraben, der das „Dorf" von der Altstadt trennte. Im Dorf war früher die Siedlung der Bauern und Weingärtner, der Ackerbürger. Die Häuser erkennt man noch heute an den rundbogigen Toren.
Von dort gelangen wir zum

(9) Reichlin von Meldegg Haus, einem Patrizierhaus im italienischen Renaissancestil, 1462 gebaut, in dem das städtische Museum untergebracht ist. Der Festsaal mit der schönen Stuckdecke und die Sammlungen u. a. die Puppenstuben und Krippen sind sehenswert. Wir steigen nun am Museumskaffee die Treppen hinab an dem ältesten Haus von Überlingen vorbei, das 1314 als Fachwerkhaus gebaut wurde, und kommen am Münsterplatz an.

(10) Beherrschend ist das Münster St. Nikolaus, Wahrzeichen der Stadt mit zwei Türmen. Das jetzige gotische Münster hatte mehrere Vorgängerkirchen, wurde zwischen 1424 und 1494 als Hallenkirche von der Bürgerschaft gebaut und bereits 1512/63 zu einer fünfschiffigen Basilika umgebaut. Der Südturm, der die fast 9 to schwere Osanna-Glocke trägt, wurde nicht mehr fertig gestellt. Auffallend sind das hohe Mittelschiff und das schöne Deckengewölbe. Sind schon die 14 Seitenaltäre aus verschiedenen Stilepochen bemerkenswert, Prunkstück des Münsters ist der 10 m hohe Renaissance-Hochaltar, ein Werk von Jörg Zürn, und seinen Brüdern, geschnitzt aus Lindenholz 1613/16. Dargestellt sind 4 Figurengruppen: Die Verkündigung, die Geburt Christi, die Kreuzigung und die Krönung Mariens, umrahmt von vielen Engel- und Heiligenfiguren. Aus Kalkstein steht daneben das Sakramentshäuschen. Siehe auch die Geschichte der Schwedenmadonna S. 165. Geht man nun die Pfarrhofstraße vor, kommt man in die Franziskanerstraße. Hier befinden sich mehrere bemerkenswerte Gebäude, so

Hochaltar im Münster St. Nikolaus in Überlingen. Aufn.: W. Rößler

(11) das Steinhaus, 1354 gebaut vom Spital Überlingen, heute Kulturamt und Stadtbücherei.

Wir gehen nun zurück zum Münsterplatz rechts am Münster vorbei steht das

(12) Rathaus aus dem 14. und 15. Jh. Einzigartig ist der historische Rathaussaal, der Ende des 15. Jh. entstand. Alle Wände sind holzverkleidet und zeigen in vielem figürlichen und ornamentalen Schmuck die Stände des römischen Reiches. 41 Lindenholzfiguren zeigen jeweils 3–4 Vertreter der Stände: Kaiser, Könige, Bischöfe, Ratsherren und Bauern. Gegenüber dem Rathaus liegt die

(13) Alte Kanzlei, mit dem Pfennigturm, ein Renaissancebau mit schönem Portal und großem Steinrelief des Stadtwappens. Über die Treppen abwärts kommen wir zum

(14) Platz „Hofstatt", einst Fischmarkt von Überlingen. Die Brunnenfigur verkörpert den Mystiker Heinrich Seuse, der 1295 in Überlingen geboren ist. Wir gehen nun die Hafenstraße vor, biegen zur Seepromenade ab und stehen vor dem

(15) „Haus zum faulen Pelz", in dem heute verschiedene Ausstellungen zu sehen sind.

An der Seepromenade gehen wir westwärts weiter, rechts liegt die

(16) „Greth", das frühere große Lagerhaus, ab dem 14. Jh. großer Umschlagplatz für Getreide und Wein, 1788 im klassizistischen Stil umgebaut. Heute Markthalle, Restaurant und Tourist-Information. Über den Landungsplatz, auf dem eine moderne Plastik steht, die dem „Seehasen" gewidmet ist, geht es am

(17) Zeughaus vorbei, in dem heute ein Waffenmuseum untergebracht ist. Über den Kurpark gelangen wir zum Ausgangspunkt zurück.

Fritz Schray

Sagen und Minnelieder

Burkard von Hohenfels

Der Dichter führt seinen Namen nach der Burg Alt-Hohenfels oberhalb
Sipplingen am Überlinger See, deren Ruine erhalten ist. Nach ihr nannte
sich ein staufisches Ministerialengeschlecht. Der Bischof von Konstanz
Burkard von Hohenfels ist urkundlich von 1216 bis 1246 bezeugt und
mit frischen originellen Minneliedern in der Manessischen Liederhandschrift verteten (vgl. W 31 S. 230).

> Susa, wie du werde glestet!
> sistein wunneberndes bilde.
> so sie sich mit Blumen gestet;
> swer si siht, dem ist truren wilde,
> des giht manges herze und ogen.
> ei ding mich ze froiden luket:
> si ist mir in min herze togen
> stahelherteklich gerücket.
> froide unde vreiheit
> ist der werlte für geleit

> Oh, wie meine Liebste glänzt
> als ein lichter Morgenstern!
> Wer sie sieht, wenn sie sich kränzt,
> dem ist alles Trauern fern.
> Alle Augen, alle Herzen
> glühen ihr, doch mich beglückt,
> dass ihr Bild in meinem Herzen
> stahlhart fest ist eingedrückt.
> Freude, Freiheit, Leben
> ist der Welt gegeben!
> (Nachdichtung von Wilhelm von Scholz)

Der Ritter von Hohenfels

Dicht vom Walde umwachsen liegt die Burg da. Der Wind rauschte durch Gänge und Türen und rüttelte an den alten Läden und Fenstern. Es war wieder einmal Neumondnacht. Vom nahen Mahlspüren schlug die Turmuhr die Mitternachtsstunde. Knarrend öffnete sich das große Burgtor, und ein Ritter trat ein mit schwerem eisernem Harnisch bekleidet, das Visier des Helmes heruntergezogen. Er ging durch den Schlosshof, betrat die Hallen, ging behäbigen Schrittes die Wendeltreppe des Rundturmes hoch, und weit schweifte sein Blick in die finstere Nacht. So ging er durch alle Räume, als wollte er die ganze Burg in Augenschein nehmen. Doch was zog er nach? Zwei schwere Eisenketten waren an seine Füße geschmiedet, und kollernd zog er sie nach über Treppen und Gänge. So ging es die ganze Stunde. Erst als die Turmuhr die erste Stunde schlug, öffnete sich wieder knarrend das alte Burgtor, und der Ritter trat in die Nacht. So ging es Monat für Monat in jeder Neumondnacht. Niemand wagte, den Ritter nach seiner Herkunft oder seinem Wollen zu befragen. Er kam zur gesetzten Stunde und verließ sie wieder, Jahr für Jahr im ewigen Gleichklang. Nur einmal, so erzählte ein alter Bauer von Schernegg, versuchten zwei Vagabunden, den Ritter zu stellen. Sie lauerten ihm im Schlosshof auf. Einer schlug ihm das Visier hoch. Doch, o Graus, nur ein fahler Totenkopf starrte ihnen entgegen, und mit verbrannten Händen suchten sie das Weite. Sie wurden nie mehr in der Nähe gesehen (vgl. W 39 S. 247).

Burg Hohenhewen

Im 14. und 15. Jahrhundert war Hohenhewen unter der Herrschaft der Lupfen zeitweise ein berüchtigtes Raubritternest. Der Sage nach soll hier ein Schatz verborgen liegen, der aber nur von einem, der Hans heißt, gehoben werden kann. Schon in der Chronik der Grafen von Zimmern (16. Jh.) heißt es, „wie man dann sagt, das gleichfalls ain Schatz am Hewenegg im Hegew verborgen soll liegen, da warte uf ain so Hans haisse, dem sei er geordnet und sonst niemands. Also solls ein erdenmendle vor vil jahren, der des schatz-huetete, den leuten angezeigt haben, daher dann die grafen von Lupfen, als inhaber der herrschaft Hewen, inen fürgenommen und jederzeit ain sohn in irem Geschlecht dieses namens gehabt". Aber bis heute hat den Schatz niemand bekommen und er soll heute noch auf einer Burg verborgen sein (vgl. W 10 S. 189).

Die Sage von der Nellenburg

In altheidnischer Zeit, in der man das Gedächtnis der Toten mit Klageliedern und Harfenspiel am Opferaltar feierte, zog Nella, deren Eltern so früh gestorben waren, alltäglich hinaus zur Grabstätte derselben, in der Nähe der heutigen Nellenburg.

Einst verlor sich Mangold, der Sohn eines christlichen Schwabenherzogs auf der Jagd an dem Ort, wo die schöne Nella gerade opferte. Aus religiösem Eifer stürzte er mit dem Schwerte in der Faust auf die Götzenpriester, verwundete mehrere und zerschlug den Opferaltar, bis er zuletzt überwältigt und gefangen genommen wurde. Die Richter verurteilten ihn zum Tode. Doch Nella begnadigte ihn, hieß ihn aber gehen. Allein Mangold blieb. Er warb um Nella und es gelang ihm sogar, das Mädchen zum Übertritt zur christlichen Religion zu bewegen. Sehnlichst verlangte Nella die Taufe, nachdem sie durch ihren Verlobten in die Wahrheit des Christentums eingeführt worden war.

Es entsprang plötzlich dem Boden ein Brünnlein, woraus reines Wasser quoll, und damit wurde das Mädchen getauft. Mangold aber baute an dieser Stelle eine Burg, nach seiner Gemahlin „Nellaburg" genannt.

Eine andere Sage erzählt, dass zur Zeit des heiligen Gallus in der Bodenseegegend eine Burgherrin namens Nella lebte, die das Christentum annahm. Ein kleines Bächlein gab das Wasser zur Taufe, seitdem heißt es *Nellabach* und ihre Burg *Nellaburg* (vgl. W 22 S. 215).

Die sieben Schwaben beendigen ihren glorreichen Kampf in Überlingen

Als nun die Sieben Schwaben das größte und gefährlichste Abenteuer im Kampf gegen das fürchterliche Untier ohne Schaden glücklich überstanden hatten und vor Überlingen standen, wo der Seehas zu Hause war, ergriff dieser noch einmal das Wort und sagte also: „Liebe Freunde in Not und Gefahr", sagte er, „die Leue im ganzen Schwabenland werden noch lange von unserem Abenteuer erzählen, womöglich, wer kann es wissen, sogar die Leute im ganzen Heiligen Römischen Reich viel hundert Jahre lang, und es könnte schon sein, dass die Jungen von den Alten einen Beweis sehen wollen für unsere Abenteuer. Dem Seehasen, diesem Ungetüm, haben wir das Fell nicht abziehen können, der ist uns entwischt. Das Bärenfell haben wir aber, und deshalb schlage ich vor, wir bringen es mitsamt unserem Spieß in das Rathaus von Überlingen. Im Rathaus soll beides aufbewahrt werden für ewige Zeiten! Nun steckten die Sieben Schwaben die Bärenhaut auf den Spieß und zogen nach Überlingen: „Sieg, Sieg, Sieg", riefen sie ein über das andere Mal.

Die Überlinger, die ihren Bannwart sehr wohl erkannten, hielten es für angemessen, eine fromme Stiftung zu machen und erbauten eine Feldkapelle am See, wo der Spieß aufgehängt werden sollte zu ewigem Gedächtnis. Ein Bildschnitzer erhielt den Auftrag, einen schönen hölzernen Heiland zu schnitzen. Mit vergoldeten Buchstaben schrieb er darauf: „Heiland der Welt". Mit dieser Inschrift waren die Überlinger nicht einverstanden. Was hatte die Welt damit zu tun, denn der Herrgott hatte ja nicht den Sieben Schwaben geholfen, das Schwabenland von dem Untier zu befreien. So setzte man als Inschrift ein: „Schwäbischer Heiland". Der Seehas baute sich in der Nähe der Kapelle eine Hütte, und lebte darin als Klausner und erzählte den vielen Pilgern, die zur Kapelle kamen, voll von dem glorreich bestandenen Kampfe, und die gingen von dem Gehörten bewundernd heim. Leider wurde dann die Kapelle im großen Schwedenkrieg zerstört (vgl. Stadtbeschreibung S. 155).

Maria Schray bei Pfullendorf

In den alten Rechtsgepflogenheiten deutete der Flurname „Auf der Schraye" oder „an der Schraye" auf eine Richtstätte hin. Und man nahm an, dass „Maria Schray" (an der Straße nach Mengen) als Kapelle zu Ehren Mariens, der „Mutter der Barmherzigkeit" erbaut wurde.
Eine Legende bringt die Kapelle in Zusammenhang mit dem Dreißigjährigen Krieg:
Als die Schweden am 2. Juli 1632 nach Pfullendorf kamen, steckten sie die Marienkapelle in Brand. Während die Flammen wüteten soll das Gnadenbild, eine holzgeschnitzte Muttergottesfigur mit Kind zum Dachstuhl hinaus geflogen sein. Als ein schwedischer Soldat auf das schwebende Bild schoss, stieß dieses drei gellende „Schray" aus und flog in den Neidlinger Wald an eine Eiche. Heute steht auf der 500-jährigen Eiche (es ist nur noch ein Eichenstumpf) eine Nachbildung der Madonna (Mutter-Gottes-Bildeiche). Das so genannte „Schwedenbild", ein Ölgemälde des 17. Jh. an der Nordwand der Kirche, stellt dieses Wunder bildlich dar. Das ursprüngliche Gnadenbild ist später ersetzt worden. Ein wachsender Pilgerstrom bewirkte den Ausbau der Kapelle zur heutigen barocken Wallfahrtskirche (vgl. W 38 S. 246).

Bruckfelder Mühle bei Lippertsreute

Wenn man auf der Straße von Lippertsreute zu den Geilhöfen fährt und die Aach überquert, kommt man zur Bruckfelder Mühle. Der Sage nach hatte der Müller seine Kundschaft betrogen und musste deshalb nach seinem Tod umgehen. Um Mitternacht sah man ihn oft in Gestalt eines weißen Reiters auf einem Schimmel auf die Brücke zusprengen, dabei ließ er eine Spur von feinem Mehl zurück. Erst nach langer Zeit wurde er durch eine Wallfahrt erlöst (vgl. W 42 S. 252).

Ehemalige Burgkapelle bei Herdwangen

Die Burg Ramsberg liegt auf einem Felskegel nordwestlich von Großschönach. Erhalten geblieben ist nur die spätgotische Wendelinuskapelle. Im Mesnerhaus, das an die Kirche angebaut ist, geht ein Geist um, der nachts die Schläfer an den Haaren zieht. Es soll eine Tür im Haus geben, die man nicht öffnen kann, selbst wenn man sie aufbricht, schließt sie sich sofort wieder. Unter dem Platz an der einst die Burg stand, ist ein Schatz verborgen der sich gelegentlich „sonnt" und dann gehoben werden kann (vgl. W 40 S. 249).

Das alte Schloss zu Markdorf

In der alten Burganlage soll sich ein unterirdischer Schatz befinden. Zwei Männer wollten ihn heben. Sie kamen durch drei Pforten, die sich von selbst öffneten. An der zweiten stand eine Jungfrau, die sie befragten. „Der Schatz befindet sich in einer Kiste, auf der ein großer Hund liegt. Jagt den Hund weg und nehmt den Schatz an euch. Aber merkt euch gut: während der ganzen Arbeit dürft ihr kein Sterbenswörtchen reden." Die beiden fanden es, wie ihnen die Jungfrau gesagt hatte, füllten ihre Säcke und sagten kein Wort. Auf dem Rückweg aber sagte einer der Männer: „Wenn ich nicht schon dagewesen wäre, ging ich nie mehr an diesen schaurigen Ort." Kaum hatte er dies gesagt, so waren die Säcke mit allem plötzlich verschwunden, und die Männer standen am Bühl, ohne zu wissen, wie sie herausgekommen (vgl. Stadtbeschreibung S. 142).

Schwedenmadonna im Überlinger Münster

Im Münster wird eine von dem Konstanzer Goldschmied Jakob Übelacker gefertigte Silberplastik der Muttergottes mit Kind aufbewahrt, die sog. „Schwedenmadonna". Der Überlieferung zufolge soll bei einer Belagerung Überlingen durch die Schweden im Jahre 1634 einigen Bürgern die Gottesmutter erschienen sein und die Feinde abgewehrt haben. Jedenfalls überstanden die Bewohner den Angriff unbeschadet und schrieben ihre wunderbare Errettung der Hilfe der Jungfrau Maria zu. Zum Dank ließ die Stadt ein nach der Erscheinung gefertigtes Bildnis machen und gelobte, dieses alljährlich in einer Prozession durch die Stadt zu tragen. Diese Schwedenprozession findet zweimal im Jahr, im Mai und im Juni, statt (vgl. Stadtbeschreibung S. 159).

Katharinenfelsen

Zwischen Überlingen und dem Ortsteil Süßenmühle erheben sich steile, helle Molassefelsen senkrecht aus dem See, die höchste Wand ist der „Katharinenfelsen". Von dem Felsen soll im Jahre 1562 ein Ochsengespann mit einem fünfzehnjährigen Mädchen heruntergestürzt sein. Das Mädchen blieb unversehrt und sei zum Ufer geschwommen. Im Städtischen Museum in Überlingen wird ein Votivbild mit der Darstellung des Vorfalls aufbewahrt (vgl. W 30 S. 229).

Der Poppele vom Hohenkrähen

Der Hohenkrähen ist die Heimat des „Poppele", der wohl bekanntesten Sagengestalt des Hegaus. Vast Popolius Maier, das Urbild dieses Poppele, lebte zu Beginn des 15. Jh. auf der Burg. Er soll „in der Mühlhauser Pfarrkirche unter dem ewigen Licht" begraben worden sein. An der südlichen Außenmauer der Kirche in Schlatt erinnert heute eine neuere Grabplatte an: „Vast Popolius Maier, Vogt uf Kraigen."

Poppele erscheint einerseits als Geist der zur Strafe für die zu Lebzeiten begangenen Untaten als Leuteschinder keine Ruhe finden kann, andererseits als neckischer Kobold, als Wohltäter und Warner.

Auf dem Bruderhof erledigte Poppele bereitwillig alle Arbeiten, die ihm aufgetragen wurden. Man musste aber immer dazu sagen: „It ze litzel und it ze viel!" (Nicht zu wenig und nicht zu viel). Fuhr man mit dem Wagen aus, so musste man Poppele auffordern mitzufahren. Er setzte sich dann auf das hinten herausragende Wagenbrett, die „Schnättere" und fuhr mit ins Feld. Vergaß man ihn zum Essen einzuladen, so warf er alles Gedeck und alle Speisen durcheinander, band die Pferde am Wagen leise los „dass sie den Wagen stehen ließen und davon galoppierten". Oftmals setzte er sich auf die „Schnättere", dass der Wagen so schwer wurde, und die Pferde ihn nicht mehr von der Stelle brachten. Poppele sprang davon und lachte den Bauern aus.

An die Neckereien des Poppele erinnert auch der 1958 aufgestellte Poppelebrunnen bei der Kirche.

Einstens kam eine Frau des Weges, einen Korb mit Eiern zu Markte tragend. Bereits hatte sie bis auf das Haar hinaus ausgerechnet, wieviel Batzen sie aus den Eiern lösen und was für einen Gewinn sie nach Hause bringen könne. Müde setzte sie sich am Wege unterm Hohenkrähen auf einen zur Ruhe einladenden Baumstamm nieder, in welchen sich Poppele schnell verwandelt hatte. Kaum aber saß sie mit ihrer Last auf dem bequemen Ruhesitz, da verschwand dieser plötzlich, und ein gellendes Gelächter wurde hörbar. Die arme Frau lag den gestreckten Weg auf dem Boden und jammerte, und die Eier lagen umher wie ausgesät. Aber ihr Jammer verwandelte sich wieder in Freude, denn kein einziges Ei hatte auch nur ein Sprünglein. Da wusste die Frau, dass ihr Poppele diesen Streich gespielt hatte (vgl. W(S) 13 S. 196).

Vom süßen Seewein

Zu der Zeit als noch die Römer in ihrem Kastell Mariaburgum (Meersburg) saßen und die Kelten ringsum ihre Untertanen waren, kam einmal unser Herr mit Sankt Petrus weit über Land an den Bodensee. Überall waren sie um Brot und Nachtquartier abgewiesen worden. Doch als sie an den See kamen, waren die Leute gastfreundlicher und höflicher. Sie gaben den Fremdlingen Herberge für die Nacht. Am anderen Morgen vor der Abreise sprach der Herr: „Weil ihr mich und meinen Freund so gastlich aufgenommen, will ich euch eine bleibende Freude machen. Weinstöcke sollen eure Hügel bedecken und Wein bringen zu eures Herzens Fröhlichkeit."
Und so geschah es alsbald, und bald trank man an den Orten am See den süßen Wein und konnte nie genug davon bekommen (vgl. Stadtbeschreibung S. 145).

Der Esel vom Hohentwiel

Im Deißigjährigen Kriege hatten die Schweden die Festung Hohentwiel, welche damals unter dem tapferen Kommandanten Konrad Widerholt stand, belagert. Die Belagerten litten schon lange den bittersten Mangel. Da fütterten sie endlich mit ihrem letzten Simri Dinkel den Esel, der ihnen sonst das Wasser den Berg herauf tragen musste, schlachteten ihn darauf sogleich, um ihn zu verzehren. Den vollgefüllten Wanst warfen sie über die Mauer der Festung hinab. Als die Feinde, welche schon auf die Übergabe der Festung gehofft hatten, dies sahen, schlossen sie daraus, dass die Besatzung noch vollauf zu leben habe und zogen ab (vgl. W(S) 13 S. 197).

Hans-Kuony-Brunnen

Eine der traditionellsten Fastnachtsveranstaltungen im Bodenseeraum ist das „Stockacher Narrengericht", ein Rügegericht, bei dem die Ereignisse des vergangenen Jahres in lustiger Form aufgespießt werden. Es wird zurückgeführt auf ein 1351 dem Hofnarren Hans Kuony von Stockach durch Herzog Albrecht II., von Österreich verliehenes Privileg, das dieser für einen weisen wie witzigen Ratschlag erhalten haben soll. Vor der Schlacht bei Morgarten (1315) gegen die Schweizer hatte er auf die scherzhafte Frage Erzherzog Leopolds, was er von dem Plan halte, geantwortet: „Ihr ratet alle, wie wir in das Land Schweiz hinein, aber nicht, wie wir wieder heraus kommen wollen". Die Schlacht ging verloren und dem Herzog gelang die Flucht nur, weil er sich rechtzeitig an die Worte seines Narren erinnert hatte.

Zum Dank erhielt Hans Kuony das Privileg zur Gründung einer Narrenzunft mit alljährlicher Abhaltung eines Narrengerichts in seiner Heimatstadt Stockach. So entstand das „Hohe Grobgünstige Narrengericht", das jährlich vom Fastnachtssonntag bis Dienstag tagt. An den berühmten Hofnarren erinnert seit kurzem auch der Hans-Kuony-Brunnen auf dem Marktplatz (vgl. Stadtbeschreibung S. 153).

Der Mägdeberg – Kultstätte und Wallfahrtsort

Auf dem Mägdeberg fand man eine Skulptur der „3 Beten" (= keltische Muttergöttinnen, Fruchtbarkeitsgöttinnen). Bei den Kelten war es üblich diese Göttinnen als Trio darzustellen. Die Verdreifachung diente der Verstärkung, für die dreifache Wirkung für Glück und Fruchtbarkeit. Dieser Fund deutet auf eine ehemalige keltische Kultstätte hin. Nach der Christianisierung wurden die „drei keltischen Beten" zu einem Marienwallfahrtsort umgewandelt, später der hl. Ursula und ihren Gefährtinnen geweiht. Nach der Sage soll die hl. Ursula mit ihren 11000 Jungfrauen auf ihrer Rückkehr von Rom auf dem Mägdeberg gerastet haben. Die hl. Ursula wurde dann bei ihrer Ankunft in Köln durch einen Pfeil der Ungarn getötet, wie es in der Legende heißt. 1235 wurde der Berg und die Kapelle der hl. Ursula mit einem Mauerring umgeben und zu einer Burg umgebaut (vgl. W(S) 13 S. 195).

Nur ein Kind überlebte den Brand auf Bodman

Man schrieb den 16. Sept anno domini 1307. Hoch oben auf Burg Bodman hatte sich eine vornehme Gesellschaft zusammengefunden, die Familie und Freunde des Burgherren feierten die glückliche Heimkehr von einer Pilgerfahrt ins Heilige Land. Saitenspiel erklang, und der Becher kreiste in fröhlicher Runde.

Niemand sah, dass im Westen über den Bodanrück ein Unwetter herannahte. Ein Blitzstrahl, begleitet von einem Donnerschlag schlug in den Giebel über dem Rittersaal ein und die Burg stand in hellen Flammen. Unter den Familienangehörigen befand sich das kleine Söhnchen des Burgherren, betreut von seiner Amme. Beherzt riss diese den Säugling aus der Wiege, steckte ihn in den großen kupfernen Kessel, der am Kamin hing und warf den Kessel mit dem Kind zum Fenster hinaus. Der Kessel stürzte sich überschlagend den Abhang hinunter, blieb schließlich an einem Strauch hängen und wurde geborgen. Das Kind hatte den Sturz ohne Schaden überstanden. Es war der einzige männliche Nachkomme des Geschlechts. Auch die tapfere Amme überlebte das Unglück nicht. Die Burg brannte bis auf die Grundmauern nieder (vgl. W 42 S. 254).

Die Geistermesse zu Messkirch

Es war zu Messkirch gebräuchlich, dass man alle Tage des Morgens früh, besonders aber in der Winterzeit in der Nacht die Mette singt. Also ist einst im Winter von 1562 und 63 der alte Mesner Hanns Schlamp samt dem ältesten Kaplan, Herr Jakob Dreher in die Kirche gegangen, der eine, um die Mette zu läuten, der andere, um seine Horas bei St. Martins Lichter zu beten. Wie nun der Mesner aufgeschlossen und beide in der Kirche standen, haben sie eine Mannsperson im weißen Kleid auf der Kanzel und etliche Leute unten in der Kirche gesehen, die auch alle in weißen Kleidern dagewesen, wie man in der Predigt pflegt zu sitzen. Dabei haben sie dem Mann auf der Kanzel ganz dussem (still, andächtig) zugehört. Aber sobald die beiden durch die Tür in die Kirche gekommen, ist einstmals alles gleich verschwunden, und nicht anders gewesen, als ob es nur ein Traum gewesen (vgl. W 33 S. 234).

Die Burgherren von Zwingenburg

Die Burgherren der Zwingenburg waren bei ihren Untertanen sehr verhasst. Sie betrugen das gemeine Volk aufs Schändlichste. Am ärgsten trieb es der letzte der Zwingherren. Er führte einen ausgelassenen Lebenswandel, kein Mädchen war vor ihm sicher. So befahl er, dass alle Bräute vom Tal vier Wochen vor ihrer Hochzeit auf der Burg zubringen müssten. Kein Wunder, dass er überall verhasst und seines Lebens nicht mehr sicher war. Um seine Wege zu verbergen, ließ er sein Pferd verkehrt beschlagen, so dass, wenn er weggeritten, man glauben konnte, er sei heimgekehrt und, wenn er nach Hause kam, seine Spuren auswärts führten.

Auf der Burg hielt er oft mit Dirnen und Kumpanen unsittliche Tanzbelustigungen und Trinkgelage ab. So auch in einer Weihnachtsnacht. Als seine Frau, die sehr unter dem Lebenswandel zu leiden hatte, in der Morgenfrühe beim Engelamt in der Billafinger Kirche war, kam just bei der Wandlung der Schlosshund, eine lange Kette nach sich ziehend, in die Kirche gestürzt, um Schutz bei seiner Herrin zu suchen. Was war geschehen? Ein Wintergewitter war aufgezogen. Ein heftiger Blitzschlag traf die Burg mit seinen Bewohnern, und sie brannte mit Mann und Maus nieder. Nur der Schlosshund konnte sich retten, er brachte die Kunde ins Tal. Als die Burgherrin mit einigen beherzten Männern am Burghügel ankam, war von der Zwingenburg nichts mehr zu sehen. Nur eine Stimme ertönte: Die Burg war in die Tiefe des Billafinger Tals versunken.

Und heute noch: Wer in einer Weihnachtsnacht sein Ohr an die Felswände der Zwingenburg legt, der hört tief unten vom Tal schmetternde Tanzmusik, denn dort wiederholt in jeder Weihnacht der Teufel mit dem Burgherrn und seinen Dirnen jenen schauerlichen letzten Tanz.

Auch Schatzsucher wurden hier gelegentlich fündig. So soll der Großvater des benachbarten Hofbauern eine große Menge Goldmünzen gefunden haben und dadurch reich geworden sein. Ein andermal fanden Knaben ein Kegelspiel und kegelten nach Herzenslust. Plötzlich rollten die Kegel und Kugeln den Abhang hinunter und waren nicht mehr zu finden. Zu Hause erfuhren die Buben, dass es ein goldenes Kegelspiel gewesen war (vgl. W 41 S. 251).

WILLI RÖSSLER/JOSEF SCHOSER

Wanderungen

Hinweise

Diesem Wanderführer liegt eine Karte im Maßstab 1:100 000 bei, auf der die beschriebenen Wanderungen mit Nummernangaben eingezeichnet sind. Sie kann jedoch die Wanderkarten 1:50 000 mit den Wegbezeichnungen des Schwäbischen Albvereins und des Schwarzwaldvereins, herausgegeben vom Landesvermessungsamt Baden-Württemberg, nicht ersetzen. Das beschriebene Wandergebiet wird von folgenden topographischen Karten 1:50 000, Ausgabe mit Wanderwegen und Radwanderwegen abgedeckt: L 8116 Donaueschingen, L 8118 Tuttlingen, L 8120 Stockach, L 8122 Weingarten, L 8318 Singen, L 8320 Konstanz, L 8322 Friedrichshafen sowie durch die Freizeitkarten 510 Singen und 511 Westlicher Bodensee, die Wanderungen S2 und 3 auch durch 526 Sigmaringen. Diese Karten gibt es im Buchhandel, bei den Verkaufsstellen der Vermessungsämter und bei der Geschäftsstelle des Schwäbischen Albvereins, Hospitalstraße 21 B, 70174 Stuttgart, Tel. 0711/ 22585-22, Fax 0711/22585-93.

In dem Wanderführer sind die Rundwanderungen **W**, teils mit Varianten, eintägige Streckenwanderungen mit **W(S)** und mehrtägige Streckenwanderungen mit **S** beschrieben. Rundwanderungen sind meist so angelegt, dass sie auch von anderen Ausgangsorten erwandert werden können, auch das Begehen in umgekehrten Richtungen ist möglich. Die meisten Wanderungen verlaufen auf den vom Schwäbischen Albverein oder dem Schwarzwaldverein markierten Wegen, es werden aber auch Wege mit örtlichen Bezeichnungen berücksichtigt. Nach diesen angegebenen Markierungen kann sich der Wanderer richten, die Beschreibung der Wanderungen gibt zusätzliche Information besonders dort, wo keine Markierungen vorliegen.

Die angegebenen Wegzeiten beziehen sich nur auf die reine Wanderzeit, umfassen also nicht Rastpausen, Verweilen an Aussichtspunkten, Besichtigungen u.a. Entfernungen beziehen sich stets auf die letzte Angabe.

Die Wanderungen wurden bearbeitet von Josef Schoser, Walbertsweiler
(W 19, 24, 26, 27, 35, 36 und 39), alle übrigen von Willi Rößler,
Sigmaringen; Wanderfreunde des Schwarzwaldvereins wurden bei der
Erkundung der Wege hinzugezogen.

Symbole für Besonderheiten im Kopf der jeweiligen Wanderung

A   Aussichtspunkt
E   relativ eben, wenig Steigungen
F   reiche Flora
Fam.   Für Familienwanderungen geeignet
G   geologisch interessant, Aufschlüsse
H   größere Höhenunterschiede
K   geschichtlich oder kunstgeschichtlich interessant, Ruine,
        Schloss, Kirche u. a.
P   Park- oder Wanderparkplatz
R   Rastplatz, evtl. mit Grillmöglichkeit
S   Spielplatz
T   längere Wegstrecken mit Asphaltbelag
U   wenig Wald
W   viel Wald

Ansonsten wurde auf Abkürzungen weitgehend verzichtet.

Rundwanderungen W und eintägige Streckenwanderungen W(S)

W 1   Rund um die Stadt Tengen

Wanderstrecke: 3 km, Gehzeit: 1 Stunde
Markierung: keine
Wanderkarte: L 8116 Donaueschingen, Freizeitkarte 510 Singen
F, G, K, R, Fam.
Ausgangspunkt: Rathaus Tengen

Tengen *(627 m NN, 1222 Ew.) liegt auf einem Bergrücken oberhalb des
Mühlbachtales. Die im 12. Jh. erbaute Burganlage, von der nur mehr der
Bergfried erhalten ist, war der Ursprung der Stadt. Sie war im Besitz der
Herren von Tengen und diente zur Überwachung der Straßenver-
bindungen. Tengen gliederte sich in den folgenden Jahrhunderten in drei
Teile: Stadt Tengen, Stadt Tengen- Hinterburg und Dorf Tengen.
Die Stadt Tengen blieb im Besitz der Herren von Tengen und wurde im
13. Jh. planmäßig angelegt mit Markt, Stadtmauer und drei Stadttoren.
Sie erhielt vermutlich bereits zu dieser Zeit die Stadtrechte. Die Herren
von Tengen mussten – obwohl sie im 15. Jh. im Besitz der Landgrafschaft
Nellenburg waren – die Stadt 1522 an die Österreicher verkaufen. Diese
verpfändeten 1663 die Grafschaft an die Herren von Auersperg, die
später gefürstet wurden. Verwaltet wurde die Stadt von einem Obervogt.*

Der Marktplatz in Tengen. Aufn.: W. Rößler

Die Stadt Tengen-Hinterburg wurde 1275 von den Herren von Tengen an die Herren von Klingenberg verkauft. Diese „Hintere Herrschaft" erhielt 1291 das Stadtrecht, war vorübergehend habsburgisch und ab 1387 wieder in Händen der Klingenberger. Diese gehörten im 15. Jh. zum Kreis der Raubritter und wurden im Städtekrieg von den Reichsstädten bekämpft. 1442 öffneten die Herren von Tengen die Tore der Stadt, so dass die Truppen Zugang zur Hinterburg hatten. Burg und Stadt wurden erobert und zerstört. Sie kam 1488 an die Deutschordens-Kommende Mainau und verblieb bis 1805.

Vom Rathaus aus wandern wir die Hauptstraße abwärts, dann links ab zur Altstadt. Über die Brücke gelangen wir zum Oberen Tor, das vermutlich im 17. Jh. erbaut wurde, nachdem eine frühere Anlage im Dreißigjährigen Krieg zerstört wurde. Ein großer rechteckiger Marktplatz erwartet uns. Umsäumt wird er von alten Stadthäusern, die an der Stadtmauer liegen, besonders fällt uns ein gut erhaltenes Steinhaus auf, das ehemalige Vogtshaus. Über dem gusseisernen Brunnen steht auf einer Säule ein Putto mit einem Füllhorn. Nach dem Marktplatz kommen wir in die frühere Burganlage. Nur der 32 m hohe Bergfried aus der Stauferzeit erinnert daran, die übrigen Wehranlagen wurden nach der Zerstörung nicht mehr aufgebaut. Rechts liegt bereits am Abhang die Burgkapelle St. Georg, vermutlich im 15. Jh. erbaut. Unmittelbar hinter der Kapelle ist die Grenze zur Hinteren Stadt. Die frühere Burganlage ist heute überbaut, die Tore abgebrochen. Zwischen den Häusern gehen wir auf dem so genannten Eselsweg hinab in das Mühlbachtal.

*Die **Obere Mühle** wurde auch **Eselsmühle** genannt, weil der Transport von Getreide nur mit Eseln bewerkstelligt werden konnte. Sie wird bereits im 15. Jahrhundert erwähnt als Lehen des Deutschen Ordens. 1855 wurde der Betrieb eingestellt, 1904 ist sie abgebrannt, 1976 wurde das Gemäuer gesichert, das Mühlrad wieder eingebaut und ein Rastplatz geschaffen.*

Wir wandern nun die Mühlbachschlucht auf schmalem Pfad über Treppen und Stege hoch an Wasserfällen vorbei bis zur Brücke. Hier hat sich der Bach tief in die Weißjurafelsen eingegraben. Bei der Brücke steigen wir die Treppen hoch und kommen wieder zum Oberen Tor. Die Marktstraße aufwärts erreichen wir bald den Ausgangspunkt.

W 2   Über den Worberg zur Mühlbachschlucht

Wanderstrecke: 9 km, Gehzeit: 3 Stunden
Markierung: keine
Wanderkarte: L 8116 Donaueschingen, Freizeitkarte 510 Singen
A, F, G, H, K, R, S
Ausgangspunkt: Rathaus Tengen

Vom Parkplatz am Rathaus gehen wir die Marktstraße aufwärts über die
Kreuzung bis zur Ziegeleistraße. Dort biegen wir links ab, wandern am
Friedhof vorbei, dann geradeaus weiter, rechts liegt eine Lehmgrube,
und immer am Kamm aufwärts bis zur Waldspitze. Nach der Waldspitze
biegen wir den ersten Schotterweg links ab. Nach 15 Minuten erreichen
wir die B 314, queren diese (Vorsicht starker Verkehr) und wandern auf
ebenem Weg dem Wasserbehälter auf dem **Worberg** (westlich von
Talheim; 801 m NN) zu. Von hier haben wir eine gute Sicht über die
Hegauberge, den Randen und bei günstigem Wetter auf die Alpen.

4 km

Wir steigen nun über den Kammweg abwärts, kommen an einem
Strommasten, später einem kleinen Waldstück vorbei und erreichen

Die Mühlbachschlucht bei
Tengen. Aufn.: W. Rößler

bald das Talheimer Eck. Hier genießen wir nochmals die Aussicht, im Norden liegt Talheim, im Süden Uttenhofen.   2 km

Wir bleiben auf der Höhe und wandern rechts auf den Wald zu. Im Wald führt der Weg immer in östlicher Richtung abwärts bis zum Waldrand, hier halten wir uns rechts und gelangen zu einem Waldweg. Auf diesem Weg wandern wir weiter, kommen zum Waldlehrpfad Uttenhofen-Tengen und gehen dann links ab, überqueren nach 300 m die L 188 a und steigen auf der gegenüberliegenden Seite in das Mühlbachtal ab. Bei der Ruine der Oberen Mühle wandern wir die **Mühlbachschlucht** über mehrere Holzstege an Wasserfällen vorbei aufwärts bis zur Brücke über der Schlucht. Von dort steigen wir zur Altstadt hoch. Es lohnt sich diese zu besichtigen. Über die Marktstraße geht es dann zum Ausgangspunkt zurück.   3 km

W 3   Tengen und Blumenfeld – zwei Kleinstädte im Hegau

Wanderung: Tengen – Mühlbachtal – Büßlingen – Bibertal – Blumenfeld – Tengen

Wanderstrecke: ohne röm. Gutshof 11 km, mit röm. Gutshof 15 km, Gehzeit: 3 bzw. 4 Std.
Markierung: keine
Wanderkarte: L 8181 Tuttlingen, L 8183 Singen, Freizeitkarte 510 Singen
A, G, K, R, T
Ausgangspunkt: Rathaus Tengen

Wir gehen die Hauptstraße abwärts in Richtung Altstadt. Vor dem Oberen Tor steigen wir links ab, gehen über die Mühlbachbrücke und steigen gegenüber die Neustraße hoch bis zum Sägewerk. Wir biegen dort rechts ab und wandern auf einem Asphaltweg immer geradeaus, durch den Wald, später am Waldrand mit guter Sicht in das Körbeltal, schließlich abwärts nach Büßlingen.   4 km

Wer die kurze Strecke gehen will, steigt in Büßlingen an der Kirche die Herdbachstraße aufwärts, am Friedhof entlang, geradeaus hoch zum Waldrand; dort rechts am Waldrand weiter über den Herdbach, dann den ersten Feldweg rechts über die Höhe. Wir sehen nun in das Bibertal, am Hang erkennt man einen quer laufenden Weg, kein Asphalt. Auf diesem Weg gehen wir links eben weiter bis zum Waldrand. Dort wechseln wir auf den darunterliegenden Asphaltweg.   4 km

Wer den längeren Weg wählt, biegt in Büßlingen in die Schlater Straße ein, verläßt nach der Brücke die Straße und geht halbrechts in einem Hohlweg hoch. Auf der Höhe bei einem Wegkreuz wandern wir links

Blumenfeld mit Schloss und Kirche. Aufn.: W. Rößler

weiter und gelangen wieder auf die Straße. Ihr folgen wir und biegen
nach 400 m links zum **Römischen Gutshof** ein.   2 km
Nach der Besichtigung des Gutshofes wandern wir an der NO-Ecke der
Anlage auf einem Grasweg einem Betonmasten zu, queren dort den
Feldweg und gehen immer geradeaus der Höhe zu. Von hier aus hat man
einen schönen Blick auf unsere nächsten Ziele Beuren und Blumenfeld.
Wir steigen nun ab bis zur Brücke.   2 km
Wir wandern weiter über die Brücke, queren die Straße und gelangen
über die Wiesenstraße nach Beuren. Es geht am Rathaus vorbei die
Hauptstraße weiter bis zum letzten Haus rechts, dort steigen wir links
den Biberweg aufwärts. Der Weg führt in mehreren Schlingen aufwärts
bis zu einem Waldeck. Nach 600 m biegen wir rechts ab und gehen auf
dem Aspaltweg abwärts bis zum Bach der Biber. Vor der Brücke
wandern wir links neben dem Bach auf einem schönen Pfad aufwärts bis
Blumenfeld. Wir kommen an der Bibermühle an und sehen überrascht
auf den Wasserfall unterhalb der Straßenbrücke.   3 km
Hinter dem Hotel steigen wir rechts hoch zur Brücke und stehen vor der
Toranlage, die früher zwei Rundtürme hatte und einziger Zugang zur
Stadt war.

*Blumenfeld (569 m NN, 521 Ew.) liegt auf einem Umlaufberg der Biber,
an den Hängen stehen die Weißjurafelsen an. Der Ort ist aus einer
Burganlage hervorgegangen und erhielt vermutlich im 13. Jh. die*

Stadtrechte, er ist jedoch erst 1362 erstmals urkundlich genannt. Erste Burgherren waren die von Blumberg, ab 1362 werden als Ortsherren die Herren von Klingenberg erwähnt. Über die Klingenberger – Wolfgang von Klingenberg war Komtur zu Mainau – kommt Blumberg an den Deutschen Ritterorden und blieb bis 1805 in dessen Besitz. Heute ist Blumberg ein Stadtteil von Tengen.
Man steigt am früheren Gasthaus Kreuz vorbei die Kirchenstiege hoch, links lag das frühere Kaplaneihaus. Nun steht man bereits am Schlossplatz vor der Kirche. Die heutige Kirche wurde 1907/08 gebaut, nachdem die frühere Schlosskapelle zu klein geworden war. Nur der Turm blieb erhalten. Der geschnitzte Hochaltar stellt die Hl. Dreifaltigkeit dar, gekrönt vom Kirchenpatron, dem Erzengel Michael. Von der ehemaligen Kapelle stammt der Barockaltar im linken Seitenschiff. Neben der Kirche steht das Pfarrhaus mit den Wappen des Werner von Stauffenberg (Erbauer des Schlosses) und dem Landkomtur Dieter von Hohenlandenberg.
Das heutige Schloss wurde im 16. Jh. erbaut, früher stand hier ein Bergfried mit Nebengebäuden. Das schöne vierstöckige Renaissance-schloss, ein Wahrzeichen der Stadt war bis 1805 Sitz der Herrschaft, bis 1856 Amtssitz des Bezirksamtes, dann Erziehungsanstalt, Armen-krankenhaus und heute Alten- und Pflegeheim.

Am Schlossplatz gehen wir die Steige abwärts in den Graben, dann rechts aufwärts bis zur Straße, dort links hinter dem Gebäude des Pflegeheimes aufwärts bis rechts ein Feldweg auf die Höhe führt. Nach 300 m biegen wir rechts zum Wald hin ab. Von hier hat man einen schönen Blick zur Stadt und zum Hohenstoffeln. Es geht nun am Waldrand entlang, dann über freies Feld bis links bei einem Sägewerk ein Asphaltweg einmündet. Man folgt diesem Weg, quert kurz vor Tengen die Kreisstraße und erreicht über den Festplatz den Ausgangs-punkt.   3 km

W 4   Von Büßlingen zum ehemaligen römischen Gutshof

Wanderstrecke: 5 km, Gehzeit: 1,5 Stunden
Markierung: keine
Wanderkarte: L 8318 Singen, Freizeitkarte 510 Singen
A, K, R
Ausgangspunkt: Büßlingen, Am „Schlössli"

Büßlingen *(498 m NN, 759 Ew.) wurde bereits 830 als „Puselingen" genannt; war vermutlich eine merowingische Hofanlage mit den Ortsherren von Büßlingen. Im 12. Jh. kommt der Ort in Besitz der*

*Herren von Tengen, im 13. Jh. wechselt er zur Herrschaft Tengen-
Hinterburg, 1511 kommt er an den Deutschen Ritterorden. Das
sogenannte „Schlössli" mit Staffelgiebel, 1610 erbaut, war wohl Sitz
der Herrschaft. Die Kirche wurde 1893 im neuromanischen Stil
umgebaut, die Inneneinrichtung ist neugotisch.*

In Büßlingen biegen wir in die Schlater Straße ein, nach der Brücke
verlassen wir die Straße und gehen halbrechts hoch in einem Hohlweg
über die Höhe, beim Wegkreuz links haltend gelangen wir wieder auf die
Straße. Ihr folgen wir und biegen nach 400 m links zum Römischen
Gutshof ein.   2 km
Nach der Besichtigung der Anlage wandern wir an der NO-Ecke auf
einem Grasweg einem Betonmasten zu, queren dort den Feldweg und
gehen immer geradeaus der Höhe zu. Von hier aus hat man einen
schönen Blick auf den Hohenstoffeln. Wir steigen nun ab bis zur Brücke.
Vor der Brücke führt links ein Feldweg entlang des Baches Büßlingen
zu.   3 km

W 5   Panoramaweg um Watterdingen

Wanderstrecke: 13 km, über den Bisberg 9 km, Gehzeit: 4 bzw. 2,5
Stunden
Markierung: gelber Doppelpfeil, teilweise weiß-rote Raute auf gelbem
Grund
Wanderkarte: L 8118 Tuttlingen, Freizeitkarte 510 Singen
A, F, H, K, R, U
Ausgangspunkt: Dorfmitte Watterdingen

*Watterdingen (627 m NN, 895 Ew.) ist vermutlich aus einer
merowingischen Siedlung hervorgegangen. 1034 erstmals erwähnt,
lag der Ort im so genannten Kompromissbezirk, d.h. hier verlief die
Grenze zwischen der Herrschaft Hewen und Tengen, gehörte ab dem 15.
Jh. zur Herrschaft Blumenfeld (Deutschordensherren). Die Pfarrkirche
stammt aus dem 15. Jh, wurde öfters umgebaut und hat heute eine
barocke Innenausstattung mit einem schönen Rokokoaltar.*

Die Schilder in Dorfmitte weisen auf den Panoramaweg hin. Nach 100 m
auf der Wannenstraße zweigt der Weg rechts ab und führt bei Ortsende auf
einem Asphaltweg gerade aufwärts bis ein Kiesweg links zum Wald hin
führt. Zunächst am Waldrand hoch, dann auf freier Fläche gelangen wir
an die Kreisstraße Watterdingen–Leipferdingen. Auf dieser Straße gehen
wir 200 m aufwärts, schwenken dann halblinks hoch zur Waldspitze. Von

Auf dem Alten Postweg oberhalb von Watterdingen. Aufn.: W. Rößler

hier aus gelangen wir nach weiteren 300 m zum Querweg Freiburg–
Bodensee: weiß-rote Raute auf gelbem Grund.   3,0 km
Hier verläuft der Querweg auf einem alten Postweg, der bereits von
Kelten-Kurieren vor 2500 Jahren benützt worden ist. Es war ein
Verbindungsweg zwischen dem Stockach- und dem Rheintal.
Wir halten uns rechts, überqueren die Straße – es ist hier Vorsicht
geboten – und erreichen die Alte Posthütte mit Parkplatz und schöner
Grillstelle. Von hier aus hat man eine schöne Sicht über alle Hegauberge
von rechts nach links den Hohenstoffel, den Hohentwiel, den Mägde-
berg, den Hohenkrähen und den Hohenhewen. Zwischen Krähen und
Hohenhewen erkennt man den Kegelberg, auf dem Schloss Friedingen
steht. Wir erleben nun auf 2,5 km ebenen Weges das Panorama der
Hegauberge, zeitweise haben wir links den Blick nach Leipferdingen,
am Horizont erkennen wir den Umsetzer auf der „Länge" bei
Hondingen.
Wir queren die Straße nach Stetten und gelangen nach 10 Minuten an ein
Waldeck.   3,0 km
Hier zweigt rechts ein Weg ab, der am Bisberg vorbei zurück nach
Watterdingen führt.   3,0 km
Der Panoramaweg führt links durch den Wald, nach 5 Minuten erreichen
wir am Waldrand das
Napoleonseck. *Napoleon hatte hier vom 1. bis 3. Mai 1800 einen
Gefechtsstand aufgebaut, als es um die* **Schlacht um Engen** *ging.*

Wir wandern zunächst auf dem Querweg weiter, dort, wo er links in den Wald abzweigt, bleiben wir immer am Waldrand auf einem Grasweg. Es geht weiter abwärts bis zu einem eingezäunten Wasserschutzgebiet. Dieses umgehen wir, wandern auf einem Feldweg abwärts und geradeaus über die Wiese weiter auf das Waldeck zu.   2,0 km

Dort führt rechts ein Weg in den Wald, bei der nächsten Kreuzung halten wir uns links und erreichen nach 10 Minuten den Waldrand. Wir stehen jetzt unmittelbar vor den Hohenhewen. Der Feldweg führt rechts bis zur Straße Engen – Watterdingen. Diese queren wir, gehen links auf dem Radweg neben der Straße 200 m bis zur Feldscheune hoch und wandern dann am Waldrand der Anhöhe zu. Kurz nach dem Waldrand führt rechts ein Grasweg zu einem Steinkreuz auf dem Emmisbühl.   2,5 km

Von hier aus hat man nochmals einen schönen Blick über die Hegauberge, kann rückschauend den Panoramaweg überblicken, den Hohenranden, aber auch den Ort Watterdingen. Wer es eilig hat kann jetzt direkt Watterdingen zuwandern. Wer aber die weitere Aussicht auf den Ort genießen möchte, geht beim nächsten Feldweg links ab und wandert über die Höhe Watterdingen zu.   2,5 km

W 6   Über das Napoleonseck zum Stettener Schlössle

Wanderstrecke: 18,5 km, Gehzeit: 5 Stunden
Markierung: bis Napoleonseck weiß-rote Raute auf gelbem Grund, sonst Markierung Nr. 1
Wanderkarte: L 8118 Tuttlingen, Freizeitkarte 510 Singen
A, F, G, H, K, R
Ausgangspunkt: Bahnhof Engen

Engen, s. Stadtbeschreibung, S. 138, (531 m NN, 5866 Ew.)

Vom Bahnhof Engen gehen wir zunächst der Stadt zu, dann rechts durch die Unterführung. Wir halten uns links bis zur Ballenbergstraße, steigen hoch und wenden uns nach 50 m links zum Krankenhaus. Hier stoßen wir bereits auf die Markierung des Querweges des Schwarzwaldvereins mit weiß-roter Raute. Vom Krankenhaus steigen wir die Stiegen hoch, gehen immer gerade die Straße „Franzosenwäldle" hoch. Am Stadtrand erkennen wir bereits das Franzosenwäldle, heute ein Erholungsort mit Grillstelle und Spielgeräten.

Franzosenwäldle, vermutlich aus der Zeit der Napoleonischen Kriege benannt.

Wir steigen weiter aufwärts und erreichen bald den Wald vom Ballenberg. Von hier aus hat man einen schönen Blick vom Witthoh bis nach Singen. Im Wald liegt links ein Arboretum, ein Waldlehrgarten. Nach dem Waldaustritt geht es abwärts bis zu einem Feldweg, hier kurz links, dann wieder rechts weiter. Links liegt der Hauser Hof. Wir halten uns rechts und streben der Anhöhe zu, dort führt links ein Weg gerade dem Wald zu. Wir gehen durch den Wald, dann rechts am Waldrand hoch zum Napoleonseck.   5,5 km

Wir verlassen jetzt den Querweg, gehen die Nr. 1 weiter durch den Wald, dann am Waldrand weiter bis wir eine Querstraße erreichen. Wir halten uns rechts, – blau-gelbe Raute – wandern auf der Straße weiter bis rechts der Weg nach Stetten steil abwärts führt. Wir bleiben auf der Höhe und wandern auf dem Feldweg halblinks dem Steinkreuz zu. Hier gehen wir 80 m auf der Straße abwärts und schwenken links in einen Feld- und Wiesenweg ein. Rechts von uns liegt Stetten, vor uns der Neuhewen. Nach 1 km erreichen wir eine Asphaltstraße, wir steigen 200 m aufwärts und biegen rechts bei einer Feldscheune zum Neuhewen ab. Beim Waldrand biegt rechts die Nr. 1 ab und führt um den Berg. Wir aber wollen geradeaus zum Gipfel hochsteigen. Nach 10 Minuten erreichen wir die Ruine Neuhewen.   5,5 km

Neuhewen – auch **Stettener Schlössle** *genannt. Die einstige Burg wurde um 1200 von den Herren von Hewen gebaut, sie steht auf der höchsten Erhebung des Hegau 864 m NN. Von der Anlage ist nur der 12 m hohe Bergfried aus Basaltbruchsteinen erhalten. Man kann ihn besteigen und hat eine der schönsten Aussichten über die Hegaulandschaft. Die Herren von Hewen mussten die Burg bereits 1315 an die Österreicher verpfänden, später ging sie an die Kürnegger, an die von Bodman, an die Reischacher und letzten Endes an die Fürstenberger. Im Dreißigjährigen Krieg wurde die Burg zerstört und seither nicht mehr aufgebaut. Scheffels Novelle „Juniperus" spielt sich im Stettener Schlössle ab.*

Wir wandern nun in Richtung Hegaublick – grüne Raute auf gelbem Grund – abwärts und erreichen nach 15 Minuten die beiden Gasthäuser. Einkehr möglich. Die große Kreuzung queren wir und gehen auf der Straße nach Mauenheim weiter. Nach 500 m biegt rechts kurz nach dem Wald die alte Straße nach Engen ab. Wir haben nun auf der Höhe lange Zeit den Blick über die Hegauberge, vor uns liegt tief im Tal Engen. Nach einer halben Stunde queren wir die Bundesstraße und wandern steil abwärts Zimmerholz zu. Oberhalb von Zimmerholz liegt eine schöne Raststelle mit Blick auf das Naturschutzgebiet Biezental-Kirnerberg (s. S. 90).   5 km

Zimmerholz *(584 m NN, 300 Ew.). Vermutlich eine Ausbausiedlung des 9.–12. Jh. Ortsherren „von Zimmerholz" sind aus dem 14. Jh. bekannt, später besaßen die Herren von Neuhausen und die von Reischach die Herrschaft. Ihr Schloss ist abgegangen. Die Hoheitsrechte besaßen seit Mitte des 14. Jh. die Herren von Hewen, später die Fürsten von Fürstenberg. Kirchlich gehörte Zimmerholz zu Engen, die heutige Kirche St. Georg und Ulrich stammt aus dem 17. Jh.*

In Zimmerholz halten wir uns scharf links, nach 100 m halbrechts auf asphaltiertem Weg zunächst aufwärts. Auf der Höhe erkennen wir Engen vor uns. Wir wandern nun geradeaus Engen zu, kommen zunächst am Zeltplatz, am Freibad vorbei. Wir gelangen wieder in die Hegaustraße, durch die Unterführung kommen wir zum Ausgangspunkt.   2,5 km

W 7   Geologische Kuriositäten:
Vulkan Höwenegg und Donauversickerung

Wanderstrecke: 15 km, Gehzeit: 4 Stunden
Markierung: bis zur Dachsmühle grüne Raute auf gelbem Grund, ab Bf Hattingen blau-gelbe Raute
Wanderkarte: L 8118 Tuttlingen, Freizeitkarte 510 Singen
F, G, K, W
Ausgangspunkt: Immendingen Rathaus oder Wanderparkplatz Donauversinkung

Immendingen *(662 m NN, 2969 Ew.) liegt an der Donau eingebettet in die Ausläuferberge der Schwäbischen Alb. Der Ort ist eine alamannische Siedlung, war jedoch bereits früher besiedelt, dies zeigen interessante Grabfunde aus der Mittleren Bronzezeit und der Hallstattzeit. Der Ort wurde 1101 bei einer Schenkungsurkunde des Klosters Allerheiligen erstmals erwähnt. In der karolingischen Zeit gehörte Immendingen zum Hegau, erst im 12. Jh. kam es zum Baargau. Ursprünglich im Besitz der Zollern gelangte der Ort früh in den Besitz der Fürstenberger. Die Ortsherren, die „Ritter von Immendingen", waren die Vögte. 1364 wird die Herrschaft geteilt: in die Bezirke der „Oberen Burg" und die der „Unteren Burg".*

Das Obere Schloss, heutiges Rathaus, war als Wasserschloss im 13. Jh. gebaut, das heutige Aussehen wird durch den Anbau im 15./16. Jh. bestimmt, die südlichen beiden Rundtürme bilden den letzten Bauabschnitt. Im Inneren befindet sich ein schöner Renaissancesaal. Mehrere Adelsgeschlechter, die der Reichsritterschaft angehörten, waren hier ansässig.

Das Untere Schloss, war lange Zeit im Besitz der Herren von Reischach, es dürfte zur Sicherung des Donauüberganges gedient haben. 1806 kam Immendingen an Baden.
1835 wurde im „Unteren Schloss" die erste Maschinenfabrik Badens eingerichtet. Immendingen gewann durch den Bahnknotenpunkt im 20. Jh. an Bedeutung.
1166 wird eine Kirche, 1275 eine Pfarrei bezeugt. Die Pfarrkirche „Peter und Paul" weist drei Bauabschnitte auf: der Turm stammt aus dem 13. Jh, 1787/88 wird eine neue Kirche mit barocken-klassizistischen Elementen gebaut, 1933 wird sie durch einen Querbau erweitert. In diesem steht ein sehr schöner Renaissancealtar aus dem Kloster Amtenhausen.

Vom Rathaus gehen wir die Bachzimmerstraße vor zur B 311, überqueren diese und wandern auf der Donaustraße weiter und über den überdachten Donausteg bis zur Straßenbrücke. Vor der Brücke, nicht der Markierung grüne Raute folgen, sondern links hoch zur Straße, dann rechts über die Brücke und nach der Brücke links zum Soldatenheim. Unterhalb der Gebäude vorbei geht bald ein Kiesweg rechts hoch, diesem folgt man bis zum Schützenhaus.
Vom Wanderparkplatz geht man unter der Bahnunterführung hoch, dann sofort rechts und wandert links den Schotterweg hoch zum Schützenhaus. Von dort muss man auf der Straße nach Mauenheim gehen bis am Wald links ein Fußweg parallel der Straße bis zu einem Wanderparkplatz mit Orientierungstafel führt.   4 km
Ein Abstecher zur Hewenegg ist unbedingt zu empfehlen. Wir queren nun die Straße, gehen geradeaus, dem Gundelhof zu. Dort führt links der Weg zum Basaltbruch.

Höwenegg *(Naturschutzgebiet s. S. 75). Der Weg zum Krater weist einen guten Aufschluss des Basalttuffes auf: wir finden darin Bomben, Mineraldrusen, Lapilli, aber auch Auswurf von Jurakalk. Dann kommt man zu einem gewaltigen Vulkanpfropfen. Der Kern des Vulkankegels wurde von 1900 bis 1979 weitgehend abgebaut. Sehr schön sind an den Wänden die Basaltsäulen zu erkennen.*
Am südlichen Abhang in den so genannten Heweneggschichten, helle Kalke und Mergel, wurden zwischen 1950 und 1963 Fossilien der Tertiären Fauna entdeckt: Antilopen und vor allem das dreizehige Urpferd (Hipparion), Teile davon sind im Museum in Immendingen zu sehen (s. S. 303).

Wir kehren nun bis zur Straße zurück.   2,5 km
Nun gehen wir rechts den Waldweg abwärts in Richtung Mauenheim bis zur Daxmühle, dort ist hinter den Gebäuden ein Anschnitt von Lavagestein zu erkennen.   1 km

Donauversickerung bei Immendingen. Aufn.: W. Rößler

Bei der Einfahrt zur Mühle queren wir die Straße und gehen nach dem Waldrand den steilen Kiesweg hoch, oben halten wir uns links und gehen in der Linkskurve auf der Höhe bleibend weiter bis rechts ein guter Kiesweg zunächst im Wald, dann über das Feld bis zur Straße nach Hattingen führt. Dort geht man einige Schritte links auf der Straße weiter, dann links zum Bahnhof Hattingen. Der Weg führt nun neben der Bahn abwärts bis zum östlichen Parkplatz Donauversickerung. 4,5 km

Donauversickerung. *Das Donauwasser versinkt in dem zerklüfteten Gestein des Flussbettes, so dass es bis zu 200 Tagen trocken ist, Tendenz steigend. Das Wasser fließt auf undurchlässigen Schichten weiter und tritt nach ca. 60 Stunden an der 12 km südlich gelegenen Aachquelle, der ergiebigsten Quelle Deutschland mit einer durchschnittlichen Schüttung von 10 000 l/s zutage. Die Aach fließt dem Bodensee zu.*

Von hier führt der Weg links entlang der Donau bis zum westlichen Parkplatz Donauversinkung. Zum Ausgangspunkt geht es an der Kläranlage vorbei zurück in den Ort.   3 km

W 8   Stille Wälder, rauschende Bäche, seltene Flora

Wanderstrecke: 10 km, Gehzeit: 3 Stunden
Markierung: bis zum Naturschutzgebiet Ramberg-Rehletal blau- gelbe
Raute, dann nach Text
Wanderkarte: L 8118 Tuttlingen, Freizeitkarte 510 Singen
F, G, R, W
Ausgangspunkt: Hattingen Ortsmitte
Günstige Zeit: Mai zur Blüte seltener Pflanzen

Hattingen, (770 m NN, 856 Ew.) liegt in einer Senke auf der Hochfläche um den Witthoh. Der Ort hat einem reizvollen Ortskern, der von Kirche und Pfarrhof gebildet wird. Die Pfarrkirche St. Synesius und Theopond ist bereits 1212 erwähnt. Die ältesten Teile der Kirche sind romanisch, der Turm stammt aus dem 12. Jh. das Langhaus wurde 1607 erbaut, die Innenausstattung stammt aus der Barockzeit. Hattingen wurde 973 erstmals erwähnt, gehörte zur Herrschaft Hewen und kam über die Landgrafen von Lupfen und die von Pappenheim 1639 zu Fürstenberg.

Wir gehen zunächst die Hauptstraße in westlicher Richtung, dann links auf der Straße nach Engen weiter. Nach 800 m biegen wir rechts ab und kommen an dem Wanderparkplatz und dem Sportplatz vorbei. Kurz nach dem Sportplatz führt der markierte Weg links in Richtung Engen/ Rehletal. Rechts und links des Weges liegen einige Dolinen. Es geht ein guter Schotterweg immer abwärts. Nach 1,5 km verlassen wir die Markierung und bleiben auf dem Schotterweg. Kurz nachher führt links ein Naturlehrpfad durch das Naturschutzgebiet Ramberg-Rehletal (s. S. 89).
Wir erreichen wieder den Schotterweg und wandern bis zur Straße nach Hattingen. (P)   5 km
Diese gehen wir links 100 m aufwärts und biegen rechts ab in ein schönes offenes Wiesental, das Bierteltal. Wir kommen in den Wald und folgen lange Zeit dem Bach, der kurz vor dem Wiesental versickert. Danach kommen wir an eine Weggabel.   2 km
Wer rasch nach Hattingen möchte, steigt geradeaus hoch. Wir bleiben im Tal und steigen rechts aufwärts, sobald wir aus dem Wald kommen, steigen wir weiter hoch und biegen beim zweiten Asphaltweg links ab, kommen auf die Höhe, von der wir bereits Hattingen vor uns sehen.
                                                                        3 km

W 9   Durch das Brudertal, das Tal der Steinzeitjäger

Wanderstrecke: Engen – Talmühle – Engen 12 km, Gehzeit: 3,5 Stunden
Markierung: weitgehend blau-gelbe Raute auf weißem Grund
Wanderkarte: L 8118 Tuttlingen, Freizeitkarte 510 Singen
E, F, G, K, W
Ausgangspunkt: Bahnhof Engen

Engen s. Stadtbeschreibung S. 138 (531 m NN, 5866 Ew.)

Wir gehen auf der Bahnhofstraße in nördlicher Richtung, dann die Straße nach Aach weiter. Nach 100 m führt links die Straße nach Bittelbrunn. Wir biegen rechts in die Ostlandstraße ein. Dieser folgen wir bis Ortsende und gehen auf einem Grasweg bis zur Autobahnbrücke. Unter der Brücke queren wir das Tal, gehen auf der anderen Seite aufwärts zur Erddeponie. Von dort folgen wir der blau-gelben Raute zunächst bis zum Petersfels.

*Die Petershöhle im
Brudertal.
Aufn.: W. Rößler*

Petershöhle. *Die Höhle am Petersfels ist nach dem Entdecker, Oberpostrat E. Peters, benannt, der hier 1927 gegraben hat und Reste von Knochen der Wildpferde, Rentiere, Eisfüchse und Schneehasen fand, daneben zahlreiche Werkzeuge aus der Zeit des Magdalenien (11 000 bis 9 000 v. Chr.). Bemerkenswert sind gravierte Knochenstäbe, Elfenbeinscheiben mit Verzierungen und 17 als Frauenfiguren gedeutete Plastiken aus Gagat. Die Funde sind zum Teil im Museum in Engen zu sehen.*

Nun queren wir eine Wiese und steigen nach Bittelbrunn hoch.   3 km

Bittelbrunn *(614 m NN, 310 Ew.) hat seinen dörflichen Charakter erhalten, liegt oberhalb des Brudertales. Der Ort entstand vermutlich in der Ausbauzeit, 1339 wird er erstmals erwähnt. Im 14. Jh. sind Ortsherren nach Bittelbrunn benannt, später waren es Herren von Schlupf, die Herren Göder von Zanegg ließen im 16. Jh. ein Schloss erbauen, das heute als katholisches Jugendheim dient. Die neugotische Kapelle Mariä Geburt und St. Kilian wurde 1909 erbaut.*

Im Ort geht es immer aufwärts, an der Kirche vorbei, dann queren wir die Hauptstraße und gehen geradeaus weiter, am Ortsende liegt links ein Wasserbehälter, auf der Höhe streben wir dem Waldrand zu. Dort halten wir uns rechts und gehen einen Hohlweg abwärts. Bei der nächsten Wegkreuzung geht es geradeaus durch die Bahnunterführung, dann rechts auf dem Fahrweg weiter. Nach 200 m führt rechts der Pfad in den Wald bis zur Talmühle.   2,5 km
Von der Talmühle gehen wir 400 m auf der Straße nach Mauenheim, biegen dort links ab und wandern rechts am Waldrand auf einem guten Kiesweg weiter, kommen in den Wald und biegen bei der nächsten Kreuzung links ab. Wir folgen nun der blau-gelben Raute, bleiben nach 200 m links am Waldrand leicht aufwärts immer geradeaus bis wir aus dem Wald kommen. Dort geht es rechts auf der Asphaltstraße in westlicher Richtung weiter bis zur Autobahn, wir gehen der Autobahn entlang an der Brücke vorbei und links in Richtung Schopflocher Hof aufwärts.   4,5 km
Hinter den Höfen wandern wir einen asphaltierten Feldweg in Richtung Süden, biegen vor dem Wasserbehälter auf einen Grasweg links ab, wandern später auf einem Waldweg weiter bis zur Unterquerung der Autobahn. 100 m nach der Brücke steigen wir links auf einem Pfad steil abwärts, kommen an der Waldecke im Tal heraus, queren das Tal und wandern leider die Landstraße in Richtung Engen weiter, überqueren die Bahn und sind dann bald am Ausgangspunkt.   2 km

W 10   Über den erhabenen Hegauberg, den Hohenhewen

Wanderstrecke: 6 km, Gehzeit: 2 Stunden
Markierung: weiß-rote Raute auf gelbem Grund, dann Ludwig-Finckh-Weg M
Wanderkarte: L 8118 Tuttlingen, Freizeitkarte 510 Singen
A, F, G, H, K, R, Fam.
Ausgangspunkt: Anselfingen, Wanderparkplatz

In Anselfingen Dorfmitte geht es die Almenstraße hoch zum Wanderparkplatz. Von dort steigen wir rechts im Wald aufwärts meistens auf guten Waldwegen bis zur Höhe.

__Anselfingen__ (528 m NN, 775 Ew.) liegt zum größten Teil noch im weißen Jura. Vom Wanderparkplatz steigen wir über Juranagelfluh auf, stoßen in 715 m NN auf Gipsmergel, die von Ablagerungen eines Kratersees stammen. Auf der Südseite des Hohenhewen sind im Gipsmergel Panzer von Schildkröten und Reste von Säugetieren gefunden worden. Oberhalb der Mergel stoßen wir auf Basalttuffe und körnige Aschentuffe. Auf dem Gipfel ist der Basalt aufgeschlossen.

__Hohenhewen__ 844 m NN. Über einen Wall, der nur mehr wenige Mauerreste aufweist, gelangen wir in den Zwinger. Wir steigen von dort hoch und kommen durch ein rundbogiges Tor in die Hauptburg, die auf einem 50 x 20 m großen Plateau liegt. Reste der Ringmauer, an der noch Gebäudereste zu erkennen sind, sowie der hohe Mauerzahn des ursprünglichen Hauptgebäudes, an dem eine Wendeltreppe zum Aussichtspunkt hoch führt, sind noch zu erkennen. Von oben hat man einen umfassenden Blick über die Hegauberge, das westliche Bodenseegebiet und den Witthoh. Gegenüber auf der Westseite sind noch die Reste eines Turmes zu erkennen. Auf dem Plateau standen die Kapelle, das Vogtshaus und die Wirtschaftsgebäude.
Die Rekonstruktionszeichnung zeigt wie mächtig die Burg im Mittelalter gewesen sein muss. Die Herren von Hewen hatten umfangreiche Besitzungen im Hegau, auf der Baar und an der Donau. Sie erstellten zur Sicherheit ihrer Herrschaft die Burgen Neuhewen, Hewenegg und Tudoburg. Sie waren bestimmend für diesen Berg. 1050 werden sie erstmals genannt und erbauten Mitte des 12. Jh. die Burg auf dem Berg. Die Herren von Hewen werden hier bis 1400 bezeugt. 1398 übergeben sie ihre Herrschaft an die Habsburger, die sie wieder weiter verpfändeten. 1415 geht der Besitz als Reichslehen an die Herren von Lupfen, 1582 an die Erbmarschälle von Pappenheim, 1639 an die Fürsten von Fürstenberg. Im gleichen Jahr wird die Burg durch bayerische Truppen zerstört und nachher nicht mehr aufgebaut. Das

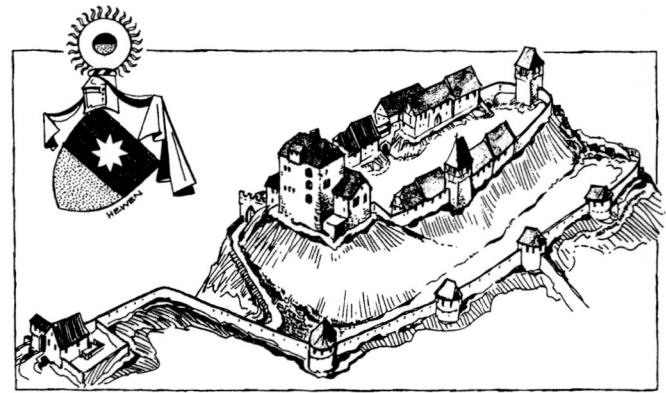

Die Rekonstruktionszeichnung zeigt die Burg Hohenhewen, wie sie einst ausgesehen haben könnte. Sie stützt sich auf einen älteren Grundriss und auf vorgefundene Mauerreste. Beherrschend steht der Wohnturm auf der vorderen Kante des Burgplatzes. Der Weg zum Burgtor überquert bei dem Halbturm den Burggraben, der nach links in den Steilabfall übergeht. Die vor dem Graben liegende Mauer mit den Halbtürmen sicherte die Burg nach der Feindseite hin. Diese und die weiteren Rekonstruktionszeichnungen von A. Hauptmann 1985 können mit freundlicher Genehmigung der Tochter hier wiedergegeben werden.

Geschlecht der Herren von Hewen stirbt im Jahr 1570 aus. Vgl. dazu auch S. 129 und die Sage S. 162.
Der Berg erlebte am 3. Mai 1800 nochmals eine geschichtliche Bedeutung. Bei der Schlacht bei Engen vertreiben die Franzosen unter dem General Moreau die Österreicher unter dem Marschall Kray.
Naturschutzgebiet Hohenhewen s. S. 77.

Nun geht es zurück zum Hauptweg abwärts bis zur Kurve, dort führt links ein Pfad abwärts, in mehreren Geländestufen in Richtung Welschingen. Kurz bevor wir auf ein Sträßle kommen, biegen wir links ab, an einem Wasserbehälter vorbei und umrunden den Berg auf halber Höhe, im Wald steigen wir aufwärts, nach dem Wald gehen wir wieder eben bei guter Sicht auf die Hegauberge und sind bald am Ausgangspunkt.   6 km

W 11   Über den Drei-Burgenberg, den Hohenstoffeln

Wanderstrecke: 10 km, Gehzeit: 3 Stunden
Markierung: über den Hohenstoffel Ludwig-Finkh-Weg M
Wanderkarte: L 8118 Tuttlingen und L 8318 Singen, Freizeitkarte 510
Singen
A, F, G, H, K, R, Fam.
Ausgangspunkt: Weiterdingen Ortsmitte

*Weiterdingen (568 m NN, 856 Ew.) liegt am Fuße des Hohenstoffeln.
Der Ort ist eine alamannische Siedlung, wurde bereits 779 erwähnt und
gehörte zur Landgrafschaft Nellenburg. Ortsherren waren bis 1570 die
Familien von Stoffeln, später die von Reischach und die von Hornstein.
Verwaltet wurde der Ort von den Vögten der o. g. Herrschaften.
Balthasar von Hornstein baute das Schloss 1683, einen schlichten
dreistöckigen Barockbau. Die Hornsteiner hatten die Herrschaft bis
1861 inne. 1860 kaufte das Schloss die Erzdiözese Freiburg, lange Zeit
war es von Ordensfrauen bewohnt, heute ist ein Bildungshaus junger
Christen eingerichtet. Die spätgotische Pfarrkirche von 1485 wurde
öfters erweitert und umgebaut und erhielt 1885 eine neugotische
Ausmalung. Von der früheren Ausstattung ist nicht mehr viel erhalten,
interessant sind sehr viele, schöne Epitaphien der Familien von
Reischach und Hornstein. Die von Balthasar und Hans Erhard von
Hornstein dürften Jörg Zürn zugeschrieben werden.*

Wir wandern auf der Straße nach Binningen. Kurz nach den letzten
Häusern führt ein Weg halblinks hoch, diesem folgen wir aufwärts. Er
schwenkt dann nach rechts und bleibt immer auf gleicher Höhe. Nicht
nach links abbiegen. Linker Hand liegt der Hohenstoffeln, rechts der
Hohenhewen. Nach etwa 30 Minuten führt ein Grasweg links hoch
(Markierung: Ludwig-Finckh-Weg M) Diesen schreiten wir hoch und
erreichen nach 200 m den Wald. Wir treten direkt ein und kommen auf
einem Pfad, der nach 10 m links abbiegt dann in Kehren hoch führt. Nach
20 Minuten erreichen wir eine Jagdhütte. Oberhalb dieser Hütte liegt der
Steinbruch (R).   3,5 km

*Steinbruch Hohenstoffeln. Zwischen 1913 und 1939 wurde hier Basalt
abgebaut. Nach dem großen Widerstand der Bevölkerung besonders
durch den Heimatdichter Ludwig Finkh konnte der weitere Abbau des
Bergkegels gestoppt werden. Im Steinbruch steht in einem Schlot
säuliger Basalt an. Im nordwestlichen Teil des Hanges findet man
Sinterkalk, vermutlich entstanden aus Kraterseen oder durch heiße
Quellen. Auf dem Weg zum Gipfel stoßen wir auf Brockentuff und
Basaltblöcke.*

Die Rekonstruktionszeichnung zeigt die drei Burgen des Hohenstoffeln kurz vor ihrer Zerstörung im Jahre 1633 nach einer alten Darstellung. Es überrascht die Vielzahl und Höhe der Burgteile auf dem Nordgipfel. Von all diesen Gebäuden ist heute nichts mehr zu sehen. Die Hinterburg zeigt sich als geschlossener Baukörper in Form eines Würfels mit einem umlaufenden Zwinger. A. Hauptmann 1985.

Wir bleiben nun auf dem Waldweg, der ziemlich eben um den Berg herumführt. Nach 10 Minuten zweigt nach einer Kehre ein Stichweg zum Gipfel ab, wir erreichen ihn nach 20 Minuten. Vom Sattel aus führt rechts ein Pfad hoch zur Ruine. Von hier hat man einen guten Ausblick über die Hegauberge.   2 km

Hohenstoffeln, *844 m NN. Der Berg war im 11. Jh. Sitz der Hegaugrafen von Pfullendorf-Ramsberg. Im 12. Jh. kam er in staufischen Besitz und wurde als Reichslehen an Dienstmannen, Ministerialen vergeben; sie nennen sich Herren von Stoffeln. 1056 ist bereits die Burg auf Hinterstoffeln bekannt, sie war bis 1399 in den Händen der älteren Herren von Stoffeln, die im 14. Jh. auch Vorderstoffeln erwarben. Mittelstoffeln wird erst 1347 genannt, auf dieser Burg saßen die jüngeren Herren von Stoffeln. 1399 werden erstmals alle drei Burgen genannt. 1579 stirbt das Geschlecht aus, nach einigen Erbstreitigkeiten erhalten die Reischacher ¼, die Hornstein ¾ des Besitzes. 1623 fällt der gesamte Besitz den Hornsteinern zu. 1633 werden die Burgen von dem Rheingrafen Ludwig zerstört und nicht mehr aufgebaut. Die Herren von Hornstein bauen in Weiterdingen ein neues Schloss. Im 20. Jh. gehen die letzten Reste der Hinteren Burg durch den Basaltabbau verloren.*
Naturschutzgebiet Hohenstoffeln s. S. 78.

Wir kehren den gleichen Pfad bis zum Waldweg zurück und steigen dann in Richtung Duchtlingen/Singen ab. Nach 30 Minuten treten wir aus dem Wald, gehen 30 m nach links und dann über einen Wiesenweg rechts abwärts bis zur Straße. Rechter Hand erkennen wir die Häuser um die Heiliggrab-Kapelle. Wir besuchen sie und gehen dann auf der Straße in nördlicher Richtung nach Weiterdingen zurück zum Ausgangspunkt.

4,5 km

W (S) 12   Über die höchsten Berge des Hegau

Wanderstrecke: 20 km, Gehzeit: 6 Stunden
Markierung: bis Welschingen weiß-rote Raute auf gelbem Grund, dann Ludwig-Finkh-Weg bis Heilig-Grab, dann weiß-rote Raute bis Mägdeberg
Wanderkarte: L 8118 Tuttlingen, L 8318 Singen, Freizeitkarte 510 Singen
A, F, G, H, K, R
Ausgangspunkt: Bahnhof Engen; Rückfahrt von Mühlhausen mit der Bahn

Vom Bahnhof Engen wandern wir wie in W 9 beschrieben zum Hohenhewen. Nun geht es zurück zum Hauptweg, dann in einer Kurve links ab und in mehreren Geländestufen abwärts nach Welschingen.

6 km

Welschingen (481 m NN, 1457 Ew.) liegt am Fuße des Hohenhewen, ist eine alamannische Siedlung, die bereits 752 genannt wird. Es gehörte ab dem 14. Jh. zur Herrschaft Hewen und wird in den Kriegen immer wieder geplündert und gebrandschatzt. Sehenswert ist die St. Jakobskirche; an dem romanischen Turm sind an der Südwestecke Streuplastiken mit Reiter, Drache, Sonne und Mond, an der Chorwand sind Wandmalereien aus dem 14. Jh. mit dem Wappen der Herren von Hewen zu sehen, ebenso im Langhaus. Der Hochaltar zeigt eine barocke Kreuzigungsgruppe.

In Welschingen gehen wir vor bis zur Dorfstraße und wandern die Straße in Richtung Hilzingen bis zum Waldrand. Rechts biegt ein Asphaltweg ab. Wir steigen aber bei dem kleinen Parkplatz den Hohlweg geradeaus aufwärts, – Markierung des Ludwig Finckh-Weges – M. Es geht über die Höhe des Waldstückes Ertenhag. Wir halten uns beim Abstieg immer links. Beim Verlassen des Waldes queren wir die Straße und steigen einen Wiesenpfad hoch, gehen auf halber Höhe einige Schritte links, um dann weiter bis zum Waldrand aufzusteigen. Nun geht es auf einem Pfad

Welschingen unter dem Hohenhewen. Aufn.: W. Rößler

in einigen Kehren aufwärts bis zum Steinbruch (R) des Hohenstoffeln
(s. W. 11 S. 191)   4,5 km
Wir bleiben auf dem Waldweg, der um den Berg herumführt. Nach 10
Minuten zweigt nach einer Kehre rechts ein Stichweg zum Gipfel des
Hohenstoffeln ab. In 20 Minuten haben wir ihn erreicht.   2 km
Wir kehren den gleichen Pfad bis zum Waldweg zurück und steigen dann
in Richtung Duchtlingen/Singen ab. Nach 30 Minuten treten wir aus
dem Wald, gehen 30 m nach links und dann über einen Wiesenweg
rechts abwärts bis zur Straße. Rechter Hand erkennen wir die Häuser um
die Heiliggrab-Kapelle.   2,5 km
Unser Weg führt geradeaus weiter über die Lochmühle bis zur L 190;
diese queren wir, wandern geradeaus weiter und steigen am Hang
halblinks hoch, dann in einem Bogen aufwärts zum Hegaukreuz. Dort
dürfen wir den Rundblick, die Landschaft des Hegau erleben.
Über einen Wiesenpfad führt der Weg steil abwärts, wir erreichen den
Waldrand des Mägdeberges und steigen hoch bis zum Parkplatz. Wer
Lust hat kann von hier aus hoch zum Mägdeberg und die Ruine
besichtigen. Vom Parkplatz führt die Straße abwärts nach Mühlhausen.
                                                              5 km
Mit der Bahn erreichen wir den Ausgangspunkt Engen.

W (S) 13   Über die Phonolithberge: Mägdeberg, Hohenkrähen, Hohentwiel

Wanderstrecke: 12 km ohne die Ruinenbesteigungen,
Gehzeit: 5–6 Stunden mit Besichtigungen
Markierung: ab Mägdeberg weiß-rote Raute auf gelbem Grund
Wanderkarte: L 8118 Tuttlingen, L 8318 Singen, Freizeitkarte 510
Singen
A, F, G, H, K, R
Ausgangspunkt: Mühlhausen, Bahnhof; Rückfahrt von Singen mit der
Bahn

Vom Bahnhof Mühlhausen gehen wir vor bis zur Hauptstraße, diese in
südlicher Richtung bis rechts die Straße nach Duchtlingen abzweigt.
Wir biegen dort ab und steigen nach der Unterführung zunächst die
Straße, dann den Hohlweg und wieder die Straße hoch bis zur Anhöhe.
Rechts liegt der Mägdeberg, am Parkplatz vorbei wandern wir zur Ruine
hoch.   2 km

Wir steigen im letzten Anstieg auf Deckentuff. Im Wald treffen wir auf
Hangschutt und auf Phonolithblöcke. Der Phonolith des Berges hat eine
dunkelgrüngraue Farbe.

Mägdeberg (654 m. ü. M). Umfangreiche Burgruine auf gleichnamigem
Phonolithkegel. Der Mägdeberg war vermutlich bereits bei den Kelten
eine Kultstätte, „Burg der Mägde" der Jungfrauen. 1240 wird die Burg
„in castro Megideberc" bezeichnet, gebaut von Abt Konrad von
Reichenau. Sie wird an Reichenauer Ministerialenfamilien, ab 1336
an die Herren von Dettingen verpfändet. Diese verkauften sie
unberechtigt 1348 an die Württemberger. 1378 wurde sie im Städtekrieg
zerstört, nachher von den Grafen von Württemberg wieder aufgebaut.
Nach einer Fehde zwischen Graf Eberhard und dem Österreichischen
Erzherzog kam sie 1481 in den Besitz der Österreicher, die sie immer
wieder verpfändeten. Eine Blütezeit erlebte die Burg unter dem Lehen
der Reischacher zwischen 1528 bis 1620. Im Dreißigjährigen Krieg
wurde sie durch Konrad Widerholt ausgebrannt, dann 1657 von Oberst
von Rost nochmals aufgebaut, jedoch 1770 aufgegeben und abge-
brochen. Der Mägdeberg kam 1840 in die Hände der Gräfin von
Langenstein und gehört seit 1850 den Grafen Douglas.
Über den Zwinger kommt man in den Vorhof. Der trutzige Torbat-
terieturm hatte früher 4 Stockwerke. Die mächtigen Mauern und die
runden Schalentürme sind noch gut zu erkennen. In der Oberburg lag
der Palas und die Ursulakapelle, zu der bis ins 18. Jh. Wallfahrten
durchgeführt wurden. Vgl. dazu auch S. 168.

Naturschutzgebiet Mägdeberg s. S. 82.

Nach der Besichtigung steigen wir wieder ab bis zur Straße, gehen links
abwärts bis der erste Weg rechts hinüber zum Hohenkrähen führt. Wir
steigen zunächst zwischen den beiden Bergkegeln hoch.

*Rechts bei Punkt 626 ist ein schöner Aufschluss im Deckentuff mit
vulkanischen Bomben und Auswurf von Gneis und Jurakalk zu sehen.*

Wir wandern zwischen Wiesen und Äckern weiter. Kurz vor dem Wald
biegen wir links in einen Wiesenweg ein, der in den Burggraben führt.
Der Anstieg zur Ruine ist verwegen.   2 km

*Der **Hohenkrähen** (643 m NN) ist wohl der interessanteste Burgberg.
Die Burg stand fast uneinnehmbar auf einem schmalen und steilen
Phonolithkegel. Erbaut wurde sie Mitte des 12. Jh. von den Edelfreien
von Krähen (Diethelm de Croia), die 1152 erstmals genannt werden.
Das Geschlecht stirbt vermutlich um 1230 aus und die Edlen von
Krähen-Friedingen werden Besitzer. Im 15. Jh. wird der Krähen
Sammelpunkt der Feinde der Eidgenossen, später geben sich die Herren
mehr und mehr dem Straßenraub hin. Deshalb wird die Burg öfter
belagert, 1512 wird die Burg von Georg von Pfrundsberg erobert und
zerstört. Sie wird aber wieder aufgebaut, geht dann als österreichisches
Lehen an verschiedene Herren über, die aber die Burg meistens durch
ihre Vögte verwalten lassen. 1634 wird die Burg von Konrad Widerholt
erobert und niedergebrannt. Seit 1758 ist sie im Besitz der Herren von
Reischach, heute ist Graf Patrick Douglas-Reischach der Besitzer.
Nach Überschreiten eines Grabens gelangen wir in die Vorburg, hier
standen die Wirtschaftsgebäude, die Ställe und eine Kirche. Durch einen
Torturm geht es nun steil über graubraune Phonolithblöcke nach oben.
Alle Gebäude der Oberburg lagen eng an den Felsen geschmiegt, der
Palas, die Wehrbauten mit den Bastionen und Türmen, von denen nur
noch Mauerreste zu finden sind. Viele Sagen und Legenden verbinden
sich bis heute mit dem Berg (s. Seite 166)*
Naturschutzgebiet Hohenkrähen s. S. 81.

Nach der Besichtigung steigen wir ab und wandern links einen fast
ebenen Waldweg, später Feldweg mit guten Ausblicken auf die
Bodenseelandschaft bis zur Straße nach Singen. Auf diesem Weg
bewegen wir uns an der Grenze zwischen der Grundmoräne und dem
Deckentuff.
Wir müssen nun auf der Hauptstraße absteigen, am Hegauhaus vorbei,
biegen dann aber in den ersten Feldweg halbrechts zum Paradieshof ein.
Es geht eben weiter an zwei Anwesen vorbei bis zu einer Waldecke. Am

Waldrand geht es weiter, nach 150 m verlassen wir die Markierung, gehen rechts in westlicher Richtung weiter und erreichen an der Waldspitze einen Parkplatz. Dort steigen wir scharf links zum Staufen hoch. Kurz vor der Anhöhe führt rechts ein Pfad hinauf zur Ruine.

3,5 km

Wir kehren zurück und wandern am Hang auf einem Pfad in östlicher Richtung weiter um den Berg herum und stoßen nach Waldaustritt auf die Straße nach Hilzingen. Diese queren wir und steigen auf einem Wiesenweg schräg den Hang zum Bruderhof hoch. Wir müssen hier die Eintrittskarten für die Ruine lösen bevor wir die steile Auffahrt zum Hohentwiel hochsteigen. Links geht es am Friedhof vorbei, auf dem noch Gräber der früheren Festungskommandanten liegen. Nun steigen wir steil aufwärts entlang des Bannwaldes Hohentwiel. Wir kommen am „Galgenrain" vorbei, an dem Todesurteile ausgesprochen und sofort vollstreckt wurden.

3 km

Hohentwiel (690 m NN). Durch zwei Tunnel führt der Weg zur Karlsbastion, einer Vorburg, in der Wirtschaftsgebäude und Offizierswohnungen untergebracht waren. Bereits von der unteren Festung hat man einen schönen Blick auf die Hegauberge. Über Holzbrücken, Gräben, Tore gehen wir aufwärts bis zum obersten Portal.

Auf dem Plateau angekommen, steht man zunächst vor der Kirche, 1645 gebaut. Links steht die halbkreisförmig angelegte Kaserne, die frühere Wache, die Kanzlei. Geht man weiter nach oben, kommt man zur Kommandantur, dem Zeughaus und zum dreiflügeligen Schloss. Im Hof der Herzogsburg stand das Windrad mit der Mühle und dahinter erkennt man das Rondell Augusta.

Die von den Brüdern Erchanger und Berchtold erbaute erste Burg wurde bereits 915 bezeugt, als König Konrad I. die Burg belagerte. Die Brüder wollten das alamannische Herzogtum mit Sitz auf der Burg errichten. Der König ließ sie hinrichten.

Burkhart II. residierte als einziger Schwabenherzog mit seiner Gemahlin Hadwig hier. Sie gründeten 970 ein Kloster, das aber Kaiser Heinrich II. 1005 nach Stein am Rhein verlegen ließ. Kaiser Otto III. besuchte das Herzogspaar zweimal auf der Burg. Viktor v. Scheffel zeichnet in seinem Roman „Ekkehard" ein anschauliches Bild dieser Zeit.

Anfang des 12. Jh. gelangt die Burg an die Edelherren von Singen, die sich von Twiel nennen. 1267 werden die Freiherren von Klingen, um 1300 die Herren von Klingenberg Besitzer der Burg. Sie waren sowohl in Diensten der Württemberger wie der Habsburger. Beide Herrschaften versuchten die Burg in ihren Besitz zu bekommen. 1521 überließ Hans Heinrich von Klingenberg dem Herzog Ulrich von Württemberg die Burg, der von seinen Besitzungen vertrieben war. 1538 verkauften es die

Die Burgruine Hohentwiel. Aufn.: L. Zier

Klingenberger an ihn. Die Festung blieb 400 Jahre in württembergischen Besitz, erst 1969 kam die Burgstelle an die Stadt Singen.
Herzog Ulrich und sein Sohn Christoph bauten im 16. Jh. die Burg als Festung aus. Im Dreißigjährigen Krieg widerstand die Festung unter dem Kommandant Widerholt fünf Belagerungen durch kaiserliche, spanische und bayrische Truppen. Er selbst brach immer wieder aus der Festung aus, um Proviant und Geld einzutreiben und plünderte die umliegenden Burgen und Orte. Vgl. dazu S. 135.
Nach dem Krieg verlor die Festung ihre militärische Bedeutung. Am 1. Mai 1800 übergab der Kommandant die Festung den napoleonischen Truppen kampflos. Napoleon ließ die Festung 1801 schleifen.
Naturschutzgebiet Hohentwiel s. S. 79.

Wir kehren zur Vorburg zurück. Dort führt auf der Ostseite des Platzes eine Treppe unter der Burgmauer hinaus. Der Pfad ist nur vom 1. Mai bis 1. November frei. Er führt zunächst steil abwärts, mündet in einen Waldweg, dem wir links folgen bis zur Auffahrt zum Hohentwiel. Wir queren die Straße und steigen neben der Straße auf einem Fußweg ab, gelangen in die Hohentwieler Straße, die zum Haltepunkt „Gartenschau" führt.   2 km
Hier können wir nach Mühlhausen zurückfahren.

W 14   Rund um den geschichtsträchtigen Berg Hohentwiel

Wanderstrecke: 7 km, Gehzeit: 2 Stunden ohne Besichtigung
Markierung: bis zum Bruderhof weiß-rote Raute, dann ohne Markierung
Wanderkarte: L 8318 Singen, Freizeitkarte 510 Singen oder Freizeitkarte 511 Westlicher Bodensee
A, F, G, H, K, R, Fam.
Ausgangspunkt: Parkplatz beim Haltepunkt Landesgartenschau

Singen, s. Stadtbeschreibung S. 152 (429 m NN, 44 648 Ew.).

Vom Parkplatz gehen wir am Gasthaus Widerholt vorbei die Hohentwielstraße entlang bis zum Wald, folgen dann dem Fußweg, der neben der Straße zum Bruderhof führt. Im Informationszentrum können wir uns über die Geschichte des Berges kundig machen. Hier müssen wir auch die Eintrittskarten für den Besuch der Ruine lösen. Nun steigen wir hoch zur Ruine. (s.W 13 S. 197, Naturschutzgebiet s. S. 79).   2, 5 km
Nach der Besichtigung steigen wir ab in die Vorburg, durch die beiden Tunnel bis zum Galgenrain, jedoch nicht abwärts zum Bruderhof, sondern auf der Kalkstraße, die über den Kamm abwärts führt, weiter. Bei einem Wasserbehälter biegen wir stark links ein und gelangen zum Rennweg. Dort steigen wir hoch und dann die erste Kalkstraße rechts ab nach Twielfelden. Bei den ersten Häusern biegen wir links ein, bleiben auf der Höhe und kommen über die Sandgrubenstraße und die Elisabethenstraße auf einen Weg durch die Weinberge. Diesem folgen wir bis zum Wald, steigen dort hoch, biegen auf dem 2. Weg rechts ab und wandern auf dem untersten Weg (zweimal rechts absteigen) zwischen den Weinbergen oberhalb des Krankenhauses der Hohentwielstraße zu.   4,5 km

W 15   Von der Barockkirche Hilzingen nach Gottmadingen

Wanderstrecke: 15 km, Gehzeit: 4 Stunden
Markierung: meistens ohne Markierung, von Heilsberg bis Ebringen blau-gelbe Raute
Wanderkarte: L 8318 Singen, Freizeitkarte 510 Singen
A,F,K,R,W
Ausgangspunkt: Hilzingen, Ortsmitte

Hilzingen, (459 m NN, 4306 Ew.) liegt am Fuße des Staufen und direkt an der Autobahn. Die alamannische Siedlung ist bereits im 7./8. Jh. als Pfarrei nachgewiesen, urkundlich ist der Ort 1005 in Zusammenhang

Die Innenansicht der Barockkirche Hilzingen. Aufn.: W. Rößler

mit der Verlegung des Klosters von Hohentwiel nach Stein erstmals erwähnt. Hilzingen selbst hatte keine Ortsherren, unterstand dem Kloster St. Georg in Stein, ab 1659 der Abtei Petershausen. Der Marktflecken wurde im Mittelalter im Schweizerkrieg und im Dreißigjährigen Krieg stark mitgenommen. Eine bedeutende Rolle spielte Hilzingen im Bauernkrieg. Hier begann am Kirchweihtag (2. 10. 1524) der Aufstand der Hegaubauern gegen die Obrigkeit, hier endete am 16. 7. 1525 in einer blutigen Schlacht bei Hilzingen der Bauernkrieg

Mitte des 18. Jh. ließ der damalige Pfandherr Alexander Ziegler „das Schloss", heutiges Rathaus und das historische Amtshaus, heute Museum bauen. Das Museum gewährt einen Einblick in das Leben der bäuerlichen Welt des 18. und 19. Jh. und stellt in Szenen die Ereignisse im Bauernkrieg dar.

Schmuckstück ist die Barockkirche „Peter und Paul", die von der Abtei Petershausen 1747–53 gebaut wurde. Der Baumeister Peter Thumb, der Stuckateur H. G. Gigl und der Maler Benedikt Gambs arbeiteten eng zusammen, so dass sich die Kirche heute noch in einem einheitlich formenreichen Stil des Rokoko darstellt. Der Hochaltar zeigt die Himmelfahrt Mariens, die Deckenfresken Szenen aus dem Alten und Neuen Testament. Bemerkenswert ist die reich verzierte Rokokokanzel.

Wir starten am Parkplatz bei der Kirche und gehen die Hauptstraße in westlicher Richtung am Denkmal des Bauernaufstandes vorbei halbrechts über die Brücke und biegen kurz darauf scharf links in die Dietlishofener Straße ein. Wir kreuzen die B 314, kommen an der Skulptur von Zilly „Kampf des Menschen zwischen Natur und Technik" vorbei und gehen in der Pappelallee nach Dietlishofen. Im Ort geht es zunächst aufwärts, dann bei der 1. Weggabel links im Zickzack durch den Weiler. Nach dem letzten Haus erkennen wir rechts schon die Unterführung der Autobahn, wir gehen durch und wandern dahinter gleich rechts auf der Schotterstraße parallel zur Autobahn weiter. Nach dem zweiten Waldweg steigen wir links aufwärts in den Wald. Beim Hinweisschild „Gebsenstein" biegen wir links ab, um zur Burgruine Gebsenstein zu gelangen

Ruine Gebsenstein. *Gründer Gebizo 1275 erstmals erwähnt, wahrscheinlich im Schweizerkrieg 1499 zerstört. Sage von den drei Fräulein von Gebsenstein, die ihren Besitz verschenkten. Von hier aus haben wir eine schöne Aussicht auf die Ruine Staufen.*

Wir gehen zurück auf den Waldweg, biegen links ab und erreichen bald den höchsten Punkt. Dort führt links ein Weg zur Altstatt.

Altstatt. *undatierte Wallanlagen 345 m lang und 6–8 m breit, Heiligtum „Viereckschanze".*

Wir gehen zurück auf die Forststraße, auf dieser 100 m abwärts, biegen dann rechts ab und gelangen auf einen Waldweg, welcher aufwärts führt und mit der blau–gelben Raute des Schwarzwaldvereins markiert ist. Auf der kahlen Höhe dürfen wir die Markierung nach links nicht verfehlen! Es geht abwärts durch einen Fichtenwald, dann geradeaus weiter. Nach etwa 130 m kommen wir zum Fuß des Burghügels der Ruine Heilsberg.

Ruine Heilsberg. *im 13. Jh. erbaut, war von 1300 bis 1518 im Besitz der Herren von Randegg, ging dann in verschiedene Hände über, ist heute im Besitz des Grafen Douglas. Zur Herrschaft Heilsberg gehörten die Orte Gottmadingen und Ebringen. Die Burg wurde im Schweizerkrieg und im Dreißigjährigen Krieg völlig zerstört.*

Wir gehen das kurze Stücke wieder zum Weg zurück, dann links der Markierung nach, vorbei am Umsetzer auf dem Ebersberg, dann halbrechts abwärts. Am Waldrand wandern wir nicht nach Ebringen, sondern biegen links ab und kommen bald zum Afra-Brünnele

Afra-Brünnele. Oberhalb der Quelle stand eine Klausnerei, der Heiligen Afra geweiht, die zum Kloster Allerheiligen/Schaffhausen gehörte. Sie wurde wahrscheinlich im 17. Jh. zerstört, Reliquien sind in der Kirche in Ebringen (einst „Afra-inga").

Dem Kalksträßchen folgen wir abwärts, nach 100 m aber rechts ab bis zur Biegung vor der Hauptstraße, gehen dann geradeaus auf dem Pfad zum Waldrand und weiter bis zum Grillplatz. Vor den Tennisplätzen biegen wir rechts ab, am Schwimmbad vorbei, und dann auf der Hauptstraße über die Bahnbrücke, links in den Ort dem Bahnhof zu.

Gottmadingen (426 m NN, 2789 Ew.), Industriegemeinde mit vielen Außensiedlungen am Fußes des Heilsberges. Eine alamannische Siedlung, die um 1100 als „Gothmotingen" erstmals urkundlich genannt wurde, so hießen auch die Ortsherren. Im Mittelalter gehörte der Ort zur Herrschaft Heilsberg, wurde in den Kriegswirren öfters geplündert und abgebrannt. Im 20. Jh. entwickelte er sich zur Industriegemeinde. Im alten Schloss, aus der Zeit um 1720 ist heute das Rathaus untergebracht. Die moderne Christkönigskirche wurde 1932 gebaut, sie enthält noch die Barockaltäre der alten Kirche. Auf dem Platz der früheren Kirche ist eine Grünanlage mit einem Kreuzweg und einem Brunnen.

Vom Bahnhof Gottmadingen aus geht es abwärts zur Unterführung Hilzinger Straße. Gleich nach der Unterführung wandern wir rechts entlang des Bahndammes auf schmalem Weg, der bei einem Lagerhaus in die Gewerbestraße mündet. Vor der Abzweigung zum Katzental steht links eine große Orientierungstafel des Lehrpfades „Riederbachtal", dem wir nun folgen. Bei der Tafel am Ende des Lehrpfades gehen wir rechts aufwärts zum Katzentaler Hof, unmittelbar hinter dem Hof biegen wir links in einen Feldweg ein, der zum Plören führt.

Katzentaler Hof wie naher Riederhof einst mit Hilzingen dem Kloster Petershausen/Konstanz gehörig.

Nach dem ersten Anstieg bleiben wir links auf dem Kalkschotterweg und gelangen zwischen Feldern wieder zum Waldrand am Plören. Dort steht eine Bank mit einer Spruchtafel. Gleich nach der Schranke geht es links auf einem Fußweg weiter. Nach 200 m rechts führt ein Weg zum Aussichtspunkt und der Grillstelle; links führt der Rundweg weiter. Der Weg zur Aussicht lohnt sich, dort können wir auch rasten.

Plören aus vulkanischem Deckentuff, schöne Aussicht nach Westen.
Nach einer Rast gehen wir zurück, dann im spitzen Winkel rechts in den Rundweg einbiegen. Bei der Wegkreuzung am Nordhang geht es links

abwärts, über eine kleine Waldwiese und Treppen zum Waldrand, wo bei
der Kleebergeiche im Wegdreieck eine Bank steht. Auf dem Radweg
gehen wir links weiter, dann rechts über die Autobahnbrücke, kommen
dann durch eine Unterführung auf die Hauptstraße von Hilzingen und
zum Ausgangspunkt zurück.

W 16   Panoramaweg um Emmingen

Wanderstrecke: 7,5 km, Gehzeit: 2 Stunden
Erweitert zur Zeilenkapelle: 12,5 km, Gehzeit: 3,5 Stunden
Markierung: bis zu den Pestkreuzen und ab Emmingen blaues Dreieck
Wanderkarte: L 8118 Tuttlingen, Freizeitkarte 510 Singen
A, F, K, R, T, V, Fam.
Ausgangspunkt: Emmingen o. E., am Witthoh Gasthaus Windegg

Emmingen ob Egg. *(772 m NN 2 839 Ew.) liegt auf einer Hochfläche
unterhalb des Witthoh. Alamannische Siedlung, weist ab 1249 Ortsherren auf, die Lehensleute der Zollern, der Lupfen, der Hohenhewen
und der Fürstenberger waren. Die katholische Kirche St. Silvester wird
1275 bezeugt, von der Nachfolgekirche steht noch der Turm. Die jetzige
Kirche wurde 1841 im neuromanischen Stil errichtet. Glanzpunkt ist der
barocke Hochaltar, der aus dem früheren Benediktinerinnenkloster
Amtenhausen stammt. Das Marienbild des Hochaltars und die Bilder*

Die Pestkreuze von Emmingen. Aufn.: W. Rößler

der Seitenaltäre sind reich mit Heiligenfiguren umgeben. An der nördlichen Seitenwand ist eine barocke Kreuzigungsgruppe von dem Bildhauer Josef Christian aus Riedlingen, sie stammt aus der Schlosskapelle von Meßkirch.
In einem schönen Fachwerkhaus ist das Dorfmuseum untergebracht, das neben der Bauernstube, der Küche und den Kammern eines Bauernhauses viele alte bäuerliche Gerätschaften zeigt.

Wir beginnen unsere Wanderung in Windegg, gehen die Straße nach Biesendorf abwärts. Nach einer Kurve gehen wir hinter dem Wäldle links den Hang hinunter und sehen bereits die Teerstraße, die zu den Pestkreuzen führt. Wir bleiben auf der Höhe und erreichen nach 40 Minuten die Pestkreuze.   3,5 km

*Die **Pestkreuze** an den vier Ortseingängen von Emmingen erinnern daran, dass Anfang des 17. Jh. die Hälfte der Einwohner an der Pest starb. Die Kreuze warnen den Fremden, aber auch die Einwohner vor Fremdlingen, die eventuell den Keim der todbringenden Krankheit tragen. „Wanderer flieh, hier haust die Pest!"*

Nun wandern wir links auf der Straße nach Emmingen, nach 400 m wieder links den Hohlweg hinunter und kommen in die Hegaustraße. Rechts führt der Weg zur Schächerkapelle.

*Die 1768 erbaute, offene **Schächerkapelle** zeigt eine Kreuzigungsgruppe Christus mit den beiden „Schächern". Die schlichten Figuren sind von einem einheimischen Künstler in derber bäuerlicher Art gestaltet.*

Wir überqueren die Straße und erkennen linker Hand die nächsten Pestkreuze aus der Zeit des Dreißigjährigen Krieges.

Wir gehen nun zurück bis zur Schulstraße und wandern dann direkt auf die Kirche zu. Nach der Kirche geht man die Lindenstraße aufwärts und dann links bis zum Ortsrand. Man erkennt bereits den Umsetzer auf dem Witthoh. Wir steigen auf, genießen die schöne Sicht auf die Hegauberge und steigen dann wieder ab zum Gasthaus Windegg.   4,0 km

Panoramaweg erweitert zur Zeilenkapelle

Der Weg führt von Windegg zu den Pestkreuzen, (wie oben beschrieben) dort überqueren wir die Straße, gehen auf dem Feldweg abwärts bis an das Wäldchen, an dem Wald vorbei, dann aber nach dem Wald links den

Teerweg entlang, durch Felder das Tal hinab, dort hält man rechts, die Kapelle wird bereits sichtbar.

*Der Weiler **Zeilen** wurde bereits im 10. Jh. genannt als Besitz des Chorherrenstifts Öhningen, danach kommt er in die Hände der Herren von Zollern, wird oftmals verlehnt und erst 1525 gelangt er zur Gemeinde Emmingen ob Egg.*
*Die **Zeilenkapelle** wurde 1360 urkundlich erwähnt, wohl im 15. Jh. und im 18. Jh. umgebaut und restauriert. 1903 entdeckte man die Fresken, die aus der Mitte des 15. Jh. stammen. Die Fresken sind im Chor noch recht gut erhalten, sie stellen das Leiden Christi dar. Darunter sind in Medaillons die Apostel dargestellt. Leider wurden viele Bilder durch die Fenstereinbrüche zerstört. An der Chordecke sind je zwei Sonnen- und Mondgesichter gemalt, die das Firmament zeigen sollten. Außerdem findet man die Wappen vieler Lehnsherrn von Zeilen.*

Von der Kapelle gehen wir das Zeilental abwärts, nach 1 km führt links der AV-Weg aufwärts durch den Wald, dann geht es am Venushof vorbei die Asphaltstraße weiter nach Emmingen. Wir kommen in die Obere Gasse und erreichen bald die Pestkreuze im Ort. Von dort geht es wie oben beschrieben zum Ausgangspunkt.

W 17   Kapellenwanderung im Wasserburgertal

Wanderstrecke: 12 km, Gehzeit: 3,5 Stunden
Markierung: bis Schlatterhof blaues Dreieck, bis Wasserburgertal blau-gelbe Raute
Wanderkarte: L 8118 Tuttlingen, Freizeitkarte 510 Singen
E, G,K,R,W
Ausgangspunkt: Parkplatz bei der Feriensiedlung an der Straße Emmingen nach Honstetten

Wir gehen die Straße abwärts, biegen auf den Weg zur Schenkenberg-kapelle ein, links liegt der Schäflehof. Der Weg führt durch den Wald, später am Waldrand bis zum Schlatterhof. Kurz vorher biegt links der Weg zur Schenkenbergkapelle ab.   3 km

Schenkenbergkapelle. Die Herren von Schenkenberg, urkundlich 1169 genannt, hatten hier ihre Burg. Sie war im Mittelalter Lehen der Grafen von Zollern. Im 15. Jh. wurde sie zerstört.
Die daneben stehende Kirche, bereits 1275 als Marienwallfahrtsstätte bezeugt, war baufällig und wurde 1723–25 fast vollständig neu erstellt.

*Votivtafeln in der
Schenkenberg-Kapelle.
Aufn.: W. Rößler*

Im schlichten Innenraum stehen sehr schöne Barockaltäre. Der
Hochaltar zeigt das Gnadenbild Maria mit dem Kind aus der ersten
Hälfte des 16. Jh. daneben das Standbild von St. Josef und St. Johannes.
Die Seitenaltäre sind ebenso reich verziert, das Altarblatt am rechten
Seitenaltar stellt wieder die Muttergottes mit dem Kind dar, das linke
Altarbild die Versuchung des Hl. Antonius. Das Besondere dieser Kirche
aber sind die 150 Votivtafeln aus den letzten 3 Jahrhunderten. Sie
wurden von Gläubigen gestiftet als Dank für die Hilfe der Muttergottes
in Anliegen bei Unglücksfällen, Krankheiten, Viehseuchen, Wassernot,
Krieg u.a.

Wir gehen denselben Weg wieder zurück zum Schlatterhof, wandern
durch den Hof auf den Wald zu und bei der ersten Kreuzung links weiter.
Bei einer Wegspinne wählen wir den ersten Weg links, wandern
geradeaus weiter, später immer abwärts bis wir die Straße nach
Honstetten erreichen. Dort biegen wir rechts ab, nach 400 m erreichen
wir das Wasserburger Tal. Nun gehen wir links den Wanderweg nach
Honstetten weiter bis zum Wanderparkplatz.   4 km

Wir verlassen nun die Markierung, wandern nicht aufwärts nach Honstetten, sondern links das Wasserburger Tal hoch, ein schönes, stilles, offenes Wiesental, das zum Meditieren einlädt. Nach 2,5 km treffen wir auf einen Wanderweg mit blauem Dreieck, dem wir links zur Zeilenkapelle folgen.   4 km
Zeilenkapelle *(s. W 16 S. 205)*
Von der Zeilenkapelle geht es nicht durch den Hof, sondern rechts weiter bis links der erste Feldweg hoch führt zum Ausgangspunkt.   1 km

W 18   Rund um das Freilichtmuseum Neuhausen

Wanderstrecke: 16 km, Gehzeit: 4,5 Stunden
Markierung: laut Text
Wanderkarte: L 8118 Tuttlingen, Freizeitkarte 511 Westlicher Bodensee
E, G, K, T
Ausgangspunkt: Worndorf, Ortsmitte

Worndorf, *(710 m NN, 657 Ew.) Teilort der Gemeinde Neuhausen, war über Jahrhunderte in kirchlichem Besitz. Kloster Petershausen erhielt es als Schenkung im 10. Jh. 1410 war das Dorf im Besitz des Bischofs von Konstanz und des Klosters Reichenau. 1580 kam es zum Haus Österreich. Obwohl zwischen Worndorf und Neuhausen bereits im Mittelalter die Grenze des Scherragaues und des Hegaus verlief, später zwischen Österreich und Württemberg, ab 1806 zwischen Baden und Württemberg, zudem die Konfessionsgrenze, erfolgte 1973 die Eingemeindung nach Neuhausen.*

Von der Dorfmitte gehen wir die Straße abwärts zur Unterführung der B 311. Sofort nach der Unterführung wandern wir links die Straße aufwärts, überqueren die nächste Straße und biegen bei der Bushaltestelle rechts ab. Nach den letzten Häusern geht es rechts auf einem schmalen Asphaltweg weiter, an einem Wasserbehälter vorbei, dann der Waldecke zu. Der Weg führt durch ein Waldstück, er ist bekiest, nach dem Wald beginnt leider wieder Asphalt. Wir biegen dort rechts ab und in einem Linksbogen gelangen wir zum Hilbenhof. Eine Hülbe liegt rechts am Weg.   4 km
Durch ein kleines Waldstück wandern wir auf der Straße weiter und sehen bereits den Vorderen Jakobenhof. Vor dem Hof biegen wir links zum Schäferhof Gründelbach ab.   1 km
Dort geht der geteerte Weg in einen Kiesweg über und führt in einem Linksbogen hinab in das Tal, zur sogenannten „Felsenstube". Auf gut gekiestem Weg geht es links leicht aufwärts an schönen Felsformationen vorbei. Nach 200 m biegen wir rechts ab, es geht aufwärts; nach weiteren

200 m dann im spitzen Winkel rechts, kurz danach wandern wir links weiter, um nach 300 m wieder rechts abzubiegen. Nun kommen wir an eine Wegspindel, wir wählen den mittleren Weg und erreichen nach 400 m den Waldrand. Links oben sehen wir bereits den Zaun des Freilichtmuseums Neuhausen. Wir müssen um das umzäunte Museum herum wandern und erreichen dann den Parkplatz. Ein Museumsbesuch kann sich anschließen.   3 km

*Das **Freilichtmuseum Neuhausen o. E.** zeigt anschaulich das Bauen und Wohnen, das Leben und Arbeiten auf dem Lande in früherer Zeit. Im Museum stehen 21 orginaltreu eingerichtete Häuser, stattliche Bauernhöfe, Taglöhnerhäuser, eine Dorfschmiede, ein Schulhaus und eine Kirche aus dem Raum Schwarzwald, Bodensee, Schwäbische Alb. Während des Jahres finden viele Handwerker- und Brauchtumsvorführungen statt.*

Von hier führt ein Radweg neben der L 440 nach Neuhausen.   1 km

Neuhausen ob Eck, *(769 m NN, 2238 Ew.) liegt auf einer Hochfläche oberhalb des Donautales. Es wurde 1095 in einer Schenkungsurkunde des Klosters Allerheiligen erstmals erwähnt. Graf Eberhard von Nellenburg schenkte dem Kloster 20 Lehenshöfe in „Nuwenhusin“. Die Kirche wird ab 1120 genannt. Tanningen, eine alamannische Siedlung, die später abgegangen ist, war wohl das Kirchdorf. 1465 kam Neuhausen an Österreich, 1481 durch Kauf an Württemberg. Der Kaufvertrag mag nicht eindeutig gewesen sein, deshalb gab es zwischen Österreich und Württemberg immer wieder Streitigkeiten. So verblieb das Gasthaus zur „Krone“ als Exklave bei Österreich und württembergische Straffällige konnten sich kurzzeitig ins Ausland flüchten. 1555 wird der erste evangelische Pfarrer eingesetzt. Das Kloster Allerheiligen (bis 1529), der Rechtsnachfolger des Kantons Schaffhausen, behält jedoch bis 1908 das Patronatsrecht.*

Bei der Kreuzung gehen wir links der Hauptstraße entlang und biegen nach 300 m rechts in den Riedweg ein, wandern abwärts bis zu den letzten Häusern, schwenken rechts in den „Langen Grund“ ab und wandern links in Richtung Kläranlage weiter. Wir bleiben auf dem Weg bis zu einer Weggabel. Links im Wald liegt eine Schanze.
Nun geht es rechts weiter entlang von Wiesen. Über der Bundesstraße liegen Keltengräber. 200 m nach der Waldspitze biegen wir rechts in den Wald ein, jedoch nicht auf den gekiesten Waldweg, sondern auf einen Grasweg links daneben. Wir bewegen uns immer am Waldrand entlang, kommen an zwei Hochsitzen vorbei bis wir aus dem Wald kommen. Wir sehen nun das Hofgut Tannenbrunn und wandern auf Feldwegen weit um das Gehöft herum.   4,5 km

In östlicher Richtung geht es weiter, an zwei Häusern vorbei. 300 m nach dem letzten Haus führt nach einem Feldkreuz links ein Weg in den Wald, der später am Waldrand weiter läuft, bis wir Danningen vor uns sehen. In Ortsmitte halten wir uns rechts, nach den letzten Häusern wieder rechts und kommen auf einem Feldweg nach Worndorf.   2,5 km

W 19   Rund um Mühlingen

Wanderstrecke: 14 km, Gehzeit: 4 Stunden
Markierung: keine
Wanderkarte: L 8120 Stockach, L 8118 Tuttlingen, Freizeitkarte 511 Westlicher Bodensee
A, E, G, K
Ausgangsort: Mühlingen, Kirche

Mühlingen (602 m NN, 1790 EW) ist 1275 erstmals urkundlich erwähnt, dürfte aber als alamannische Siedlung bereits im 6. oder 7. Jh. n. Chr. entstanden sein. Seit 1506 gehörte Mühlingen ganz zum Besitz der Grafen von Tengen-Nellenburg. Nach deren Aussterben gelangte der Ort an die Grafen von Hohenzollern, die ihn 1623 für 36 000 Gulden an Achilles von Danketschweil verkauften. Ein weiterer Besitzwechsel fand 1700 an Philipp Jakob Ebinger von der Burg statt. Am 7. Juli 1731 erwarben Christoph Joseph Andre und Johann Georg Konrad von Buol das Dorf Mühlingen um 25 000 Gulden. Deren Nachfahren haben noch heute im 1730 erbauten Mühlinger Schloss ihren Wohnsitz. Der Ort selber wurde 1806 württembergisch, 1810 aber badisch und gehörte von diesem Zeitpunkt an bis 1972 zum Amtsbezirk und Landkreis Stockach. Die heutige Gemeinde entstand 1974 durch die Vereinigung von Gallmannsweil, Mainwangen und Mühlingen. Ein Jahr später kamen Schwackenreute und Zoznegg hinzu. Die Verwaltung der Gesamtgemeinde hat ihren Sitz in Mühlingen.
Die spätbarocke Martinskirche steht an der Stelle einer älteren Pfarrkirche. Sie wurde 1747 geweiht und enthält eine kunstgeschichtlich bemerkenswerte Ausstattung.

Wir beginnen die Wanderung bei der Kirche in Mühlingen und gehen durch den Ort Richtung Bremerberg. Vom Sträßle aus machen wir einen Abstecher links hoch zur Aussichtshütte. Nun geht es wieder zurück zum Sträßle und auf diesem links weiter in nordöstlicher Richtung. An der Weggabelung gehen wir weiter geradeaus und gelangen über freies Feld an die Abzweigung zu den Stohrenhöfen. Wir halten uns links und gelangen nach kurzem Wegstück in das Waldgebiet „Gruben", wo der

Weg in leichtem Bogen zum Talbach führt. Parallel zum Talbach gehen wir links, in nordwestlicher Richtung bis Mainwangen. Wer abkürzen will kann über den Steinbühl nach Mühlingen zurück (7 km).   5 km
Wir wandern durch Mainwangen auf der Kreisstraße weiter in Richtung Gallmannsweil, gehen durch den langgezogenen Ort in südöstlicher Richtung weiter und stoßen auf den Heuberg-Allgäu-Weg (HW 9). Wir verlassen diesen aber nach wenigen Metern und gehen links zu den beiden Weilern Inneres und Äußeres Hecheln.   3,5 km
Von hier wandern wir südlich weiter über den Bushof zum HW 9, biegen dort sofort links ab und gelangen über Hotterloch, Haldenhof und Reichlishardt nach Mühlingen zurück.   5,5 km

W 20   Von der Aachquelle zur Tudoburg

Wanderstrecke: 17 km, Gehzeit: 5 Stunden
Markierung: blau-gelbe Raute
Wanderkarte: L 8118 Tuttlingen, Freizeitkarte 510 Singen
A, G, H, K, R, W
Ausgangspunkt: Aach, Aachquelle

Aach *(504 m NN, 2100 Ew.) setzt sich aus drei Ortsteilen zusammen: Aach Dorf, Oberdorf, Aach Stadt. Aach Dorf ist eine fränkische Siedlung und damit der älteste Teil des Ortes. Die Stadt wurde 1138 erstmals genannt und erhielt 1283 von König Rudolf die Stadtrechte. Von da an war sie im österreichischen Besitz, immer wieder verpfändet, ab 1417 an die Landgrafschaft Nellenburg. Die Vögte saßen bis ins 15. Jh. im Schloss oberhalb der Aachquelle, später im alten Rathaus. Der Ort wurde durch Kriegseinwirkung im Schweizerkrieg, im Dreißigjährigen Krieg und in den Koalitionskriegen immer wieder geplündert und zerstört.*
Erhalten sind heute noch Teile der Stadtmauer mit dem Unteren und Oberen Tor auf der Südseite. Das Schiff der St. Nikolaus-Kirche stammt aus der Barockzeit, sie wurde anstelle einer Vorgängerkirche erstellt, von der der Turm erhalten blieb (1552). Von der Inneneinrichtung ist neben Skulpturen der früheren Kirche eine barocke Mondsichelmadonna interessant. Das hinter der Kirche stehende Pfarrhaus von 1614 und das alte Rathaus mit dem Staffelgiebel, heute Jugendherberge, sind zudem sehenswert.

Aachquelle, *größte Quelle Deutschlands mit einer Schüttung bis zu 25 000 l/s. (s. W 7 S. 185).*

Die Altstadt von Aach. Aufn.: W. Rößler

Vom Aachtopf folgen wir der blau-gelben Raute und steigen zunächst rechts die Treppen hoch, später führt ein Pfad zu einem Pavillon, von dem man eine schöne Aussicht über die Altstadt von Aach und die Hegauberge hat. Wir steigen weiter hoch in Richtung Dornsberger Hof und gelangen am „Alten Turm" vorbei.

Alter Turm. *Der frühere Wohnturm ist vermutlich von den Herren von Aach Anfang des 12. Jh. erbaut, später im Besitz der Bischöfe von Konstanz. Die Burg wurde im Schweizerkrieg 1387 zerstört.*

Auf einem Waldpfad geht es weiter in den Buchenwald immer aufwärts bis zu einem Schotterweg. Hier halten wir uns rechts und wandern weiter auf dem Waldweg immer geradeaus. Bei der Linkskurve gehen wir geradeaus weiter und queren einen Schotterweg. Wir kommen an einen Grenzstein mit dem Zeichen eines Löwen vorbei. Der Weg führt nun in einer Linkskurve auf eine Kalkstraße, der wir rechts folgen. Vor der Asphaltstraße halten wir uns rechts und kommen zum Unteren Dornsberger Hof.   5 km

Am Hof vorbei wandern wir die Fahrstraße abwärts bis zum Waldrand, dort sofort links und kommen auf die Verbindungsstraße Eigeltingen – Honstetten. Wir wenden uns nach links und erreichen nach 100 m den Rastplatz „Kohltal".

Nun geht es das Kohltal aufwärts bis zum Hinweisschild „Tudoburg". Hier verlassen wir die Markierung, gehen geradeaus weiter und steigen dann am Krebsbach entlang durch den Hohlweg zur Tudoburg hoch. Auf dem höchsten Punkt ist rechts der Eingang zur Burg. Über ein Plateau (Wiese), auf der die große Vorburg stand, gelangen wir halblinks in den Halsgraben und zur Ruine, die hoch über dem Krebsbach liegt.   3 km

Tudoburg (595 m NN). Heute sind nur die 6–8 m hohen Reste der Wehrmauern und des Hauptgebäudes zu sehen. Die Balkenlöcher zeigen, dass die Burg 4–5 Geschosse haben musste. Von einer Zerstörung der Burg liegen keine Daten vor. Die Herren der Tudoburg nannten sich nach dem nahe gelegenen Ort Honstetten bzw. nach Wagenhausen. Ein Tuto von Wagenhausen (Name der Burg) stiftete 1083 das Kloster Wagenhausen. 1362 gingen Honstetten und die Tudoburg an die Herren von Hewen und über diese an Österreich und an die Fürstenberger. Heute sind die Grafen Douglas im Besitz der Ruine.

Wir steigen denselben Weg ab bis zur Bohlenbrücke über den Krebsbach. Auf der anderen Seite des Baches führt ein ebener Fahrweg zur **Lochmühle** (400 Jahre alter Bauernhof mit Mühle, heute Gaststätte mit Freizeitpark und Kutschenmuseum). Von hier aus erreichen wir in 10 Minuten Eigeltingen.   3 km

Eigeltingen (483 m NN, 1700 Ew.), ist ein Haufendorf, das auf die Merowingerzeit zurückgeht und bereits 746 urkundlich erwähnt wird, gehörte zum Fiskus Bodman. Der Ort geht als Schenkung an das Kloster Reichenau, deren Ministerialen im 13. Jh. erwähnt werden. Im 14. Jh. treten als Lehensherren die Grafen von Nellenburg, die Herren von Langenstein und viele andere Herrschaften auf. 1543 beginnt Pankraz von Stoffeln mit dem Bau des Schlosses, daß 1590 fertig gestellt wird. 1595 gelangt Eigeltingen wieder an die Herrschaft von Langenstein.

In Eigeltingen gehen wir auf der Straße in Richtung Aach am Schloss vorbei. Beim Wegweiser nach Langenstein wandern wir geradeaus die Straße hoch, nach 20 m links aufwärts gelangen wir bald an den Ortsrand, dann 10 Minuten auf einem Feld-, später Wiesenweg weiter bis zu einer Waldspitze. Direkt an der Waldspitze führt ein Pfad links in den Wald, dem folgen wir, kommen bald auf einen Waldweg, auf dem wir bleiben (Markierung beachten). Nach 15 Minuten erreichen wir den Querweg Freiburg – Bodensee, Markierung gelb-blaue Raute.   2 km
Wir wandern rechts wieder Aach zu, bei der nächsten Wegkreuzung biegen wir halbrechts auf einen unbefestigten Waldweg ab, kommen nach 500 m auf eine Kalkstraße, hier nicht abwärts, sondern geradeaus

auf der Höhe bleiben und immer der Kalkstraße folgen. Wir gelangen später an den Waldrand, nun aber nicht auf der Straße weiter, sondern scharf rechts auf einer Kalkstraße, dann rechts halten und in einem weiten Bogen in einem Trockental dem Ausgangspunkt zu.   4 km

W 21   Zum Fasnetmuseum Langenstein

Wanderstrecke: 9 km, Gehzeit: 2½ Stunden ohne Besichtigung
Markierung: bis Langenstein blau-gelbe Raute, ohne Markierung zurück
Wanderkarte: L 8118 Tuttlingen, Freizeitkarte 510 Singen
E, F,G,K,W, Fam.
Ausgangspunkt: Aach, P Aachquelle

Aach (s.W 20 S. 210)

Vom Parkplatz Aachquelle wandern wir zunächst die Straße in Richtung Eigeltingen hoch, vor dem letzten Haus rechts, dann aber wieder links am Waldrand entlang und bleiben auf dem Waldsträßle. Bei Waldaustritt gehen wir auf einer Kalkstraße links weiter. Nach 150 m führt der Weg scharf links auf einer Kalkstraße zunächst am Waldrand, dann in den Wald. Wir bleiben immer auf der Straße. Erst bei einer Wegspinne führt die Kalkstraße rechts abwärts. Wir bleiben auf der Höhe und wandern geradeaus weiter auf einem unbefestigten Waldweg. Nach 10 Minuten bei einer weiteren Kreuzung geht es wieder geradeaus weiter. Beim Verlassen des Waldes liegt bereits rechts der Golfplatz und Schloss Langenstein vor uns. Wir queren die Straße und gehen auf unbefestigtem Weg auf der Höhe weiter, gelangen in einem Bogen zu einer Kapelle, an der wir zum Schloss absteigen. Das Schloss liegt auf einem Felsstotzen im Langensteiner Durchbruchstal.

Naturschutzgebiet Langensteiner Durchbruchstal s. S. 90.

Schloss Langenstein. *Im 11. Jh. wurde von der Abtei Reichenau eine Burg auf einem „langen Stein" erbaut. Reichenauer Dienstmannen saßen auch im 12. und 13. Jh. auf der Burg, danach lösten sich mehrere Adelsfamilien ab. 1568 kaufte es Hans Werner von Raitenau, kaiserlicher Rat und Oberst, vergrößerte die Burg und baute sie zu einem Schloss um. Das Geschlecht stirbt 1671 aus. Über mehrere Familien gelangt es 1826 in die Hände des Großherzogs von Baden, 1830 erbte es Graf Ludwig von Langenstein, 1906 Graf Douglas, der heute hier seinen Hauptsitz hat.*

Schloss Langenstein, in dem sich das Fasnetmuseum befindet.
Aufn.: W. Rößler

1969 wurde in einem Teil des Schlosses ein Fasnetmuseum eingerichtet, das eine Ausstellungsfläche von 1 000 m² hat. Die Narrenvereinigung Hegau hat 263 lebensgroße Figuren im „Fasnethäs" ausgestellt: „Hansele", „Bläzlesnarren", „Hexen", „Wilde Männer", „hoorige Bären" u.a. aus dem alamannischen Raum des Hegau und Bodensees. Das Brauchtum geht zurück auf alte vorchristlich-heidnische Kultübungen die den Kampf zwischen hellen und dunklen Mächten, Winter und Sommer darstellen. Viele Figuren der neueren Zeit orientieren sich an Anekdoten und Dorfgeschichten. Die „Geschichte der Narretei" wird auf vielen Bildtafeln gezeigt.

Vom Schloss aus gehen wir durch die Unterführung zum Golfplatzgelände, halten uns links an den Gebäuden vorbei und wandern auf der Schotterstraße südlich des Golfplatzgeländes vorbei hin zu einem Waldeck. Vorsicht – Spielgeschehen beachten! Im Wald geht es leicht abwärts, dann aber wieder rechts aufwärts am Waldrand entlang, rechts liegt wieder der Golfplatz, dann im Wald bis zur Kreuzung. Hier steigen wir einige Meter links ab und gehen am Waldrand rechts weiter, erreichen eine Straße, die zurück nach Aach führt.

W 22   Rund um die Nellenburg, Sitz der Landgrafschaft

Wanderstrecke: 8 km, Gehzeit: 2,5 Stunden
Markierung: Quellthemenweg Nr. 2
Wanderkarte: L 8118 Tuttlingen, Freizeitkarte 511 Westlicher Bodensee
A,F,K,P,R,W, Fam.
Ausgangspunkt: Stockach, Wanderparkplatz Nellenburg

Zum Parkplatz Nellenburg gelangen wir vom Busparkplatz Stockach die
Nellenburgstraße immer aufwärts. Wir besuchen zuerst die

Ruine Nellenburg *(600 m NN). Die Grafen von Nellenburg bauten diese
Burg im 11. Jh. 1056 wird sie erstmals genannt. 1105 stirbt das
Geschlecht aus, die Grafschaft geht auf die Veringer über, die 1275 vom
Kaiser die Landgrafschaft übertragen bekamen. Die Landgrafen
verwalten das Gebiet Hegau/Linzgau, sie üben das Hoch- und
Malefizrecht aus, das Militär- und Steuerrecht, sowie das Jagdrecht,
wobei sie gewisse Herrschaftsrechte den Ortsherren übertragen
konnten. (s. S. 126)*
*Wer die Überreste an Mauern sieht, wird enttäuscht sein; vom
Burggraben, dem Burgtor, Türmen und Gebäuden ist nichts mehr
erkennbar. Dennoch muss die bereits im 11. Jh. erwähnte Burg auf dem
Hügel mächtig gewesen sein. Burgenforscher stellen sich eine fast
quadratische Ummauerung von 40 x 40 m vor, die mit Ecktürmen
bewehrt war, in der die Wohn- und Wirtschaftsgebäude lagen. Die Burg
wurde öfters zerstört, zuletzt im Dreißigjährigen Krieg, 1668 erfolgte die
letzte Ausbesserung der Mauern, 1760 war sie schon ziemlich baufällig,
1782 wurde sie abgerissen. Vgl. dazu die Sage S. 163.*

Die Wanderung beginnt beim Hof Nellenburg. Dort informiert eine
Tafel über die Stationen, den Wegverlauf des Quellthemenweges Nr. 2.
Wir wandern auf einem Panoramaweg in nordöstlicher Richtung und
haben eine schöne Aussicht auf den Bodanrück, den Bodensee und das
oberschwäbische Hügelland. Nach 15 Minuten kommen wir durch den
Wald, bei der ersten Kreuzung gehen wir links hoch, dann nach 200 m
rechts abwärts. Am Waldrand öffnet sich ein Blick in ein Quellgebiet.
Wir verlassen den Waldweg und bleiben nun immer am Waldrand. Am
Waldeck biegen wir links ab, kommen leider auf eine Asphaltstraße und
folgen dieser bis zu einem Waldparkplatz.   4 km
Wir wandern auf dem Quellthemenweg weiter. 1oo m nach dem
Parkplatz liegt rechts die Quelle der Zachel (es handelt sich um ein
Kalkquellmoor in der Würmmoräne. Eisenhaltiges Wasser tritt aus).
Wir wandern auf der Straße weiter bis zu einer Waldhütte, hier verlassen
wir den Themenweg und wandern rechts den oberen Kohlplattenweg

Von der Nellenburg – etwa um das Jahr 1200 – gibt es keine Darstellung.
Die Rekonstruktionszeichnung ist jedoch nach vorhandenen genauen
Beschreibungen erstellt worden. Der Weg zur Burg zog sich unter dem
vor der Burg liegenden Bergkamm entlang. Zwischen dem ersten Tor und
dem Eingang zur Burg lag der Burggraben, in den der Hauptturm nach
der Unterminierung hineingestürzt sein könnte. Die Wirtschaftsgebäude
lagen am Anfang des Burgweges auf einer noch gut sichtbaren Terrasse,
geschützt durch Wall und Mauern. A. Hauptmann 1985

weiter bis zu einer Kreuzung. Hier biegen wir rechts ab auf den
Rennehauweg und gelangen nach 10 Minuten zum Waldrand. Hier geht
es links weiter, wir bleiben auf dem Weg, nicht links abbiegen, nach
einer Linkskurve wandern wir direkt auf die Nellenburg zu. Bald haben
wir freien Blick auf den Burghügel und die Ortschaft Nenzingen. Wir
überqueren die Landstraße, halten uns rechts, gehen über die Wiese und
wandern links hoch zur Nellenburg.   4 km

W 23   Rund um Stockach

Wanderstrecke: 13,5 km, Gehzeit: 4 Stunden
Markierung: Quellthemenweg Nr. 2, später HW 9
Wanderkarte: L 8118 Tuttlingen, Freizeitkarte 511 Westlicher Bodensee
A, F, G, K, R
Ausgangspunkt: Stockach, Bahnhof, Busbahnhof

Stockach, *(491 m NN, 8192 Ew.) s. Stadtbeschreibung S. 152.*

Vom Bahnhof, Busbahnhof steigen wir die Nellenburgerstraße hoch
zum Hof Nellenburg.   2 km
Dort informiert eine Tafel über den Wegverlauf des Quellthemenweges
Nr. 2. Wir folgen diesem Weg wie in W 22 beschrieben. Nach 15
Minuten kommen wir durch den Wald, bei der ersten Kreuzung gehen
wir links hoch, dann nach 200 m rechts abwärts. Wir bleiben am
Waldrand bis zu einem Waldeck.   2,5 km
Hier verlassen wir den Quellthemenweg 2, wandern rechts auf einem
Feldweg weiter, der zur Straße nach Tuttlingen führt, dort geht es auf
dem Fahrradweg links nach Windegg. In der Ortsmitte beim Gasthaus
Hirsch biegen wir rechts ab, dann nochmals halbrechts nach
Zizenhausen. Dort überqueren wir die Hauptstraße und kommen an
das Rathaus.   2 km

Zizenhausen *(518 m NN, 1265 Ew.) bestand bis ins 18. Jh. aus einem
Bauerndorf, 1697 wurde ein Hüttenwerk errichtet, Aufschwung nahm
das Dorf erst als Freiherr von Kraft ab 1781 für die Ansiedlung von
Gewerbebetrieben sorgte. Er ließ auch das Schloss bauen, in dem heute
das Rathaus untergebracht ist.*

Nun gehen wir durch den Schlossgarten, durch die Bahnunterführung,
dann rechts weiter bis zur Waldspitze. Dort steigen wir auf einem Pfad
links steil hoch und kommen rechts auf einen Hangweg zu den
Heidenhöhlen (s.W 24 S. 219).
Wir gehen an den Höhlen vorbei, kommen an den Waldrand, an dem wir
in westlicher Richtung zu einem Waldparkplatz gelangen. Von hier aus
hat man einen schönen Blick auf die Stadt Stockach. Der Weg führt
durch den Ortsteil Besetze.   2 km
Wir erreichen hier den HW 9, dem wir bis Stockach folgen. Nach
Überquerung der Straße führt nach 75 m ein Kiesweg rechts abwärts zur
Kuonyquelle, eine schöne natürliche Hangquelle; dann auf einem
Waldweg rechts weiter und bei der Kreuzung wieder rechts bis man aus
dem Wald kommend bergauf den Ortsteil Schwarzach erreicht. Nun
führt die Straße abwärts direkt ins Zentrum der Stadt Stockach. Von dort
erreichen wir leicht den Ausgangspunkt am Bahnhof.   5 km

W 24   Rund um das Burgtal zu den Heidenhöhlen

Strecke: 9 km, Dauer ca 2,5 Std.
Wanderkarte: L 8120 Stockach, Freizeitkarte 511 Westlicher Bodensee
Teilweise auf HW 9, sonst nach Text.
A, G, K, P, R
Ausgangspunkt: Parkplatz oberhalb der Burgtalhöfe.
Die Anfahrt erfolgt über die Straße Stockach-Zoznegg. An der
Abzweigung Hengelau verlassen wir die Straße und fahren zum
nördlich gelegenen Waldparkplatz mit Schutzhütte und Feuerstelle.
Hier beginnen wir die Wanderung, gehen wieder kurz zum Waldrand
zurück und dann rechts nordwestlich auf dem Traufweg über dem
Burgtal bis zum Postweg, der nördlich von Zoznegg herführt. Es
begleiten uns rechts des Weges immer wieder beeindruckende
Molassefelsen der „Oberen Meeresmolasse".
Wir überqueren den Postweg und wandern weiter auf dem Burgtalweg
bis zu einer Weggabelung am westlichen Ende des Burgtals. Wir biegen
im spitzen Winkel nach Süden ab und treffen nahe der Hildisburg auf
den HW 9, der nun bis zum Waldeck bei einem Feldkreuz begangen
wird. Nun gehen wir westlich auf dem Burgtalsträßle bis Zitzenhausen.

5 km

Felsenhöhlen oberhalb
von Zizenhausen.
Aufn.: W. Rößler

Nahe der Bahnunterführung gehen wir links und gelangen auf einen
Waldpfad, der in Serpentinen hinaufführt zu den Heidenhöhlen.

*Die **Heidenlöcher** oder **Heidenhöhlen** sind in vorgeschichtlicher Zeit
von Menschenhand in die relativ weichen Leistensande der „Oberen
Meeresmolasse" gegraben worden. Es handelt sich um eine Reihe
untere Höhlen und um eine obere, nur über Leitern erreichbare Reihe.
Von der 1. Höhle geht ein niedriger, 1,6 m breiter Gang ab, der in ein
Rondell mündet. Höhle, Gang und Rondell weisen eine Gesamtlänge
von 19,4 m auf. In allen Höhlen sind teils Sitzplätze ausgehauen, teils
Wandauskerbungen, die zur Aufbewahrung von Waffen und Gerät-
schaften gedient haben mögen. Es wurden Reste ungebrannter
Tongeschirre gefunden und auch römische Münzen aus der Zeit der
Kaiser Titus Aurelius (138–161 n. Ch.) und Marcus Aurelius (161–180 n.
Ch.). Die immer wieder gefundenen Haifischzähne weisen darauf hin,
dass während der Ablagerungszeit dieser Sande eine Verbindung
zwischen dem Molassemeer nördlich der entstehenden Alpen und dem
Weltmeer (Tethys) bestanden hat.*

Von den Heidenhöhlen geht es nach einem Wegknick östlich am
Waldrand zu einem Aussichtspunkt und absteigend weiter zur Berlinger
Siedlung. Kurz vor der Straße biegen wir links ab und erreichen
ansteigend auf dem HW 9 die Abzweigung zu den Burgtalhöfen. Auf
dem Postweg geht es nun durch die Burgtalhöfe zum Waldrand und
rechts zurück zum Waldparkplatz.   4 km

W 25   Ruhige Waldwanderung zwischen Stockach und Espasingen

Wanderstrecke: 7 km, Gehzeit: 2 Stunden
Markierung: laut Text
Wanderkarte: L 8120 Stockach, Freizeitkarte 511 Westlicher Bodensee
A, K, R, W, Fam.
Ausgangspunkt: Wanderparkplatz am Ende der Waldstraße Stockach

Wir steigen zunächst in Richtung Blautafelhütte aufwärts, über die
Autobahnbrücke, dann rechts weiter immer auf einem Waldsträßchen.
Bei einer Wegspinne treffen wir auf die Hütte (blaues Tafelbild der
Muttergottes). Vor der Hütte geht unser Weg links aufwärts –
Markierung gelber Punkt. Auf der Höhe gehen wir geradeaus, dann
den Brunnenstubenweg abwärts in Richtung Espasingen. Bei der
Abzweigung folgen wir der grünen Markierung in Richtung Ludwigs-
hafen. Nach 15 Min. überqueren wir eine Teerstraße, gehen im

gegenüberliegenden Wald den Bannholzweg entlang. Beim Austritt aus dem Wald haben wir einen schönen Blick auf den See. Nun können wir den Weg zwischen den Viehweiden zum Spittelsberg wählen und von dort im spitzen Winkel auf dem Pfad mit Markierung blau-gelbe Raute zurückgehen oder wir gehen sofort den Weg „Spittelsberger Hau" nach links weiter bis zu einem Hochsitz, dort 100 m abwärts treffen wir ebenfalls auf die blau-gelbe Raute. Dieser Markierung folgen wir nun nach links bis zum Ausgangspunkt zurück. Unterwegs kommen wir an dem ehemaligen Römerbrunnen vorbei, heute nur ein Rohr links aus dem Hang bei einem Hochspanungsmasten. Nach einer halben Stunde mündet unser Pfad in ein Waldsträßchen, auf dem wir nach rechts gehend bald wieder die Autobahnbrücke erreichen.   7 km

W 26   Von Steißlingen zur Ruine Homberg

Wanderstrecke: 9 km, Gehzeit: 2,5 Stunden
Markierung: E 1 und weißer Punkt
Wanderkarte: L 8318 Singen, Freizeitkarte 510 Singen oder 511 Westlicher bodensee
A, F, H, K, P, R
Ausgangspunkt: Steißlingen, Kirche

Steißlingen, (465 m NN, 4200 Ew.) ist neben anderen Hegauorten eine frühe alamannische Gründung. Dies geht u. a. aus der großen Gemarkungsfläche von 2452 ha hervor. Abgeleitet ist der Ortsname wohl vom Personennamen „Stuizilo". Prähistorische Bodenfunde auf der Gemarkung werden der Urnenfelderzeit 1300–800 v. Chr. zugeschrieben. Eine Schenkung in Steißlingen an das Kloster Allerheiligen zu Schaffhausen wird 1145 beurkundet. Dies ist die erste offizielle Erwähnung des Ortes. Im Jahre 1155 wird Steißlingen in der sog. Barbarossaurkunde als Besitztum des Bistums Konstanz ausgewiesen. Einen herben Einschnitt in die Entwicklung brachte das Jahr 1499, als die Eidgenossen im Schweizerkrieg Steißlingen plünderten und abbrannten. Auch der Bauernkrieg und vor allem der Dreißigjährige Krieg brachten große Not über die Bevölkerung. Allein 1635 raffte die Pest in Steißlingen um die 1000 Menschen dahin.
Nachdem der Ort über 4 Jahrhunderte zur Landgafschaft Nellenburg gehört hatte, kam er 1810 zum Großherzogtum Baden. Lange Zeit war Steißlingen rein landwirtschaftlich geprägt, kam aber nach dem 2. Weltkrieg durch seine verkehrsgünstige Lage und seine großen Kiesvorkommen zum Aufbau einer eigenen Industrie. Die Gemeinde Steißlingen ist ein staatlich anerkannter Erholungsort mit einem sanierten Ortskern, mit Fachwerkhäusern und zahlreichen Neubau-

gebieten. Das älteste profane Gebäude im Zentrum ist der Herrentorkel, der als Freiluftanlage für Musik- und Theaterveranstaltungen genutzt wird.

Wir beginnen die Wanderung bei der Kirche in Steißlingen und gehen durch die Kirch- und Schlossstraße zur „Lange Straße". Dieser folgen wir bis zum Ortsausgang. Hier geht es geradeaus ansteigend durch ein kurzes Waldstück und weiter auf der Straße nach Wahlwies bis zum Wegweiser „Homburg". Rechts abzweigend gelangen wir über freies Feld und teilweise am Waldrand zur Ruine Homburg, 630 m NN.

                                                                                 5 km

Schon bis hierher hatten wir immer wieder einen schönen Blick auf Steißlingen und Umgebung. Die Aussicht von der Ruine aus erfährt ringsum aber noch eine Steigerung. Vor uns breitet sich der Hegau aus, wir blicken auf Radolfzell und den Bodensee und bei Föhnstimmung leuchtet dahinter die Alpenkette.

Ruine Homburg. *Die Herren von Homburg sind 1096 erstmals urkundlich erwähnt. Es handelte sich um ein wohlhabendes und angesehenes Geschlecht, das als großer kirchlicher Wohltäter seine Grablege in der Kirche hatte. Das Geschlecht war sehr zahlreich, so dass nur die Hauptlinie ihren Wohnsitz auf dem Bergrücken in der Burg hatte. Die Nebenlinien saßen unten im Dorf Steißlingen, wo mit dem Burgstall (Burgstelle) im Seehof und mit dem Schloss bei der Kirche zwei Amtsbehausungen nachgewiesen sind.*

Mit Wolf von Homburg, dem letzten seines Stammes, starb das Geschlecht 1566 aus. Um den Heimfall dieses österreichischen Stammlehens an den Kaiser zu verhindern, verkaufte Wolf aber schon ein Jahr vor seinem Tod den ihm gehörenden Hauptteil an Schloss und Herrschaft Homburg (Steißlingen und Stahringen) und das halbe Dorf Wiechs an seinen Schwiegersohn Hans Conrad von Bodman. Ein Bronzeepitaph im Radolfzeller Münster weist auf den Tod des Wolf von Homburg hin. In der Folgezeit wechselten sich die Herren von Bodman, Homburg- Zanegg und Freyberg als Besitzer ab. Von 1672–1790 ist ein Ebinger von der Burg genannt und 1790–1831 sind es die von Stotzingen". Hochgericht und Blutbann über die Herrschaft Homburg übten bis 1465 die Grafen von Nellenburg und später bis 1803 das Haus Österreich aus.

Auf dem Rückweg folgen wir der Markierung des E 1 und gelangen über den Ziegelhof nach Steißlingen zum Ausgangspunkt bei der Kirche. Wahlweise kann die Wanderung auch von verschiedenen Parkplätzen begonnen werden. Es empfiehlt sich aber, den Rundweg einzuhalten.   4 km

W 27   Von Steißlingen zum Friedinger Schlössle

Strecke: 11 km , Gehzeit: 3 Std.
Wanderkarte: L 8318 Singen, Freizeitkarte 510 Singen oder 511 Westlicher Bodensee
Markierung: E 1 und weißer Punkt
A, G, K, R.
Ausgangspunkt: Steißlingen, Seeblickhalle

Steißlingen *(s. W 26 S. 220).*

Wir beginnen die Wanderung bei der Seeblickhalle am Steißlinger See, einem Überbleibsel aus der Eiszeit. Durch die Beurener Straße erreichen wir die Singener Straße und von dieser die Seestraße. Nun folgen wir dem Zeichen des Querweges Freiburg–Bodensee E 1 über den Saubühl, vorbei an der Fronholzhütte zum Waldrand, wo bereits die Erhebung „Schloss Friedingen" zu sehen ist. Der Weg führt weiter unter der B 33 hindurch zum ehemaligen Leprosenhaus und in einer Abzweigung hinauf zum Friedinger Schlössle, das an Sonn- und Feiertagen auch bewirtet ist. Der Blick auf den Bodensee und Hegau ist sehr schön.

5 km

Friedinger Schlössle, *(543 m NN) steht auf dem Schlossberg, der aus Sandsteinen der „Oberen Meeresmolasse" aufgebaut und im Gipfelbereich von Schottern der Mindeleiszeit (Nagelfluh) bedeckt ist.*
Eine erste, nicht ganz gesicherte Erwähnung der Burg datiert auf 914 zurück. Gesichert ist die Begründung des Adelsgeschlechtes der „Herren von Friedingen" und der Ausbau der Burg um 1170. Dieses Geschlecht übte im ausgehenden 12. und 13. Jh. als Inhaber der wichtigen Vogtei über den reichenauischen Markt Radolfzell im Hegau starken Einfluss aus. Auch die Burg Hohenkrähen war im Besitz der Friedinger. Erst das 15. und 16. Jh. brachten den Niedergang. Die Herren von Friedingen verkamen zu Raubrittern, wobei sie besonders die Burg Hohenkrähen als Raubnest benutzten.
Die Burg Hohenfriedingen wurde 1499 im Schweizerkrieg und 1512 beim Feldzug des Schwäbischen Bundes gegen den Hegauer Adel zerstört, aber wieder aufgebaut. Burg und Ort Friedingen kamen 1539 als österreichisches Lehen an die Stadt Radolfzell. Endgültig zerstört wurde die gesamte Anlage im Dreißigjährigen Krieg 1647 durch Kommandant Widerholt vom Hohentwiel. 1651 erfolgte der bescheidene Wiederaufbau im heutigen Stil als „Friedinger Schlössle". Noch heute ist die Stadt Radolfzell Eigentümer dieses Anwesens. Der Ort Friedingen wurde 1971 in Singen eingemeindet.

Friedingen mit Schlossberg und Schlössle. Aufn.: Th. Müller

Nach dem Abstieg gehen wir zunächst südlich zu einem Parkplatz und dann der weißen Markierung folgend zurück zum Ausgangspunkt in Steißlingen.   6 km

W 28   Über die Ruine Hohenbodman zur Marienschlucht

Wanderstrecke: 16 km, Gehzeit: 4–5 Stunden, über den Echofelsen 9 km
Markierung: bis zum Lärchenweg und ab Marienschlucht Bodensee-Rundweg
Wanderkarte: L 8320 Konstanz, Freizeitkarte 511 Westlicher Bodensee
A, G, H, K, R, S, W
Ausgangspunkt: Bodman, Parkplatz Königsweingarten

Bodman *(410 m NN, 1180 Ew.) ist eine der ältesten Siedlungen am Bodensee. An mehreren Stellen wurden Reste der Pfahlbauten aus der Stein- und Bronzezeit gefunden. Kelten, Römer- und Alamannen-siedlungen sind nachgewiesen.*
Bodman war alamannisches Herzogsgut und gelangt nach der Nieder-werfung der Alamannen 746 an die fränkischen Könige. Die Pfalz wird erst für das 9. Jahrhundert bezeugt. 839 setzt eine Reihe von Königsaufenthalten ein. Besonders Ludwig der Deutsche und Karl der Dicke verbrachten Ostern öfters am Bodensee. Der letzte Königsbesuch erfolgte wohl im Jahre 912 durch Konrad I. Bodman war vermutlich für die Unterbringung und Versorgung des Gefolges zu klein.

Bodman verlor an Bedeutung, zudem das Kloster Reichenau sich große Teile des Fiskus aneignete. Rudolf von Habsburg verpfändete 1277 den königlichen Hof an Johann von Bodman, dessen Familie den Besitz bereits hundert Jahre verwaltete. Seither sind die Bodman Ortsherren im Dorf. Das Geschlecht derer von Bodman stammte vermutlich aus dem südlichen Linzgau, sie gaben die Burg Hohenbodman über der Salemer Aach 1282 auf und verlagerten ihren Sitz auf den Bodanrück. Sie mehrten den Besitz und bildeten nach der Erbteilung im 15. Jh. zwei Linien: Bodman-Bodman und Bodman-Möggingen. Viele Angehörige waren hohe kirchliche Würdenträger. 1686 wurden die Herren von Bodman in den Reichsfreiherrenstand, 1902 in den badischen Grafenstand erhoben.

In Bodmann sollte man die Pfarrkirche mit ihrem markanten gotischen Turm besichtigen, sie steht noch auf karolingischen Mauern. Gegenüber liegt das neue Schloss der Grafen von Bodman, eine Vierflügelanlage des 18. Jh., der Park ist im Sommer öffentlich zugänglich. Interessant ist das massive Fachwerkgebäude des Weintorkels gebaut um 1772 und das alte Torhaus gegenüber dem heutigen Rathaus in der Seestraße.

Schloss Frauenberg. *Bald nach der Belehnung 1277 errichteten die Herren von Bodman auf dem Frauenberg ihre „neue Burg". Während eines Familienfestes im Jahre 1307 brannte die Burg ab, mehrere Familienangehörige fanden hierbei den Tod, nur der einjährige kleine Johannes wurde von einer Amme gerettet, die ihn in einem Kessel verpackt über die Burgmauern heruntergelassen hat. Zum Dank an die Errettung stiftete der Gerettete den Platz an das Kloster Salem, das dort ein Klostergebäude mit einer Wallfahrtskirche errichtete. Die Wallfahrtsstätte wurde bis ins 18. Jh. von den Salemer Mönchen betreut. Die heutige Kirche stammt aus dem 17. Jh.*

Die Herren von Bodman selbst bauten Anfang des 14. Jh. die Burg Bodman auf einen etwas höheren Bergsporn westlich des Frauenbergs.

Ausgangspunkt der Wanderung ist der Parkplatz Königsweingarten, den wir von der Ortsmitte über die Straße „Am Königsweingarten" erreichen. Von hier aus führt der Weg zum Schloss Frauenberg und zur Ruine Hohenbodman. Wir steigen auf und halten uns rechts auf dem Weg zur Ruine Hohenbodman, die wir nach 30 Minuten erreichen.

Hohenbodman. *Die heutige Ruine zeigt noch die Ausmaße der mächtigen Burg. Ein geräumiger hoher Wohnturm mit mehreren Geschossen und die starken Wehranlagen sind heute noch gut sichtbar. Von der Aussichtskanzel hat man einen sehr schönen Blick auf das Schloss Frauenberg, den Überlinger See und den Hegau. Die Burg überstand den Schweizer- und den Bauernkrieg, wurde aber im*

*Die tief in die Molasse-
schichten eingeschnitte-
ne Marienschlucht.
Aufn.: W. Rößler*

*Dreißigjährigen Krieg 1643 niedergebrannt. Die Familie Bodman baute
die Burg nicht mehr auf, sondern verlegte ihren Sitz in das Schloss
Espasingen. Somit war die Burg dem Verfall preisgegeben.*

Nach der Besichtigung der Ruine steigen wir einen Fahrweg aufwärts
und erkennen beim Waldaustritt das Hofgut Bodenwald. Wir können
nun über den Höhenweg sofort nach Waldaustritt links oder über den
Lerchenäckerweg beim Parkplatz links über die Höhe einschlagen.
Letzterer verläuft an der südlichen Hangkante und bietet im Wald neben
dem Weg schöne Ausblicke auf die Insel Reichenau, den Untersee,
Konstanz. 300 m nach dem Aussichtspunkt verlassen wir den Bodenseerundweg und halten uns links, nach 200 m nochmals links und
erreichen wieder den Höhenweg. Dort geht es rechts weiter
zur Marienschlucht. Nach 800 m liegt links eine Hütte mit einer
Raststelle.   5 km
Abkürzung für Familienwanderung geeignet:
Ein Fahrweg führt an der Hütte vorbei in Kehren abwärts; bei einer
starken Haarnadelkurve geht rechts ein Pfad zum Echofelsen ab. Jeder

Ruf wird als Echo beantwortet. Wir kehren zurück auf den Waldweg, dort geht es weiter abwärts, dann an Obstanlagen vorbei Bodman zu.

4 km

Wir gehen auf dem Höhenweg weiter, immer links halten, erreichen den Waldrand und sehen rechts vor uns Langenrain liegen.

Langenrain (534 m NN), eine Rodungssiedlung, wurde 1288 erstmals genannt, war im Besitz der Konstanzer Bischöfe und ging als Lehen an die Herren von Bodman und ab 17. Jh. an die Herren von Ulm-Grießenbach. Das Barockschloss hat Bauteile aus dem 15./16.Jh.

Rechts führt bei einer Bank ein Weg dorthin; wir gehen aber einen Wiesenweg geradeaus weiter, am Waldrand rechts kommen wir zunächst zu einem Aussichtspunkt, dann zum Parkplatz. Hier beginnt die Marienschlucht. Wir steigen ab und erreichen bald die Ruine Kargegg.

Ruine Kargegg liegt auf einem lang gestreckten Bergrücken, getrennt durch einen tiefen Burggraben. Erhalten ist die Südmauer des ehemaligen 6-stöckigen Wohnturmes/Palas, von dem noch die Fenster erkennbar sind, außerdem erkennt man deutlich die Grundmauern des Palas und die des Zwingers. Die vermutlich im 14. Jh. von den Herren von Dettingen erbaute Burg wechselte im 15. Jh. öfters den Besitzer, diente oft als Raubritternest und wurde 1515 von den Herren von Bodman erworben. Im Bauernkrieg und im Dreißigjährigen Krieg wurde sie zerstört und nicht mehr aufgebaut.

Nach der Besichtigung der Ruine geht es einen gesicherten Pfad, meist auf Treppen die Marienschlucht abwärts.   5 km

*Die **Marienschlucht** entstand dadurch, dass ein Bach in einem starken Gefälle sich in das harte gegenüber Abtragung widerstandsfähige Gestein eingrub und durch große Erosionskräfte V-förmig vertiefte. Das Wasser stürzt über viele kleine Wasserfälle ab. Das Bachbett verengt sich auf eine schmale Felsspalte von 5 m im unteren Bereich.*

Unten angekommen wandern wir links immer am Bodenseeufer entlang bis nach Bodman. Linkerhand ragen steile Sandsteinfelsen der Meeresmolasse hoch, dann kommen wir vorbei an mehreren Schluchten, die sich in den weicheren Schichten der Süßwassermolasse eintieften und zuletzt an Schutthängen, auf denen üppige Obstanlagen gedeihen.   6 km

W 29   Rund um den Mindelsee

Wanderstrecke: 9 km, Gehzeit: 2,5 Stunden
Markierung: laut Text
Wanderkarte: L 8320 Konstanz, Freizeitkarte 511 Westlicher Bodensee
E, F, G, R, Fam.
Ausgangspunkt: Parkplatz südlich von Möggingen

Vom Parkplatz aus wandern wir auf dem Grasweg in Richtung See, kommen dann auf eine Kalkstraße, der wir sehr lange in südöstlicher Richtung folgen. Links liegen Schilf- und Seggenwiesen, die zum Naturschutzgebiet Mindelsee gehören.

*Das **Naturschutzgebiet Mindelsee** (vgl. S. 72) mit 411 ha umfasst nicht nur den See, einen eiszeitlichen Moränensee mit 110 ha, sondern Riedflächen, Schilfgürtel, Großseggengürtel zwischen denen eine seltene Flora zu finden ist wie Mehlprimel, Sonnentau u. a., aber auch Orchideen. In diesem Schilfgürtel findet man ein reiches Vogelleben. Im See selbst lebt der Wels.*

Kurz vor der Autobahn biegen wir scharf links ab und wandern dem Waldparkplatz zu. Wir bleiben am Waldrand, folgen dem Bodensee-Rundwanderweg immer am See entlang. Am Ende des Sees biegen wir links ab und wandern am östlichen Ufer durch Schilfwiesen weiter. Nach Überschreiten des Krebsbaches haben wir zwei Möglichkeiten:
Entweder wir bleiben unten und wandern entlang des Ufers über Wiesen- und Waldwege weiter, kommen am Westufer auf eine Kalkstraße, biegen links ein, dann aber rechts auf einem Wiesenweg wieder dem Parkplatz zu.
Oder wir steigen auf zum Hirtenhof, Markierung: weiß-rote Raute, gehen auf der Höhe links weiter zum Dürrenhof und dann auf Asphaltstraße Möggingen zu. In Möggingen steigen wir in Richtung Radolfzell zum Parkplatz ab.

W (S) 30   Blütenwanderung Ludwigshafen – Überlingen

Wanderstrecke: 13 km, Gehzeit: 4 Stunden
Markierung: ab Hödingen roter Strich, sonst nach Text
Wanderkarte: L 8120 Stockach, L 8320 Konstanz, Freizeitkarte 511 Westlicher Bodensee
A, E, F, G, K, R
Familienwanderung bis Sipplingen
Ausgangspunkt: Ludwigshafen, Bahnhof; Rückfahrt von Überlingen mit Bahn oder Bus.

Ludwigshafen *(408 m NN, 2 707 Ew.) liegt am westlichen Ende des Bodensees. Der Ort wurde 1145 urkundlich als merowingische Siedlung „Sernotingen" erwähnt, eine Kehlhofanlage im Besitz der Bischöfe von Konstanz. Das Dorf muss im 13. Jh. an die Herren von Bodman übergegangen sein, die es 1294 an das Überlinger Armenspital veräußerten. Dieses setzte einen Obervogt ein, der das Dorf bis 1810 verwaltete. 1806 kam es zu Württemberg, 1810 zu Baden. Im Zuge des Hafenausbaues durch Großherzog Ludwig von Baden nannte man es Ludwigshafen.*

Im 13. Jh. errichteten die Ortsherren eine Wasserburg, später Schlössle genannt. Dort hatte der Vogt seinen Sitz. Die Grundmauern gehen noch auf die Spätgotik zurück, es wurde jedoch umgebaut und im Obergeschoss barockisiert.

An der Stelle der jetzigen Kirche stand bereits 1155 eine Kapelle. Die Kirche wurde öfters an- und umgebaut. Der Turmunterbau stammt aus dem 13. Jh, wahrscheinlich auch das Sakramentshäuschen, der Chor aus dem 14. Jh. das Langhaus wurde im 16. Jh. erweitert, die Kirche im 18. Jh. barockisiert. Sie ist dem hl. Othmar geweiht, er ist auf dem Altarblatt mit dem hl. Georg und der hl. Katharina dargestellt.

Bereits im 13. Jahrhundert bestand eine Fähre, die Frucht- und Salzfuhren in die Schweiz und nach Vorarlberg transportierte; sie bestand bis ins 19. Jh. 1826 wurde der Hafen ausgebaut, eine Dampfschifffahrtsgesellschaft gegründet, Lagerhäuser geschaffen, der Handel blühte bis die Eisenbahn den Transport übernahm. Übrig blieb das mächtige Zollamtsgebäude, das heute als Gäste- und Kulturzentrum dient

Vom Bahnhof Ludwigshafen wandern wir stadteinwärts bis zur Kirche, dort biegen wir rechts ab in die Haldenhofstraße, nach 100 m in den Blütenweg und gehen am Ortsrand immer geradeaus weiter in die Obstanlagen. Nach 800 m biegen wir links ab und nach 60 m wandern wir weiter in östlicher Richtung am Waldrand, später im Wald ansteigend mit schönen Ausblicken auf den Bodensee und später auf Sipplingen. (s. W 32 S. 231). 4,5 km

In Sipplingen gehen wir die Weinbergstraße weiter, dann rechts die Straße „Im Lutzental" abwärts, kommen dann auf die Rathausstraße, die wir aufwärts gehen bis zum Narrenbrunnen, dort schwenken wir rechts in die Morgengasse ein. Am Ortsrand erkennen wir bereits den Burgberg, auf der Asphaltstraße wandern wir an ihm vorbei und schwenken 200 m nach dem Berg rechts zum Naturschutzgebiet Sipplinger Dreieck (Rotweilerberg) ein. Ein Fußweg führt zu den so genannten „Churfirsten" hoch (s. W 32 S. 233).

Nach deren Besichtigung wandern wir in östlicher Richtung weiter und steigen zur Süßenmühle ab. Nun geht es 200 m auf einem Teerweg rechts

Blühende Kirchbäume im Sipplinger Dreieck. Aufn.: L. Zier

abwärts und am Waldrand links hoch. Vor dem Privatgelände steigen wir links hoch und in einem Rechtsbogen Hödingen zu. Wir bleiben jedoch unterhalb von Hödingen und wandern zwischen Obstbäumen und dem Waldrand weiter, später steigen wir neben einem Weinberg ab und gelangen zur Gletschermühle. Westlich davon das Naturschutzgebiet Katharinenfels (s. S. 87, Sage S. 166).

*Die **Gletschermühle** (Naturdenkmal) entstand in der Würmeiszeit. Ein unter dem Gletscher entstandenes Strudelloch, das mit Sand und Geröll ausgekolkt wurde, erhielt eine runde Form. Die Gletschermühle hat einen Durchmesser von 20 m und eine Tiefe von 10 m.*

Von der Gletschermühle geht es hinab zur B 31, dort links der Straße entlang bis zur Brücke, diese queren wir und biegen sofort nach der Brücke rechts in einen Hohlweg ein, der uns nach Goldbach führt.

6,5 km

Goldbach *ist der östlichste Ort, der zum karolingischen Verwaltungsbezirk Hegau gehörte. Die frühromanische Sylvesterkapelle mit Wandgemälden aus dem 10. und 15/16. Jh. sollte man besuchen. Den Schlüssel erhält man im Ort.*

In Goldbach steigen wir einen tief in den Sandstein eingeschlagenen Hohlweg hoch und wandern an schönen Villen vorbei Überlingen zu. Wir queren die Bahnlinie und spazieren durch den Stadtgarten nach Überlingen.   2 km

Mit der Bahn oder dem Bus kommen wir zum Ausgangspunkt zurück.

W 31   Vom Fährmann zum Minnesänger

Wanderstrecke: 10 km, Gehzeit: 3 Stunden
Markierung: bis Haldenhof Zeichen vom Bodenseerundweg, dann laut
Text
Wanderkarte: L 8120 Stockach, Freizeitkarte 511 Westlicher Bodensee
A, F, G, K, R, W, Fam.
Ausgangspunkt: Ludwigshafen, Bahnhof

Ludwigshafen (s. W 30 S. 228)

Vom Bahnhof Ludwigshafen gehen wir stadteinwärts, die Hauptstraße
hoch bis zur Kirche, dann in der Haldenstraße rechts, sie führt uns
aufwärts bis zum Waldparkplatz. Wir wandern nun auf gut ausgebautem
Fußweg leicht ansteigend im Wald, bald queren wir eine Klinge, bald
geht es unter einer Felswand aufwärts. Nachdem wir die Höhe erreicht
haben, geht es am Waldrand weiter. Der Buohof kommt bald in
Sicht. Wir gehen durch den Hof und steigen kurz nach dem Hof nach
einem Waldeck links hoch. Nach Waldaustritt sehen wir bereits den
Haldenhof.   4 km
Wir können uns hier verweilen und den Ausblick auf den See genießen.
Beim Haldenhof führt ein Pfad steil abwärts nach Sipplingen. Nach
einigen Minuten erkennen wir vor uns einen Kegelberg. Wir steigen vom
Graben aus einen Pfad hinauf, der sich spiralenförmig um den Berg
zieht. Entlang des Weges sind Steinreste, vermutlich standen hier die
„Torhäuser". Auf der kleinen Bergkuppe zeugt eine 6–7 m hohe
Eckmauer vom mächtigen „Hohen Haus" der ehemaligen Burg.

*Hohenfels. Seit 1148 sind die vermutlich Reichsministerialen von
Hohenfels bekannt. 1191 wird ein Konstanzer Domherr Burkhard von
Hohenfels genannt. Beim Hoflager Friedrich II. in Überlingen sind
Angehörige der Hohenfelser vertreten. 1292 teilt sich die Linie. Eine
Familie bleibt auf Alt-Hohenfels, eine Familie baut sich in Neu-
Hohenfels eine Burg, späteres Schloss bei Kalkreute. Nach dem
Aussterben des Geschlechtes 1408 kommt die Herrschaft an die Herren
von Jungingen, 1437 an die Herren von Landenberg, 1497 kauft das
Überlinger Spital Burg und Herrschaft. Vermutlich war zu diesem
Zeitpunkt die Burg verfallen.*
*Aus dem Geschlecht ging der Minnesänger **Burkhard von Hohenfels**
hervor, dessen Lieder in der Mannesischen Liederhandschrift fest-
gehalten sind (s. S. 161).*

Der steile Pfad führt uns über Kehren und Treppen an schönen
geologischen Formationen vorbei, dann durch eine Klinge hinab nach
Sipplingen.   2 km

Rekonstruktionszeichnung der Burg Hohenfels. Die drei Ebenen, auf denen die Burg stand, sind gut erkennbar. Zugänge und Zwinger, die sich halbkreisförmig um den Burghügel herumziehen, sind noch gut passierbar. A. Hauptmann 1985

Beim ersten Haus steigen wir „Im Würchenweg" abwärts und dann rechts weiter in westlicher Richtung nach Ludwigshafen. Zunächst geht es etwas aufwärts im Wald, dann am Waldrand mit schönen Ausblicken auf den See, nach 3 km geht es links ab und durch die Obstanlagen zum Ausgangspunkt zurück.   4 km

W 32   Landschaftsgeschichte pur um Sipplingen

Wanderstrecke: 12 km, Gehzeit: 4 Stunden
Markierung: Haldenhof–Hödingen HW 9 – roter Strich, sonst laut Text
Wanderkarte: L 8120 Stockach, 8320 Konstanz, Freizeitkarte 511
Westlicher Bodensee
A, E, F, G, K, R
Ausgangspunkt: Sipplingen, Parkplatz beim Bahnhof oder P West

Sipplingen (406 m NN, 2186 Ew.) liegt am Ufer des Bodensees (Überlinger See). Im Uferbereich von Sipplingen wurden Siedlungsplätze der Pfahlbauern aus der Jungsteinzeit (384–1800) entdeckt. Das Dorf Sipplingen dürfte zwischen dem 6. und 8. Jh. entstanden sein und zur damaligen Königspfalz Bodman gehört haben. Urkundlich genannt wird Sipplingen im 12. Jh. Im Mittelalter war es ein Teil der Landgrafschaft Nellenburg.

1148 werden die Herren von Hohenfels als Ortsherren erwähnt, vermutlich Ministeriale des Bistums Konstanz, sie übten die niedere Gerichtsbarkeit aus. Um 1300 ging Sipplingen an das Spital in Konstanz und 1577 an Österreich. Begehrt waren die Sipplinger Weinberge, deshalb erwarben viele Klöster und Pfarreien in der Gemarkung Grundstücke. 1810 kam Sipplingen zu Baden. Heute ist es ein Erholungsort.

Die Pfarrkirche St. Martin und St. Georg geht auf das 12. Jh. zurück, die heutige Kirche ist im 16. Jh. erbaut worden, dies zeigt auch der Freskenzyklus an der Nordwand, der 1959 entdeckt wurde. Besonders wertvoll sind die Holzplastiken von J.A. Feuchtmayer, die im Chor stehen, sowie die Mondsichelmadonna von 1620 aus der Werkstatt von Jörg Zürn. Im rückwärtigen Teil der Kirche hängt ein Bild aus dem Jahr 1800, das den Ort Sipplingen darstellt.

An der Außenfassade der Kirche ist ein Ölberg, dessen Figuren um Mitte des 16. Jh. geschaffen worden sind. Vom Kirchplatz sieht man auf den Überlinger Spitalhof und ein schönes Weinbauernhaus mit Fachwerkgiebel

Vom Verkehrsamt in Sipplingen (Bahnhof) geht man durch die Straßenunterführung und kommt in die Rathausstraße. Bevor man zur Kirche hoch geht, sollte man an der Seestraße einen Blick auf den ehemaligen Konstanzer Spitalhof werfen, der früher Kehlhof, Herrenhof war und als Gerichts- und Versammlungsstätte diente. Ab 1880 wurde hier die Poststation eingerichtet.

Wir gehen an dem früheren Amtsgebäude der Deutschordenskommende Mainau und dem Rathaus vorbei, steigen die Lenzensteige hoch und kommen direkt auf das frühere Franziskanerinnenkloster (heute Gasthaus zum Adler). Nun geht es der Schulstraße entlang und dort rechts die Hirschacker- und Haldenhofstraße aufwärts zum Ausgangspunkt des geologischen Lehrpfades.

Wer auf dem großen Parkplatz im Westen des Ortes den Wagen abstellt, geht von dort die Straße am Hörnlebach hoch bis an den Waldrand und kommt nach einigen Schritten rechts zum Ausgangspunkt.

Der Weg führt nun in Kehren hinauf zum Haldenhof über zahlreiche Aufschlüsse des geologischen Profils der Molasselandschaft, die anschaulich auf Lehrtafeln dargestellt werden. Kurz unter dem Haldenhof liegt die Ruine Hohenfels (s. W 31 S. 230).   3 km

Haldenhof *(580 m NN), der seit Mitte dieses Jahrtausends dem Überlinger Heilig-Geist-Spital gehört. Von dort hat man den schönsten Blick auf den Bodensee.*

Der Lehrpfad führt auf der Höhe in östlicher Richtung weiter und zeigt sehr schön den Übergang von der Molasseschicht zum Deckenschotter der Moräne. Der Deckenschotter (Nagelfluh) deckt die weichen Molasseschichten ab und bildet hier eine Bergkuppe, den Steinbalmen, vom dem man nochmals die Aussicht über den See genießen kann.

Man folgt dem Bodenseerundweg weiter, immer am Trauf entlang.

*Links liegen in der Nähe die Gebäude der **Bodensee-Fernwasser-versorgung** auf dem Sipplinger Berg. Von Sipplingen wird das Wasser aus 60 m Tiefe hoch gepumpt, hier gereinigt und sterilisiert, dann fließt es bis in den mittleren Neckarraum.*

Auf dem Traufweg geht es in östlicher Richtung weiter, bald kommt eine Kalkstraße auf der man links nach 300 m zu einer Hütte kommt (Möglichkeit zum Rasten). Dort gehen wir abwärts bis zum Baumstück und dann an dem Zaun links weiter, durch eine Klinge bis zum Umspannwerk. Nach dem Werk biegen wir links ab, kommen über einen Wasserbehälter zum Einstieg in den Hödinger Tobel (Naturschutzgebiet s. S. 83).   3,5 km

Wir steigen nun auf Treppen und Stiegen den romantischen Hödinger Tobel hinab und treffen dieselben Formationen in umgekehrter Reihenfolge an wie beim Lehrpfad.   2 km

Bei der Süßenmühle gehen wir auf einer Asphaltstraße rechts hoch, nach 700 m bei einer Wegspinne geradeaus auf einem Feldweg aufwärts und kommen in das

Naturschutzgebiet Sipplinger Dreieck *(s. S. 86), einen fast ebenen Landschaftsteil, der durchsetzt ist von einigen Bergspitzen. Es soll durch Rutschungen und Erosion nach der letzten Eiszeit entstanden sein. Auf dem Rottweilerberg, den man sogleich erreicht, stehen die „Sieben Churfirsten", 6–7 m hohe Felszinnen aus Sandstein, die durch nacheiszeitliche Erosion entstanden sind.*

Man geht in westlicher Richtung weiter und gelangt wieder auf die Straße. Vor uns steht ein Kegelberg, die Burghalde. Der Weg führt rechts zum Aufstieg, etwa 100 m links geht es hoch. Auf der Bergspitze stehen noch Mauerreste einer ehemaligen Burg der Herren von Hüneberg. Man folgt nun dem Waldweg und kommt bald an den Ortsrand von Sipplingen. Über die Morgengasse erreicht man den Ausgangspunkt.

                                                                                        3,5 km

W 33   Rund um Messkirch, die Stadt der Herren von Zimmern

Wanderstrecke: 10 km, Gehzeit: 3 Stunden
Markierung: Gelbes Schild mit blauer Aufschrift: „Messkircher Wanderwege – Rundweg"
Wanderkarte: L 7920 Sigmaringen, L 8020 Stockach, Freizeitkarte 511 Westlicher Bodensee
A, E, F, G, K
Ausgangspunkt: Messkirch, Ortsmitte

Messkirch, 616 m NN, 5 990 Ew. liegt in einer weiten Talsohle der Ablach. Um 1080 als Messankirche gehörte es zur Herrschaft der Grafen von Rohrdorf. Nach dem Aussterben des Geschlechts fiel Messkirch an die Herren von Neuffen; diese verkauften es an die Truchsessen von Waldburg. In dieser Zeit erhält 1241 Messkirch die Markt- und 1261 die Stadtrechte. 1344 erwerben es die Herren von Zimmern, die es durch ihre Bauten zur herrschaftlichen Blüte brachten. Nach deren Aussterben 1594 kommt es an die Herren von Helfenstein und 1627 an die Grafen und späteren Fürsten von Fürstenberg. Von 1806 bis 1936 war Messkich badisches Bezirksamt, kam 1939 zum Kreis Stockach und 1973 zum Kreis Sigmaringen.
Das dreiflügelige Renaissanceschloss wurde von Froben Christof von Zimmern 1557 gebaut, nachdem das alte Schloss verwahrlost war. Lediglich das sogenannte „Schlössle" stammt noch aus der Zeit nach dem großen Brand um 1400. Das Schloss ist eines der ersten Renaissanceschlösser in Oberschwaben und Vorbild für den Schlossbau in Wolfegg. Siehe auch Sage S. 169.

Der hier vorgeschlagene Rundweg kreuzt 4 weitere Messkircher Wanderwege, die zu speziellen Wanderzielen führen. Das sind:
– der Heideggerweg
– der ehemalige römische Gutshof mit dem Dianatempel
– der Feldherrnhügel, der an die Schlacht bei Messkirch erinnert
– das Felsentäle (s. W 34)
Wir beginnen die Wanderung beim Verkehrskreisel am östlichen Ende der Hauptstraße mit genügend Parkmöglichkeiten. Von dort gehen wir zunächst in südöstlicher Richtung über die Ablachbrücke zur Liebfrauenkirche.

Die Kirche wurde 1356 im gotischen Stil erbaut, doch davon ist nur noch der Chor vorhanden. Hinter dem Altar sind noch gotische Fensterelemente erkennbar. 1576 wurde die Kirche von Jörg Schwarzenberger umgestaltet. Der Turm und die Westfront zeigen Bauformen der späten Renaissance. Schwarzenberger ist auch der Erbauer des Heiligenberger

Messkirch mit Schloss und Kirche. Aufn.: W. Rößler

*Schlosses; der Kampanile im dortigen Schlossbezirk ist ein Doppel-
gänger des Turms dieser Kirche.*

Gegenüber der Kirche gehen wir etwa 50 m in die Schnerkinger Straße
und biegen dann links in den Sandbühlweg ein. Zunächst noch flach,
dann etwas steil erreichen wir oberhalb des Baugebiets nach einer
Rechtskurve das Schützenhaus. Von dort hat man den schönsten und
umfassendsten Ausblick auf Messkirch mit St. Martinskirche und
Zimmernschloss. Im Hintergrund sind Rohrdorf und Engelswies zu
erkennen.
Am Schützenhaus vorbei wandern wir rechts abbiegend wieder bergab
auf den dörflichen Stadtteil Schnerkingen zu. Wir gehen weiter bergab
an der Kapelle (St. Peter und Paul mit Fresken aus dem 15. Jh. und einem
gotischen Maßwerkfenster) vorbei und biegen rechts in den Bruck-
öschweg ein. Wir überqueren die Landesstraße und wiederum die
Ablach. Nach der Brücke geht es rechts auf das ehem. Bahnwärter-
häuschen zu. Auch hier aus dem Talgrund bietet sich ein schöner Blick
auf das Messkircher Stadtbild. Nach dem Bahnübergang geht es rechts
flach, dann wieder links bergan. Bei einer Wegkreuzung mit Feldkreuz
überqueren wir das „Bichtlinger Sträßle", weltweit bekannt als „Der
Feldweg" nach einer so benannten Schrift des Messkircher Philosophen
Martin Heidegger.   2,5 km

Martin Heidegger, *geb. 1889 in Messkirch, gest. 1976, Philosoph der
Seins-Philosophie, Professor 1928-1951 in Freiburg. Seine Schrift „Der*

Feldweg" beginnt: „Er läuft aus dem Hofgartentor zum Ehnried ... biegt auf den Wald zu. An dessen Saum vorbei grüßt er eine Eiche, unter der eine roh gezimmerte Bank steht. Darauf lag bisweilen die eine oder die andere Schrift der großen Denker, die eine junge Unbeholfenheit zu entziffern versuchte ... "
(Abzweigung: des „Heideggerweg")

Biegen wir an der besagten Kreuzung nach links ab, erreichen wir am Waldrand nach etwa 600 m die besagte roh gezimmerte Bank. Unser Rundweg geht geradeaus und nach etwa 200 m wieder rechts, am Ehnriedhof vorbei. Nach Überqueren der einstigen Bundesstraße senkt sich der Weg in das Tal des Mettenbachs. Wir gehen kurz bergan links am Birkenhof vorbei und bei der nächsten Weggabelung wieder rechts auf einem ungeteerten Feldweg. Nach 500 m wird die Rudolfskapelle erreicht. Dort geht es links, wir unterqueren die Verkehrsstraße und haben einen Ausblick auf die Talmühle.   2 km.

*Die **Rudolfskapelle** barg einst eine wertvolle Geißelungsskulptur, die leider einem Diebstahl zum Opfer fiel; auch die früher vorhandenen Betbänke im offenen Vorraum wurden Opfer des Vandalismus.*
*Die **Talmühle** ist das Geburtshaus des Komponisten **Conradin Kreutzer**. Noch heute bekannte Werke: „Das ist der Tag des Herrn", „Schon die Abendglocken klangen", das „Hobellied".*

Wir wandern jetzt auf dem zur Kreisstraße parallel verlaufenden Weg Richtung Heudorf bis zum Ortsanfang.
(Abzweigung des Wanderweges „Dianatempel" im ehemals römischen Gutshof   2,7 km)

*Vom **römischen Gutshof** (der größte Süddeutschlands) mit den Resten eines Dianatempels, sind, außer einer Rekonstruktion römischen Mauerwerks neben der Bundesstraße, noch Spuren von Ausgrabungen zu erkennen. Der Dianatempel war einst eine Holzkonstruktion. Die Umfassungsmauern sind noch gut erkennbar. Der Altarstein ist eine Kopie; das Original befindet sich in den fürstlich fürstenbergischen Sammlungen in Donaueschingen.*

In Heudorf biegen wir nach rechts in den Talgrund und halten uns wieder rechts in östlicher Richtung auf Messkirch zu. Bei der nächsten Feldwegkreuzung gehen wir geradeaus und zuletzt parallel zur Messkircher Umgehungsstraße. Bei der Brücke treffen wir wieder auf die Markierung blaues Dreieck.   2,5 km
(Bei der Brücke treffen wir auf die Abzweigung „Feldherrnhügel" 3 km)

*Der sogenannte **Feldherrnhügel** war am 5. 5. 1800 der Befehlsstand des österreichischen Generals Kray gegen die napoleonischen Truppen während des 2. Koalitionskrieges. Informationstafeln weisen auf dieses geschichtliche Ereignis hin. Außerdem bietet dieser Platz eine weitreichende Aussicht auf Messkirch und die weitere Umgebung, bei guter Fernsicht auch auf die unendlich scheinende Alpenkette.*

Um auf dem Rundweg zu bleiben, wechseln wir auf die andere Seite der Umgehungsstraße, überqueren in der Nähe des Messkircher Friedhofs die Straße nach Rohrdorf und gelangen so in weitem Bogen an das nördliche Ende der Stadt. Bei einer Feldwegbrücke zweigt der Wanderweg nach Sigmaringen ab, (blaues Dreieck) der auch zum „Felsentäle" führt (s. W 32).

Unter der großen Talbrücke der Umgehungsstraße erreichen wir die Bahnhofstraße, die uns wieder zum Ausgangspunkt der Wanderung führt.   3 km

W 34   Durchs Felsentäle bei Messkirch

Wanderstrecke: 9 km, Gehzeit: 2,5 Stunden
Markierung: Gelbes Schild mit blauer Aufschrift „Messkircher Wanderweg – Felsentäle", sowie Albvereinsmarkierung blaues Dreieck.
Wanderkarte: L 7920 Sigmaringen, Freizeitkarte 511 Westlicher Bodensee
E, F, G, W, Fam.
Ausgangspunkt: Messkirch, Parkplatz, Hauptstraße

Wir beginnen die Wanderung beim Verkehrskreisel am östlichen Ende der Messkircher Hauptstraße mit genügend Parkmöglichkeiten. Von dort gehen wir nördlich, entlang der Bahnhofstraße bis zur großen Talbrücke der Umgehungsstraße. Wir wenden uns zunächst links entlang der Zufahrt zur Umgehungsstraße, dann auf den geteerten Feldweg und überqueren auf einer Brücke die Bundesstraße. Wir befinden uns auf dem mit blauem Dreieck markierten Albvereinsweg nach Sigmaringen. Wir bleiben auf diesem Weg, passieren einen einzeln stehenden Bauernhof und erreichen die oberen Häuser des Ortsteils Igelswies. Nach dem letzten Haus biegen wir links ab in den Wald hinein. Nach ca. 500 m überschreiten wir in einer Senke den meist trockenen Annenbach.

*Hier befindet sich wenige Meter links des Weges die **Versickerungsstelle des Annenbaches**. Nur bei starker Wasserführung fließt ein Teil über das Schluckloch hinweg in das weitere, meist trockene Bachbett. Normaler-*

*Das Felsentäle bei
Messkirch.
Aufn.: W. Rößler*

*weise verschwindet der gesamte Bach in den Spalten der „Hangenden
Bankkalke" und tritt in einer Entfernung von 1000 m nach 29 Std. im
Ablachtal als Karstquelle im gleichen Gestein wieder ans Tageslicht.
Dabei beträgt das Gefälle 32 m entsprechend der Schichtneigung von
3 %.*

Nach 400 m zeigt die Markierung nach rechts abwärts. Wir erreichen auf
der linken Seite den Eingang ins Felsentäle. Ein schmaler Pfad führt in
das Tälchen hinein und erschließt uns seine wildromantischen
Felsformationen mit Felsentoren und Höhlen.   4,5 km

*Die Schwammstotzen im **Felsentäle** gehören zur obersten Formation des
Weißen Jura, den „Hangenden Bankkalken Zeta 3". Sie sind Teil der
südöstlichsten Riffbildung im ehemaligen Jurameer und entstanden vor
rund 140 Millionen Jahren in einer Flachwasserzone in Küstennähe.
Weitere Ablagerungen gab es in unserem Raum nicht mehr, denn durch
die Kippung des Schichtpakets wurde der Meeresboden zum Festland.
Unweit dieser Stelle verschwindet der Jurakalk im Molassetrog und wird
von der Unteren Süßwassermolasse überlagert.*

Wenn sich das Tälchen wieder weitet, kehren wir um und genießen
nochmals die Felsen. Am Talausgang gehen wir nach links, den nächsten

Weg nach rechts, etwas bergan, immer am Waldrand entlang und gelangen zu den oberen Häusern von Igelswies. Nun immer geradeaus, entlang der Talkante wird der Herweg wieder erreicht. Der Turm der St. Martinskirche weist den Weg.   4,5 km

W 35   Die Sauldorfer Seen und das Waltere-Moor

Wanderstrecke: 10 km bzw. 12 km, Gehzeit: 3 Stunden
Markierung: keine
Wanderkarte: L 8120 Stockach, Freizeitkarte 511 Westlicher Bodensee
E, F, G, K, Fam.
Ausgangspunkt: Sauldorf, Mitte

Sauldorf (624 m NN). Bei der Deutung des Namens ist noch keine Einigung erzielt. Geht man von Sal = Weide und aw oder owe = Wasserland aus, so wäre es ein mit Weidengehölz bewachsenes Feuchtgebiet. Bei Sul oder Suhle = Wassertümpel und sulag = sumpfig wäre Suldorf das Dorf am Moor, am Waltere Moor? Soul bedeutet Säule. Manche leiten daraus Pfähle für Pfahlbauten in nassem sumpfigem Gebiet ab. Im Quellgebiet des Auenbaches existiert noch heute der Gewann-Name „Pfahlbauten". Wie dem auch sei: die Siedlungszeit fällt wohl in die fränkische Ausbauzeit und die erste Nennung als „Suldorf" erfolgte in der um 1150 verfassten Chronik des Klosters Petershausen. Darin steht: Bischof Gebhard II. von Konstanz vergab im Jahre 983 umfangreiche Besitzungen, darunter Roth und Sauldorf, dem Kloster Petershausen. Beide Dörfer blieben bis zur Säkularisation 1803 im Besitz des Klosters. Der Besitz ging dann auf das Kurfürstentum Baden über, was aber wegen eines Einspruches Österreichs nicht vollzogen werden konnte. Erst 1809, Baden war mittlerweile – 1806 – zum Großherzogtum von Napoleons Gnaden aufgestiegen, wurde der Wechsel realisiert.
Durch einen Bürgerentscheid wurde 1973 die Gründung der Gemeinde „Wasser" aus den Teilorten Bietingen, Boll, Krumbach, Rast, Sauldorf und Wasser (Bichtlingen) beschlossen. 1974 entschied man sich für den Gemeindenamen Sauldorf. Die Gesamtgemeinde bildet einen Gemeindeverwaltungsverband mit der Stadt Messkirch.

Wir wandern vom Ortskern auf der Straße nach Krumbach über die Bahnlinie und über die Ablach. Kurz hinter der Ablach zweigen wir links ab und nach rund 800 m wieder links zur Ablach zurück. Der Weg führt zwischen den beiden ersten Seen hindurch und trifft auf die Bahnlinie.   2,5 km

*Die **Sauldorfer Baggerseen** sind aus dem Abbau von ausgedehnten Kieslagerstätten im Ablachtal hervorgegangen. Sie sind ganzflächig Naturschutzgebiet (s. S. 74). Ihre südliche Fortsetzung erfährt diese Seenplatte in den Baggerseen beim Bahnhof Schwackenreute.*

Wir gehen rechts, etwa 900 m weit zwischen Bahnlinie und See, dann links über die Bahnlinie und nach 400 m rechts in ein Waldgebiet. Wir queren die ehemalige Bahnlinie und gehen weiter in südlicher Richtung geradeaus und dann in großem Linksbogen durch den westlichen Teil der „Waltere", die in diesem Bereich bereits Forstcharakter zeigt, zum Kögelhof.   4,5 km

Von hier führen einige mehr oder weniger verwachsene Pfade in das Moor hinein, das auf dem ehemaligen Grenzdamm zwischen Baden und Hohenzollern schwierig begangen werden kann.

*Das Naturschutzgebiet **Waltere Moor** verläuft von SO nach NW, wobei die durchschnittliche Höhe 630 m NN beträgt und nach NW ein Gefälle von nur 0,5 % feststellbar ist. Die Entwässerung erfolgt nach Norden zur Ablach und somit zur Donau. Direkt südlich des Moorgebietes liegt die Europäische Wasserscheide und der Betrachter erkennt dies sofort an der stärkeren Erosionskraft des Rheinsystems.*

Vor 1699 war die Stockacher Aach noch ein Quellfluss der Ablach. Der Mensch griff ein und bewirkte direkt an der Wasserscheide eine Ableitung nach SW, um das Fürstenbergische Hüttenwerk in Zizenhausen mit mehr Wasser zu versorgen. Dadurch vergrößerte sich das Einzugsgebiet der Stockacher Aach um 20 km². Die Stadt Messkirch beklagte sich beim Landgrafen von Fürstenberg wegen verminderter Wasserführung der Ablach.

Mit dem Torfabbau wurde 1812 durch einen Wasenstecher aus Buchau begonnen. Später übernahmen die umliegenden Gemeinden den Abbau, wobei eine jährliche Ausbeute von 1728 Haufen zu je 1000 Torfwasen in sehr guter Qualität erzielt wurde. In der Längsachse des Moorgebietes verläuft die ehemalige Grenze zwischen Baden und Hohenzollern; heute ist es die Kreisgrenze zwischen Konstanz und Sigmaringen. Der Grenzdamm ist noch ursprünglich, der ehemalige Grenzweg allerdings stark verwachsen. Beidseitig des Dammes ist das Niveau durch den Torfabbau niedriger (vgl. S. 73)

Vom Kögelhof wandern wir nördlich am Wandrand entlang über die Beckerhöfe direkt nach Sauldorf zurück   3 km
oder wir wählen den Weg über Roth in Richtung Rast; kurz nach der Raster Mühle biegen wir links den Feldweg nach Sauldorf ein.   5 km

W 36   Kloster Wald und Bethlehem

Wanderstrecke: 8 km, Gehzeit: 2 Stunden
Markierung: laut Text
Wanderkarte: L 8120 Stockach, Freizeitkarte 511 Westlicher Bodensee
E, G, K
Ausgangspunkt: Wald, Pfarrkirche

*Die Gemeinde **Wald** (650 m NN, 849 Ew.) liegt im Grenzbereich des
flachwelligen Altmoränenlandes zum hügeligen Jungmoränenland,
etwa in der Mitte zwischen Bodensee und Donau. Geprägt wurde die
Landschaft von den Gletschern der Riß-Eiszeit und von den Schmelzwässern der späteren Würm-Eiszeit. Bei Föhn Wetterlage ist im Süden
die gewaltige Alpenkette zu erkennen, nördlich reicht der Blick zum
Heuberg und zur Schwäbischen Alb. Eingebettet in große Wälder ist der
Ort schon vor der Klostergründung als Vogtei „Walde" aufgeführt.
Die Klostergründung erfolgte am 1. April 1212 durch Burkard von
Weckenstein für seine beiden Schwestern Judith und Ita. Kloster Wald
war das erste Zisterzienserinnenkloster im Raum Oberschwaben. In der
größten Blütezeit um 1500 gehörten bereits 19 Orte im Umkreis zum
Kloster, dazu Besitzungen in 20 weiteren Orten. Plünderung und
Brandschatzung erlebte das Kloster im Bauernkrieg 1525 und noch
schlimmer waren die Ausraubungen und Zerstörungen durch die*

Das Kloster Wald. Aufn.: W. Rößler

Schweden und durch Konrad Widerholt im Dreißigjährigen Krieg. Die Auflösung des Klosters erfolgte 1806 im Zuge der Säkularisation. Sämtlicher Besitz ging an das Fürstenhaus Hohenzollern-Sigmaringen. Seit 1946 betreiben die Benediktinerinnen von der hl. Lioba in den Klostergebäuden die weit über Deutschland hinaus bekannte Heimschule Kloster Wald, ein staatlich anerkanntes Mädchen-Gymnasium mit Internat und Lehrwerkstätten.

Ein besonderes geschichtliches Bauwerk ist die Pfarrkirche von Kloster Wald. Sie wurde 1698 im Barock-Rokokostil erbaut und erhielt ihre prachtvolle, noch ganz erhaltene Innenausstattung zwischen 1739 und 1772. Baumeister und Künstler waren u. a. Josef Beer, Meinrad von Aw, Johann Jakob Schwarzmann und Johann Michael Schmadell. Die Kirche ist dem hl. Bernhard von Clairvaux geweiht und besitzt die letzte noch funktionstüchtige Aichgasser-Orgel.

Wir beginnen die Wanderung bei der Pfarrkirche Wald und gehen zunächst etwa 200 m entlang der Hauptstraße in Richtung Pfullendorf. Dann zweigen wir links ab und folgen in östlicher Richtung dem Albvereinsweg mit blauem Dreieck zunächst durch den Wald, kreuzen die Kreisstraße und streben der kleinen Siedlung Bethlehem zu. Links führt der Weg in spitzem Winkel ohne Markierung nordwestlich zu den Häusern von   3 km

Betlehem. *Es handelt sich ursprünglich um einen Zimmerplatz im Wald nahe Reischach, auf dem die Zimmerleute die rohen Baumstämme bearbeiteten. In unmittelbarer Nähe dieses Platzes errichteten zwei Familien um 1800 ihre Wohnhäuser. In Erinnerung an das 1806 aufgelöste Kloster und aus Dankbarkeit gegenüber den ehemaligen Klosterfrauen für deren jährlich dargebotene Weihnachtsspiele gaben die Bewohner der kleinen Siedlung den Namen „Bethlehem".*

Von Bethlehem aus wandern wir zum Ort Reischach und vorbei an der St. Agatha Kapelle in nördlicher Richtung. Diese Kapelle aus dem Anfang des 18. Jh. enthält wertvolle Plastiken. Die Glocke wird noch heute dreimal täglich geläutet.

Reischach *(660 m NN, 71 Ew.). Seit 1191 finden wir die Herren von Reischach, die als Wappen den schwarzen Eberkopf führen, in den Urkunden des Klosters Salem erwähnt. Die Stammburg des weitverzweigten Geschlechtes war die Burg Borre oder Burrau bei Wald. Schon sehr früh teilte sich das Geschlecht in mehrere Linien auf und hatte Ämter und Besitz in Württemberg, im Hegau, zu Jungnau und Straßberg, auf Hornstein u.s.w. Die Stammburg selbst und der Besitz um sie gelangte ab 1241 innerhalb von 70 Jahren durch Veräußerung oder*

Schenkung an das Kloster Wald. An der ehemaligen Burgstelle zwischen Burraumühle und Walbertsweiler sind nur noch Spuren einiger Gräben zu erkennen. Der Ort Reischach gehört seit der Kreis- und Gemeinde-reform zur Gemeinde Wald.

Wir gehen durch Reischach, aber nicht nach Litzelbach , sondern bei der Abzweigung geradeaus nördlich, unter einer Hochspannungsleitung hindurch zum Burraubach. Nach dessen Überquerung geht es in leichtem Bogen links zum Waldeck und im Wald leicht ansteigend etwa 400 m bis zu einem guten Kiesweg. Diesen begehen wir nach links in südwestlicher Richtung etwa 650 m, bis nach rechts ein Waldweg zu einer Kuppe führt. Auf dieser Kuppe (Burren) stand die Stammburg der Herren von Reischach, und wir können noch Spuren von Wall und Graben erkennen. Nun gehen wir zurück zum Kiesweg und vorbei an einer Gedenk-Grotte zur Burraumühle. Von dort aus geht es in südwestlicher Richtung nach Wald.   5 km

W 37   Rund um die Reichsstadt Pfullendorf

Strecke: 15 km, Wanderzeit: 4 Stunden
Markierung: keine
Wanderkarte: L 8120 Stockach, Freizeitkarte 511 Westlicher Bodensee
E, G, K, R, S.
Ausgangspunkt: Pfullendorf, Parkplatz Stadtsee

Pfullendorf, *s. Stadtbeschreibung S. 148 (670 m NN, 9737 Ew.)*

Wir beginnen unsere Wanderung am Stadtsee, überqueren stadtauswärts die Landesstraße und wandern die Bergwaldstraße aufwärts bis zum Ortsende, dort biegen wir in die Straße „Am Einfang" ein, die zum Bergwald hinführt. Bei einer Weggabel bleiben wir auf dem linken Weg, der am Waldrand ansteigt und in einer leichten Rechtskurve weiter läuft. Auf der Höhe sehen wir bereits den Kirchturm von Aftholderberg. Wir wandern weiter westwärts in den Wald hinein bis halblinks ein Weg bis Tautenbronn abzweigt. In Tautenbronn queren wir die Hohenzollern-straße, – Tautenbronn gehörte früher zu den Hohenzollerischen Landen – gehen auf dem Quellweg weiter, der uns zum Waldrand führt. Zunächst geht es am Waldrand weiter, dann kreuzen wir im Wald einen Weg und wandern in südlicher Richtung zunächst auf einem Kiesweg, dann auf Asphaltweg nach Egg. In Egg geht es nach einer Kurve in gleicher Richtung weiter, nach 600 m schwenken wir nach rechts auf einen unbefestigten Weg über die Felder ab, queren die Straße nach Aach-Linz und kommen hinab nach Lautenbach.   7 km

„Das Alte Haus" in Pfullendorf, eines der ältesten Bürgerhäuser Süddeutschlands. Aufn.: W. Rößler

Dort wandern wir nach dem Kontor abwärts ins Aachtal, über einen Steg gelangen wir an das andere Ufer, gehen etwa 100 m geradeaus aufwärts, dann auf einem Waldweg rechts ab immer in nordwestlicher Richtung und erreichen Sahlenbach. Wir wandern durch den Ort und auf der Straße weiter nach Aach-Linz.

Aach-Linz (630 m NN, 1242 Ew.) wurde 1136 erstmals erwähnt. Die Orte Aach und Linz, Grenze war die Aach, schlossen sich 1923 zu einer Gemeinde zusammen, 1973 wurde Aach-Linz in die Stadt Pfullendorf eingemeindet. Sehenswert ist das Rathaus von 1585, ursprünglich das Schloss der Herren von Freyberg. Daneben steht die Pfarrkirche St. Martin, die von den Herren von Freyberg im 16. Jh. erbaut wurde, sie wurde 1754 barockisiert.

Bei der Kirche wandern wir die Oberdorfer Straße bis zum Ortsrand, auf der Höhe schlagen wir den Feldweg halblinks ein und wandern dem Gehöft „Auf der Haig" zu, nach dem Gehöft geht es rechts weiter zu einem Baggersee, hier biegen wir links ab, queren die Bahn und die Landesstraße und wandern Gaisweiler zu. Bei den ersten Häusern biegen wir rechts in das Seeparkgelände ab und genießen die schönen Anlagen. Vom Badestrand gehen wir stadteinwärts, am besten an der Kreuzung die Sigmaringer Straße entlang zum Ausgangspunkt am Stadtsee.   8 km

W 38   Über die Mutter-Gottes-Bildeiche zur Wallfahrtskirche Maria Schray

Strecke: 15 km, Wanderzeit: 4 Stunden
Markierung: keine
Wanderkarte: L 8120 Stockach, Freizeitkarte 511 Westlicher Bodensee
E, G, K, R, W
Ausgangspunkt: Pfullendorf, Parkplatz am Oberen Tor

Pfullendorf s. Stadtbeschreibung S. 148 (670 m NN, 9737 Ew.)

Vom Oberen Tor gehen wir die Martin-Schneller Straße in Richtung Mengen stadtauswärts, biegen bei einem Wegkreuz links in die Neidlingstraße ein, am Kindergarten vorbei, dann auf einem Asphaltweg in Richtung Norden. Bei einer Weggabel biegen wir rechts ab, der Weg führt abwärts zu einem Parkplatz. Wir bleiben auf dem Waldweg, bei einer Abzweigung mit dem Schild „Muttergotteseiche" biegen wir rechts ab und gelangen auf dem Hauptweg immer geradeaus zum Bildstock (R).   3 km

Sage zur Mutter-Gottes-Bildeiche s. S. 164.

Wir wandern in nördlicher Richtung weiter, beim Verlassen des Waldes sehen wir Zell am Andelsbach rechter Hand und gehen darauf zu.

3 km

Zell (629 m NN, 265 Ew.) war von 1486 bis 1803 zugehörig zum Spital Pfullendorf. Die Wallfahrtskirche St. Peter und Paul liegt hoch über dem Andelsbacher Tal.

Bei der Kirche gehen wir durch den Friedhof die Treppen abwärts, queren auf der Straße das Tal und kommen nach Schwäblishausen.

In Schwäblishausen wird 1251 ein Ortsadel und eine Burg erwähnt. Der Ort gehörte von 1488 bis 1896 zum Hause Fürstenberg.

Dort wandern wir auf der K 8242 nach Mottschieß.   2 km
In Mottschieß gehen wir auf der L 268 in südlicher Richtung bis Ortsende, biegen dann links ab, kommen zunächst an den Waldrand, dann in den Wald und wandern geradeaus über zwei Kreuzungen. Links liegt ein Wasserbehälter. Wir bleiben auf dem Hauptweg immer geradeaus, dann in einem Rechtsbogen um eine Klinge herum. Bei der nächsten Abzweigung gehen wir nicht bergab, sondern wandern links immer geradeaus in südlicher Richtung und kommen auf die

Straße nach Ostrach. Auf dieser gehen wir 100 m links weiter und biegen dort rechts auf einen Schotterweg ein. Diesen Weg gehen wir weiter, bei einer Kreuzung links, dann geradeaus abwärts bis zu einer Waldlichtung. Dort treffen wir auf die Markierung – blauer Strich – halten uns rechts und folgen der Markierung bis Pfullendorf. Links liegt das Naturschutzgebiet Taubenried (s. S. 75).

Wir können links die Lebensgemeinschaft Moor beobachten und kommen an die frühere Spitalmühle.   4,5 km

Wir gehen über die Brücke und gleich links hoch zur Siedlung Roßlauf. Bei den ersten Häusern biegen wir rechts ab und wandern auf dem Gehweg bis zur Hauptstraße, die dann links hoch zum Friedhof führt. Beim Friedhofseingang überqueren wir die Straße bei einem Steinmetzbetrieb und gehen in der Ostracher Straße und auf einem Fußweg zum Turm, danach kommen wir zur Wallfahrtskirche **Maria Schray.**

Die heutige Kirche wurde in der Barockzeit gebaut, nachdem die Schweden 1632 die Vorgängerkirche in Brand gesetzt hatten. Bereits 1476 stand hier eine Kapelle, zu der damals viele Gläubige wallfahrteten. 1671 konnte der gotische Chor durch ein Langhaus erweitert und mit zwei Altären ausgestattet werden. 1751 wurde die Kirche barockisiert. Man gab bedeutenden Künstlern der Region hierzu die Aufträge: Fidelis Mock baute den neuen Gnadenaltar, Meinrad von Au schuf die Fresken.

Von der Wallfahrtskirche gehen wir die Schächergasse zurück zum Oberen Tor.   2,5 km

W 39   Rund um das Schloss Hohenfels

Wanderstrecke: 11 km, Gehzeit: 3 Stunden
Markierung: keine
Wanderkarte: L 8120 Stockach, Freizeitkarte 511 Westlicher Bodensee
A, G, H, K
Ausgangspunkt: Liggersdorf, Pfarrkirche

*Der Ort **Liggersdorf** (654 m NN) ist erstmals 970 im Zusammenhang mit einer Güterschenkung urkundlich erwähnt. Heute ist Liggersdorf Mittelpunkt und Verwaltungssitz der Gemeinde Hohenfels. Zur Gesamtgemeinde gehören außerdem Mindersdorf, Selgetsweiler, Kalkofen und Deutwang. Die kunstgeschichtlich bedeutsame Pfarrkirche hat einen prachtvollen Barock-Hochaltar von Hegenauer aus Pfullendorf sowie eine schöne Rokokoausstattung. Der Turmschaft stammt aus dem 15. Jh.*

Schloss Hohenfels. Aufn.: L. Zier

*Liggersdorf ist der Heimatort des bedeutsamen Hirnforschers und Neurologen **Korbinian Brodman,** 1868 bis 1918. Im Schulhaus erinnert eine kleine Ausstellung an die Verdienste des Wissenschaftlers.*

Wir wandern auf dem Radweg in Richtung Friedhof, queren zweimal eine Straße und biegen bei der Straßenkreuzung ab zu den Loghöfen und dem Rappenhof. Weiter geht es südlich bis zu einer als Naturdenkmal ausgezeichneten Linde und dann rechts auf der Fahrstraße zum Schloss Hohenfels.   5 km
Auf diesem Wegstück bietet sich dem Wanderer das Schloss von seiner schönsten Seite.

Schloss Hohenfels *(620 m NN). Die Herren von Hohenfels waren ursprünglich bischöfliche Ministerialen und bauten ihren Stammsitz – oberhalb von Sipplingen am Bodensee. Ihre Herrschaft reichte von Sipplingen im Süden bis zur Sattelöse – ursprünglich Sattellöse, Unterkunft für Reiter – bei Mindersdorf im Norden. Dem Geschlecht derer von Hohenfels entstammt auch der bekannte Minnesänger **Burkard von Hohenfels** (siehe Sagen und Minnelieder S. 161).*
Im Jahre 1292 wurde das Herrschaftsgebiet etwa entlang der Mahlspürer Aach geteilt und im gleichen Jahr ist auch unsere Burg erstmals als Neu-Hohenfels erwähnt. Während Alt-Hohenfels nur noch

als Ruine nahe dem Haldenhof vorhanden ist, hat Neu-Hohenfels bis heute eine bewegte Geschichte. Die Tochter eines Konrad von Hohenfels, der keine Söhne hatte, heiratete 1354 den Ritter Wolf von Jungingen. So kamen die Herren aus dem Killertal zu diesem Besitz. Ende des 15. Jh. erlosch die männliche Linie derer von Jungingen und der Deutsche Orden erwarb die Herrschaft 1506 für 12 000 Gulden. 300 Jahre blieb Neu-Hohenfels im Besitz des Ordens bis Kaiser Napoleon diesen auflöste und den gesamten Besitz an das Fürstenhaus Hohenzollern–Sigmaringen übergab. Mit dem Land Hohenzollern wurde Hohenfels 1850 preußisch. Das Anwesen verfiel mehr und mehr, bis 1931 die Schule Schloss Salem die Gebäude kaufte. Seither ist die Unterstufe der Schlossschule Salem hier untergebracht. Vgl. die Sage vom Ritter von Hohenfels S. 162.

Kurz vor dem Schloss biegt die Straße links ab und fährt absteigend in das Tal zur Neumühle. Von dort wandern wir im Tal der Mahlspürer Aach in den Ort Mahlspüren im Tal.

Eine Variante zu diesem Weg ist ein Waldpfad, der kurz unterhalb des Schlosses Hohenfels rechts der Straße beginnt und schräg hangabwärts zur Kalkofer Steige beim Sägewerk Hahn führt. Von dort geht es weiter nach Mahlspüren.

In der Mitte des Ortes gehen wir rechts von der Hauptstraße und steigen bergan bis zur Kirche und weiter durch ein Waldstück bis zum Lehnsitzer Hof (In der Karte Oberer Hof). Nun geht es rechts zu einem nahen Feldkreuz und dann nordöstlich über freies Feld steil bergan. Bei Föhnstimmung und klarer Sicht bietet sich hier ein herrlicher Blick auf die südlich gelegene Alpenkette. Von der Kuppe gehen wir in gleicher Richtung zur Straße Kalkofen – Deutwang und nach deren Überquerung nach Liggersdorf zum Ausgangspunkt zurück.   6 km

Wer eine besondere Fleißarbeit einlegen möchte, der überquert die o.g. Straße nicht, sondern geht westlich in Richtung Deutwang. Kurz vor dem Ort findet er links, unweit der Straße bei einer Obstbaumgruppe einen größeren

Erratischen Block. *Dieser hat ein Volumen von rund 7 m³ und bei einer Dichte von 2,7 rund 20 t Gewicht. Es handelt sich um einen Diabas aus dem Hochtal von Tiefenkastel zum Julierpass in Graubünden. Der Findling ist während der letzten Eiszeit vom Rheingletscher hierher verfrachtet worden.*

Der Rückweg nach Liggersdorf führt nun über das Hofgut Reisch.

8 km

W 40   Klause Ramsberg und Heiligenholz

Wanderstrecke: 11 km, Gehzeit: 3 Stunden, Abkürzung 4,5 km
Markierung: laut Text
Wanderkarte: L 8120 Stockach, Freizeitkarte 511 Westlicher Bodensee
A, G, H, G, R., Abkürzung als Familienwanderung (4,5 km)
Ausgangspunkt: Großschönach

Großschönach (602 m NN) ist ein Teilort von Herdwangen-Schönach und liegt auf der Molassehochfläche oberhalb vom Buchenbanntobel. Bereits um 1092 werden Ortsherren von Schönach als Zeugen genannt. Ansonsten ist der Ort eng mit der Geschichte von Ramsberg verbunden. In Großschönach und Umgebung hatten die Ramsberger Lehenshöfe. Die Kirche wurde bereits 1384 genannt, der spätgotische Turm ist besonders schön.

Wir beginnen unsere Wanderung in Ortsmitte und wandern zunächst an der Orientierungstafel aufwärts, dann rechts ab entlang des tief eingeschnittenen Tobels, an dem Schlosshof vorbei hinab in die Talsohle (Markierung rotes Kreuz).

*Hier steht eine **Lourdesgrotte**, die 1908 von Bürgern von Großschönach errichtet wurde. Die Legende sagt, dass sie von einem Vater aus Dankbarkeit für die Genesung seiner Frau und des Kindes nach einer schweren Geburt aufgebaut wurde.*

Wir steigen nun hoch auf spiralförmigen Weg zur Hügelburg Ramsberg.

*Die Burg **Ramsberg** (657 m NN) wurde Mitte des 11. Jh. von den Grafen von Ramsberg, die identisch mit den Grafen von Pfullendorf sind, erbaut. Im 14. Jh. waren die Herren von Klingenberg Lehensherren, über Erbschaft kam sie an die Hohenberger, die 1409 die Burg zur Hälfte an das Spital von Überlingen verkauften. 1423 konnte das Spital die andere Hälfte erwerben. Auf der Burg saß immer ein städtischer Vogt, der die Höfe in der Umgebung verwaltete. Im Dreißigjährigen Krieg wurde die Burg bis auf die Kapelle zerstört. Sie war im Turm eingebaut. Die Fresken in der Kapelle stammen aus dem 15. Jh. In der Barockzeit wurde an die noch stehende Ostmauer das **Bernwardhaus** angebaut. Dorthin führten Wallfahrten zum heiligen Wendelinus hin. Heute wohnt ein Einsiedlermönch auf dem Ramsberg. Vgl. Sage S. 165.*

Wir gehen zurück zum markierten Weg, der uns bei einer Weggabel links bergauf führt. Nach dem Austritt aus dem Wald gehen wir auf

Feldwegen über die Höhe dem Ort Katzensteig zu. Die Höfe gehörten ebenfalls dem Spital in Überlingen.   2,5 km
Wer den kurzen Weg wählt, steigt kurz vor dem Ort rechts ab, kommt an weiteren Höfen vorbei und geht durch ein Gehöft in den Buchenbanntobel. Nach 25 Minuten erreichen wir die Lochmühle und steigen nach Großschönach hoch.
Wir wandern durch den Ort und über die Höhe nach Heiligenholz, dort queren wir die L 200, gehen geradeaus im Ort weiter und biegen am Ortsende rechts von der Asphaltstraße in einen Feldweg ab. Auf der Höhe haben wir eine schöne Sicht in das Vorland des Bodensees. Nach 1 km gehen wir im Wald immer geradeaus weiter bis zum Waldaustritt; dort biegen wir rechts ab und steigen an den Feldern hoch bis zur Kreuzung. Hier geht es auf dem Asphaltweg Rickersweiler zu.   4,5 km
Wir gehen durch den Ort und steigen beim letzten Haus rechts aufwärts – Markierung rotes Kreuz –. Auf diesem Weg haben wir eine gute Sicht auf den Turm Hohenbodmann. Kurz vor der L 200 liegt rechts ein Parkplatz mit Grillstelle. Wir queren nun die L 200 und wandern Katzensteig zu. Kurz vor der Verbindungsstraße nach Heiligenholz führt ein Weg links abwärts an Gehöften vorbei in den Buchenbanntobel. Über den Tobel erreichen wir die Lochmühle und den Ausgangspunkt.
                                                                    4 km

W 41   Über die Höhen von Billafingen

Wanderstrecke: 11 km, Gehzeit: 3–3,5 Stunden
Markierung: nach Text
Wanderkarte: L 8120, Freizeitkarte 511 Westlicher Bodensee
A, G, H, K, W.
Ausgangspunkt: Billafingen, Ortsmitte

Billafingen *liegt im Urstromtal, das durch mächtige Gletscher der Würmeiszeit entstanden ist. Billafingen ist eine der ältesten alemannischen Siedlungen im westlichen Bodenseegebiet. Seit der ersten urkundlichen Erwähnung im Jahre 970 lässt sich die Geschichte der früheren reichsritterlichen Herrschaften des Dorfes lückenlos nachvollziehen. Den dörflichen Charakter hat der Ort bis heute erhalten.*
Die St. Mauritius-Kirche wurde 1488 von den Deutschordensrittern erbaut, der massive Turm aus dem 13. Jh. stammt von der Vorgängerkirche. Aus der Bauzeit stammt noch der spätgotische Chorraum, die Kirche wurde im 17. Jh. barockisiert. Bemerkenswert ist der klassizistische Herrenhausbau, ehemaliges Schloss der Herrn von Schreckenstein am Ausgang des Dorfes in Richtung Owingen.

Von der Dorfmitte wandern wir auf der Straße nach Nesselwang bis zum Waldrand. Hier steht der Eisbrunnen, das Quellwasser wurde früher in Deicheln zum Dorfbrunnen geleitet. Wir verlassen die Straße bei der Grillhütte und steigen links in den Wald ein, um sofort rechts auf einem alten Fuhrweg hochzusteigen. Wir queren einen Waldweg und sehen bereits beim Verlassen des Waldes vor uns den Reutehof liegen.   2 km

Wir gehen durch den Hof in Richtung Kaien, zunächst über Felder. Am Waldrand führt rechts ein gut gekiester Waldweg zum Kaien. Unser Rundweg führt nach 1 km rechts abwärts in Richtung Zwingenburg. Wir aber machen einen Abstecher zum Aussichtspunkt Kaien (500 m). Von dort haben wir eine gute Sicht auf den Sipplinger Berg, die Nellenburg, den Frauenberg, Hohenbodman und vor allem auf die Hegauer Berge. Wir kehren zurück und steigen zur Zwingenburg ab.   2 km

Die **Zwingenburg,** *eine vorgeschichtliche Burg mit gut erhaltenem Ringwall (s. Sagen S. 169).*

In Kehren geht es abwärts, bei der nächsten Weggabel halten wir uns rechts. In großen Kehren steigen wir die tief eingeschnittenen Schluchten abwärts bis zum Waldrand. Dort biegen wir nach rechts ab, sehen zunächst über die Obstanlagen ins weite Tal, steigen dann aber entlang eines Wiesentales wieder weit aufwärts, nach mehreren Kehren erreichen wir den Naturlehrpfad. Wir steigen nun links abwärts am Waldrand entlang und queren nach einer Obstanlage das Tal. Im Talgrund liegt ein interessantes Feuchtbiotop.   4 km

Wir bleiben am Naturlehrpfad, queren die L 205 beim Häuptlehaus und steigen das Seitental hoch bis nach 400 m rechts im spitzen Winkel ein Waldweg abzweigt. Diesen steigen wir hoch, verlassen auf halber Höhe den Naturlehrpfad, und gelangen weiter aufwärts zum Hasenbühl. Beim Verlassen des Waldes halten wir rechts und wandern bei schöner Aussicht auf die Einzelhöfe auf der gegenüberliegenden Seite über die Höhe. Bald erreichen wir den Georgenbühl und machen einen Abstecher zum Standort der ehemaligen Burg der Ritter von Billafingen, die nach Urkunden im 13./14. Jh. hier stand. Die Burgkapelle St. Georgenbild soll bis ins 18. Jh. hier gestanden haben. Wir haben nochmals einen schönen Blick über Billafingen und die zurückgelegte Wegstrecke. Von hier aus steigen wir ab zum Ausgangspunkt an der früheren herrschaftlichen Bannmühle vorbei.   3 km

W 42   Durch den romantischen Aachtobel nach Hohenbodman

Wanderstrecke: 10 km, Gehzeit: 3 Stunden
Markierung: laut Text
Wanderkarte: L 8120 Stockach, Freizeitkarte 511 Westlicher Bodensee
A, F, G, K, W, Fam.
Ausgangspunkt: Bruckfelden oder Steinhöfe

Von **Bruckfelden** (480 m NN; Sage von der Bruckfelder Mühle s. S. 164)
wandern wir den Weg im Tal aufwärts, kreuzen zweimal die Aach und
gehen bei einer Bachschleife rechts hoch zum
*„Wallfahrtskapelle Maria im Stein". Der Kreuzritter Albero von
Bodman soll nach glücklicher Flucht aus türkischer Gefangenschaft
hier, wo er seine Heimatburg erstmals sah, treu seinem Gelübde eine
Kapelle zu Ehren der Muttergottes erbaut haben. Er starb im Jahre
1217.*

Von dort gehen wir entlang einer Molassewand weiter, dann abwärts in
dem Talgrund des Salemer Aachtobels. Wir gehen über den eisernen

*Die Kapelle Maria im
Stein. Aufn.: W. Rößler*

Nur noch ein Turm ist heute von Hohenbodman erhalten (Mitte). Die Rekonstruktionszeichnung zeigt, wie die Burg einstmals ausgesehen haben könnte. Rechts ist ein heute zerstörter Wehrturm zu erkennen, der die Anlage zur Straße hin vor Angriffen schützen sollte. A. Hauptmann 1985

Steg, wandern halbrechts hinauf zum Fichtenwald. Dort folgen wir dem steiler werdenden Pfad, bleiben rechts und wandern der Aach aufwärts, bald am Hang unterhalb der Molassewände, bald direkt am Bach, steigen über Stufen, kleine Bohlenstege – kritische Stellen sind mit Geländern gesichert, – kommen an einer Grillstelle auf einer Wiese vorbei und steigen weiter aufwärts bis zum Staudamm.   4 km

Naturschutzgebiet Aachtobel, *s. S. 85 Die Salemer Aach entwässert weitgehend den oberen Linzgau und schneidet sich hinter Großschönach in die Molasseschicht ein.*

Das Rückhaltebecken wurde 1969 erbaut und schützt das Salemer Tal vor Überschwemmungen. Wir steigen nun links der Markierung des SAV – rotes Kreuz – auf, biegen bald wieder links in einen Waldweg ein, der steil hoch führt. Beim Waldaustritt führt der Weg auf gut ausgebauter, später auf einer Asphaltstraße nach Hohenbodman. Wer den Asphalt meiden will, steigt rechts am Waldrand hoch und schlägt links einen Feldweg nach Hohenbodman ein.

Hohenbodman, *(673 m NN; s. W 28 S. 224) war der Stammsitz der Herren von Bodman, die 1272 ihre Burg an das Hochstift von Konstanz verkauften und sich ganz auf ihre Herrschaft am See konzentrierten. Die Burg wurde dann öfters verpfändet und gelangte 1567 an die Stadt Überlingen. 1642 wurde die Burg niedergebrannt und nicht mehr aufgebaut. Sage s. S. 168.*

In Dorfmitte befindet sich eine tausendjährige Linde, die bemerkenswert ist. Von dort gehen wir zum Dorfeingang zurück und wandern rechts den Teerweg zum Turm abwärts.   2 km

Der Turm steht auf einer Anhöhe, wir steigen den ehemaligen Burgweg hoch und erkennen neben dem Turm ein Plateau, auf dem einst eine mächtige Burganlage stand mit Schildmauer, Zwinger, Burgtor und Palas. Nur der 30 m hohe Bergfried ist erhalten geblieben. Wer ihn besteigen möchte, muss vorher den Schlüssel in der Gastwirtschaft zum Adler abholen. Der Blick über die Bodenseelandschaft lohnt sich.

Wir steigen wieder zur Fahrstraße ab, halten uns links auf der im Bogen abwärts führenden Straße in Richtung Ernatsreute. Nach dem Waldstück erkennen wir bereits die beiden Burghöfe zur Linken, sie sind unser nächstes Ziel.

Nach dem Gehöft führt rechts ein Feldweg abwärts, der vor der Waldecke in einem Bogen direkt zum Waldtrauf führt. Dort steigen wir auf einem schmalen Pfad links durch den Laubwald in die Schlucht ab. Bei einer Spitzkehre treffen wir auf unseren Hinweg, queren die Aach und wandern nun immer der Aach entlang Bruckfelden zu.   4 km

W 43   Zu alten Herrschaftssitzen und Schanzen um Frickingen

Wanderstrecke: 11 km, Gehzeit: 3 Stunden
Markierung: Nr. 2
Wanderkarte: L 8120 Stockach, Freizeitkarte 511 Westlicher Bodensee
A, F, G, H, K, R, W
Ausgangspunkt: Frickingen, Wanderparkplatz Rickenwiesen

Frickingen *(473 m NN, 1259 Ew.) liegt im oberen Salemer Tal eingebettet in reiche Obstanlagen. 1094 wurde als Zeuge Graf Burchard von Frickingen erstmals in einer Urkunde des Klosters Allerheiligen erwähnt. Vermutlich war die so genannte Schwedenschanze oberhalb von Birkenweiler der Sitz der Grafen. Das Geschlecht der Grafen von Frickingen erlosch Ausgang des 13. Jh. 1235 erwarb der Konstanzer Bischof die Burg Frickingen samt Kirche und Vogtei. Seit 1300 sind die*

*Grafen von Werdenberg-Heiligenberg, ab 1534 die Grafen und späteren
Fürsten von Fürstenberg Gerichtsherren von Frickingen. Grundherren
waren die Klöster Salem, das starken Einfluss auf das Geschehen des
Dorfes ausübte, sowie das Kloster Petershausen und das Überlinger
Spital. Das Dorf erlebte bis zum Dreißigjährigen Krieg einen gewissen
Wohlstand, der aber durch Krieg und Pest verloren ging. 1802 kam
Frickingen an Baden.
Die Pfarrkirche St. Martin steht auf romanischem Mauerwerk, Chor und
Turm stammen aus dem 15. Jh. das Langschiff wurde Ende des 17. Jh.
erstellt. Aus dieser Zeit stammt auch die Innenausstattung. Östlich von
Frickingen liegt die Weingartenkapelle, sie ist bereits Ende des 16. Jh.
als Wallfahrtskapelle bekannt. In den letzten Jahren wurden Wandmalereien entdeckt, die um 1600 gemalt wurden. Der Ort weist sehr
schöne Fachwerkhäuser und Gehöfte auf, die z. T. aus dem 16. Jh.
stammen.*

Vom Wanderparkplatz wandern wir die Straße abwärts bis rechts die
Straße nach Birkenweiler einmündet. Wir gehen auf der Straße nach
Birkenweiler, durch die Gehöfte durch, biegen rechts ab und wandern
um den Burgberg herum. Ein munteres Bächlein begleitet unseren Weg.
                                                                    3 km
*Auf der **Burg bei Birkenweiler** saßen im 12. und 13. Jh. Ministeriale,
Dienstleute des Klosters Reichenau, die den Besitz des Klosters in der
Umgebung von Frickingen verwalteten; 1235 kam der Besitz in die
Hände des Bischofs von Konstanz. Die Burg verfiel, 1793 werden die
Reste zum Abbruch frei gegeben, nur mehr wenige Grundmauern sind
erkennbar. 1950 wurde auf den Grundmauern eine Villa gebaut.*

Nach dem Wald gelangen wir auf einen Teerweg, gehen diesen weiter ,
an dem Gehöft vorbei in Richtung Steigen.
Nach 1 km erreichen wir die Landesstraße, biegen rechts ab und
wandern nach den Häusern von Steigen wieder rechts auf einem
Waldweg weiter, immer am Waldrand halten. Nach 15 Minuten
erreichen wir Rickertsweiler, 670 m NN   2 km
Wir gehen durch den Ort und biegen am Ortsrand rechts ab, es liegen
noch einige Häuser und Schuppen am Weg, dann verläuft ein gut
ausgebauter Waldweg in einer Talsenke leicht abwärts zur Schwedenschanze. Wir gehen über die Schanze.   1,5 km

Schwedenschanze – Frickinger Ringburg. *Heimatforscher gehen
davon aus, dass die Schweden hier im Dreißigjährigen Krieg nie eine
Stellung hatten. Vermutlich hatten hier bereits die Latienser im 4. Jh.
einen Rückzugsplatz bei ihren Kämpfen gegen die Römer. Im 9./10.Jh.
mag hier eine Höhenburg der Grafen von Frickingen gestanden haben,*

keine Steinbauten, sondern Holzbauten. Befestigungswälle sind heute noch gut erkennbar.

Von der Tafel im Sattel steigen wir steil hoch, wandern immer am Trauf entlang in nördlicher Richtung. Nach 10 Minuten biegt der Weg in östlicher Richtung ab. Wir folgen nun ein kurzes Stück dem Albvereinsweg – rotes Kreuz – in Richtung Heiligenberg immer am Trauf entlang. Nach etwa 20 Minuten steigen wir auf einem Pfad scharf rechts ab, kommen auf einen Waldweg, dem wir links folgen. Bei der nächsten Wegkreuzung führt unser Weg rechts abwärts. Wir aber gehen einige Schritte weiter, gelangen auf den Karl-Egon-Platz und steigen zur Ruine Altheiligenberg auf. 727 m NN (s. W 41).   2,5 km

Nach der Rückkehr steigen wir in das Weinbachtal auf Markierung 1 und 2 ab. Der Weg führt nun immer am Bach entlang bis zum Ausgangspunkt.   2 km

W 44   Heiligenberg und Altheiligenberg

Wanderstrecke: 11 km, Gehzeit: 3 Stunden
Markierung: laut Text
Wanderkarte: L 8120 Stockach, Freizeitkarte 511 Westlicher Bodensee
A, F, G, H, K, W
Ausgangspunkt: Heiligenberg, Postplatz in Ortsmitte

Heiligenberg, *s. W 45 S. 258.*

Wir beginnen unsere Wanderung in Heiligenberg auf dem Postplatz in Ortsmitte und steigen zunächst die Hauptstraße abwärts. Nach den letzten Häusern führt rechts ein Wiesenweg aufwärts immer der Hangkante entlang. Von hier aus haben wir eine schöne Aussicht auf den Ort Heiligenberg. Kurz nach Eintritt in den Wald führt links ein Pfad zum Bellevueplatz, der wieder eine gute Sicht ins Salemer Tal bietet. An der Hangkante entlang führt nach 100 m ein Abstecher zur Freundschaftshöhle. Wir kehren zurück zum Forstweg, biegen jedoch nicht rechts ab, sondern bleiben auf dem Weg an der Hangkante und erreichen bald eine Wegkreuzung. Von dort führt links ein Waldweg leicht abwärts nach Altheiligenberg. Bei einer Weggabel steigen wir links über den Karl-Egon-Platz hinauf zur Ruine.   2 km

Alt-Heiligenberg *(727 m NN). Die Burg, von der kaum Mauerreste vorhanden sind, lag auf einem vorgeschobenen Bergsporn und war zwischen 1000 und 1250 Sitz der Grafen von Heiligenberg, die*

Schloss Heiligenberg. Aufn.: L. Zier

vermutlich von den Udalrichingern abstammten und damals große Besitzungen hatten. Graf Berthold verlegt Mitte des 12. Jh. den Sitz nach Heiligenberg und lässt dort eine neue Burg bauen.

Wir steigen zur Weggabel ab und wandern jetzt links zunächst einige Meter aufwärts, dann abwärts in Richtung Frickingen Markierung 1. Wir verlassen die Markierung bei der zweiten Abzweigung und gehen rechts auf dem gut ausgebauten Waldweg eben weiter an einem Trimm-Dich-Pfad vorbei. Auf dem Waldweg bleiben wir immer auf der gleichen Höhe, steigen nicht ab, links erkennen wir über einer Wiese die Dächer von Rieckenwiesen, nach Waldaustritt liegt vor uns der Ort Birkenweiler. An der Waldecke geht es auf guter Straße rechts aufwärts jetzt wieder auf Markierung 1. Nach 20 Minuten führt hinter einer Kehre der Weg hinauf zur Schanze. Wir gehen über die Schanze, linker Hand erkennen wir die Wallanlagen (s.W 43 S. 255)   5 km

Vom Graben bei der heimatgeschichtlichen Tafel aus steigen wir nun hoch zur Bergkante und bleiben immer auf dem Pfad, der an der Hangkante weiter führt. Schöne Ausblicke auf Schloss Heiligenberg und die Bodenseelandschaft bieten sich immer wieder. Nach etwa 10 Minuten zweigt der Weg nach Osten ab, hier beginnt die Markierung rotes Kreuz. Wir gehen zunächst auf dem Pfad weiter, später auf dem

Waldweg in westlicher Richtung nach Heiligenberg. Wir kommen am Waldrand an einem Parkplatz vorbei, gehen dort weiter, biegen in die Hohensteinstraße rechts ab und kommen direkt zum Ausgangspunkt zurück.   4 km

W 45   Fürstensitz Heiligenberg und fürstliche Grablege Betenbrunn

Wanderstrecke: 8 km, Gehzeit: 2,5 Stunden
Markierung: laut Text
Wanderkarte: L 8120 Stockach, L 8122 Weingarten, Freizeitkarte 511
Westlicher Bodensee
A, F, G, K, W, Fam.
Ausgangspunkt: Heiligenberg, Postplatz in Ortsmitte

Heiligenberg, (726 m NN, 1650 Ew.). Luftkurort mit vielen Freizeitangeboten oberhalb des Salemer Tales. Anziehungspunkt ist das Renaissanceschloss der Fürsten von Fürstenberg. Graf Joachim von Fürstenberg, ließ ab 1560 die Burg zu einem Herrschaftsschloss umbauen, Baumeister war Jörg Schwartzenberg, Bildhauer waren Meister von Überlingen. Das Schloss hat alle Kriege ohne Zerstörungen überstanden.
Über die Brücke geht man zum Torhaus, das allerdings erst im 19. Jh. angebaut wurde. Durch ein langes, niedriges Gewölbe gelangt man in den Innenhof. Die reich verzierten Rundbogenarkaden des einen Flügels fallen nicht sofort ins Auge, weil sie gegen das Torhaus und die Kemenaten des alten Baues liegen. Im Westflügel führt ein Portal in die Brunnenhalle. Der Brunnen trägt eine Mittelsäule mit einem Löwen, der ein Wappen hält. Das reich verzierte mit einer Marienfigur geschmückte Portal führt in die Schlosskapelle St. Felix. Sie erstreckt sich über drei Stockwerke. Im Hauptaltar steht eine Plastik der Muttergottes geschnitzt um 1500. An den Wänden mit doppelten Arkaden sind Christus mit den 12 Aposteln, sowie als Relief die Leidensgeschichte Christi dargestellt. Die geschnitzte Decke, die Herrenloge und die Orgelempore zeugen ebenfalls von gekonnter Schnitzkunst aus dem 16. Jh. Der überreiche Rankenschmuck mit Engelsköpfen stammt allerdings aus dem 19. Jh. Besonders wertvoll sind die Wabenfenster mit Glasmalereien anfangs des 14. Jh. Unter der Kapelle liegt die Grablege der Fürsten von Fürstenberg.
Einzigartiges Schmuckstück ist jedoch der lichtdurchflutete 36 x 10 m große zweistöckige Rittersaal mit seiner prunkvoll geschnitzten Kassettendecke und den zwei mächtigen Sandsteinkaminen. Die gut

Blick auf Betenbrunn. Aufn.: W. Rößler

ausgedachte Ornamentik, der Formenreichtum und die Farbigkeit hervorgehoben durch verschiedene Hölzer und Farben sind beispiellos.

Vom Parkplatz gelangen wir zunächst durch einen Torbogen in den Wirtschaftshof, in dessen Mitte ein gotischer Brunnen steht. Sofort fällt der freistehende, vierstöckige Zwiebelglockenturm auf. Während die oberen Arkaden offen sind, handelt es sich bei den unteren um Blendarkaden.

Wir biegen nach dem frei stehenden Glockenturm links ab in den Schlossgarten. Der Weg führt nun sofort rechts in Treppenstufen abwärts in Richtung Schweizer Haus. Auf einem Pfad gehen wir unterhalb der Nagelfluhbänke auf gleicher Höhe weiter. Ein Kreuzweg mit in Stein eingefügten gegossenen Tafeln führt an einem von den Fürstenbergern 1832 im Schweizer Stil erbauten Bauernhaus vorbei zur Klause Egg. Wir steigen hinab zur Klause, die schon 1256 als Einsiedelei genannt ist und heute von Nonnen des Trappistenordens genutzt wird, genießen den schönen Ausblick auf die Bodenseeland-schaft und wandern in östlicher Richtung auf dem Waldweg weiter, später Malefikantenweg genannt nach Betenbrunn. Bei einer Wegspinne gehen wir auf dem zweiten Weg links ab, der in vielen Windungen über mehrere Quellgebiete nach oben führt. Am Waldtrauf folgt man dem SAV-Hauptwanderweg 7 – roter Strich – rechts nach Betenbrunn.

4,5 km

Betenbrunn (770 m NN, 70 Ew., Teilgemeinde von Heiligenberg). Das Dorf zeigt einige schöne Fachwerkhäuser und ist im Ortskern denkmalgeschützt. Die Kirche war vom 14. bis 16. Jh. Grablege der Herrschaft von Heiligenberg, in dieser Zeit war auch ein Kollegiatstift angeschlossen. Später wurde ein Gnadenbild der Hl. Maria von 1592 verehrt, zu dem viele Wallfahrten stattfanden. Mitte des 18. Jh. wurde die Kirche barockisiert. Das Altarblatt des Hochaltars wurde von Spiegel gemalt und stellt die Himmelfahrt Mariens dar.

Von Betenbrunn wandern wir den Weg zurück, überqueren die Straße nach Wintersulgen und gehen auf dem gegenüberliegenden Grasweg aufwärts. Auf der Höhe wenden wir uns links dem Wald zu und gehen dann rechts auf dem Bodensee-Jubiläumsweg bis Heiligenberg. Nach 200 m links bleiben wir immer auf dem Waldweg. Kurz bevor der Weg in die Hauptstraße einmündet, geht es scharf rechts und nach 30 m wieder links weiter. Beim Austritt aus dem Wald steigen wir den Weg aufwärts und erreichen die Amalienhöhe. Zu Ehren der Fürstin Amalie von Fürstenberg wurden 1843 sieben Linden gepflanzt, von denen heute noch drei stehen. Von hier hat man eine herrliche Rundsicht, auf den See, nach Heiligenberg, zum Deggenhauser Tal. Nun steigen wir ab und erreichen in 10 Minuten den Ausgangspunkt.   3,5 km

W 46   Große Salemer Weiherwanderung

Wanderstrecke: 14,5 km, Gehzeit: 4 Stunden
Markierung: bis Nellenfurter Tal blaues Kreuz, sonst nach Text
Wanderkarte: L 8320 Konstanz, Freizeitkarte 511 Westlicher Bodensee
E, F, G, K, R, W
Ausgangspunkt: Salem, Großparkplatz 2 vor dem Schloss

Salem (443 m. NN, 1238 Ew., Großgemeinde mit 11 Teilorten, 10400 Ew.). Das frühere Zisterzienserkloster mit seinen umfangreichen Gebäudeteilen ist Anziehungspunkt des Fremdenverkehrs. Ritter Guntram von Adelsreute schenkte 1134 den Zisterziensern den Ort Salmannsweiler zur Gründung eines Klosters. Die Mönche verstanden es, ihr Gebiet zu vergrößern, so entstand ein Herrschaftsgebiet mit eigener Verwaltung. In vielen Städten Oberschwabens zogen die Salmannsweiler Höfe die Zehnten der Bauern ein. Trotz starker Verarmung im Dreißigjährigen Krieg und einem Brand 1697 entwickelte sich ein Bauboom Anfang des 18. Jh. 1708 wurde mit dem Neubau der Klostergebäude in Salem begonnen, 1722 wurde das Schloss Maurach, 1747 die Klosterkirche Birnau gebaut. Das gotische Münster wurde neu ausgestattet und erhielt frühklassizistische Altäre aus

Die Schlossanlage Salem. Aufn.: L. Zier

*Alabaster. Abtei- und Konventsgebäude erhielten großzügige Reprä-
sentationsräume wie den Kaisersaal und das Audienzzimmer mit reichen
Stuckaturen aus der Werkstatt Feuchtmayer in Mimmenhausen.
1802 ging der Besitz an den Markgrafen von Baden über, 1919 errichtete
er die so genannte Salemer Schule, ein Gymnasium mit Internat; heute
ist die gesamte Anlage ein Museums- und Freizeiterholungsort.*

Wir erkennen bereits bei der Einfahrt in den Parkplatz das Schild
„Prälatenweg". Dieser Weg ist die kürzeste Verbindung zwischen dem
Kloster Salem und dem Filialkloster, der Wallfahrtskirche Birnau. Wir
wandern links an der Klosteranlage vorbei und sehen vor uns sehr schön
einen Drumlin; wir werden im Laufe der Wanderung viele erkennen.

Drumlin. *Sie entstanden in der letzten Eiszeit, bei der die Gletscher das
gesamte Bodenseegebiet abhobelten und formten. Sie haben meistens
eine ovale Form. Die Längsachse zeigt die Stoßrichtung der Vereisung
von Südosten nach Nordwesten.*

Wir überschreiten die Salemer Aach, hier stand früher die Mühle des
Klosters und steigen bis zur Waldspitze hoch. Hier gehen wir nicht auf
der Asphaltstraße weiter, sondern schwenken rechts ein, gelangen zum
Oberen Tor des Klosters. Dort führt links ein schattiger Waldweg vor bis

zu einer Orientierungstafel. Leider müssen wir jetzt die Asphaltstraße benützen. Bald erkennen wir links auf einem Drumlin den Spitznagelhof, später in einer Mulde den Markgräfin-Weiher.

Salemer Klosterweiher. Die Weiher wurden im Laufe der Jahrhunderte von den Mönchen angelegt, um den Bedarf an Fischen zu decken. Die Senken zwischen den Drumlins eigneten sich besonders dafür. Von den ursprünglich 16 Klosterweihern werden heute noch 13 für die Fischzucht genutzt. Es werden hauptsächlich Karpfen und Schleien eingesetzt.

Wir kommen in den Wald, zweigen nach 300 m halblinks in einen Kiesweg ab, umrunden den Bühl, einen weiteren Drumlin und erkennen nach dem Austritt aus dem Wald bereits das Hofgut Mendlishausen.

4 km

*Das Hofgut **Mendlishausen** wurde 1770 von Abt Amseln gebaut. Heute befindet sich neben dem Hofgut ein großes Gehege, der so genannte Affenberg. Das ganze Jahr über werden hier Berberaffen aus Nordafrika gehalten. Im Mendlishauser Weiher kann man Wasservögel beobachten, aber auch eine Brutkolonie von Störchen, die ihre Nester auf den Gebäuden haben.*

Vom Hofgut geht es in südlicher Richtung weiter, wir queren die Kreisstraße und wandern auf einem Feldweg bergan. Von der Höhe erleben wir die charakteristische Bodenseelandschaft. Bald sind wir wieder im Wald, wandern geradeaus weiter bis in das Nellenfurttal. Vor der Brücke biegen wir links ab in Richtung Oberuhldingen immer am Oberen Nellenfurter Weiher vorbei. Vom Damm aus kann man beide Weiher übersehen. Es sind herrliche Naturweiher mit einem reichen Bestand an Seerosen und vielen anderen Wasserpflanzen sowie ein Eldorado für Wasservögel. Wir wandern weiter in Richtung Mühlhofen auf dem Waldweg am linken Ufer des Unteren Nellenfurter Weihers. Am Ende des Weihers liegt die Kaltbrunnhütte, bei der wir eine Rast einlegen können.   2,5 km

Von der Hütte wandern wir auf einem Pfad am Bach entlang weiter bis wir auf einen Waldweg stoßen. Dort wandern wir geradeaus weiter, nicht links abbiegen und gelangen auf eine Lichtung, dann in den Wald, an einer Kiesgrube vorbei und erreichen den Waldrand. Vor uns liegt das Torpenbachtal. Wir queren den Bach, die Kreisstraße und wandern auf dem gegenüberliegenden Feldweg weiter, kommen nach 10 Minuten an den Waldrand des Banzenreuther Waldes. Wir biegen hier rechts ab und wandern dann auf gutem Waldweg in östlicher Richtung geradeaus weiter. Nach der zweiten Kreuzung erkennen wir rechts den Olsen-Weiher.   2,5 km

Jetzt geht es in einem großen Linksbogen in nördlicher Richtung über eine Kreuzung geradeaus weiter. Bei der nächsten Weggabel halten wir uns rechts und kommen nach 100 m auf eine Waldschneise, dort zweigen wir rechts ab und gelangen auf dem Weg über Wiesen und Obstgärten an den Bifang-Weiher. Hier wandern wir links immer am See entlang das Tal aufwärts, kommen an den Waldrand und später auf den Damm des Martins-Weihers.   3,0 km

Wir gehen über den Damm und auf dem Kiesweg links am Weiher weiter. In der Mitte des Weihers führt rechts zwischen den Äckern ein Weg hoch zu den Spitznagelweihern. Wir wandern rechts unter dem Damm zu dem Waldrand, dort führt ein Waldweg an den Weihern vorbei zu der Asphaltstraße, die von Salem kommt. Wir gehen nun auf dem Prälatenweg wieder dem Ausgangspunkt zu.   2,5 km

W 47   Kleine Salemer Weiherwanderung

Wanderstrecke: 6,5 km, Gehzeit: 2 Stunden
Markierung: laut Text
Wanderkarte: L 8320 Konstanz, Freizeitkarte 511 Westlicher Bodensee
E, F, G, P, Fam.
Ausgangspunkt: Mimmenhausen, Parkplatz am Ortsende nach Mühlhofen.

__Mimmenhausen__ (436 m NN, 3041 Ew.) liegt im Salemer Tal, nahe des Klosters Salem. In Mimmenhausen lebten die Handwerker des Klosters. __Josef Anton Feuchtmayer__ hatte hier seine Werkstatt. In seinem Haus ist heute das Feuchtmayer Museum untergebracht. In der Pfarrkirche, die 1970 neu errichtet wurde, sind die Grabsteine von __J. A. Feuchtmayer__ und seinem Schüler __Johann Anton Dirr,__ der ebenfalls in Mimmenhausen arbeitete. Neben schönen Fachwerkhäusern ist die frühere Zehntscheuer erhalten.

Vom Parkplatz aus gehen wir einige Schritte in Richtung Ortsende, biegen dann rechts in die Rebhaldenstraße ein, dort steht ein Schild „Zum Bifangweiher". Wir steigen die Straße hoch und biegen nach dem letzten Haus auf einen Fußweg links ein, der an einem Hang entlang zum Bifangweiher führt. Dort gehen wir zunächst auf der Asphaltstraße rechts weiter nach 400 m führt ein Damm über den Weiher. Zwischen hohem Schilf gelangen wir auf das andere Ufer und wandern links am Ufer entlang. Kurz vor Ende des Weihers bei einer Wandertafel zweigt rechts ein Feldweg ab. Wir wandern auf diesem aufwärts durch Obstgärten und gelangen in den Banzenreuther Wald. Er ist nach einer

Der Killenweiher bei Salem. Aufn.: W. Rößler

abgegangenen Siedlung benannt. Hier folgen wir links einem Waldweg in südlicher Richtung, zweigen bei einer Weggabel links ab, kommen an dem Olsen-Weiher vorbei. Kurz nachher queren wir die Straße nach Mühlhofen und kommen auf den Parkplatz des Killenweihers. Hier können wir eine Rast einlegen, dann geht es am Killenweiher weiter. Bei einer Gabelung biegen wir links ab und kommen vor das Tor des *badisch-markgräflichen Forsthauses. In dem Barockhaus arbeitete* **Josef Anton Feuchtmayer,** *Abt Amseln hat ihm das Gebäude über-lassen. Die daneben stehende spätgotische Kapelle erhielt eine Stuckdecke von Feuchtmayer.*

Wir wandern rechts am Weiher entlang und erleben einen wunder-schönen Natursee mit Schilf, Rohrkolben und Seerosen, darin tummeln sich Blässhühner, Stockenten und Möwen, am Ufer stehen Graureiher und suchen Nahrung. Wir folgen dem Weg und stoßen im Wald auf einen Querweg mit der Markierung blaues Kreuz. Hier biegen wir links ab, kommen bei der Einmündung eines Baches wieder ans Ufer und bleiben auf dem Uferpfad. Beim Austritt aus dem Wald sehen wir wieder von der Anhöhe auf den Weiher hinab. Wir bleiben auf dem Feldweg, verlassen die Markierung und kommen an die Landesstraße. Wir queren diese – Vorsicht starker Verkehr – und gehen auf der gegenüberliegenden Seite auf dem Radweg in Richtung Mimmenhausen.

W 48   Von der Reichsstadt Überlingen zur Wallfahrtskirche Birnau

Wanderstrecke: 12 km, Gehzeit: 3,5 Stunden
Markierung: laut Text
Wanderkarte: L 8320 Konstanz, Freizeitkarte Westlicher Bodensee
A, E, K, P, Fam.
Ausgangspunkt: Überlingen

Überlingen, s. Stadtbeschreibung S. 155.

In Überlingen gehen wir an der Seepromenade entlang an der Greth vorbei bis zum Hafen. Diesen umrunden wir und spazieren den schönen Uferweg bis zur Kneippanlage, biegen dort links ab, an den Tennis-anlagen vorbei, durch die Bahnunterführung und kommen zur Nußdorfer Straße. Wir biegen rechts ab und steigen nach 300 m vor dem Hotel Alpenblick den Staffelweg in Richtung Leonhards-Kapelle hoch, queren hierbei die Rauensteinstraße und die Mühlbachstraße und erreichen oben die Kapelle.   2 km

*Die **Leonhardskapelle** wurde 1715 als spätgotische Kapelle erbaut und zeigt über dem Portal den Hl. Leonhard. Ein schöner Blick über Überlingen und den Bodensee ist der Lohn für den steilen Aufstieg.*
Wir wandern rechts auf ebener Straße, später Schotterweg weiter und kommen durch eine Unterführung der B 31 zu einem Wanderparkplatz. Nun geht es auf einem guten Kiesweg entlang der B 31 in östlicher Richtung weiter, rechts auf einem Drumlin stand früher die alte Wallfahrtskirche Birnau (s. unten). Bald erreichen wir die Straße nach Nußdorf.   2 km
Wir queren sie, links liegt ein Tennisheim und die Gaststätte Waldklause. Schon am Waldrand erkennen wir jetzt die Markierung des HW 9 und die des Bodenseerundweges. Dieser Markierung folgen wir bis Birnau. Es geht im Wald leicht abwärts. Wir wandern immer geradeaus, queren den Nußbach und wandern in einem stillen Tal im Hochwald leicht aufwärts. Bei einer Weggabel – 15 Minuten nach Waldeintritt – bleiben wir links und erreichen bald den Waldrand. Dort biegen wir zunächst links, nach 250 m rechts ab und bleiben am Waldrand bis wir den Prälatenweg erreichen. Wir sehen bereits den Oberhof und die Klosterkirche, biegen dort rechts ab und sind in 5 Minuten am Ziel.(R)   3 km

Birnau. Bereits im 13. Jh. wird eine kleine Marienkapelle oberhalb von Nußdorf erwähnt, 1384 wird der wohl älteste Wallfahrtsort vom Bodensee von den Zisterziensern von Salem übernommen. 1643 wird

*Die Wallfahrtskirche
Birnau. Aufn.: L. Zier*

*die Kirche ein Raub der Flammen. Nach dem Wiederaufbau 1644 gab es
immer wieder Streit mit der Stadt Überlingen, in deren Markung der
Wallfahrtsort „Altbirnau" lag. So entschlossen sich die Mönche, die
Kirche abzureißen und auf ihrem arrondierten Besitz eine neue
Wallfahrtskirche oberhalb des Bodensees zu bauen. 1746 war die
Grundsteinlegung, 1750 wurde die Kirche bereits geweiht.*
*Als Baumeister wählte Abt Amseln II. den Vorarlberger Peter Thumb, die
feine, formenreiche Stuckatur und die ausdrucksstarken Skulpturen
schuf Josef Anton Feuchtmayer, die farblich gut abgestimmten Decken-
fresken stammen von Gottfried Bernhard Göz. Die Wallfahrtskirche St.
Marien darf als „Barockjuwel des Bodensees" bezeichnet werden. Das
Kircheninnere strahlt Licht, Vollkommenheit und Harmonie in Form und
Farbe aus.*
*Der Hauptaltar wird geprägt von dem Gnadenbild der „Lieblichen
Mutter von Birnau" eine thronende Maria mit dem Kind, – einer
Skulptur aus der Mitte des 15. Jh. – das auf dem Tabernakel ruht. Es wird
umgeben von 4 großen Statuen, die die Heilige Familie darstellen:
Zacharias und Elisabeth; Joachim und Anna. Der rechte Seitenaltar ist
dem hl. Bernhard geweiht, einem Marienverehrer, links unten sitzt ein*

porzellanweißer Putto, der bekannte Honigschlecker. Der linke Altar zeigt den hl. Benedikt, darunter ein Putto mit einer Schrifttafel. Das große Deckengemälde stellt die Verherrlichung Mariens dar, umgeben von Engeln, von weltlichen und geistlichen Herrschaften, von Mönchen und Notleidenden. Interessant sind auch die Uhren in der Kirche: die Monduhr über dem linken, die Sonnenzeituhr über dem rechten Seitenaltar, die Marienuhr in der Decke.

Mit der Aufhebung des Klosters 1806 diente die Kirche als Schuppen und Scheune; erst 1919 zogen wieder Mönche aus Mehrerau ein. Es ist erstaunlich, dass die Kostbarkeiten der Kirche trotz der ungewöhnlichen Verwendung keinen Schaden erlitten.

Nach der Besichtigung der Kirche wandern wir in westlicher Richtung zurück, zunächst den Weg an den Weinbergen hinab und dann auf schönem Weg neben der Bahnlinie nach Nußdorf. Dort gehen wir durch die Bahnunterführung, einige Schritte rechts, um dann links in einen Fußweg einzubiegen, der am Seeufer entlang führt. Wir kommen oberhalb des Schwimmbades vorbei, über Fußwege und die Strandstraße gelangen wir zur Hafenanlage, – durch den Jachthafen von Überlingen dürfen wir gehen –, später am Schwimmbad von Überlingen vorbei, dann wieder zum Uferweg, der uns in wenigen Minuten zum Ausgangspunkt führt.   5 km

W 49   Rund um Unteruhldingen

Wanderstrecke: 13,5 km, Gehzeit: 3,5 Stunden
Markierung: laut Text
Wanderkarte: L 8320 Konstanz; Freizeitkarte 511 Westlicher Bodensee
A, E, F, G, K, R, W
Ausgangspunkt: Unteruhldingen, Großparkplatz

Unteruhldingen *(397 m NN, 1493 Ew.) wird 1058 erstmals erwähnt, war immer ein Schiffer- und Fischerdorf, das zur Herrschaft der Heiligenberger gehörte. Die Grafen von Heiligenberg sicherten sich durch den Hafen einen Zugang zur „Außenwelt". Durch Handel und Verkehr ist Unteruhldingen wohlhabend geworden. Das änderte sich mit dem Anschluss an Baden 1806, das die Häfen Meersburg und Ludwigshafen stärker förderte. Der Bau der Eisenbahn brachte den Güterverkehr auf See vollends zum Erliegen. Der Fremdenverkehr, auch durch die Errichtung des Pfahlbaumuseums 1922 begünstigt, brachte Unteruhldingen wieder zur Blüte. Unteruhldingen ist heute ein ausgeprägter Fremdenverkehrsort mit Strandpromenade, vielen Hotels und Kaffees. Vom Hafen aus können Ausflugsfahrten unternommen werden.*

Vom Großparkplatz Unteruhldingen gehen wir durch die Unterführung
der B 31, halten uns links und biegen nach 200 m rechts ab, am Waldrand
steigen wir den mittleren Weg links neben dem Bach hoch, bei der
nächsten Abzweigung biegen wir links ab, nach 100 m nochmals links
ab und kommen auf den Verbindungsweg nach Daisendorf. Hier gehen
wir in Richtung Oberuhldingen bis zum Waldrand. Links liegt eine
Hütte.   2 km

Wir wandern rechts am Waldrand weiter, hier haben wir schöne
Ausblicke auf die Landschaft der unteren Seefelder Aach. Nach 15
Minuten erreichen wir die Straße nach Gebhardsweiler. Der Weg geht
rechts 100 m die Straße aufwärts, biegt beim Waldrand links in einen
Waldweg ein, der nach 500 m links abwärts an Obstanlagen vorbei bis
zum Waldrand führt. Dort halten wir uns links und erreichen bald
Gebhardsweiler.   2,5 km

*Die **Nikolauskapelle in Gebhardsweiler** (440 m NN) wurde bereits im
12. Jh. erwähnt, die heutige Kapelle stammt von 1719, der Altar stellt ein
Marienbild vor der Seelandschaft um Uhldingen dar.*

Wir gehen durch Gebhardsweiler in Richtung Mühlhofen, vor dem
letzten Haus biegen wir links ab und kommen einen Feldweg bis zur
Seefelder Aach abwärts, dort über den Steg geradeaus zur Bodanstraße,
diese rechts hoch bis zur Alten Poststraße. Nun geht es links die
Poststraße durch bis zum Dorfzentrum.   2 km

***Oberuhldingen,** (405 m NN, 3931 Ew.) gehörte zum Kloster Salem und
war landwirtschaftlich orientiert. Mitte des 19. Jh. siedelten Industrie-
betriebe an, so dass der Ort heute mehr eine Arbeitersiedlung ist. Die
Kapelle St. Wolfgang wurde 1711 vom Salemer Abt Stephan Jung
(Wappen über dem Portal) gebaut. Auf dem Blatt des Hochaltars ist das
Kloster Salem abgebildet. Bemerkenswert ist eine Mutter Gottes –
Statue von 1420/30 auf dem linken Seitenaltar.*

Wir gehen von hier die Tüfinger Straße aufwärts und biegen kurz nach
der Bahnunterführung links auf einen Asphaltweg ein, verlassen den Ort
und sehen bald rechts den Kaltenbrunner Weiher. Kurz nach dem Weiher
biegen wir rechts ab, wandern nach dem Übergang über den Nellenfurter
Bach links aufwärts. Bei der nächsten Wegkreuzung im Wald führte ein
Fußweg entlang des Baches weiter zur Kaltenbrunner Hütte (R). Dort
steigen wir zum Waldweg hoch und wandern entlang der beiden
Nellenfurter Weiher bis zum Prälatenweg. Wir sollten nicht versäumen
vom Damm aus die Pflanzen- und Tierwelt der beiden Weiher zu
beobachten.

Blick auf den Bodensee oberhalb von Maurach. Aufn.: W. Rößler

Am Ende des oberen Weihers biegen wir links in den Prälatenweg ab und erreichen auf diesem nach 15 Minuten die Klosterkirche Birnau. 4 km Birnau (s. W 48 S. 265)
Nach der Besichtigung der Kirche steigen wir linker Hand an Weinbergen vorbei zum See ab. Rechts liegt Schloss Maurach.

Schloss Maurach. *1750 gründete Salem hier das Frauenkloster Maurach, 1804 säkularisiert. Bescheidener dreistöckiger Bau des 18. Jh. mit Dachreiter, heute in Privatbesitz.*

*Das Kloster Salem erwarb bereits kurz nach der Gründung den Oberhof mit seinen Rebflächen, längst bevor die Klosterkirche Birnau errichtet wurde. Für das Kloster war in **Maurach** der Hafen wichtig, von dem die Güter des Klosters verschifft werden konnten. Das Kloster sparte sich damit die Warenzölle in das benachbarte Meersburg.*

Wir gehen nach der Bahnüberquerung links weiter an den Hotels von Obermaurach vorbei und gelangen auf dem Uferweg nach

Seefelden. *Die gotische Kirche St. Martin bildet den Mittelpunkt des Weilers. Seefelden ist eine der ältesten Pfarreien des Bodenseegebietes Hier befand sich im Mittelalter ein Frauenkloster, aus dieser Zeit stammt*

auch noch der romanische Turm. Ein gotisches Netzgewölbe und ein spätgotischer Wandtabernakel schmücken das Kircheninnere.
Von hier aus geht es an dem Naturschutzgebiet „Seefelder Aachmündung" (s. S. 72) vorbei. Es handelt sich hierbei um eine Flachwasserzone mit einem urwüchsigen Schilfgürtel, mit wärme-liebenden Trockenrasenstandorten und Überresten einer Silberweidenaue, eine natürliche Zufluchtstätte und idealer Brutplatz für Wasservögel.

Wir gehen in Unteruhldingen am Pfahlbaumuseum vorbei (s. Seite 305), den Strand entlang bis zur Kapelle, dort die Poststraße aufwärts zum Ausgangspunkt der Wanderung.   3 km

W 50   Vom Bischofssitz Meersburg zur Wallfahrtskirche Baitenhausen

Wanderstrecke: 12 km, Gehzeit: 3,5 Stunden
Markierung: bis Baitenhausen gelbes Kreuz, dann roter Punkt, ab Breitenbach blauer Strich
Wanderkarte: L 8320 Konstanz; Freizeitkarte 511 Westlicher Bodensee
A, G , H, K, T, W
Meersburg: Oberes Tor, gebührenpflichtige Parkplätze in der Nähe

***Meersburg** s. Stadtbeschreibung S. 145 (444 m NN, 4887 Ew.).*

Ausgangspunkt ist das Obertor am Rand der Meersburger Altstadt. Wir gehen 100 m die Mesmerstraße hoch und links den Treppenweg hinauf, an dessen Ende sich unbedingt ein Abstecher nach links zum Aussichtspunkt auf der Friedrichshöhe lohnt. Am oberen Treppenende geht es geradeaus weiter, in einem spitzen Linksbogen der Fohrenbergstraße entlang und aus dem Ort hinaus, den Schildern gelbes Kreuz nach. Wir gehen über die Brücke der B 31 hoch bis zum Ortseingang von Daisendorf. Dort biegen wir rechts ab und wandern mit herrlicher Aussicht dem Waldrand entlang zum Neuweiher. Der Weg führt über den Damm und dann in einer weiten Linksschleife um den Weiher, zuletzt auf schönem Waldweg entlang des Nordufers. Sobald wir aus dem Wald kommen sehen wir links Daisendorf, auf der Straße gehen wir 150 m nach links und dann rechts einen Feldweg, später durch den Wald in Kehren abwärts. Vor dem Waldrand biegen wir rechts ab und wandern auf stillem Waldweg zur Wallfahrtskirche Baitenhausen.   5,5 km

*Die barocke **Wallfahrtskapelle Maria zum Berge Karmel,** auf dem Schlossberg (493 m NN), der Platz an dem sie steht und der Ausblick, der auch Gegenstand eines Deckenfreskos in der Kirche ist, bilden eine*

Die Kirche in Baitenhausen mit Fresken von Meersburg.
Aufn.: W. Rößler

unvergleichliche Einheit. Die Kapelle wurde 1702/04 vom Konstanzer
Bischof unter Zuwendung der Dorfbewohner gebaut und reich aus-
gestattet. Bemerkenswert sind die Deckengemälde von J. W. Baumgarten
1760, die neben den religiösen Darstellungen Landschaftsbilder des
Bodensees zeigen. Reich mit vielen Plastiken ausgestattet sind auch die
drei Altäre.

Nach der Besichtigung steigen wir den Treppenweg hinab ins Dorf und
biegen auf der Hauptstraße in Richtung Ahausen ab. 150 m nach dem
Ortsende gegenüber der Umspannstation geht es rechts auf einem
Feldweg weiter durch ein idyllisches Tälchen bis zum Waldrand. Hier
halten wir uns rechts und *200 m* weiter nach links. Nun geht es 1 km
geradeaus durch den Wald – Markierung roter Punkt – bis zur großen
Lichtung von Breitenbach.   3,0 km
Dort biegen wir auf den Asphaltweg rechts ab (links liegt eine
spätgotische Kapelle) und bei der nächsten Kreuzung nochmals rechts
und wandern auf der sog. „Alten Landstraße“ bis zum Ortseingang von
Meersburg. Wir queren die Straße, wandern zwischen schönen Obstanlagen, dann unter der B 31 durch, am Siechenweiher vorbei und kurz
danach rechts ab zum Friedhof (gleich bei der sehenswerten Kapelle
liegt das Grab der Droste). Wir können durch den Friedhof hinab zum
Obertor gehen.   3,5 km

W 51 Vom Deggenhauser Tal zum Höchsten

Wanderstrecke: 10, 5 km, Gehzeit: 3 Stunden
Markierung: bis zum Höchsten blauer Punkt, bis Ellenfurt rotes Kreuz
Wanderkarte: L 8122 Weingarten; Freizeitkarte 511 Westlicher Bodensee
A, F, H,R
Ausgangspunkt: Deggenhausen, Parkplatz bei der Aachbrücke

Deggenhausen (544 m NN, 686 Ew). Das Deggenhauser Tal wurde geprägt von einem Gletscher der Würmeiszeit, der die tertiären und zum Teil quartären Ablagerungen aushobelte. Rechts und links des engen Tales ziehen tiefe Schluchten herab. Das Tal ist dünn besiedelt, relativ viele Einzelhöfe bestimmen die Landschaft.
Der Ort Deggenhausen ist im 12. Jh. genannt, gehörte im 14. Jh. zum Kloster Salem, ab dem 16. Jh. dem Hause Fürstenberg-Heiligenberg. Die heutige Kirche wurde im 18. Jh. gebaut, im 19. Jh. erweitert. Die Marienkapelle enthält eine Pieta aus dem 17. Jh.

Wir gehen auf der Straße 50 m ortsauswärts und steigen dann links auf der Bergstraße hoch. Nach 20 Minuten wandern wir nicht weiter bergan, biegen bei einer Weggabel auf einem Schotterweg rechts ein, kommen bald an einem Gehöft vorbei und steigen dann über Wiesen und Waldstücke aufwärts. Bei einem Freizeitheim verlassen wir die Markierung und gehen rechts auf der Straße hoch, kommen zunächst an der Fachklinik vorbei und dann an der Gaststätte. Gleich nach der Gaststätte führt ein Fußweg zum

*Aussichtspavillon **Höchsten** (833 m NN). Hier haben wir eine gute Aussicht über die Bodenseelandschaft, erkennen den Bodensee und bei guter Sicht die Alpenkette.*   3,5 km

Nach der Rast steigen wir direkt beim Pavillon ab, am Wirtschaftshof biegen wir rechts in Richtung Lehenhof ein.
Wir bleiben auf gleicher Höhe über Feld- und Wiesenwege erreichen wir den Lehenhof.   2 km
Oberhalb der Gebäude des Lehenhofes gehen wir vorbei, auf der Asphaltstraße rechts hoch und biegen nach 150 m kurz nach der Brücke scharf links ab. Wir steigen hier ab zunächst durch den Wald, dann über Wiesen nach Ellenfurt.   2 km
In Ellenfurt queren wir die Landstraße und steigen gegenüber des Tales aufwärts in Richtung Betenbrunn. Bei der Wegspindel im Wald biegen wir links ab und wandern auf ebenem Weg in einigen Bögen in südlicher Richtung. Nach 20 Minuten erkennen wir bereits die Dorfkirche von Deggenhausen. Nach einem weiteren Rechtsbogen führt der Weg direkt nach Deggenhausen.   3 km

W 52   Über die Hänge des Deggenhauser Tales

Wanderstrecke: 11 km, Gehzeit: 3 Stunden
Markierung: HW 7; rotes Kreuz, roter Punkt
Wanderkarte: L 8322 Friedrichshafen, Freizeitkarte 511 Westlicher
Bodensee
A, H,
Ausgangspunkt: Ortsmitte von Untersiggingen

Wir gehen in westlicher Richtung an der Hauptstraße zum Ortsausgang,
dort biegen wir auf einem Asphaltweg links in Richtung Auenhof ein
und steigen auf dieser Straße bis zum Hof hoch, Markierung HW 7. Vom
Auenhof führt ein Schotterweg in mehreren Kehren hoch an dem
verlassenen Grubenhof vorbei auf die Höhe bis zur Waldspitze. Von hier
aus hat man einen schönen Blick in das Deggenhauser Tal und zum
Höchsten. Wir wandern links auf Feldwegen Lellwangen zu, hierbei bei
einem Wegkreuz rechts halten.   4 km

Lellwangen *liegt in einer Mulde eingebettet und hat seinen landwirtschaftlichen Charakter weitgehend erhalten.*

Wir gehen bis zur Hauptstraße vor, halten uns links und an der Kirche
wieder links auf der Straße in Richtung Salem. Nach 100 m wechseln

*Fachwerkbauten am Bodensee: das Rathaus von Bermatingen.
Aufn.: W. Rößler*

wir auf die Straße nach Sinnenberg – Markierung rotes Kreuz. Nach weiteren 500 m verlassen wir die Straße und wandern bei der Weggabel rechts auf einem Schotterweg immer abwärts dem Wald zu. Dort biegen wir scharf links ab, wandern im Wald weiter und kommen bald nach Kaltbächle. Nach dem ersten Hof geht es zunächst 100 m auf einer Asphaltstraße abwärts, dann auf einem Feldweg hoch, geradeaus über eine Kuppe und am Hang abwärts zu einem Hof. Von dort steigen wir auf der Fahrstraße abwärts zur L 204. Wir gehen diese Straße 200 m links weiter und biegen rechts ab zum Betonwerk. Wir sind in der Streusiedlung Mennwangen.   4 km

Wir wandern durch das Werk am Fuß des Hanges auf Asphaltstraße weiter, – Markierung Roter Punkt – kommen an mehreren Gehöften vorbei. Bald öffnet sich der Blick über das breite Tal nach Unter-siggingen.   3 km

W 53   Um den Gehrenberg

Wanderstrecke: 13 km, Gehzeit: 3,5 Stunden, Abkürzung 9 km
Markierung: Blauer Punkt, blauer Strich, HW 7
Wanderkarte: L 8322 Friedrichshafen, Freizeitkarte 511 Westlicher Bodensee
A,F,G,R,W
Ausgangspunkt: Markdorf, Parkplatz Wilhelmshöhe

Markdorf, (453 m NN, 10 052 Ew.) s. Stadtbeschreibung S. 142.

Vom Parkplatz Wilhelmshöhe aus steigen wir in nordwestlicher Richtung hoch – Markierung blauer Punkt, nach 200 m geht es wieder abwärts, wir queren den Muldenbach, steigen in einem Rechtsbogen leicht an, kommen an einer Hütte vorbei und kreuzen einen Waldweg. Wir wandern auf gleicher Höhe weiter und gelangen über mehrere Schluchten und Kuppen auf einen Grill- und Parkplatz oberhalb von Gangenweiler. Hier hat man eine gute Sicht auf den Bodensee mit Friedrichshafen.   5 km

Von dort wandern wir in nordwestlicher Richtung zunächst durch den Wald, dann über Feld, erreichen bald den Obergehrenhof und den Hof Ehhälte. Wiederum hat man einen guten Blick in das Rotachtal und nach Urnau.   2 km

Nach dem Hof Ehhälte steigen wir an, kommen in den Wald und treffen nach 100 m auf den Wanderweg Gehrenberg – Urnau (blauer Strich). Auf diesem Weg steigen wir hoch, kommen an der Kohlplatzhütte vorbei, rechts liegt der Sturzhof. Hier queren wir die Straße und kommen nach 300 m auf die Höhe. Wir halten uns rechts und erkennen beim Waldaustritt den Aussichtsturm. Wir wandern nicht direkt zum Aussichtsturm, sondern biegen rechts ab, queren die K 7750, wandern am Waldrand entlang, treffen dort auf den HW 7 und gehen in einem Bogen oberhalb der Rutsche (Bergrutsch) vorbei zum Aussichtsturm.

4 km

Vom Turm haben wir die schönste Aussicht über den Bodensee und die Bodenseelandschaft.

Der Weg führt nun in südlicher Richtung zunächst am Waldrand abwärts. Bei einer Gabelung halten wir uns links, bleiben auf dem HW 7, queren die Kreisstraße und steigen in eine Schlucht steil abwärts ab zu dem Ausgangspunkt.

2 km

Mehrtägige Streckenwanderungen

Die Streckenwanderungen sind in Tagesetappen unterteilt. Am Ziel jeder Tageswanderung besteht Übernachtungsmöglichkeit. Die Tagesstrecken sind unterschiedlich lang, damit auch Museums- oder Stadtbesichtigungen eingeplant werden können.

S 1   Von der Donau über den Hegau zum Bodensee

Immendingen–Gaienhofen   78 km

1. Tag: **Immendingen – Hegaublick** (Freizeitkarte 510 Singen)

15,5 km

Ausgangspunkt: Bahnhof Immendingen
Markierung: siehe Text, bis zur Ruine Neuhewen grüne Raute auf gelbem Grund

Immendingen (s. W 7 S. 183)

Vom Bahnhof gehen wir in den Ort, Markierung grüne Raute auf gelbem Grund, unterhalb der Post vorbei, in der Brunnenstraße weiter zur Donaustraße, dort rechts halten über den Donausteg bis zur Straßenbrücke. Vor der Brücke, hier nicht der Markierung grüne Raute folgen, sondern links hoch zur Straße, dann rechts über die Brücke und nach der Brücke links zum Soldatenheim. Unterhalb der Gebäude vorbei geht bald ein Kiesweg rechts hoch, diesem folgen wir bis zum Schützenhaus.

Von dort muss man auf der Straße nach Mauenheim gehen bis am Wald
links ein Fußweg parallel der Straße bis zu einem Wanderparkplatz
führt.   4 km
Wir queren nun die Straße, ein Abstecher zur Hewenegg ist unbedingt zu
empfehlen. Den Gundelhof sieht man bereits, dort führt der Rundweg
hin. Nach dem Hof führt links ein Weg zum Basaltbruch (s. W 7 S. 184
und Naturschutzgebiet Höwenegg S. 75).   2,5 km
Wir kehren auf dem Rundweg (2,5 km) zur Straße zurück und gehen
rechts den Waldweg abwärts in Richtung Mauenheim zur Dachsmühle,
dort ist bei den Gebäuden ein Anschnitt von Lavagestein zu erkennen.
Wir bleiben auf dem Asphaltsträßchen in Richtung Mauenheim. 3 km

Mauenheim *(686 m NN, 401 Ew.) Ortsteil von Immendingen liegt in
einem Talkessel. Der Ort wurde 973 erstmals erwähnt, gehörte bis 1604
zur Grafschaft Nellenburg-Tengen und von 1609 zur Grafschaft
Fürstenberg. Die Pfarrkirche St. Bartholomäus wurde 1722–25 errichtet, nachdem die frühere gotische Kirche durch Blitzschlag zerstört
wurde. Das gotische Chörle ist ein Überrest der früheren Kirche.*

In Mauenheim kommen wir auf dem Mühlweg abwärts und biegen bei
der ersten Straße, der Oberdorfer Straße sofort nach rechts ab und
steigen hoch zum Wanderparkplatz. Von dort führt ein Pfad in
südwestlicher Richtung entlang des Waldrandes, der nach 500 m in
eine Kalkschotterstraße mündet; dieser folgen wir. Wir erreichen eine
Asphaltstraße, steigen dort 100 m abwärts und biegen dann rechts in
einen unbefestigten Waldweg ein. Wir wandern auf diesem Weg immer
geradeaus weiter, kommen dann über eine Kreuzung an den Begren-
zungszaun der Autobahn. Jetzt geht es rechts abwärts bis zur
Autobahnunterführung. Sofort nach der Unterführung biegen wir links
ab, wandern entlang der Autobahn, nach 250 m führt rechts ein
Waldweg, der später unbefestigt ist, leicht aufwärts. Sobald wir einen
Schotterweg erreichen, geht es links aufwärts, dann rechts vor zur
Straße, auf der wir rechts bis zur Kreuzung beim Hegaublick gehen.

Info: Hegaustern 07733-87545   6 km

2. Tag: **Hegaublick – Engen mit anschließender Stadtbesichtigung**
        (Freizeitkarte 510 Singen)   11 km

Unser Weg führt auf der Straße in Richtung Stetten weiter, 300 m nach
der Kreuzung zweigt rechts der markierte Fußpfad zum Neuhewen
(Stettener Schlössle) ab (s. W 6 S. 182)
Nach der Besichtigung der Ruine verlassen wir die seitherige
Markierung und steigen in Richtung Geisingen ab. Unterhalb des

Berges kommen wir bei einem Wegkreuz auf eine Asphaltstraße. Wir
steigen hier 250 m ab und biegen auf einen unbefestigten Weg rechts ein.
In einem großen Bogen immer auf gleicher Höhe umgehen wir Stetten,
den Ort der unter uns liegt. Die Kreisstraße steigen wir 100 m hoch und
schwenken wieder bei einem Feldkreuz links in einen Feldweg ein. Am
Waldrand geht es in südlicher Richtung weiter. Die Markierung weißer
Balken in blauer Raute begleitet uns jetzt auf dem Weg bald am
Waldrand, bald im Wald bis zur Alten Poststraße.   5 km
Nun wandern wir links auf dem Postweg, einem schönen Panoramaweg
in Richtung Engen, – Markierung weiß-rote Raute auf gelbem Grund
bleiben auf der Höhe. Beim Napoleonseck geht es abwärts durch den
Wald, dann über freie Fläche, schließlich wieder aufwärts über den
Ballenberg und dann durchs Franzosenwäldle abwärts nach Engen
(s. Stadtbeschreibung S. 138).   6 km

Engen: Info: Touristik 07733-502202

3. Tag: **Engen über die Hegauberge nach Duchtlingen**   16 km

Engen *(s. Stadtbeschreibung S. 138)*

Vom Bahnhof Engen (531 m NN) gehen wir nach einigen Schritten
rechts durch die Unterführung, kommen dann in die Hegaustraße,
schreiten links bis zur Ballenbergstraße weiter, dann rechts bis zur

Der Hohenstoffeln (Naturschutzgebiet). Aufn.: W. Rößler

Hewenstraße aufwärts und oberhalb des Krankenhauses in der Goethestraße nach Anselfingen. In der Dorfmitte geht es die Almenstraße hoch, nach dem Parkplatz rechts im Wald aufwärts meistens auf gutem Waldweg bis zum Gipfel des Hohenhewen (844 m NN, s. W 10 S. 189 und Naturschutzgebiet S. 77).

Nach der Besichtigung der Ruine Hohenhewen geht es zurück zum Hauptweg, in der Kurve führt links ein Pfad abwärts, in mehreren Geländestufen nach Welschingen (s. W (S) 12 S. 193).   6 km

In Welschingen gehen wir vor bis zur Dorfstraße, wenden uns rechts und wandern die Straße in Richtung Hilzingen bis zum Waldrand. Rechts biegt ein Asphaltweg ab. Wir steigen aber nicht den Asphaltweg aufwärts, sondern biegen bei dem kleinen Parkplatz in den Hohlweg ein, es geht geradeaus aufwärts, – Markierung Ludwig-Finckh-Weg M – . Wir wandern über die Höhe des Waldstückes Ertenhag und halten uns beim Abstieg immer links. Beim Verlassen des Waldes queren wir die Straße (489 m NN) und steigen einen Wiesenpfad hoch, gehen auf halber Höhe einige Schritte links, um dann weiter bis zum Waldrand aufzusteigen. Im Wald geht es auf einem Pfad in einigen Kehren aufwärts bis zum Steinbruch (R) (s.W.11 S. 191).   4,5 km

Wir bleiben auf dem Waldweg, der um den Berg herumführt. Nach 10 Minuten zweigt nach einer Kehre rechts ein Stichweg zum Gipfel des Hohenstoffeln ab. In 20 Minuten haben wir ihn erreicht (844 m NN; s. W 11 S. 192 und Naturschutzgebiet S. 78).   2 km

Wir kehren den gleichen Pfad bis zum Waldweg zurück und steigen dann in Richtung Duchtlingen/Singen ab. Nach 30 Minuten treten wir aus dem Wald, gehen 30 m nach links und dann über einen Wiesenweg rechts abwärts bis zur Straße. Rechter Hand erkennen wir die Häuser um die Heiliggrab-Kapelle. Von hier erreichen wir in knapp einer halben Stunde Duchtlingen.   3,5 km

Info: Gemeinde Hilzingen 07731-380923

4. Tag: **Von Duchtlingen über vier Ruinen nach Rielasingen**
(Freizeitkarte 510 Singen)   16, 5 km

Von Duchtlingen aus wandern wir die Straße nach Mühlhausen hoch, sehen links vor uns die Ruine Mägdeberg, die wir von der Höhe aus über einen Pfad erreichen(s. W 13 S. 195 und Naturschutzgebiet S. 82).
2 km

Von hier aus bis Gaienhofen: Markierung: grüne Raute auf gelbem Grund

Nach der Besichtigung steigen wir ab bis zur Straße, gehen links abwärts bis der erste Weg rechts hinüber zum Hohenkrähen führt. Wir steigen zunächst zwischen den beiden Berghügeln hoch und wandern zwischen

Die Burgruine Mägdeberg. Aufn.: W. Rößler

Wiesen und Äckern weiter. Kurz vor dem Wald biegen wir links in einen
Wiesenweg ein, der in den Burggraben führt. Der Anstieg zur Ruine
Hohenkrähen ist verwegen. (s. W (S) 13 S. 196 und Naturchutzgebiet
S. 81).   2 km
Nach der Besichtigung wandern wir links einen fast ebenen Waldweg,
später Feldweg mit guten Ausblicken auf die Bodenseelandschaft bis
zur Straße nach Singen. Wir müssen nun auf der Hauptstraße absteigen,
am Hegauhaus vorbei, dann aber in den ersten Feldweg halbrechts zum
Paradieshof einbiegen. Es geht eben weiter an zwei Anwesen vorbei bis
zu einer Waldecke. Am Waldrand geht es weiter, nach 150 m wenden wir
uns rechts ab, verlassen hier die Markierung, gehen in westlicher
Richtung und erreichen an der Waldspitze einen Parkplatz. Dort steigen
wir scharf links zum Staufen hoch. Kurz vor der Anhöhe führt rechts ein
Pfad hinauf zur Ruine.   3,5 km
Wir kehren zurück und wandern am Hang in östlicher Richtung weiter
um den Berg herum und stoßen nach Waldaustritt auf die Straße nach
Hilzingen. Diese queren wir und steigen auf einem Wiesenweg schräg
den Hang zum Bruderhof Hohentwiel hoch. Wir müssen hier die
Eintrittskarten für die Ruine lösen bevor wir die steile Auffahrt zum
Hohentwiel hochsteigen.
Links geht es am Friedhof vorbei, auf dem noch Gräber der früheren
Festungskommandanten liegen. Nun steigen wir steil aufwärts entlang

des Bannwaldes Hohentwiel. Wir kommen am „Galgenrain" vorbei, an dem Todesurteile ausgesprochen und sofort vollstreckt wurden.

Durch zwei Tunnel führt der Weg zur Karlsbastion, einer Vorburg, in der Wirtschaftsgebäude und Offizierswohnungen untergebracht waren.

3 km.

Wir steigen nun über eine Rampe und eine Brücke zur Burg hoch. (s. W 13 (S) S. 197 und Naturschutzgebiet S. 79).

Wir kehren zur Vorburg zurück. Dort führt auf der Ostseite des Platzes eine Treppe unter der Burgmauer hinaus. Der Pfad ist nur vom 1. Mai bis 1. November frei. Er führt zunächst steil abwärts, mündet in einen Waldweg, dem wir links folgen bis zur Auffahrt zum Hohentwiel. Wir queren die Straße und steigen neben der Straße auf einem Fußweg ab, gelangen in die Hohentwieler Straße, die zum Bahnhof Gartenschau führt.   2 km

In **Singen** (s. Stadtbeschreibung S. 152) wandern wir immer entlang der Radolfzeller Aach an schönen Anlagen vorbei nach Rielasingen 4 km

Info: Gemeinde Rielasingen 07731-93210

5. Tag: **Rielasingen – Gaienhofen** (Freizeitkarte 511 Westlicher
            Bodensee)   18 km

In Rielasingen folgen wir dem Bachlauf der Radolfzeller Aach, gehen unter der Bahnlinie an den Sportplätzen vorbei und kommen nach Arlen. Dort wandern wir die Rielasinger Straße hoch, biegen in die Eichendorffstraße links ein und folgen nach 200 m rechts beim Gasthaus „Grenzschenke" der Kirchäckerstraße. Hinter dem Ortsrand wandern wir bei einem Wegkreuz links weiter, an einem Gehöft vorbei bis zum Wanderparkplatz. Von dort steigen wir nach Überquerung eines Verbindungsweges zum Waldrand aufwärts. In mehreren Kehren geht es jetzt 200 Höhenmeter hoch. Nachdem wir den Trauf erreicht haben wandern wir immer in östlicher Richtung eben weiter. Beim Herrentisch erleben wir eine herrliche Aussicht über die Hegauberge.

4 km

Wir wandern am Trauf in östlicher Richtung weiter, kommen an „Maria Tann" vorbei, an einer Fichte hängt ein altes Andachtsbild von der Muttergottes. Nach einer Stunde erreichen wir den Hof Oberschrozburg, der früher zur Burg gehörte. Wir steigen den Burghügel hinauf und genießen die Aussicht.   4 km

Schrozburg. *Von der ehemaligen Burganlage sehen wir außer einem Wall, der Vorburg und Resten einer Ringmauer nichts mehr. Sie wurde 1441 niedergebrannt und im Dreißigjährigen Krieg vollkommen*

Blick vom Schienerberg auf die Hegauberge, von links nach rechts:
Heilsberg, Hohenstoffeln, Rosenegg, Plören, Hohenhewen, Staufen,
Hohentwiel, Hohenkrähen. Aufn.: W. Rößler

zerstört. Graf „Scrot von Florenz" soll sie um 800 erbaut haben, ab dem
14. Jh. kommt sie in die Hände der Fürstenberger

Wer den kürzeren Weg nach Gaienhofen sucht, wandert auf dem
Feldweg in östlicher Richtung weiter, gelangt zum Waldparkplatz
Haselwiese, quert die Straße und geht auf dem mit H$_1$ bezeichneten Pfad
scharf links, zuerst im Wald, dann am Waldrand weiter in Richtung
Langenmoos.   4 km
Wer über Schienen wandern will, geht nach dem Hof Oberschrozburg
auf der Asphaltstraße zunächst aufwärts, dann in Kehren abwärts nach
Schienen.

Schienen. *In Zusammenhang mit dem Grafen Scrot wird Schienen 846*
urkundlich erstmals erwähnt. Er soll eine Reliquie des hl. Genesius von
Rom mitgebracht und in der Michaelskapelle, die östlich der heutigen
Kirche stand, aufbewahrt haben. Um 830 wird dann ein Kloster
gegründet, das ab 909 an die Reichenau übergeht. 1540 kam das Kloster
an das Bistum Konstanz und 1757 wird es aufgelöst. Die Vogteirechte
über das Kloster übten ab dem 13. Jh die Herren von Schienen aus, sie

hatten ihren Sitz auf der Ortsburg oberhalb von Schienen. Sie wurde 1441 zerstört. Das Geschlecht derer von Schienen stirbt 1638 aus.
Die romanische Pfarrkirche dürfte um das Jahr 1000 von dem Kloster Reichenau gebaut worden sein, eine einfache dreischiffige Basilika mit quadratischen Pfeilern. Die Rundfenster stammen allerdings aus der Barockzeit.

Neben dem Kirchhof steht das frühere Propsteihaus, ein Fachwerkbau. Hinter diesem Haus führt links ein Fußweg steil hoch, dann am Waldrand weiter bis zur Asphaltstraße, diese wandern wir rechts weiter bis zum Hof Ferdinandslust. Hinter dem Hof geht es auf einem Waldweg leicht ansteigend weiter, nicht rechts abbiegen, dann immer auf dem Hauptweg in östlicher Richtung bleiben. Nach dem Austritt aus dem Wald erkennen wir die beiden Höfe von Langenmoos, eine Rodungs-siedlung aus dem 14. Jh.   6 km
Hinter den Höfen führt rechts ein unbefestigter Feldweg abwärts zum Waldrand. Hier treffen wir auf den Abkürzungsweg. Nun geht es in einem Hohlweg abwärts. Nach 15 Minuten queren wir einen befestigten Waldweg und steigen weiter in Hohlwegen ab bis zum Gehöft Honigsheim. Wir gehen durch den Hof, dann auf einer Asphaltstraße links abwärts, biegen aber nach 300 m in einen Waldpfad ein und steigen weiter abwärts. Am Waldrand haben wir eine schöne Aussicht auf den Zeller See und die Insel Reichenau. Vor uns sehen wir bereits unser Ziel Gaienhofen. Wir gehen einige Schritte auf der Teerstraße nach rechts, biegen dann links ab und steigen in der Klinge nach Gaienhofen ab.
                                                                                          4 km

Gaienhofen. *Neolithische Ufersiedlung, mehrere Grabfunde bezeugen eine frühe alamannische Siedlung, 1155 wird sie erstmals schriftlich als Geyenhoven genannt. Um 1300 ist eine Burg bekannt, die im Besitz des Bistums Konstanz ist. Die Herrschaft ging sodann als Pfand immer wieder in andere Hände. 1803 kam Baden in den Besitz des Schlosses, es wurde 1821 verkauft, wieder wechselten die Besitzer bis es 1951 die Evangelische Landeskirche erwerben konnte. Mit umfangreichen Neu-bauten entstand das heutige Schulzentrum.*
Das Schloss dürfte aus dem 16. Jh stammen, es wurde barockisiert, brannte 1925 ab, wurde 1955 restauriert. Vom ursprünglichen Aussehen ist nicht mehr viel zu erkennen.

Von Gaienhofen kann man mit dem Bus nach Radolfzell fahren und von dort mit der Bahn nach Immendingen zurück.
Info: Gästebüro 07735-81823

S 2   Auf dem Hauptwanderweg 9 von Mühlheim nach Meersburg

Mühlheim–Meersburg in 4 Tagesetappen mit Besichtigungen   65 km
Markierung: in der Regel HW 9, sonst nach Text

1. Tag: **Mühlheim – Neuhausen mit Besichtigung
       des Freilichtmuseums** (Freizeitkarten 511 Westlicher
       Bodensee und 526 Sigmaringen)   10 km

Ausgangspunkt: Mühlheim/Donau, Oberes Tor

Mühlheim ist eine Alamannensiedlung, sie lag in der so genannten Altstadt beim jetzigen Friedhof. Dort steht auch die älteste Kirche St. Gallus, deren Ursprung im 8. Jh. liegt. Urkundlich wurde Mühlheim 799 erstmals genannt bei einer Schenkungsurkunde Gerolds von Bussen. Die Stadt entstand unter der Herrschaft der Grafen von Zollern auf dem Bergsporn, sie wurde befestigt und gelangte 1409 an die Freiherren von Enzberg. Diese konnten sich in Mühlheim über Jahrhunderte behaupten.

*Hauptstraße mit
Rathaus in Mühlheim
an der Donau.
Aufn.: W. Rößler*

Mühlheim litt sehr stark im Dreißigjährigem Krieg, nachdem öfters die Besitzer wechselten. Die Stadt hat durch viele Fachwerkbauten den mittelalterlichen Charakter erhalten.
Wir beginnen unsere Wanderung am Oberen Tor, das aus der Gründungszeit stammt. Wir gehen die Hauptstraße abwärts. Das Rathaus ist ein gotischer Fachwerkbau mit offener Arkadenhalle. Gegenüber liegt das Vordere Schloss, in dem heute das Heimatmuseum untergebracht ist. Die Kirche St. Maria Magdalena wird bereits um 1313 genannt, die heutige Kirche, ein klassizistischer Saalbau mit barocker Inneneinrichtung wurde 1794/96 gebaut. Das Untere Schloss, ein Barockbau von Bagnato 1755 ist im Privatbesitz der Herren von Enzberg und kann nicht besichtigt werden. Wir gehen die Steige abwärts und kommen an der Sebastiankapelle von 1610 vorbei, einer Pestkapelle mit 5 Totenschildern. Im Tal angekommen wandern wir rechts weiter, hier liegt das Schwedengrab. 300 Schweden sollen hier im Jahr 1633 gefallen und beerdigt sein.

Wir steigen auf einem Pfad rechts den Welschenberg hoch – Markierung gelbes Dreieck –. Oben angekommen sollten wir nach einigen Schritten rechts den schönen Ausblick auf Mühlheim beim „Glitzernen Kreuz" nicht versäumen. Nun geht es auf einem leicht ansteigenden Kiesweg weiter, nach 800 m erkennen wir rechts die

Kirchenruine Maria Hilf. *Über 160 Jahre war hier ein bekannter Wallfahrtsort. 1649 brachte der Pfarrer von Mühlheim dort ein Muttergottesbild an, 1652 wurde eine Kapelle gebaut, 1661 entstand eine Kirche, die zu klein wurde, so dass 1756 eine große Barockkirche mit prächtiger Ausstattung entstand. 1811 wurde die Wallfahrt aufgehoben, die Kirche wurde abgebrochen und verfiel.*

Nach der Besichtigung der Anlage wandern wir auf dem Waldweg mit der Markierung gelbes Dreieck weiter in Richtung Bergsteig. Kurz vor dem Abstieg können wir einen Abstecher zum Rissefelsen machen, der einen Ausblick ins Donautal auf Friedingen bietet. Nach dem Austritt aus dem Wald erkennen wir bereits den Weiler Bergsteig.   5 km
Wir queren die Straße, gehen durch den Parkplatz, der rechts der Straße nach Buchheim liegt und wandern auf dem Feldweg, der neben der Straße verläuft auf Markierung roter Dreiblock weiter, dann sehr lange am Waldrand, bis wir im Wald die Skihütte erreichen. Nun geht es im Wald auf zum Teil geteertem Waldweg geradeaus hoch bis zum Zaun des Freilichtmuseums. Wir wandern rechts um den Zaun und erreichen den Parkplatz. Ein Besuch des Freilichtmuseums lohnt sich. Links neben der Straße führt ein Radweg nach Neuhausen.   5 km

Info: Gemeinde Neuhausen 07467-94600

2. Tag: **Neuhausen ob Eck – Stockach**
        (Freizeitkarte 511 Westlicher Bodensee)   20 km

***Neuhausen ob Eck** (s. W. 18 S. 208).*

Ab Neuhausen Markierung: HW 9 In Neuhausen ob Eck überschreiten
wir die B 311, gehen auf die Kirche zu, biegen links in die Neue Gasse
ein und gehen bis zur Gehrenstraße, dort rechts weiter bis zur
Homburgstraße. Wir schwenken dort zunächst links, nach 200 m rechts
in einen asphaltierten Feldweg ein und wandern auf den Waldrand zu.
Kurz nach Erreichen des Waldes führt links ein Fußweg durch den Wald,
dann am Waldrand weiter, bis wir auf einen Feldweg stoßen. Dort biegen
wir rechts ab, steigen nach 100 m links am Waldrand hoch, gelangen
über ein Trockental in einen Buchen-Fichten-Wald und kommen
entlang des Waldrandes zur Straße Ederstetten – Schwandorf. Wir
queren die Straße und wandern auf der Schindelwaldstraße in
südöstlicher Richtung auf einem guten Waldweg immer geradeaus
weiter. Bei der nächsten Kreuzung steht eine Hütte, sie lädt ein zum
Rasten und zum Grillen.   5 km
Wir queren den Weg und wandern die Schindelwaldstraße geradeaus
weiter, nach 20 Minuten kommen wir an den Gerhardsbrunnen und ein
Pumpwerk, das am Waldrand steht. Wir folgen dem Weg bis zur Straße,
gehen auf dieser 400 m nach rechts und biegen dann links ab, links liegt
eine Kiesgrube, die Einblicke in Sand- und Schotterschichten gibt. Nach
300 m kommen wir auf eine Kreisstraße, dort halten wir uns rechts,
Hecheln bleibt links liegen und wandern auf der Asphaltstraße weiter in
südlicher Richtung zum Unterweitfelder Hof. Nach dem Asphalt geht es
ein kurzes Stück durch den Wald, dann am Waldrand und später über
Felder dem Hof zu.   5 km
Von dort wandern wir links am Waldrand entlang hoch und kommen
bald zur Hechelner Straße, ihr folgen wir rechts und biegen nach 50 m
links auf einen Kiesweg (Oberer Bußwinkelweg) ein, nach weiteren
50 m führt links ein Grasweg durch den Wald weiter zur Straße Bußhof –
Altschorenhof. Auf dieser Straße wandern wir rechts weiter und biegen
vor dem Neuschorenhof links in Richtung Hoppetenzell ab.   3 km

Hoppetenzell. *Die Entstehung des Dorfes geht zurück auf die Gründung
einer Zelle des Adelung im Jahr 777, die später vom Abt von St. Denis
übernommen wurde. Im 13. Jh nahm die Johanniterkommende von
Überlingen die Höfe in Besitz. Das Dorf entwickelte sich erst im 14./
15.Jh. Ab dem 17. Jh. arbeiteten viele Kleinbauern in der Schmelze.*

In Hoppetenzell (562 m NN) kommen wir in der Aachtalstraße an, gehen
diese 100 m abwärts, biegen links in die Johanniterstraße ein, queren die
Aach und wandern die Straße „Am Mühlbach" aufwärts.

Nach dem einzelnen Haus biegen wir links ab und kommen an einem Wegkreuz vorbei. Von hier hat man einen schönen Ausblick auf den Hegau, das Tal der Stockacher Aach und die Jungmoränenlandschaft mit Endwall. Am Waldrand wandern wir rechts weiter, kommen an einer renaturierten Kiesgrube vorbei und halten uns dann links, nach 200 m erreichen wir einen Kiesweg, dem wir rechts folgen, später immer abwärts am Waldrand entlang. Beim Verlassen des Waldes biegen wir rechts ab und gehen auf der Teerstraße bis zu einem Wohnhaus. Dort wandern wir links am Gehege vorbei auf der Teerstraße bis zur Siedlung Besetze.   5 km

Von hier aus kann man einen Abstecher zu den „Heidenhöhlen" (s. W 24 S. 219) machen, der durch die Siedlung nach Westen aufwärts zum Parkplatz „Heidenbühl" und von dort direkt auf einem Fußweg über eine Aussichtsterrasse zu den Höhlen führt. Die Höhlen bzw. Nischen auf der Höhe um 600 m NN sind am westlichen Berghang in weiches Molassegestein eingegraben, durch das sich härtere Felsbänder ziehen („Heidenlöcherschichten")

Von der Siedlung Besetze setzen wir die Wanderung fort. Nach Überquerung der Straße nach Stockach führt nach 75 m rechts ein Fußpfad abwärts zur Kuonyquelle, eine schöne natürliche Hangquelle, dann wandern wir auf einem Waldweg rechts weiter. Bald treffen zwei Quellbäche zusammen, wir halten uns nochmals rechts, gehen über einen Steg und von dort bergauf nach Stockach/ Schwarzach. Von hier aus geht es abwärts nach Stockach.   2 km

Info: Tourist-Info Stockach 07771-802310

3. Tag: **Stockach – Überlingen**
         (Freizeitkarte 511 Westlicher Bodensee)   20 km

Stockach s. Stadtbeschreibung S. 152.

Von der Hauptstraße in Stockach am Hotel Goldener Ochsen zweigt der Weg nach links bergab, überquert bei einer Gärtnerei die Straße, gelangt zur Brücke über die Mahlspürer Aach und unmittelbar danach wandern wir links ab zum Waldspielplatz Osterholz. Dort beginnt mit dem Osterholzweg der Waldlehrpfad. Nach dem Waldaustritt gehen wir links die Straße weiter nach Airach. Im Weiler halten wir uns rechts und wandern unterhalb des Waldes Kübelboden den Hang aufwärts. Nach 500 m biegen wir links ab in den Wald, beim nächsten Querweg geht es rechts weiter über einen Bach, dann nochmals rechts weiter. Sobald wir aus dem Wald kommen, gehen wir ein kurzes Stück rechts, dann links auf der Asphaltstraße weiter durch Ober- und Unterlaubegg.   5 km

Am Waldrand halten wir uns rechts, queren den Rickenbach und wandern dann durch den Hochwald aufwärts auf dem alten Postweg weiter und kommen zur Autobahnunterführung. Nach der Unterführung queren wir die Kreisstraße, wandern am Weierhof vorbei in südöstlicher Richtung bis kurz vor dem Wald, biegen dann links ab und kommen zu einer Wegspinne. Wir folgen dem Waldweg rechts in Richtung Buohof. Nach dem Buohof führt nach Erreichen des Waldrandes scharf links ein steiler Weg hoch zum Haldenhof.   5 km

*Vom Haldenhof (s. W 32 S. 232) beginnt ein **geologischer Lehrpfad,** auf dem wir den Weg fortsetzen können, er zeigt auf Lehrtafeln die Formationen der Tertiärzeit auf. Auf dem Weg selbst erkennt man sehr schön den Übergang von der Molasseschicht zum Deckenschotter der Moräne. Der Deckenschotter (Nagelfluh) deckt die weichen Molasse-schichten ab und bildet hier eine Bergkuppe, den Steinbalmen, von dem man eine schöne Aussicht über den See genießen kann.*

Man folgt dem HW 9 rechts weiter, immer am Trauf entlang. Links liegen in der Nähe die Gebäude der Bodensee-Fernwasserversorgung auf dem Sipplinger Berg.

Von Sipplingen wird das Wasser aus 60 m Tiefe hoch gepumpt, hier gereinigt und sterilisiert, dann fließt es bis in den mittleren Neckarraum.

Auf dem Traufweg gehen wir in östlicher Richtung weiter, mit schönen Ausblicken auf den See, bald kommen wir auf eine Kalkstraße, auf der wir links nach 300 m zu einer Hütte kommen. (Möglichkeit zum Rasten) dort gehen wir abwärts bis zum Baumstück und an dem Zaun links weiter, durch eine Klinge dann am Waldrand bis zum Umspannwerk. Nach dem Werk wandern wir über einen Wasserbehälter, queren bald den oberen Bereich des Hödinger Tobels und sind nach einigen Minuten in Hödingen.   5 km
Wir gehen durch den Ort, verlassen die Markierung des HW 9, 100 m nach dem Gasthaus Kreuz biegen wir rechts ab, wandern jetzt auf der mit einem roten Ring auf weißem Grund bezeichneten Dorfstraße abwärts und weiter über einen Wiesenweg zum Aussichtspunkt bei den Pappeln. Vor uns sehen wir links das Schloss Spetzgart, hier gehen wir rechts über die Wiese, dann an einem Weinberg vorbei zu dem Buckel der Gletschermühle, einem freigelegten und sehr gut erkennbaren Relikt der letzten Eiszeit. (s. W 30 S. 229).
Nun führt der Weg hinab zur B 31, wir steigen links hoch zur Brücke und gehen nach der Brücke sofort rechts über einen Hohlweg hinab nach

Goldbach. *Kunsthistorisch interessant ist die romanische Goldbacher Kapelle aus dem 10. Jh. am Seeufer, sie ist zwar verschlossen, Interessierte erhalten aber im Dorf den Schlüssel und können so die alten Fresken aus der Reichenauer Malschule betrachten.*

In Goldbach steigen wir einen tief in den Sandstein eingeschlagenen Hohlweg, das „Goldbachsträßle" hoch, auffallend sind die zahlreichen Felsenkeller, und wandern an schönen Villen vorbei Überlingen zu. Wir queren die Bahnlinie und spazieren durch den Stadtgarten zur Stadt. Eine Stadtbesichtigung lohnt sich (s. Stadtbeschreibung S. 155). 5 km

4. Tag: **Von der Reichsstadt Überlingen zur Bischofsstadt Meersburg** (Freizeitkarte 511 Westlicher Bodensee)   15 km

Überlingen *(Stadtbeschreibung S. 155)*

In Überlingen gehen wir an der Seepromenade entlang an der Greth vorbei bis zum Jachthafen. Diesen umrunden wir und spazieren den schönen Uferweg bis zur Kneippanlage, biegen dort links ab, an den Tennisanlagen vorbei, durch die Bahnunterführung und kommen zur Nußdorfer Straße. Wir biegen rechts ab und steigen nach 300 m vor dem Hotel Alpenblick den Staffelweg in Richtung Leonhards-Kapelle hoch, queren hierbei die Rauensteinstraße und die Mühlbachstraße und erreichen oben die Kapelle. Die Kapelle wurde 1715 als spätgotischer Bau errichtet und zeigt über dem Portal den Hl. Leonhard. Ein schöner Blick über Überlingen und den Bodensee ist der Lohn für den steilen Aufstieg.   2 km
Wir wandern rechts auf ebener Straße, später Schotterweg weiter und kommen durch eine Unterführung der B 31 zu einem Wanderparkplatz. Nun geht es auf einem guten Kiesweg entlang der B 31 weiter, rechts auf einem Drumlin stand früher die Wallfahrtskirche Alt- Birnau. (s. W 48 S. 265) Bald erreichen wir die Straße nach Nußdorf.   2 km
Wir queren sie, links liegt ein Tennisheim und die Gaststätte Waldklause. Schon am Waldrand erkennen wir jetzt die Markierung des HW 9 und die des Bodenseerundweges. Dieser Markierung folgen wir bis Birnau. Es geht im Wald leicht abwärts. Wir wandern immer geradeaus, queren den Nußbach und wandern in einem stillen Tal im Hochwald leicht aufwärts. Bei einer Weggabel – 15 Minuten nach Waldeintritt – bleiben wir links und erreichen bald den Waldrand. Dort biegen wir zunächst links, nach 250 m rechts ab immer am Waldrand entlang, bis wir den Prälatenweg erreichen. Wir sehen bereits den Oberhof und die Klosterkirche Birnau (s. W 48 S. 265), biegen dort rechts ab und sind in 5 Minuten am Ziel.   3 km

Die Pfahlbauten in Unteruhldingen. Aufn.: W. Rößler

Nach der Besichtigung steigen wir ab und wandern am Uferweg an Seefelden, später am Naturschutzgebiet Seefelder Aach vorbei und kommen nach Unteruhldingen (s. W 49 S. 267).

Unteruhldingen ist heute ein ausgeprägter Fremdenverkehrsort mit Strandpromenade, vielen Hotels und Cafés.   3 km

Wir gehen in Unteruhldingen am Pfahlbaumuseum weiter (s. Seite 305), den Strand entlang, an der Kapelle vorbei bis zur Schulstraße, dort geht es links weiter bis zur Bergstraße. Wir gehen die Bergstraße aufwärts, kommen am Informationszentrum vorbei, queren die Meersburger Straße, wandern an in Molassegestein geschlagenen Felsenkellern aufwärts und dann 1 km an Häusern vorbei, bis wir auf einen Parkplatz am Waldrand stoßen. Wir achten auf die Markierung HW 9. Auf guten Waldwegen geht es weiter, in einer Senke halten wir uns bei einer Wegegabel links. Kurz darauf erreichen wir eine Schutzhütte, nach 600 m verlassen wir den Waldweg bei einer Kreuzung, steigen rechts bei einem Wasserbecken über einen Steg und wandern auf einem neuen Waldweg weiter in östlicher Richtung. Kurz vor einem Linksbogen des Weges führt rechts ein steiler Pfad abwärts, über eine Straße in einen tiefen Tobel. Wir queren das Bachbett und steigen auf der anderen Seite hoch, nach 200 m erkennen wir links die Sportanlagen von Meersburg. Wir bleiben auf dem Waldpfad und erreichen bald auf einer Kuppe die

*Steigstraße mit Herder-
und Lochnerhaus in
Meersburg.
Aufn.: W. Rößler*

Weinberge von Meersburg. In der Droste-Hülshoff-Straße gehen wir auf
der Höhe weiter, nach 300 m liegt rechts eine Aussichtsterrasse mit
gutem Ausblick auf den See und bei günstiger Witterung auf die
Alpenkette. Von dort steigen wir die Straße abwärts, biegen rechts in den
Himmelbergweg ab und kommen bald zum Oberstadttor von Meersburg. Die Stadt Meersburg muss man gesehen haben. (s. Stadtbeschreibung S. 145).   5 km

S 3 Von der Donau an den Bodensee über den Linzgau

Sigmaringen – Birnau   68km

1. Tag: **Von der Zollernstadt Sigmaringen in die**
         Zimmernstadt Messkirch   19 km
(Freizeitkarten 511 Westlicher Bodensee und 526 Sigmaringen)
Markierung: siehe Text
Ausgangspunkt: Bahnhof Sigmaringen

Sigmaringen, (570 m NN, 12 300 Ew.) liegt an der Donau am Eingang des Oberen Donautales. Die alamannischen Reihengräberfunde und die um Sigmaringen liegenden Orte Hedingen, Dettingen, Brenzkofen lassen auf eine frühe Besiedlung schließen. Die Entwicklung zur Stadt begann erst als sich ein Adelsgeschlecht auf der Burg niederließ. Die Geschichte von Stadt und Burg ist seither untrennbar miteinander verbunden. Um die Burg herum bildete sich eine Siedlung, ein Marktflecken, der Mitte des 13. Jh die Stadtrechte erhielt. Im Schatten der Burg entwickelte sich die Stadt nur langsam. Das änderte sich kaum als die Burgherren zu Grafen erhoben wurde. Nach dem Aussterben der Werdenberger übernahmen 1534 die Grafen von Hohenzollern die Grafschaft. Durch die Kriegswirren der nächsten Jahrhunderte blieb Sigmaringen verhältnismäßig arm. Dies änderte sich erst als die Fürsten von Hohenzollern 1806 die Souveränität erhielten und einen bedeutenden Gebietszuwachs verzeichnen konnte. Sigmaringen wird Residenzstadt, die Stadt wird erweitert, viele Gebäude aus dieser Zeit zeugen heute noch davon. Mit der Einverleibung des Fürstentums in den preußischen Staat wird Sigmaringen Sitz des Regierungspräsidiums. Weitere repräsentative Bauten schließen sich an. Sigmaringen ist heute eine Behörden- und Garnisonsstadt.
Die Besichtigung des Schlosses und der Sammlungen des Fürstenhauses ist empfehlenswert. Daneben bietet ein Stadtrundgang interessante Gebäude wie den Prinzenbau, das Marstallgebäude, die Kirche St. Johann, das Heimatmuseum im Runden Turm.

Vom Bahnhof Sigmaringen gehen wir rechts vor und biegen links in die Fürst-Wilhelm-Straße ein, die zum Marktplatz führt. Nach dem Platz geht es abwärts bis zum Gasthof Bären, dort schwenken wir in die Burgstraße ein und gelangen auf die Donaubrücke. Von hier haben wir einen schönen Blick auf das Schloss der Fürsten von Hohenzollern. Nach der Brücke wandern wir auf gutem Fußweg donauaufwärts bis Laiz, Donaubrücke. Diese überschreiten wir, biegen nach der Brücke rechts ab und wandern nach 200 m rechts im Wendelinusweg weiter, kommen auf einen Feldweg, der neben der Donau verläuft bis zum

Amalienfelsen. Diesen umrunden wir und steigen anschließend links
nach Inzigkofen hoch.   5 km

*Inzigkofen (620 m NN, 1396 Ew.) liegt am Eingang des Oberen
Donautales. Aus der ursprünglichen bäuerlichen Gemeinde entwickelte
sich eine Wohngemeinde. Inzigkofen wurde um 1300 erstmals genannt,
Grundherren waren die Herren von Reischach bis 1421, die Werdenberger bis 1534, die Hohenzollern ab 1540. Von 1850 bis 1945 gehörte es
zum preußischen Oberamt Sigmaringen, heute zum Kreis Sigmaringen.*

*Das **Kloster Inzigkofen** wurde 1354 von Franziskanerinnen gegründet,
ab 1394 Augustinerinnen. Erster Kirchenbau 1388, Bau des Glocken-
turmes 1484. Nach teilweiser Zerstörung im Dreißigjährigen Krieg
wurden 1659 bis 65 Kloster und Kirche durch Michael Beer aus
Vorarlberg neu erbaut. Die Klosteranlage in ihrer Hufeisenform ist
heute noch erhalten, die Kirche musste wegen Baufälligkeit 1780 in
spätbarockem Stil neu gebaut werden. Sehenswert ist das von Nonnen
angefertigte Abschlussgitter der Empore. 1802 wurde das Kloster
aufgehoben, es geht in den Besitz des Hauses Hohenzollern über. Die
Fürstin Amalie Zephyrine baute das Vogteigebäude zu einem Sommer-
schloss um und ließ den Inzigkofer Park errichten.*

Nach der Besichtigung der Klosterkirche wandern wir durch den
Klostergarten, durch die Lindenallee und biegen dann links ab, auf
einem Schotterweg geht es weiter am Waldrand entlang, links liegen die
Häuser der Siedlung. Wo der Weg in den Wald eintritt biegen wir links
ab, gehen am Waldrand weiter und gelangen zum Aussichtspunkt
Butzach. Von dort wandern wir geradeaus über die Lichtung, gehen am
Waldrand links weiter und erreichen an der Waldspitze einen Feldweg,
der uns geradeaus nach Vilsingen führt.

*Vilsingen (665 m NN, 815 Ew.). Dorf am Rande der Flächenalb.
Westlich von Vilsingen wurde ein keltisches Fürstengrab gefunden mit
reichen Grabbeigaben. Vilsingen ist eine alamannische Siedlung, die
bereits 793 erwähnt wird. Im Mittelalter gehörte sie wie Inzigkofen zur
Herrschaft Dietfurt, wird jedoch 1534 fürstenbergisch, 1806 hohen-
zollerisch.
Die Pfarrei und Kirche wird bereits 875 erwähnt, die heutige Kirche
stammt von 1870. Die Kirchturmspitze wurde bei den Erdbeben 1911
und 1979 abgeworfen.*

In Vilsingen gehen wir an der Kirche vorbei vor bis zur B 313. Neben der
Bundesstraße verläuft ein Kiesweg, auf dem wir bis Engelswies bleiben.
                                                              6 km

Engelswies (675 m NN, 605 Ew.) gehörte über Jahrhunderte zu Herrschaft Gutenstein und blieb bis 1973 badisch. Die barocke Pfarr- und Wallfahrtskirche St. Maria und Verena ist 1721 gebaut. Das Gnadenbild am Hochaltar sowie die bemerkenswerte Holzskulptur der hl. Verena stammen aus dem 14. Jh.

Wir wandern nun an der B 313 weiter bis kurz vor Ortsende ein Asphaltweg links aus dem Dorf hinaus führt. Auf diesem Weg geht es in südöstlicher Richtung weiter, rechts liegt ein Gehöft, und gelangen in den Wald. Wir halten uns kurz nach Eintritt in den Wald rechts, nach 700 m zweigt links im scharfen Winkel ein Weg ab. Wir steigen dort ab, queren ein Trockental und biegen 150 m nach der Talsohle auf einen Pfad in das Felsentäle (s. W 34) ein. Bald geht es an schönen Felsformationen vorbei. Am Ausgang des Tales steigen wir rechts hoch und wandern auf dem Albvereinsweg links weiter. Nach 400 m geht es rechts ab an Versickerungsstellen vorbei, dann wieder in südwestlicher Richtung durch den Wald. Beim Austritt des Waldes erkennen wir bereits Messkirch. Wir halten uns rechts, steigen abwärts, queren die B 313 und kommen über die Bahnhofstraße zur Stadtmitte.   8 km

Info: Verkehrsamt der Stadt 07575-20646

2. Tag: **Von Messkirch in die ehemalige Reichsstadt**
           Pfullendorf (Freizeitkarte 511 Westlicher Bodensee)   17 km
Markierung: blaues Dreieck

Messkirch (s. W 33 S. 234).

Vom Rathaus Meßkirch gehen wir durch die Fußgängerzone und über die Ablachbrücke zur Liebfrauenkirche. Gegenüber der Kirche gehen wir etwa 50 m in die Schnerkinger Straße und biegen dann links in den Sandbühlweg ein. Oberhalb des Baugebiets erreichen wir das Schützen-haus – schönster Blick auf Messkirch mit Martinskirche und Zimmern-schloss von dem wir rechts abbiegend etwas bergab den Stadtteil Schnerkingen erreichen. Am Weg liegt die Kapelle St. Peter und Paul mit Fresken aus dem 15. Jh. Wir folgen der Markierung durch den Stockertweg und erreichen über freies Feld den Waldrand am Dreibühl. Immer der Markierung folgend geht es durch die „Lange Allee" in den Fürstlich Hohenzollerischen Leopoldswald. Nach etwa 3 km sehen wir vom Waldrand aus den Ort Walbertsweiler. Wir gehen südlich geradeaus durch den Wald bis zu einer Hütte und überqueren kurz danach in südöstlicher Richtung eine Fahrstraße. Nach 1,5 km geradem Wegver-lauf zweigen wir links ab und gelangen über das südöstliche Ende des

Moorgebietes Längenmoos und über freies Feld zum Ort Wald. (s.W 36 S. 241).

Das erwähnte Moorgebiet Längenmoos ist von der Entstehung und Torfbildung her dem Waltere Moor bei Sauldorf gleichzusetzen. Es war ursprünglich ein reines Hochmoor. (s. W 35 S. 240).

Vorbei am Klosterweiher wandern wir auf der Straße nach Reischach bis zum östlichen Waldrand. Hier zweigen wir rechts ab, gehen durch den Wald, dann über freie Fläche vorbei am Weiler Bethlehem und kommen auf dem markierten Weg durch ein Waldgebiet nach Pfullendorf. Die über 20 ha große Fläche des ehem. Baggersees war im Jahr 2001 in die kleine Landesgartenschau eingebunden, die von der Stadt Pfullendorf ausgerichtet wurde. Am Freibad vorbei gelangen wir übe die Sigmaringer Straße in die Stadt.

Info: Verkehrsamt Pfullendorf 07552-251131

3. Tag: **Von Pfullendorf zum Schloss Heiligenberg**   17 km
           (Freizeitkarte 511 Westlicher Bodensee)
Markierung: weitgehend rotes Kreuz

Pfullendorf *(s. Stadtbeschreibung S. 148).*

Die ehem. freie Reichsstadt Pfullendorf bietet dem Besucher einen außerordentlich schön sanierten Stadtkern mit viel Sehenswürdigkeiten. Vom Stadtsee aus wandern wir entlang der Bahnlinie und biegen rechts in die Straße nach Großstadelshofen ein. Nun geht es in südlicher Richtung vorbei an den Bundeswehranlagen und etwas ansteigend zur „Äußeren Jungmoräne" auf der Höhe des Ortes Aftholderberg.

*Bis hierher hat sich der **Rheingletscher** der letzten Vereisung, der Würm-Eiszeit von den Alpen nach Norden vorgeschoben und einen riesigen Bogen gebildet. Man spricht vom Schaffhauser Stadium. Die Schmelzwässer und Kiesablagerungen haben das nördliche Gebiet, das einst von den Gletschern der Riß-Eiszeit geformt war, total verändert. Der dauernde Eisnachschub mit viel Moränematerial und der Abschmelzvorgang haben den Endwall zu seiner heutigen Mächtigkeit anwachsen lassen.*
Nördlich von diesem Wall spricht man vom Altmoränenland, südlich vom Jungmoränenland. Das Altmoränenland ist relativ flach und ruhig, das Jungmoränenland dagegen sehr hügelig und unruhig. Nachdem der Gletscher total abgeschmolzen war, bildete die Würm-Endmoräne die Europäische Wasserscheide zwischen Donau und Rhein. Weil diese

beiden Vorfluter eine sehr unterschiedliche Erosionsbasis aufweisen, schaffen die Bodensee- und somit die Rheinzuflüsse in der Molasse tiefe Schluchten und Tobel, während die Donauzuflüsse eher gemächlich dahinplätschern.

Wir wandern durch Großstadelhofen, kurz danach durch das Furtbachtal im Wald und erkennen beim Waldaustritt den Ort Kirnbach, von hier geht der markierte Weg über Felder nach Großschönach. (s. W. 40 S. 249).

Wir wandern zunächst von der Orientierungstafel aufwärts, dann rechts ab entlang des tief eingeschnittenen Tobels, an dem Schlosshof vorbei hinab in die Talsohle. An der Grotte vorbei führt ein Stichweg zur Ruine Ramsberg (s. W 40 S. 249). Wir halten uns an der nächsten Weggabel links. Nach dem Austritt aus dem Wald gehen wir auf Feldwegen über die Höhe dem Ort Katzensteig zu.

Wir wandern durch den Ort und über die Höhe nach Heiligenholz, dort queren wir die L 200, gehen geradeaus im Ort weiter und biegen am Ortsende rechts von der Asphaltstraße in einen Feldweg ab. Auf der Höhe haben wir eine schöne Sicht in das Vorland des Bodensees. Nach 1 km gehen wir im Wald immer geradeaus weiter bis zum Waldaustritt; dort biegen wir rechts ab und steigen an den Feldern hoch bis zur Kreuzung. Hier biegen wir rechts auf den Asphaltweg ein und nach 300 m links in einen Feldweg. Über eine Waldlichtung erreichen wir die Markierung rotes Kreuz wieder. Wir folgen nun links dem Waldweg und kommen an herrlichen Aussichtspunkten über Steilabfällen vorbei (s. W 44 S. 256).

Info: Tourist Info Heiligenberg 07554-998312

4. Tag: **Von Heiligenberg zur Wallfahrtskirche Birnau**   15 km
          Freizeitkarte 511 Westlicher Bodensee)

Markierung: blauer Strich

Heiligenberg (s. W 45 S. 258)

Vom Parkplatz gelangen wir zunächst durch einen Torbogen in den Wirtschaftshof, kurz nach dem Turm gehen wir links in den Schlossgarten und nach einigen Schritten rechts zunächst auf Treppen abwärts, dann auf einem Waldpfad in Kehren unterhalb des Schlosses bis zur L 201.Wir queren die Straße und steigen zunächst auf Wiesenwegen, dann am Waldrand weiter ab bis nach Steinenberg. Hier geht es zunächst auf dem Asphaltweg an den Häusern vorbei, dann in den Wald. Nach einer Kreuzung wandern wir auf einem Schotterweg immer geradeaus weiter

Bodenseelandschaft bei Salem. Aufn.: W. Rößler

bis zum Waldrand. Dort halten wir uns vor einer Scheune rechts, gehen 300 m am Waldrand weiter, bis wir links auf einen Feldweg nach Weildorf abbiegen.   4 km

In Ortsmitte von Weildorf gehen wir einige Schritte nach links und biegen dann bei schönen Fachwerkhäusern rechts in die Pfarrgasse ein. In der Straße „Vor den Halden" gelangen wir zum Ortsrand. Wir wandern dort weiter, links liegen schöne Niederstammanlagen, an deren Ende wir rechts in den Wald abbiegen. Nach 200 m erreichen wir im Wald eine Kreuzung. Wir gehen zunächst einige Meter links, um dann rechts einzuschwenken. Kurz nach der Querung der Straße nach Neufrach liegen links Gräber der Hallstattzeit. Wir wandern geradeaus weiter und erreichen bald die Siedlung von Stefansfeld. Ein Fußweg führt halbrechts in die Siedlung, wir gehen zunächst geradeaus weiter, biegen links ab und gelangen in die Hauptstraße. Auf dieser gelangen wir in südlicher Richtung an der Kapelle vorbei zum Schloss Salem (s. W 46 S. 260).   4 km

Vor der Schlossanlage biegen wir links ab, gehen dem Graben entlang und kommen zur Unteren Mühle. Von hier folgen wir der Beschreibung von W 45 bis zum Nellenfurter Weiher. Wir bleiben auf dem Prälatenweg und erreichen in 20 Minuten den Oberhof und die Klosterkirche Birnau (s. W 48 S. 265).   7 km

S 4   Auf dem „Alten Postweg" von Tengen nach Überlingen
Tengen – Überlingen in 4 Tagesetappen   ca. 60 km

1. Tag: **Tengen – Engen** (Freizeitkarte 510 Singen)   15,5 km
Markierung: s. Text, bis Engen weiß-rote Raute auf gelbem Grund

Tengen *(s. W 1 S. 173).*

Vom Rathaus Tengen gehen wir die Hauptstraße hoch bis kurz vor die
Kirche, dort zweigen wir links ab am Friedhof vorbei und kommen auf
die Markierung blau-gelbe Raute. Zunächst geht es halbrechts auf einem
Feldweg an einer Lehmgrube vorbei, dann steigen wir auf einer
Asphaltstraße einen Höhenrücken immer bergan. Nach 3 km erreichen
wir die Waldspitze, kurz nachher steht rechts eine Hütte. Auf dem
Waldweg geht es weiter, bei der zweiten Kreuzung biegen wir rechts ab
und erreichen nach 500 m den Schwarzwald-Querweg rot- weiße Raute.
Es geht rechts weiter am Waldrand in östlicher Richtung immer auf der
Höhe bleiben. Es beginnt ein herrlicher Panoramaweg mit schönen
Ausblicken auf die Hegauberge.

Alter Postweg. *Seit dem 18. Jh. ist der Weg das Kernstück der
vorderösterreichischen Postkurse von Stockach über Engen–Neustadt–
Freiburg. Es war zunächst die kaiserliche Reitpost, ab 1800 die
Landpostkutsche. Ab 1777 wurde der Kurs von Thurn und Taxis, 1819
von Baden übernommen. In Engen und Stockach waren bedeutende
Posthaltereien.*

An der Straße Tengen–Aitrachtal steht eine stattliche Linde, hier wurden
im Mittelalter die Tengener Gerichtstage abgehalten. Hier war im 15. Jh.
auch die Grenze zwischen der Landgrafschaft Nellenburg und der
fürstenbergischen Landgrafschaft Baar. Am Waldrand des Duckenhard
kommen wir an einer Hütte vorbei, später nochmals an der Straße
Watterdingen–Leipferdingen. Die höchste Erhebung liegt bei 801 m. Es
geht kurz durch ein Waldstück, an dessen Ende ist das Napoleonseck.
(s.W 5 S. 180).   10 km
Man steigt zunächst am Waldrand ab, biegt dann links ab durch den
Wald. Nun kommt eine freie Fläche, rechts liegt der Hauserhof, dann
steigt man hoch zum Ballenberg. Aus dem Wald kommend sieht man
bereits Engen, der Weg führt steil hinab zur Stadt.   5,5 km

Info: Touristik Engen 07733-502202

2. Tag: Von Engen mit Stadtbesichtigung zum
      Schloss Langenstein (Freizeitkarte 510 Singen)   14,5 km
Markierung: bis Ludwigshafen weißer Balken in blauer Raute

Engen (s. Stadtbeschreibung S. 138).

Vom Bahnhof Engen wandern wir die Bahnhofstraße stadtauswärts, biegen rechts in die Aacher Straße ein, nach 100 m links in die Schützenstraße und sofort rechts in die Ostlandstraße. Dieser folgen wir bis zum Ortsende, wandern dann rechts auf einem Feldweg bis zur Autobahnbrücke, queren dort das Tal, steigen auf der anderen Seite hoch an der Erddeponie vorbei und folgen der blau-gelben Raute bis zum Petersfelsen.   2 km

Petersfels, Petershöhle (s. W 9 S. 188).

Nach dem Petersfelsen steigen wir nicht nach Bittelbronn hoch, sondern bleiben im Tal. Der Weg führt am Waldrand entlang. Am Hang liegt nach ca. 500 m die Gnirshöhle.

Gnirshöhle ist eine Karsthöhle mit Kalzitvorkommen. Wie bei der Petershöhle fand man hier 1977 zwei kleine Siedlungsareale u. a. Werkzeuge wie Nähnadeln und Speere aus der Zeit des Magdalenien, außerdem Tonscherben aus der Glockenbecherzeit.

Bald kommen wir auf eine Asphaltstraße die durch den Wald führt, diese verlassen wir, sobald sich das Tal wieder öffnet. Wir biegen links ein und gehen auf der rechten Seite des Tales auf einem Waldweg am Waldrand weiter. Wir folgen dem Talweg bis zur Straße, die durch das Wasserburger Tal führt. Dort müssen wir rechts auf der Straße bis zur Kreuzung gehen, das Tal queren, dann links aufsteigen zunächst auf der Kalkstraße, dann im Wald, bis wir wieder die Kalkstraße erreichen. Wir steigen weiter aufwärts, an einer Hütte vorbei bis zu einer Wegspinne. Hier verlassen wir die Markierung und steigen rechts durch einen Hohlweg ab und sehen bereits bei Waldaustritt die Altstadt Aach. Wir gehen einige Schritte an der Hauptstraße nach links, um dann in die Straße in die Oberstadt Aach einzubiegen.

Aach (s. W 20 S. 210).

Vom Parkplatz Aachquelle geht es zunächst auf der Straße Richtung Eigeltingen hoch, vor dem letzten Haus rechts, dann aber links am Waldrand entlang, auf dem Waldweg bleiben, dann bei Waldaustritt auf dem Kalksträßle links weiter. Nach 150 m führt der Weg scharf links auf der Kalkstraße am Waldrand, dann in den Wald, wo wir immer auf der Straße bleiben. Bei einer Wegspinne nach knapp 2 km gehen wir von der Kalkstraße weg geradeaus auf einen unbefestigten Waldweg, nach 10 Minuten bei einer weiteren Kreuzung wieder geradeaus weiter. Beim Verlassen des Waldes liegen bereits rechts der Golfplatz und Schloss Langenstein vor uns. Die Straße wird überquert, auf dem alten Postweg geht es auf der Höhe weiter, bei der Kapelle hinab ins Durchbruchstal und zum Schloss Langenstein.

Schloss Langenstein und Langensteiner Durchbruchstal *(s. W 21 S. 213 u. S. 90).*

Von hier aus gehen wir durch den Wirtschaftshof rechts bergab, im Tal dann links auf der Asphaltstraße in Richtung Stockfelder Hof.
Verkehrsamt Eigeltingen: 07774-93220

3. Tag: **Stockfelder Hof – Ludwigshafen**   14,5 km
             (Freizeitkarte 511 Westlicher Bodensee)
Markierung: blaue Raute auf weißem Grund

Vom Stockfelder Hof führt der Weg in das Waldgebiet Wachenholz.

Hier und in der Nähe von Wahlwies wurden Grabhügel aus der Hallstattzeit gefunden. Am Ortsrand von Orsingen entdeckte man römische Funde, die auf eine villa rustica mit Bad und Umgangstempel hinweisen.

Im Wald steigt der Weg leicht an, später geht es rechts weiter und nach 100 m wieder in südlicher Richtung. Bei Austritt aus dem Wald bleiben wir zunächst halblinks auf einem Wiesenweg am Waldrand, beim Erreichen der Autobahn vor der Brücke links ab, weiter am Waldrand entlang bis zu einem Wegkreuz. Von dort erkennt man bereits die Straße, die unter die Autobahn führt. 150 m nach der Unterführung queren wir die Straße und steigen rechts zum Kirnberg hoch. Beim Wanderparkplatz gehen wir auf dem Hüttenweg, einem Waldlehrpfad immer eben am Hang entlang. Nach 2 km beginnt der steile Abstieg, Wegzeichen beachten, links halten. Sobald man aus dem Wald kommt, geht man einige Schritte auf der Straße abwärts, dann rechts ab an Obstanlagen vorbei direkt nach Wahlwies.   6,5 km

Wahlwies *liegt auf einer Schotterterrasse an der Stockacher Aach, Kirche und Rathaus liegen etwas erhöht. Die Kirche wurde 1881 im neuromanischen Stil erbaut, auffallend ist der viergiebelige Bau mit dem*

pyramidenförmigen Turm. Neben der Pfarrkirche befindet sich im Ort eine kleine romanische St. Leonhardskapelle. Der Ort wurde bereits 839 urkundlich erwähnt, er lag wohl an der Straße Bodman–Stockach, war vermutlich im 10. Jh. in Herzogsbesitz, im 13./14.Jh. von nellenburgischen Ministerialen verwaltet und ab dem 15. Jh. weitgehend im Besitz der Herren von Bodman. 1805 kam Wahlwies zu Württemberg, 1810 zu Baden.

In Ortsmitte wird die Bahnlinie überquert, beim Gasthaus Adler gehen wir rechts „Im Winkel" dem Ortsrand zu bis zu einem Hof, dort links halten, zunächst auf Asphalt, dann auf Kalkschotter immer der Stockacher Aach entlang bis nach Espasingen   4 km

Espasingen wurde bereits 902 als „Aspesingen" urkundlich erwähnt, war wohl wie Wahlwies altes Herzogsgut, im 13. /14. Jh. in den Händen von Nellenburger Ministerialen, und ab dem 15. Jh. im Besitz der Herren von Bodman. 1620 wurde das bodmansche Schloss erbaut, nach der Zerstörung im Dreißigjährigen Krieg war ein Neubau 1682 notwendig. Hier war bis ins 19. Jh Herrschaftssitz der Herren von Bodman. 1839 wird das Anwesen als Brauerei umgebaut und genutzt.
Die heutige Nikolaus-Kirche geht auf einen gotischen Bau zurück, wurde 1688 umgebaut und barockisiert, 1901 erweitert und 1968/70 renoviert. Der Hochaltar zeigt ein Bild von Strebel „der hl. Nikolaus und die Kinder bei Schiffern"; neben dem Marienaltar sind Epitaphe der Herren von Bodman. Beachtenswert ist ein Vesperbild von 1410.

Man geht die Hauptstraße abwärts bis zum Dorfplatz. Dort steht das Rathaus, ein sehr schöner Fachwerkbau, linker Hand die Nikolaus-Kirche.
Der Weg führt an der Kirche hoch bis zur Bergstraße. Dort wandern wir rechts, nach 200 m wieder rechts auf einem Feldweg weiter bis zum Hof Spittelsberg.

*Das **Hofgut Spittelsberg**, bereits 1360 erwähnt, gehörte zunächst den Herren von Hewen, später denen von Bodman.*
Nach dem Gasthaus führt eine Asphaltstraße bis nach Ludwigshafen. Man kommt am Friedhof vorbei auf die Hauptstraße.

Am Friedhof steht die Anna-Kapelle 1734 erbaut, sie trägt ein schönes Gemälde von der Entstehung der Kapelle.

Es geht nun links weiter der Hauptstraße entlang zum Kirchplatz.
                                                        4 km
Info: Touristik Bodman-Ludwigshafen 07773-930040

*Diese Wanderzeichen führen ab dem Haldenhof den Wanderer sicher
zum Ziel Überlingen. Aufn.: W. Rößler*

4. Tag: **Von Ludwigshafen zur Reichsstadt Überlingen**   14 km
         (Freizeitkarte 511 Westlicher Bodensee)
Markierung: Bodenseerundweg und HW 9

Ludwigshafen *(s. W 30 S. 228).*

Beim Gasthaus „Löwen" gegenüber der Kirche gehen wir rechts weiter,
nach 200 m links die Haldenhofstraße hoch, wir kommen an einigen
Bauernhöfen vorbei (darunter eines der ältesten Bauernhäuser im
Bodenseegebiet) und steigen am Wald rechts hoch. Der Wanderpfad ist
gut ausgebaut und zieht sich an mehreren Klingen hoch bis zum Trauf,
dort geht es geradeaus in östlicher Richtung. Über eine freie Halde
kommen wir zum Buohof. Kurz vorher vereinigt sich der Bodenseerundweg mit dem von hier aus gleichlaufenden Heuberg-Bodensee-
Allgäuweg – roter Balken auf weißem Grund. Kurz nach dem Buohof
steigen wir links steil den Waldweg hoch, nach dem Wald erkennt man
bereits den **Haldenhof**.   4 km

*Unterhalb des Haldenhofes lag die Burg Alt-Hohenfels, in der der
Minnesänger Burkard von Hohenfels beheimatet war (s. W 31 S. 230 und
S. 161).*

Von der Plattform aus genießen wir den einmaligen Blick über den See: tief unter uns das Dorf Sipplingen, der von vielen weißen Segeln belebte Überlinger See, und auf der anderen Seeseite der bewaldete Bodanrück. Hier treffen wir wieder auf den Postweg.

Unsere Wanderung nach Überlingen verläuft wie HW 9 ab Haldenhof.

Haldenhof – Hödingen	5 km
Hödingen – Überlingen	5 km

Überlingen (Stadtbeschreibung S. 155)

Info: Touristik Überlingen 07551-991122

WILLI RÖSSLER

Museen, Ausstellungen, Freizeitparks

Museen und Ausstellungen

Allensbach, Heimatmuseum
Mai–Okt., Sa. 10–12 Uhr; Juli–Aug., Sa. + Do. 10–12 Uhr
Bodman, Museum
April–Sept., Mo.–Fr. 9–12 und 14–17 Uhr
Tel. 07773/939695

Emmingen ob Egg, Dorfmuseum
Nach Vereinbarung T. 07465/751

Engen, Städt. Museum
Die.–Fr. 14–17 Uhr, Sa., So. 10–17 Uhr, Tel. 07733/5020

Gaienhofen, Hermann Hesse- Museum
1. April–15.Okt., Di.–Fr. 14–16 Uhr, So. 11–17 Uhr
Wintermonate: So. 11–16 Uhr
Tel. 07735/81837
Gaienhofen – Hemmingen, Otto Dix Haus
Ostern–31. 10., Mi.–Sa. 14–17 Uhr, So. 11–18 Uhr

Heiligenberg, Schloss
Derzeit wegen Renovierungsarbeiten geschlossen. Tel. 07554/242

Hilzingen, Museum im Schlosspark, Darstellung des Bauernkrieges
April–Okt., So. 14–17 Uhr
Nach Vereinbarung, Tel. 07731/63732

Immendingen, Heimatmuseum
Mai–Sept., 3. So. im Monat 14–16 Uhr, Tel. 07462/240

Meersburg, Altes Schloss
März bis Oktober jeweils 9–18.30 Uhr, Tel. 07532/80 000

Meersburg, Bibelgalerie im „Alten Kloster"
April bis Okt., Di.–So. 11–13 und 14–17 Uhr, Tel. 07532/5300

Meersburg, Stadtmuseum im ehem. Dominikanerinnenkloster
April–Okt., Mi.–Sa. 14–18 Uhr, Tel. 07532/440261

Meersburg, Weinbaumuseum
April–Okt., Di., Fr., So. 14–18 Uhr
Tel. 07532/440260

Meersburg, Neues Schloss
Städtische Galerie, Schloss Dorniermuseum – Zeppelinmuseum
April–Okt. tägl. 10–13 Uhr und 14–18 Uhr, Tel. 07532/43110
Meersburg, Droste-Museum in Fürstenhäusle
1. April–30. Okt., Mo.–Sa. 10–12.30 und 14–17 Uhr, So. 14–17 Uhr
Tel. 07532/6088

Messkirch, Heidegger-Archiv
Nach Vereinbarung, Tel. 07575/20646 oder 07575/4245

Messkirch, Heimatmuseum
Nach Vereinbarung, Tel. 07575/20646

Mühlheim /Donau, Museum im Vorderen Schloss
So. 14–17 Uhr, Tel. 07463/ 1874 oder 8903

Neuhausen ob Eck, Freilichtmuseum
1. April–28. Okt., Di.–So. 9–18 Uhr; Tel. 07467/1391

Pfullendorf, Heimat- und Handwerkermuseum
Mai–Okt., Mi. und Sa. 14–16 Uhr, Tel. 07552/25131

Hagnau, Das Kleine Museum
Puppen, Puppenstuben, Spielzeug
1. April–31. Okt., So. bis Mittwoch 10–12 und 14–17 Uhr
Tel. 07532/9991

Radolfzell, Stadtmuseum
Di.–Sa. 14–18 Uhr, So. 10–12 und 14–17 Uhr Tel. 07732/81390

Radolfzell, Villa Bosch
Wechselnde Ausstellungen
Di.–So. 14–18 Uhr, Tel. 07732/81370
Reichenau, Heimatmuseum
April–Okt., Di.–So. 15–17 Uhr, Tel. 07534/92070

Salem, Schloss, Markgräflich Badisches Museum, Besichtigung von
Münster und Schloss, Feuerwehrmuseum, Brennerei
Mo.–Sa. 9.30–18 Uhr
So. 10.30–18 Uhr Tel. 07553/81437

Schloss Langenstein, Fasnachtsmuseum
1. Mai–31.Okt.
Mi.–Sa. 13–17, So. 10–17 Uhr
Tel. 07774/7788 oder 07771/920126

Singen, Archäologisches Hegaumuseum
Di.–Sa. 14 bis 18, So. 14–17 Uhr Tel. 07731/98040

Singen, Hohentwiel, Festungsruine
April–Sept. 8.30–18.30 Uhr, Okt. 9–17 Uhr, Tel. 07731/69178

Singen, Städt. Kunstmuseum
Die. 10–12 und 14–18 Uhr, Mi.–Fr. 14–18 Uhr, Sa., So. 11–17 Uhr

Sipplingen, Reptilienhaus, Puppenmuseum, Modellmuseum
April–Okt., tägl. 10–18 Uhr, Nov.–März nur Sa. u. So. 11–17 Uhr
Tel. 07551/69966

Überlingen, Historischer Rathaussaal
Mo.–Fr. 9–12 Uhr und 14.30–17 Uhr, April–Okt. Sa. 9–12 Uhr
Tel. 07551/991122

Überlingen, Städtische Galerie „Fauler Pelz"
Wechselnde Ausstellungen, Mo.–Fr. 10–12 Uhr und 15–18; Sa,
So. 10–18 Uhr

Überlingen, Historisches Waffenmuseum im Zeughaus, Seepromenade
Mai–Sept., Di.–Fr. 10–12 Uhr

Überlingen, Städtisches Museum
Di.–Sa. 9–12 und 14–17 Uhr, April–Okt. So. 10–15 Uhr,
März geschlossen, Tel. 07551/991079

Unteruhldingen, Pfahlbauten
April–Sept., tägl. 8–18 Uhr; Okt. 9–17 Uhr; Nov. bis März, Mo.–Fr. je
ab 11 und 14.30 Uhr; So. 9–17 Uhr, Tel. 07556/8543

Freizeitparks

Allensbach, Wild-Freizeitpark
Tel. 07533/931619

Eigeltingen, Lochmühle
Freizeitpark Tel. 07774/ 93930

Meersburg, Omas Kaufhaus
Schauanlage und Ausstellung
Tägl. 10–18.30 Uhr
Tel. 07532/4339611

Salem, Freizeitpark Affenberg,
Berberaffen, Damwildgehege, Storchenweiher
15. 3. bis 4. 11. jeweils 9–18 Uhr

Überlingen, Haustierhof Reutemühle
April 31. Okt. ab 10 Uhr
Tel. 07551/64649

Die Autoren

Prof. em. Dr. Theo Müller, Vizepräsident des Schwäbischen Albvereins
Oberstudiendirektor a. D. Willi Rößler, Kultur- und Wanderwart im
    Oberen Donau-Gau des Schwäbischen Albvereins
Dr. Gunter Schöbel, Direktor des Pfahlbautenmuseums Unteruhldingen
Konrektor a. D. Josef Schoser
Rektor a. D. Fritz Schray
Prof. em. Dr. Friedrich Weller

Literaturhinweise

Albrecht, G. & P. Wollkopf: Rentierjäger und frühe Bauern. Steinzeitliche Besiedlung zwischen dem Bodensee und der Schwäbischen Alb. Konstanzer Museumsjournal, Konstanz 1990.

Aufdermauer, J.: Die Vor- und Frühgeschichte des Landkreises Konstanz. In: F. Götz (Hrsg.): Daheim im Landkreis Konstanz. Konstanz 1986.

Baumann, H. & Th. Müller: Farbatlas. Geschützte und gefährdete Pflanzen. Verlag Eugen Ulmer, Stuttgart 2001.

Berner, H.: Engen im Hegau. Thorbecke Verlag, Sigmaringen 1983.

Bittel, K., W. Kimmig & S. Schieck (Hrsg.): Die Kelten in Baden-Württemberg. Konrad Theiss Verlag, Stuttgart 1981.

Bittel, K., S. Schieck & D. Müller: Die keltischen Viereckschanzen. Atlas archäologischer Geländedenkmäler in Baden-Württemberg. Konrad Theiss Verlag, Stuttgart 1990.

Breuer, E.: Römer am nördlichen Bodensee. Eriskirch und Umgebung in römischer Zeit. Heimatkundliche Schriften des Kulturvereins Eriskirch e.V., Band 3, Tettnang 2001.

Das Land Baden-Württemberg: Amtliche Beschreibung nach Kreisen und Gemeinden. Band I: Allgemeiner Teil, 2. Auflage, 1997; Band VI: Regierungsbezirk Freiburg, 1982; Band VII: Regierungsbezirk Tübingen, 1978. Verlag W. Kohlhammer, Stuttgart.

Dehio, G.: Handbuch der Deutschen Kunstdenkmäler. Baden-Württemberg II. Regierungsbezirke Freiburg und Tübingen. Deutscher Kunstverlag, München 1997.

Der Bodenseekreis. Verlag R. Gessler, Friedrichshafen 1998.

Der Landkreis Konstanz. Amtliche Kreisbeschreibung. Band 1 (1968), Band 2 (1969), Band 3 (1979), Band 4 (1984). Thorbecke Verlag, Sigmaringen.

Dieckmann, B.: Siedlungen und Umwelt der Bronzezeit am Federsee und im westlichen Bodenseegebiet. In B. Dieckmann (Hrsg.): Mensch und Umwelt in der Bronzezeit Europas. Abschlusstagung der Kampagne des Europarates: Die Bronzezeit. Kiel 1998.

Die Naturschutzgebiete im Regierungsbezirk Freiburg. Thorbecke Verlag, Sigmaringen 1998.

Erb, L.: Geologische Karte des Landkreises Konstanz 1:50000. Herausgegeben vom Geologischen Landesamt Baden-Württemberg, Stuttgart 1967.

Frickinger Heimatbriefe. Herausgegeben vom Heimatverein Frickingen.

Geologische Karten von Baden-Württemberg 1:25000 mit Erläuterungen (GK 25). Herausgegeben vom Landesamt für Geologie, Rohstoffe und Bergbau. Druck und Vertrieb Landesvermessungsamt Baden-Württemberg, Stuttgart. Blätter 7919 Mühlheim a.d. Donau, 7920 Leibertingen, 7921 Sigmaringen, 8017 Geisingen, 8018 Tuttlingen, 8019 Neuhausen ob Eck, 8020 Messkirch, 8117 Blumberg, 8118 Engen, 8119 Eigeltingen, 8120 Stockach, 8218 Gottmadingen, 8219 Singen (Hohentwiel), 8220 Überlingen West, 8221 Überlingen Ost, 8321 Konstanz Ost, 8322 Friedrichshafen.

Geyer, O.F. & M. Gwinner: Geologie von Baden-Württemberg. 4 Auflage. Schweizerbart'sche Verlagsbuchhandlung, Stuttgart 1991.

Greis, P. & K. Abt (Hrsg.): Hegau und westlicher Bodensee. 65 Wanderungen und Fahrradtouren in der Landschaft zwischen Donau und Bodensee. Buchverlag G. Braun, Karlsruhe 1998.

Groner, J.: Die Chronik der Stadt Pfullendorf. E. Schmidt Verlag, Pfullendorf 1982.

Hahn, W.: Geologische Karte 1:25000. Erläuterungen zu Blatt 7920 Leibertingen. Stuttgart 1968.

Hauptmann, A.: Burgen, einst und jetzt. Verlag Südkurier, Konstanz 1985.

Heiligmann-Batsch, K.: Der römische Gutshof bei Büßlingen, Kreis Konstanz. Ein Beitrag zur Siedlungsgeschichte des Hegaus. Forschungen und Berichte zur Vor- und Frühgeschichte Baden-Württembergs, Band 65, Stuttgart 1997.

Kimmig, W.: die Vor- und Frühgeschichte des Bodenseeraumes. Jahrbuch des Vorarlberger Landesmuseumsvereins 1958–1959.

Köhler, A.: Vom Wesen und Werden der Oberschwäbischen Landschaft. In: S. Ott (Hrsg.): Oberschwaben – Gesicht einer Landschaft. Otto Maier Verlag, Ravensburg 1972.

Krause, R.: Die endneolithischen und frühbronzezeitlichen Grabfunde auf der Nordstadtterrasse von Singen am Hohentwiel. Forschungen und Berichte zur Vor- und Frühgeschichte Baden-Württembergs, Band 32, Stuttgart 1988.

Landkreis Tuttlingen (Hrsg.): Archäologie, Kunst und Landschaft im Kreis Tuttlingen. Thorbecke Verlag, Sigmaringen 1988.

Lang, G.: Die Vegetation des westlichen Bodenseegebietes. 2. Auflage. Verlag Gustav Fischer, Stuttgart/New York 1990.

Miller, M. & G. Taddey (Hrsg.): Handbuch der historischen Stätten Deutschlands. Band 6. Baden-Württemberg. 2. Auflage. Alfred Kröner Verlag, Stuttgart 1980.

Müller, Th.: Vegetationskundliche Beobachtungen im Naturschutzgebiet Hohentwiel. Veröffentlichungen für Naturschutz und Landschaftspflege Baden-Württemberg, Heft 34, Ludwigsburg 1966.

Müller, Th.: Das Naturschutzgebiet Hohentwiel. In: Naturschutz und Bildung. Herausgegeben von der Landesanstalt für Erziehung und Unterrichtin Verbindung mit der Landesstelle für Naturschutz und Landschaftspflege. Ludwigsburg 1968.

Müller, Th.: Überlegungen und Möglichkeiten des Überlebens von Reliktföhrenwäldern. Berichte Naturwissenschaftliche Gesellschaft Bayreuth Band 23. Bayreuth 1996.

Museen in Baden-Württemberg. 4. Auflage. Konrad Theiss Verlag, Stuttgart 1999.

Oberdorfer, E., unter Mitarbeit von A. Schwabe, Th. Müller u.a.: Pflanzensoziologische Exkursionsflora für Deutschland und angrenzende Gebiete. 8. Auflage. Eugen Ulmer Verlag, Stuttgart 2001.

Pfündel, Th., E. Walter & Th. Müller: Die Pflanzenwelt der Schwäbischen Alb 2., verbesserte Auflage. Verlag des Schwäbischen Albvereins, Stuttgart 2000.

Rest, W.: Die Ur- und Frühgeschichte der Überlinger Gegend. In: H. E. Busse (Hrsg.): Überlinger See und Linzgau. Karlsruhe 1936.

Schetter, H.: Die Aachhöhle – Tauchexkursion in die unterirdische Donau. Verlag des Südkuriers, Konstanz 1991.

Schlichtherle, H. (Hrsg.): Pfahlbauten rund um die Alpen. Stuttgart 1997.

Schöbel, G.: Siedlungsarchäologie IV. Die Spätbronzezeit am nordwestlichen Bodensee. Taucharchäologische Untersuchungen in Hagnau und Unteruhldingen. Forschungen und Berichte zur Vor- und Frühgeschichte Baden-Württembergs, Band 57. Stuttgart 1996.

Schöbel, G. & A. Billamboz: Eine frühmittelalterliche Pfostenkonstruktion im Bodensee vor Hagnau. Archäologische Ausgrabungen in Baden-Württemberg 1992. Konrad Theiss Verlag, Stuttgart 1993.

Schreiner, A.: Geologischer Bau und Oberflächenformen. In: Der Landkreis Konstanz Band I. Thorbecke Verlag, Sigmaringen 1968.

Schreiner, A.: Geologie. In: P. Greis (Hrsg.); Der Hegau – Landschaft zwischen Rhein, Donau und Bodensee. 3. Auflage. Verlag Rombach, Freiburg i.Br. 1990.

Schreiner, A.: Geologische Karte von Baden-Württemberg 1:50000. Erläuterungen zu Blatt Hegau und westlicher Bodensee. 3., völlig neu bearbeitete und erweiterte Auflage. Herausgegeben vom Geologischen Landesamt Baden-Württemberg, Druck und Vertrieb Landesvermessungsamt Baden Württemberg, Freiburg/Stuttgart 1992.

Schwegler, E., P. Schneider & W. Heißel: Geologie in Stichworten. 3. Auflage. Verlag Ferdinand Hirt, Kiel 1969.

Sebald, O., S. Seybold, G. Philippi & A. Wörz (Hrsg.): Die Farn- und Blütenpflanzen Baden-Württembergs Band 1–8. Verlag Eugen Ulmer, Stuttgart 1980–1998.

Theune, C.: Frühmittelalterliche Grabfunde im Hegau. Universitätsforschungen zur Prähistorischen Archäologie Band 54. Bonn 1999.

Timmermann, G. & Th. Müller: Wildrosen und Weißdorne Mitteleuropas. 2., bearbeitete und ergänzte Auflage. Verlag des Schwäbischen Albvereins, Stuttgart 1998.

Verzeichnis der Naturschutz- und Landschaftsschutzgebiete des Landes Baden-Württemberg. 3. Auflage mit Karte 1: 250000, Grundlieferung und Ergänzungslieferungen 1–11. Landesanstalt für Umweltschutz Baden-Württemberg, Karlsruhe 1973–1996.

Wagner, G.: Einführung in die Erd- und Landschaftsgeschichte. 3., vermehrte und verbesserte Auflage. Verlag der Hohenlohe'schen Buchhandlung F. Rau, Öhringen 1960.

Werner, J.: Geologische Karte 1:25000. Erläuterungen zu Blatt 8020 Meßkirch. 2. Auflage. Stuttgart 1994.

Witschel, M.: Die Reliktföhrenwälder im badischen Jura (Baar- und Hegaualb). Berichte Naturwissenschaftliche Gesellschaft Bayreuth Band 23. Bayreuth 1996.

250 Naturschutzgebiete im Regierungsbezirk Tübingen. Thorbecke Verlag, Sigmaringen 1995.

Register

Natur – Heimat – Wandern
Die Regio-Wanderführer

Die Wanderführerreihe mit ausführlichen landeskundlichen Informationen im allgemeinen Teil sowie ca. 30 bis 50 Rund- und Streckenwanderungen. Hrsg. vom Schwäbischen Albverein. Jeder Band enthält eine Wanderkarte als Beilage und ist mit Zeichnungen, Farbphotos und Kartenskizzen reichhaltig illustriert. Die Reihe wird fortgesetzt.

Bisher sind erschienen:

Albuch – Härtsfeld – Ries,
2. Aufl., 192 Seiten

Bahnausflüge zwischen Neckar und Tauber, 249 Seiten

Heckengäu – Strohgäu und Glemswald, 216 Seiten

Hegau und Linzgau. 315 Seiten

Heidenheim – Dillingen – Donauwörth, 256 Seiten, z. Zt. vergriffen

In Ulm und um Ulm herum, z. Zt. vergriffen, 3. Aufl. in Vorbereitung

Kaiserberge – Geislinger Alb, 224 Seiten, z. Zt. vergriffen

Lautertal – Zwiefalter Alb – Laucherttal, z. Zt. vergriffen, 2. Aufl. in Vorbereitung

Naturpark Obere Donau, 4. Aufl., 213 Seiten

Naturpark Schwäbisch-Fränkischer Wald, 3. Aufl., 279 Seiten

Naturpark Stromberg – Heuchelberg, 3. Aufl., 268 Seiten

Neckarland und Württ. Weinwanderweg, 270 Seiten

Nördliches Oberschwaben, 197 Seiten

Oberer Neckar, Baar und Baaralb, 275 Seiten

Östlicher Schwäbisch-Fränkischer Wald, 360 Seiten

Reutlinger und Uracher Alb, 3. Aufl., 224 Seiten

Schönbuch – Tübingen – Rammert, z. Zt. vergriffen

Schurwald – Esslingen – Filder, 2. Aufl., 254 Seiten

Schwäbische Alb – Nordrandweg (HW 1), 207 Seiten

Südliches Oberschwaben – Bodensee, 2. Aufl., 192 Seiten

Südöstliches Oberschwaben – Westallgäu, 232 Seiten

Teck – Neuffen – Römerstein, 231 Seiten

Zollernalb, 219 Seiten

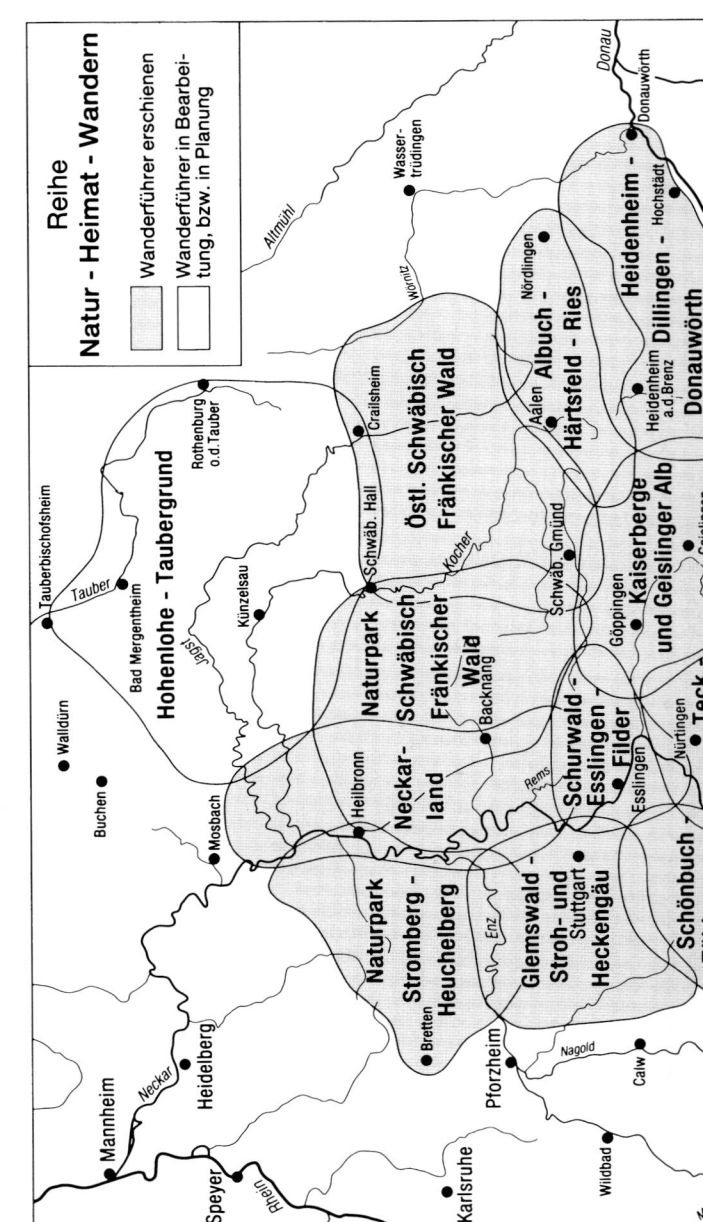

Reihe
Natur - Heimat - Wandern

Wanderführer erschienen

Wanderführer in Bearbeitung, bzw. in Planung

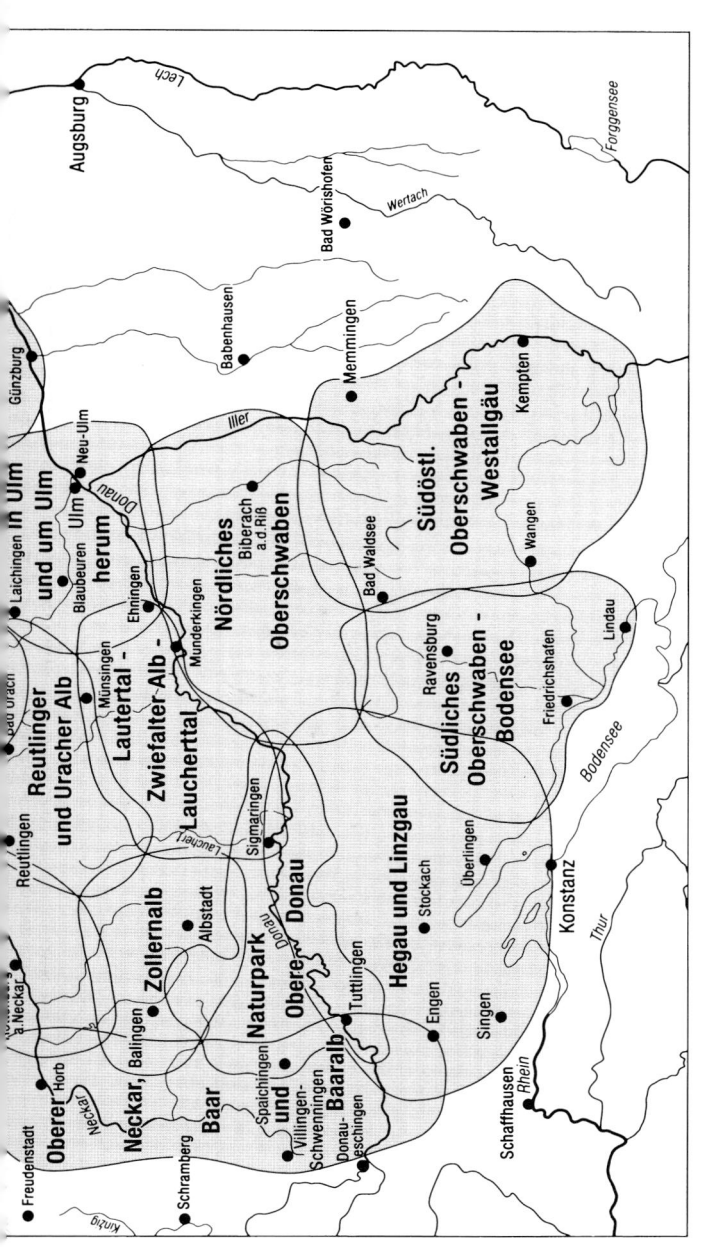

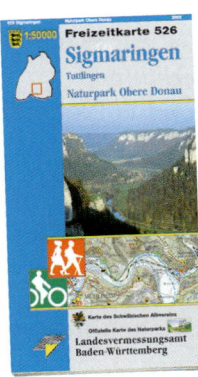

Der kompetente Partner fürs Wandern

In der Hauptgeschäftsstelle in Stuttgart finden Sie die

richtigen „Ansprechpartner"
für Wanderberatung und
die Vorbereitung von
Wandertouren.
Alles Interessante für
Wanderer und Heimat-
freunde kann dort eingekauft
werden:
- *Wanderkarten, -literatur,*
- *Wanderzubehör*
- *Bücher/CDs zur Heimat-
  und Landeskunde,
  Mundart und Volksmusik*
- *Bildbände*
- *Geschenkartikel*

Ca. 840 Artikel stehen zu
Ihrer Auswahl

Setzen Sie sich doch mit uns in Verbindung:
Schwäbischen Albverein e.V.

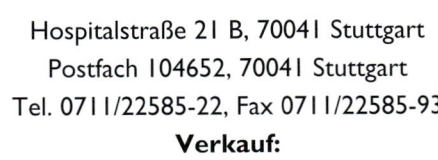

Hospitalstraße 21 B, 70041 Stuttgart
Postfach 104652, 70041 Stuttgart
Tel. 0711/22585-22, Fax 0711/22585-93
Verkauf:
Mo-Fr 8^{30}-12^{30} u. 13^{30}-16^{30} Uhr